U0700314

寧波歷史文獻叢書

四明叢書未刊稿

【一】

寧波市人民政府地方志辦公室　整理

寧波出版社

寧波歷史文獻叢書

第一輯　宋元四明六志
第二輯　明代寧波府志
第三輯　清代寧波府志
第四輯　敬止録
第五輯　徐時棟集
第六輯　寧波歷代專志選刊（一）
第七輯　寧波歷代專志選刊（二）
第八輯　四明叢書未刊稿

寧波地方歷史文獻整理專家指導委員會成員

傅璇琮　清華大學中文系教授
　　　　中國古典文獻研究中心主任
　　　　原國務院古籍整理出版規劃小組秘書長、副組長
　　　　中華書局原總編輯
鄒逸麟　復旦大學首席教授
徐季子　寧波市政協原主席
包偉民　中國人民大學歷史學院教授
　　　　唐宋史研究中心主任
鄭利華　復旦大學古籍整理研究所教授
　　　　中國古代文學研究中心副主任

寧波市人民政府地方志辦公室

編　審　陳銀紹

副編審　傅　曉　邢孟軍　傅建閩　趙傅斌　杜益民

主　編　陳銀紹

副主編　邢孟軍

執　行　高曙明

編　輯　翟恒奎　楊海紅　方　寧　毛慧敏

影印説明

本書爲《寧波歷史文獻叢書》第八輯，全書分爲三册。

《四明叢書》是歷史上寧波乃至全國一部著名的地方文獻彙集巨籍，影響至今不絶。編者張壽鏞（一八七六—一九四五），字詠霓，号伯頌，別署約園，浙江鄞县人，教育家、藏书家和出版家。張壽鏞原計劃刊刻《叢書》十集，『此書先刻二十四種，題曰第一集，接續再刻，即名二集、三集，以至十集』（《四明叢書凡例》，一九三二年《浙江省立圖書館月刊》第一卷第十期），但第八集刻未及半張壽鏞即去世，由他人完成該集。本書收録張壽鏞初擬第九集、第十集書目中的七種未刊文獻，在每種前列其撰寫題跋。

第一册：《硯箋四卷》［宋］高似孫撰，底本爲中國國家圖書館藏清初抄本（原約園藏書）。《篆法偏旁點畫辨》［元］應在撰，底本爲中國國家圖書館藏民國約園抄本。《前漢書隨筆二十卷》［清］萬經撰，底本爲中國國家圖書館藏民國抄本（原約園藏書）。《貽令堂家告》［清］陳康祺撰，底本爲中國國家圖書館藏民國約園抄本。

第二册：《明小紀不分卷五朝耆舊記一卷》［明末清初］林時對撰，底本爲中國國家圖書館藏清抄本（原約園藏書）。《浙東山水簿總目卷首一卷卷末一卷》［清］范鑄撰，底本爲中國國家圖書館藏民國約園抄本。

第三册：《四明經籍志四十五卷》，张寿镛编，底本爲中國國家圖書館藏民國約園抄本。

此外，入編本書篇目名稱與張壽鏞《四明叢書》第九、十集擬目及其相關序跋不盡統一，但不影響理解，今悉如其舊。

四明叢書第九、第十集擬目

嚴氏詩輯補義八卷　清　劉　燦
周官辨非二卷　清　萬斯大
考工記圖記二卷　明　屠本畯
篆法偏旁點畫辨一卷　元　應　在
釋篆法辨一卷　元　應　在
三音均部略詩音譜略音攝考略切音譜略四卷　清　黄式三
六書辨要二卷　清　湯容烔
前漢書隨筆二十卷　清　萬　經
刪定晋書校記二卷　清　全祖望
明小紀　清　林時對
日本考略一卷　明　薛　俊
今古輿地圖三卷　明　沈鳳舉
浙東山水簿目　清　范　鑄
尊行日記鈔　清　姜炳璋
四明經籍志五卷　張壽鏞編
四明經籍提要甲集十卷　夏启瑜
子思子二卷　清　黄以周
貽令堂家告　清　陳康祺
南湖隨筆一卷　清　陳美訓
硯箋四卷　宋　高似孫

宋本樓鑰攻媿集校記　明　趙萬里
惢泉文選　明　聞性道
湛園未刊稿一卷　清　姜宸英
批校鮚埼亭集札記　清　楊鳳苞
儆居雜著八卷　清　黄式三
四明風雅四卷　明　戴　鯨
歸田老人詩話五卷　清　童賡年

右目爲他日便於采取列此，增損他日刻時定之。

（《約園雜著三編》卷六《四明叢書第八集序文》）

目録

第一册

第二册

第三册

硯箋四卷

本書選用中國國家圖書館藏本影印

鄞高似孫撰。卷一至卷三題『似孫修』。卷四題『似孫集』。然則前三卷就古人之所記述者而修之也，後一卷乃自輯之文，分别志之，亦見昔賢實事求是之意矣。有自序作於嘉定癸未四月十日。此爲明鈔本，乃朱氏潛采堂舊物，印章壘壘，幾經名人之手。庚辰夏，余得諸海寧許氏，把玩不置。疏寮之書如《史略》《子略》《騷略》，已刊入《四明叢書》第一集。此宜刻入第九集者也。抑疏寮父子事迹往往不詳，近人洪氏業（字煨蓮）作《高似孫史略箋正序》（登入《史學年報》第一卷第五期），爲之博考詳稽，不特高氏父子著作之大源於以可見，即疏寮居處之地，當以全謝山謂『疏寮乃憲敏少師之從孫居甬上』爲確，而謂『晚年始還姚江』者，應改爲『晚家於越』乃合。蓋建玉峰堂藏書，寮固慶元中入剡之後爲之者也。乙酉春，約園。

（《約園雜著三編》卷三《藏書題跋三·硯箋四卷》）

硯箋卷一

高氏似孫修

衡山淨居瞿氏省以詩謁一日曰仁愛硯入骨與硯朋蘇歐蔡唐嗜不滅公也記載恨無所統余徵其言箋天下石遺之瞿省曰然則端孰精也余曰唐彥猷所謂紫潤無聲者也歙孰精也曰歐陽公所謂鋩而膩理者也然而彈極受用莫如後山其曰書生活計亦酸寒斷磚半瓦寧求備石老矣省曰唯筆而西嘉定癸未四月十

五日似孫識

端山　下巖　上巖　中巖　龍巖
半巖　蚌坑　後歷　子石　綠石
石眼　石病　硯圖　硯直　製法
滌法　硯說　古硯　詩銘

端山

斧柯山蘇易簡譜云即觀基之所在大江南州東三十三里與靈羊峽對山峻峙壁立下除潮水江之湄山行三四里即硯巖先至者下巖巖中水未常涸下

巖之上曰中巖中巖之上曰上巖自上巖轉曰龍巖唐取硯處下巖得石既勝此不復取又小湘峽州西四十里石類巖石色深如鮮坑性軟滲凡石以下巖為上中巖龍巖半巖次之鮮坑下端研譜

端巖鑿成深穴冬涸方探穴中不可睹但捫取之日不過數石工在洞別其精粗有累日不得一佳石者唐彥猷研錄

斧柯茶園將軍山同一溪惟斧柯所得不過三

四指一呵津滴瀝絶難得茶園次之將軍又次之米元章帖

端州歲貢硯十九域志包孝肅公傳曰端歲貢硯卒數十公知端歲滿不持一硯歸

下巖李嶠硯詩形帶石巖圓唐人已重巖石矣汪彥章硯銘美哉下巖之石朱新仲詩下岩琢研温如玉又云歙遺良工琢下巖曾文清詩珍材琢下巖

下巖石乾則灰蒼色濕則青紫色巖兩口通為一穴大穴取硯所自入小坑泉所自出世號水

口陳公密所開也巖北壁水所浸淺深莫測工不能採往往於石脣中得之崇觀後已罕得泉生石中非石在泉中也泉珠散落如飛雨不絕端石譜

下巖石色深紫襯手潤叩之聲清遠有清綠暈圓小而緊謂之鸜鵒眼採於水底最貴重皇朝類苑

下巖穿洞皆水治平中貢硯取水月餘方及石石細叩之清越眼圓碧暈明瑩嫩甚者如泥

無聲不著墨快無泡良久微滲若油發艷近無復有　米史

下巖紫如猪肝密理堅緻潴水發墨如玉磨無聲　高宗翰墨志又云眼冷石為璞所藏一段紫玉略無點綴

上巖

上巖三穴上曰土地巖有祠兩穴通中曰梅樹巖亦兩穴通石眼黃赤梅巖微黃赤帶灰蒼眼黃綠

上巖在山上石性乾紫色深理麄麤硬眼黃差不

圓而淡青喦深處間有潤者終不如下巖 米史

中巖

中巖南壁石與梅巖同而少勝北壁石則與下喦南壁同而少劣 端硯譜

龍巖

龍巖石深紫眼少類中巖半邊山

半邊石巖

半邊巖石灰青類下巖中巖南壁眼多暈少 端硯譜

半邊巖石理如上巖色青紫多瑕眼長如卵米史

蚌坑

蚌坑石深紫眼黄白微青不正無瞳而翳堅潤不發墨與半邊石相類端硯譜

三十年前人所得巖石皆西坑石近收者後歷也類苑

蚌石取於澗谷曰野石昧者愛其大璞少瑕類苑

後歷山

後歷石性軟滲色紫帶赤黄眼類蚌坑堅潤不

反而發墨勝之非油蠟不光潤類苑米帖云巖石為甲後歷為劣

子石

巖石有黃臕胞絡鑿去方見硯材所謂子石端硯譜

工識石理鑿窟自然有子石蘇譜

山有自然圓石剖其璞得為謂之子石唐錄

端石以子石為上生大石中精石也歐譜

崔生居端巖於後巖百丈坑得紫龍鄉造硯長

尺廣减尺之四厚重粹潤若有德君子眼暈六七重無纖瑕近手潤澤可劘墨來遺予君謨硯記又云試以澄心堂紙李廷珪墨諸葛漸筆

東坡陳公密子石硯銘孰形無情石亦卵生黃胞白絡以孕黝頳劉原父詩端州東溪靈卵石李商老詩誰從浴日淵得此頳虬卵

綠石譜錄不載綠石

王荆公詩玉堂新樣世爭傳況似蠻谿綠石鐫

石眼李賀端州青花石硯詩白唐便以眼為上

眼石縝密溫潤端人謂石嫩則多眼凡青脉必有眼脚石腰石多青脉眼之別有鸜鵒眼雀眼雞眼貓眼菉豆眼翠緑為上黄赤為下端硯譜

上巖石眼美者青緑黄三重多者八九重色鮮重多圓者為上大者尤稀大如彈丸精上以眼大小多少為重輕得石扣之知其眼多少唐録

下巖北壁石眼圓青緑碧白黑暈數重有瞳子

南壁石不及石貴潤色貴青紫眼貴翠緑圓正有瞳子

鸜鵒眼石病北巖石有之（歐譜唐公曰眼乃石之精如木之節不知者以爲病）所愛尚以其不為墨所漬也（硯録）

眼生於墨池外曰高眼生於池曰低眼高眼尤圓暈相重鬣精晶瑩曰活眼浸漬不鮮曰淚眼白無光彩曰死眼活勝淚淚勝死死勝無（米史）

王堯佐有硯眼若荧實青緑黃六七重色鮮（呂遠）

詩譜

下巖寸眼石硯付旬（蔡君謨帖）

石病

石之病曰鐵線曰鑽（如蛀蟲眼）曰鷺（鑿觸裂者）曰火野（色焦如火）曰黃龍（灰黃色如龍蚰）唯火黶（一名熨斗焦）端人不以為病巖石有此他山無之（端硯譜）

石有金線此正為病端人所不取（唐錄）

陳公密績知端州部民蓄奇硯破其家得之硯面熨斗焦如黑龍奮迅二鸜鵒為目每晦則雲

霧軏與公密没歸張仲謀政和間入禁中書符其後龍德宫服玩爲都監王殊所匿復歸謝衣家蘇養直集

硯圖録其近雅者歙石亦如之

鳳池　玉堂　玉臺　蓬萊

辟雍　院樣　房相樣　郎官樣

天硯　風字　人面　圭

璧　斧　鼎　鏊

笏　瓢　曲水　八稜

四直　蓮葉　蟾　馬蹄

硯直

硯之價下巖水低十倍於南壁石南壁石十倍於中巖北壁石半邊南諸巖倍於中巖南壁石半邊石北諸巖及龍巖中巖南壁倍上巖諸穴石上巖諸穴倍小湘石小湘石倍後歷蚪坑石後歷之佳者與上巖諸穴價等端硯譜

製法陸龜蒙詩山匠製雲床

繁欽硯賛曰或薄或厚今製之薄者一夫捧持

方琢之或內於稻穀中出其半而理之其鑿如麤針有如表紙薄者蘇譜硯有薄如紙者為利用

繁欽硯頌曰鈞三趾於夏鼎僕遊盱眙泉水寺僧硯三足如鼎製作甚古繁頌可徵矣蘇譜

右軍端樣外方內峻坂墨下入水中不費研磨歙硯說

古人晨興作墨汁滿斗終日不復磨故多用玉斗書畫筆皆圓有助於器晉唐用鳳池硯中如瓦凹故曰硯瓦一援筆因凹勢鋒已圓本

朝硯心平如研援筆則褊彥猷作鏉心凸硯援筆即三角作字安得圓哉余復其樣稍革鏉背米氏書史

鎔歷青調元損石末綴之無痕石晉時關右李處士能補硯石碎者略無瑕蘇氏譜

滌法

李白詩洗硯修良策賈島詩洗硯魚吞墨秦系詩洗硯魚仍戲韋應物詩白水浮香墨清池滿夏雲尤言洗研之狀矣唐求臨池洗硯詩恰似有龍深處臥被人驚起黑雲生米元章詩墨池濯硯龜魚藏前

人洗滌往往臨池潤也

硯須日洗去其積墨敗水則墨光瑩澤歙硯說

硯宜頻易新水杜詩硯寒金井水杜荀鶴詩野泉聲入硯池中高元矩詩池貯寒泉碧

養硯以文綾貴乎隔塵文房寶

硯須日滌墨留則膠滯以麩炭磨濯之

苦寒不宜用佳研石理既凍墨亦減光白樂天詩硯溫磨凍墨鄭谷詩寒硯旋生澌喻坦之詩硯和青霧凍溫庭筠詩硯水池先凍張喬詩近臘硯生冰李洞詩心苦硯冰知賈島詩硯冰催臘日皆言硯凍北見唐人研磨附硯池水也

又如歐公詩破硯裂冰澌東坡詩耐寒石硯欲生冰山谷詩燃薪裂凍硯唐子西詩凍硯筆鋒遲後山詩凍硯欲生塵亦多言硯凍

顏斐為寒炙硯魚豢典略薛宣令人納薪以炙筆硯

洗硯用蓮蓬或皂莢清水半夏切平去滯墨紙損硯

硯用則貯水畢則乾之久浸不乾不發墨水宜取新護塵忌用煎煮之水李陽冰李白詩閑几硯中窺水淺是此意

滌硯不可用湯

硯不自滌書皆不成宋文山谷詩汲井滌敗墨蒼珪謝磨鑴荊公詩久霾山霧春猶濕一取春波洗更鮮蘇養直詩晚喜此士來相親呼童汲澗濯玄雲孫志康詩端溪紫玉試自滌唐動玄雲驅霹靂

硯說

漢張彭祖與上同硯席薛宣筆硯皆爲設方略前人謂硯字始見於此似孫桉太公金匱硯之書曰石墨相着而黑邪心讒言無得汙白硯已見於此

石滑謂之硯硯字從石見說文

硯者研也研墨使和濡也劉熙釋名

硯者墨之器開元文字似孫按禮記史載筆注曰筆謂書具之屬墨硯亦可用

筆以硯爲城池筆陣圖

研墨用直硯爲上乃見眞色不攪墨若圓硯磨則假借重勢往來有風雖助顏色失墨之眞晁氏墨經

硯有積墨乃見古舊張仲素墨池賦曰苟變地而盡墨知功積而藝成又曰變此黛色涵乎碧虛形容積墨妙矣玉嵩崿夫子硯賦旁積垂露亦有積墨意

筆硯精良人生一樂蘇子美

硯取浮津輝墨者墨藪齊己墨詩正色浮端硯精光動蜀牋山谷松煙及硯肥乃此意

硯受墨點之隨筆走動而不著謂之發墨蔡帖

褪墨硯又云端非下巖宜筆褪墨數字一磨如騎鈍馬數步一鞭瓦硯如騎驢也東坡雜說石林云褪墨硯磨不黑滯筆墨如以病目剩眞御之鈍馬

墨麤謂之打硯墨細謂之入硯晁氏墨經

石性堅膩如玉扣之聲清潤澤無瑕端之大槩

晉宋間往往以器貯墨汁不在磨墨也石林避暑録

色如豬肝蒲萄瑩澈可鑑粹然紫琳腴容齋硯跋

水中石青山半石紫絕頂者尤潤豬肝色者佳蘇譜

端溪中草芊芊可愛既琢用草護之無損

古硯徐東湖詩古來石可硯汪彦章硯銘方流珍太古色石之古者是可尚也

夫子硯

孔子廟石硯製作甚樸古夫子平生物伍緝之北征記梁庾肩吾謝賚銅筆格啓曰煙磨青石以踐孔鯉之壇唐王嵩粤孔子硯賦曰旁積垂露中含偃波此八字形容甚妙劉禹錫詩闕里廟中空舊物李賀詩孔硯寬頑何足云

右軍硯

石夷叟家右軍古鳳池紫石心凹所謂硯瓦如筩筆涉水即圓

山陰老叟稱右軍後持一硯長尺色赤風字樣云右軍所用石楊休得之

王獻之硯

山陰人闢土得斷塼一硯于黄閍塼乃王獻之保母墓志云砌以曲水小硯硯大如掌池如曲水黑而潤底刻晉獻之旁刻永和

智永硯

晉硯一智永硯一心皆如凹

李商隱硯

杜季陽端石蟾蜍硯篆玉溪生山房李商隱硯也又子瞻題銘蟾蜍爬沙到月窟隱蔽光明入巖穴琢磨黝頳出尤物雕龍淵懿傾澥渤

許敬宗硯

杜叔元藏許敬宗硯後官杭漁人於浙江網一銅匣鑄許敬宗硯兩方足匣有容足處即敬宗物非元子遺孫筆老筆老懵其人求得之端石也潤如玉殺墨如風微窪真四百餘年物匣在唐諲處當合東坡雜說

李德裕硯

李衛公多硯妙絶者曰結隣言與硯爲隣

柳公權硯

柳公權所寶惟硯自扃鐍之（玉壺清話）

唐魯望硯　東坡

噫先生隱唐餘是器寶出叢書

姚合硯

僻性愛古物終歲求不獲昨朝得古硯黃河灘之側波瀾所激觸背面生罅隙質狀朴且醜今人作不得

李士衡硯（劉涇州所得）　劉原父

李侯寶硯劉侯得上有刺史李元刻云是天寶

八年冬端州東溪靈卯石我語二客此不然天寶稱載不稱年刺史為守州為郡此獨云爾奚所傳而君盧胡為絕倒嗟爾於人錢何寶萬事售偽必眩真此固區區無足道

楊文公硯　山谷

公無恙時於此翰墨其作也萬物受澤其不作也群公動色至於破塵出經萬物昭明公不如石之壽石朽而公不朽

丁晉公硯

丁晉公宅光州臨終以一箧寄郡題五十五年姓丁人來作通判分付至是歲丁僑來即公之孫發箧一匣貯大端硯上小竅覆以碁子揭之水一泓流出

晏元獻公硯

晏元獻夫人王超女元獻有古硯王氏舊物也號傳婿硯元獻婿富鄭公鄭公婿馮文簡文簡孫婿朱聖子聖子婿滕子濟俱為執政硯今藏滕氏朱之孫女適洪景嚴又登二府盛事也 揮麈

錄

張鄧公硯

王華得其外祖張鄧公硯求銘於東坡曰鄧公之硯魏公之孫允也其物展也其人

蘇魏公硯

蘇魏公守杭梁況之倅鄞過蘇公一見異之既別遺以硯曰爲異日玉堂用元祐六年梁草蘇公拜右相麻所用乃蘇公硯却掃編是日梁拜右丞

二蘇賢良硯

蘇叔黨

先君與叔父試制策各攜一端硯外孫文驥得其一過藏其一名賢良硯
兩翁出蜀時不攜一束書竭來奉大對昧死排姦諛諫官與御史鉗口慙青蒲翁登鑾臺上玉堂論思獻納在帝旁居夷渡海不汝置險阻艱難曾備嘗趙丞之賢良硯詩不見東坡老弟昆年年曲阜鑊猶存計功何必悲周鼎會使詞林百怗奔

王平甫硯　東坡

玉德金聲而寓於斯中和所薰不水而滋正直

泝冰不寒而澌

東坡硯

荆公過東坡有硯愛之曰當集句以賦唱曰巧匠鑿山骨久之不成篇命駕去

唐子西硯

唐子西

筆之壽日墨之壽月硯之壽世何也硯靜也吾得養生焉以鈍為體以靜為用唯其然是以永年

延和硯

唐彥猷得侯宗亮古硯刻延和二字形外方水池內圓不加鐫鑿青紫色

玉堂端硯　　蘇養直

虞純中硯薄脣斗池背數星雲龍之古玉堂硯銘曰琢山骨維端溪星皙皙雲龍之懸絕壁下斗池

李元時端硯

李元時古端硯廣踰咫厚二寸栗澤芸潤具端石之美琢製甚質容水處深而底平非邇來所

作李方叔

玉堂大硯

文與可赴陝孫洙贈玉堂大硯東坡銘陂陀瀰漫天闊海淺巨源之硯淋漓蕩潏神没鬼出與可之筆

中興祕閣硯

祕閣硯

高宗御押鄭亨仲詩石渠東觀天尺五右文儲硯一百九今所見七十五耳

詩

詩銘瑣瑣者不書

涵星硯詩 又詩呼童淨洗涵星硯 東坡

紫潭出玄雲，翳我潭中星。獨有潭上月，倒挂紫翠屏。

紫花硯詩 鄭毅夫

耕得紫玻瓈，鑿成天馬蹄。潤應通月窟，洗合就雲溪。

端硯詩 陳無己

王家舊物羣倫後，石出蠻溪石丈深。揮翰吾非

玉堂手斷金君有古人心

端硯詩 題十一惠　　陳無已

端溪四山下龍淵鬱積中州清淑氣金聲玉骨石為容河江屈流雲作使滑如女膚色馬肝探頷適遭龍伯睡轆轤挽出萬人賀千歲之藏一朝致書生活計亦酸寒斷墫半瓦寧求備似憐陶瓦磨竈煤皴贈不減前人志

端硯詩　　李朴

巖石凝清粹端然絕世珍聲清輕楚玉色潤勝

燕珉

端溪大硯詩　謝無逸

琢琱山骨奇磨礲發光炯體潤雲氣生寒泉冽幽井

端硯詩贈王欽　陶商翁

端石如池狀潤疑雲雨涌麤官不識字好去伴詩翁

端硯詩曾徽言　張彥實

君家文房珍尤者一一数端溪從誰得不記歲

月古中窪劇天成外鑿餘雷斧向來萑葦中險
作百碎補

硯詩 沈商卿 鄭亨仲

眼明見此起萬古色如馬肝涵玉質白圭之玷
尚可磨瀸不拒筆滑留墨

硯詩 范達夫硯詩 亨仲

范郎紫玉餘半圭斵手作雲雨雹隨龍虵起陸
孔翠飛雲收雨霽千首詩

端硯詩 朱新仲

巧匠摩雲斵山骨媪神拱手不敢惜因隆作防
窪作池以金為聲玉為質

銘

胡文恭公硯銘　晁無咎

天不愛道生異人地不愛寶物斯珍

端硯銘　東坡

千夫挽綆百夫運斤篝火下縋以出斯珍一噓
而泫歲久愈新誰其似之我懷斯人

端硯銘　蘇養直

我友三益取谿之石與墨爲入玉靈之食與水爲出陰鑑之液匪以玩物維以觀德

硯銘 迨

有盡石無已求生陰壑閟重湫得之艱豈易投旌若學畀長頭

硯銘 邁

以此進道常若渴以此求進常若驚以此治財常思予以此書獄常思生

硯銘

置之冰凝淒然其似秋嘘之露法熙然其似春唯有德以自潤能不言而治人

端溪硯銘　晁無咎

倏忽相遇雲翔雨驅似神而非以茁萬殊

端石硯銘李元時　李方叔

非玄非赤茫粟以澤宜筆與墨與手相得

端硯銘

序曰孟仁威端不如王性之曉日形霞天下至寶

下巖星殞形霞爛然呵嘘餘潤雲液神泉

硯箋卷一

硯箋卷二

高氏似孫修

歙山　龍尾山　羅紋山　眉子坑
金星坑　碧裏坑　水舷坑　水巖坑
溪頭坑　葉九坑　驢坑　濟源坑
靈巖山　麻石　石品　製法
石瑕　硯說　舊硯　詩銘

歙山

歙百八十里至西坑口入山三十里至羅紋山

皆州谷林莽鳥道婺源大路三十里過溪大嶺重複九十里至羅紋山

龍尾山

龍尾山在婺源東南開元中獵人葉氏逐獸至長城見疊石瑩潔攜歸刋成硯温潤過端溪持獻令令訪匠琢爲硯南唐元宗時歙守獻硯薦工李少微擢硯官新安志

龍尾山古坑無石他山皆龍尾支脉謂之龍尾坑延蔓百餘里取不竭歙硯譜

羅紋山

羅紋山亦曰芙蓉溪十餘坑蔓延百里山沿溪溪中殊無石好事者相傳乃曰水中石歙硯譜

羅紋舊坑在寨頭即錢仙芝訪南唐採石故坑

羅紋上坑色微重中坑色微淡下坑泥漿石

羅紋坑在眉子坑東羅紋裏坑在羅紋山後金星坑在羅紋西北並李氏發

祈門細羅紋理慢不堅色淡易乾能亂眞並歙硯譜

眉子坑

眉子坑在羅紋山西從溪至坑十餘丈坑無土深丈餘闊二三尺開元中發歙硯譜

金星坑

金星坑在羅紋山西北

碧裏坑

碧裏坑在濟源坑色青瑩半里有水步石大雨點石十里外有裏山石青細有金紋花暈狀不常

水舷坑

水舷坑在眉坑外冬涸可取丈餘至石多金花眉子

水蕨坑

水蕨坑在羅紋山西北景祐中發石如浪今不可得

溪頭坑

溪頭坑在金星坑北金星虛慢

葉九坑

葉九坑在溪頭西有眉石麤慢

驢坑

驢坑在縣西北景祐中令曹平取之守王君玉又取之嘉祐中尉刁璆取之石青緑暈今不復出歙硯說

濟源坑

濟源坑與碧裏坑水步三坑並列

靈巖山

靈巖山三洞相連璞少瑕多燥慢瑩者擬端溪

麻石

麻石中隱硯材數寸猶玉在璞在溪澗中冬涸可取 石品

龍尾石

龍尾石産水中極温潤性堅密聲清越婉若玉與他石不同色有蒼黑者青碧者 歙硯説

龍尾石最多種 唐録

龍尾石端溪之亞 歙硯譜

龍尾水心石緑紺如玉入用 蔡記

江南故老云李後主所用龍尾石爲天下冠 唐録

張文潛試墨詩夜静冰窓浄絶塵硯寒龍尾穀生紋澄江清淺汀洲静忽有蒼螭下起雲

洪龜父試朱瑾墨詩贈我麝煤如黒玉爲君龍尾濯清秋崔德符硯銘探星源藏龍尾錯光茫散烟起

羅紋石 麤羅紋烏釘角浪笄子之品不録

細羅紋 昆温潤

古犀羅紋

石心羅紋

暗細羅紋 青黒不露

爪子羅紋 狭如爪子

金星羅紋 點如星細如眉

金暈羅紋數重如畫

絞絲羅紋

松紋羅紋

金花羅紋花如銷金

刷絲羅紋

卵石羅紋

細羅紋如羅縠色青緊密堅重瑩無瑕璺硯之奇也東坡銘萋萋兮霧縠石又曰以膚而縠理金聲而玉質陳舜俞詩潤含蒼璧隱青羅陳了翁詩輕絲膩色恍莫分熟視乃有青羅紋蘇養直詩江南溪工琢溪玉淒風瑟瑟江作縠呂居仁詩斂溪孕石成縠紋林子來詩瑟瑟方池霧縠紋

細羅紋無星為上米史

羅紋若依子紋最佳出水波坑幸而得不可期

硯説東坡詩所謂庂膚鄭亨仲硯記云敗墻下得一折足硯紋如庂子殆是百年物

麁麤羅紋理不踈細羅紋石不嫩者佳 硯説

裏山羅紋金星踈慢外山羅紋似細羅紋稍麁麤

刷絲石

刷絲文理分明無羅紋 歙硯譜

刷絲紋理踈易於摩墨 歙譜

刷後有何名硯在細絲上 米元章與薛道祖帖

刷絲硯詩 汪彥章

冰蠶吐繭抽銀色仙女鳴機號月窟故今玉質

徽松腴萬縷　秋毫添蕭𧅸又何焉絲硯銘斷山骨南唐物蕭山

盆紋不没

眉子石

金花眉金花金暈

對眉遍地成對

長眉長如眉差大

闊眉

鴈湖眉心暈如池密如鴈集

菉豆眉石黑斑內有短密眉

金星眉眉跦金星間之

短眉短密而匀

簇眉

金眉

錦蹙眉橫如眉有金暈

鱔肚眉眉跦而匀金暈金星

眉子色青或紫短者簇者如卧蠶犀紋長者闊者如彪紋松紋其鴈攢湖對眉最精絶硯說劉忠肅詩蛾眉隱纖直

眉子石硯歌　東坡

君不見成都畫手開十眉橫雲却月爭新奇游人指點淺顰處中有漁陽胡馬嘶又不見王孫青瑣橫雙碧腸斷浮空遠山色書生性命何足論生費千金買消渴爾來喪亂愁天公謫向君家書硯中小牕虛幌相嫵媚令君曉夢生春紅

毗耶居士談空處結習已空花不住試教天女爲磨鉛千偈瀾翻無一語李方叔以古畫觀音易眉子石硯詩云憶昔翰林蘇謫仙溪藤寫贈眉子篇注云先生頃於南京嘗寫此篇贈子子石東坡詩子石如琢玉

劒易張近龍尾子石硯詩 東坡

我家銅劒如赤蛇君家蒼璧精而窪君持我劒向何許大明宮裏玉佩鳴衝牙我得君硯亦何用雪堂牕下爾雅箋蟲鰕二物與人初不異飄落高下隨風花蒯緱玉具皆外物視草草玄無

等差君不見秦趙城易璧指圖睨柱相矜誇又不見二生妾換馬驕鳴啜泣思其家不如無情兩相與永以爲好譬之桃李與瓊華東坡云僕少時好書畫筆硯之類如好聲色壯大漸知自笑至老無復此病昨日見張君卯石硯輒復萌此意卒以劍易之既得之亦復何益乃知習氣難盡除也

卯硯銘

東坡硯龍尾石開鵲卯見蒼璧與居士同出入更險夷無燥濕

子石硯詩　崔德符

石家有兒王含晶噓為雲氣吸為晴純精與之相感并孕育萬狀流千名黃昏鬼哭不忍聽且為白鵝了黃庭

棗心石

棗心兩頭尖如棗核又如晴晝微風清沼漣漪歙硯譜

棗心青潤有小斑紋皆乾坑石微燥失之頑歙硯譜

星石

荊公七星硯詩予聞星墮地往往化爲石石上有七星此理予莫測晁無咎七星硯銘如天其蒼匪正色杓檇魁枕森的鑠廣野成宫象所積古媧擣練疑此石又銘天雲而星雨斜横有河漢象從石生

綠石

暈有星斗雲霞仙人鴛鶴魚鴈之狀東坡詩皎皎穿雲月陳舜俞詩石間圓影疊金波是其狀也

趙光鄉硯綠如袍點如紫金班班匀布無羅紋米史

製法庚元亮帖云奉告硯令作之用作字良佳

硯成塗蠟與石相益便於洗濯不惹墨漬初使塗以薑汁研即着墨今人多云以蠟滅墨非也歙硯譜

攻琢貴精治不盡工佳石亦如常硯每得石擊候乃攻治須令人捧或內稻穀中欲其不實也歙硯說

攻琢龍尾石心貯水處圓轉如渦旋可愛蘇氏譜貫休硯詩低心蒙潤久入匣更身安古人硯心多渦也張彥實端硯詩中窪隱天成外削餘雷斧

石瑕石以瑩淨為先稍有痕皆非貴

石黶類雞迹　烏豚若肉胜　陽路如蚓跡

浪痕如帛紋　贅子若豆　擔線斜紋斷裂

硬線起處隱于　斷紋兩不相着　石孔石之膚

黃爛上中石皮

硯說

龍尾谿石堅勁發墨金星爲貴石理微麤手摩之索索有鋒鋩者尤佳在端谿上端谿以北巖爲上龍尾以深谿爲上較其優劣龍尾遠出端谿上（歙譜）

歙石多鋩惟膩理者特佳龍尾至精者可次端石（蔡帖）

麤羅紋稍細者易磨墨細羅紋稍堅者最發墨或以易磨爲發墨非也蔡君謨論墨在硯隨筆旋轉滌之泮然此乃石堅潤能發起不滯

於硯耳

龍尾石得墨遲久不燥羅紋石起墨過龍尾蔡記

羅紋金星蛾眉堅密溫潤天將雨水脈自生斯可寶者蔡記鄭亨仲詩一寸玄雲萬斛泉蓋此意

龍尾多種性堅密叩之有聲蒼黑色淺深不一有石文圓轉徑三寸餘當硯中謂之硯臺綠色而黑文橫其文纖長如眉雜以金星曰蛾眉石

石之材尺者殊少獨歙石有一二尺材最可愛

者每用墨滌之津然不復留漬是過端石唐錄

龍尾石硯求之江南故老云後主留意翰墨貴之劉貢父詩六朝文物江南多景祐中錢仙芝守歙得李氏取石處大溪水深不可入改流別道方可得人病其須復溪如初石中絕仍改溪流導故道所得盡佳石唐錄

蔡君謨辨歙硯詩玉質純蒼理緻明鋒鋩都盡墨無聲東坡歙硯解嘲君看龍尾豈石材玉德金聲寓於石

歙硯久無良材羅紋眉子不復見龍尾石拒墨

歐陽公推歙石在端石上世不然之石林避暑錄

歙石細者肌理如縿縠如涵星泓如眉有稜四壁垣垣削成類粹玉蒼壁容齋譜跋

舊硯

歐公硯得之王原叔江南故老見之曰故國物歐譜

余家歙硯識吳順義元年處士汪少微銘松操凝煙楮英鋪雪毫穎如飛人間五絕所頌者三物硯與少微爲五耶東坡雜說安鴻漸題楊凝式字詩端州石

硯宣城管王屋松烟紫兎毫更得楊居老書札人間無此五般高或用此體但兩次言筆耳米元章詩陶泓毛穎陳玄筆同日聲名四海飛獨有先生索高價誰人來獻洛陽歸亦此意

曇秀龍尾石硯所謂澁不留筆滑不拒墨者製以拱璧闕月為池蔣公希舊物　坡說

跋君璵風硯刻祥符己酉得於鉛山觀音院名僧令休手琢錢希白題牓刻荒靈二字歙之美者　坡說

翰林葉道鄉硯色淡青如秋雨新霽遠望暮天

表裏瑩潔無紋理石之美者得於歙今不復有唐録東坡歙硯解嘲詩碧天照水風吹雲明牕大几清無塵鄒道卿詩我有歙州韞玉石琢成高秋遠天碧

周昌謂硯青羅紋一星金紫色如鴝眼硯最奇米氏

一士家金絲羅紋半金半黑光彩異常米氏

殿丞崔崏硯金線環匝池中有金魚心有金雲唐録

校理錢仙芝二硯一中有金月下有雲翼之一

有金斗星二雲左右之色頗青 唐録

涵星龍尾石風硯二足琢甚薄得之黄成伯成伯嗜硯官婺源顧視一老工工贐硯云此石歲不十數用之久不漬墨如新 何薳春渚紀聞

詩

詩各附硯品瑣瑣者不録

歙硯詩 趙清獻

多謝君詩重見珍硯從黟水濯來新持當夏晝南牕下玉發光暉冷照人

歙硯詩 求硯於王監利

居家歙溪邊自採歙溪石刓磨清泉根剞斬紫虬脊羅紋洗瑩緻鵝眉隱纖直叩聲清而長觸手生汗液

龍尾石硯詩 寄猶子遠　東坡

皎皎穿雲月青青出水荷文章工點黮忠義老研磨偉節何須恕寬饒要少和吾衰此無用寄與小東坡

歙硯詩　林子來

瑟瑟方池霧縠紋麝煙初散墨花春晴牕晝靜

桐陰轉筆下雲生字入神

歙硯詩　陳了翁

歙溪澄湛千尋碧中有崎嶔萬年石腰粗入水始能鑿一硯價直千金璧輕絲膩色恍莫分熟視微見青羅紋乃知金線鵒鴝眼如玉有瑕安足論

銘

硯銘　徐鉉

它山之石是斲是治荆藍表潤雲霧含滋

章聖黼硯銘　東坡

龍尾黼硯

章聖所御賜外戚劉氏臣軾得之遺臣宗孟銘

黟歙之珍匪斯石也黼形而縠理金聲而玉色

也雲蒸露湛祥符之澤也

龍尾月硯銘　東坡

萋萋兮霧縠石宛宛兮黑白月其受水者哉生

明而運墨者旁死魄照千古其如在耿此月之

不沒

龍尾硯銘　孔毅夫　東坡

澀不留筆滑不拒墨瓜膚而縠理金聲而玉德厚而堅足以閱人於古今朴而重不能隨人以南北

歙硯銘　孔方平　李方叔

黝之泓縝以滋廣離騷補正詩

折足硯銘　刁季益　蘇直養

黟歙之珍擢于深谷刖而不辱習鑿齒之足

歙硯銘　董天仕　汪彥章

圜其中蒼璧墮窔其前初月破浤真泉如炙輠爲臞仙雲寳唾

歙硯銘　莊德邁　彥章

斵兹山骨以發天液轂理漪紋金聲玉質

歙硯銘

非端溪溫潤而漪紋非銅雀斷殘而古色

硯箋卷三

高氏似孫修

宿石硯
登石硯
明石硯
淮石硯
中正砦石硯
成石硯
沅石硯
潭石硯
太湖石硯

絳石硯
寧石硯
瀘石硯
萬石硯
歸石硯
吉石硯
灘哥石硯
嶽麓硯
石鍾山石硯

淄石硯
宣石硯
戎石硯
夔石硯
柳石硯
永嘉石硯
黛陁石硯
廬山硯
銅雀硯

漢祖廟瓦硯　灌嬰廟瓦硯　東魏興和瓦硯

楚王廟塼硯　古陶硯　青州石末硯

灘硯　磁硯　虢硯

澄泥硯　缸硯　銀硯

鐵硯　銅硯　蜯硯

漆硯　金龜硯

玉硯

黃帝治玉爲墨海篆帝鴻氏硯 蘇譜

天子以玉爲硯取其不冰 西京雜記

張宣夢海中樓閣金碧琅珮者數百人揖宣賦

詩硯碧玉色西清詩話

李元伯得玉材琢硯發墨可愛唐録章淵閒居録曰玉硯用墨處不琢令滑

雍熙中以玉硯賜錢王俶玉堂録

周世宗征淮南先鋒劉重進得吳楊溥玉硯以獻

貞元中許商舟行湖中青衣迎入一府女郎請書江海賦碧玉硯銀水頗黎為匣東坡云許旌陽君玉

玉於用墨處不出光便有芒常袞詩云官硯玉蟾蜍意以玉為之若以為硯滴又何惜焉李方叔

黄玉硯如蒸栗蔡帖米史云成州栗玉硯堅不着墨養直硯銘色如蒸栗玉之質

墨玉硯最為奇物蔡帖

乾道中范成大使金伴使田皐好論器玩云宣和玉硯在張浩家已葬攬轡録

水精硯

水精硯用墨處不出光發墨如歙唐錄米元章云水精硯磨墨汁入用

紅絲石硯晁叔用詩銀鉤洒落桃花牋牙床磨試紅絲硯

紅絲石紅黃相參不甚深理黃者絲紅理紅者絲黃其紋匀徹石工蘇懷玉言州西四十里山盤折而上五百餘步有洞狹容一人洞前大石款懸石生於洞之兩壁上下青赤石數重中有紅黃石如絲洞口絕壁有鐫字唐中

和年採石所記蘇工得石四五寸旋加磨治文華緻聲清越墨膏浮泛蒸濡如露異於他石一日洞門石摧遂絕唐錄

紅絲宜銀匣氣澤蒸濕墨色不乾冬易凍並唐錄

紅絲硯須飲水乃發墨歐譜

唐彥猷以紅絲石為天下第一石有脂脈助墨光蔡君謨

紅絲發墨謂勝端則過東坡與君謨帖

紅絲硯銘　汪彥章

餐霞道士赤膚肌隱然脉絡亂紅絲千齡不敗堅且滋誰其忍者斷厥尸

蘊玉石硯

青州蘊玉石理密聲清青黑色白點如彈不着墨米史

紫金石硯

青州紫金石理犏不發墨京東人用之

紫金出臨朐色紫潤澤發墨如端歙姿殊下唐録

晚唐競取紫金石芒潤清響　國初已之琢製

不精惟一巒琢平耳

紫金石與右軍硯無異端唐出其下 米帖

素石硯

宋高祖賜建平王景素石硯 江淹集

黄石硯

茹孝標黄石硯色不甚深墨光可鑑出新羅 唐録

青石硯

青州青石色理類歙發墨 米史

興平縣蔡子池穴深二百丈石青堪硯 劉澄之宋永初

山川記

陸道士硯圓首斧形青色光墨宜筆唐以前物 東坡雜記

後主青石硯墨池中黄石如彈丸水常滿既歸朝陶穀見而異之大不可持乃取石彈丸去後主曰此硯生水他硯皆不可用索之良苦陶碎之有小魚跳死無復潤澤 類説

宋虞龢論吳興青石圓質滑而停墨 高宗翰墨志

丹石硯

唐林夫遺丹石硯粲然如芙蕖出水殺墨宜筆

唐氏譜天下硯不知茲石銘彤池紫淵出日所浴蒸為赤霓以貫暘谷是生斯珍非石非玉後元章以徐熙牡丹圖易唐林夫硯

白石硯

蔡州白石硯理滑 宋史

鵲金硯

鵲金硯奇物 蔡帖

褐石硯

東州褐色石可硯 蔡帖

西都會聖宮硯

會聖石在澗中色紫如鎸石差硬發墨扣無聲 米史

高麗硯

高麗硯堅密有聲發墨色青間白有金星 米史

僊石硯

浮盖山僊壇洞有僊石硯 皮日休集

汪藻浦城浮盖山僊石硯詩 天匠巧琢石硯形圓帶方壁生毫筆潤磨巷墨雲香

高常與客下天壇中路獲硯石似馬蹄外稜孤聳內發墨色幽奇天然疑神僊遺物

金雀石硯

淄州金雀山有蘊玉金星二石中硯邵堯夫詩銅雀或常有未常見金雀金雀出何所必出自靈嶽剪新白雲根分破蒼岑角水貯見溫潤墨發如瀺濯

金雀山石紺青潤密叩如金玉用墨不遽歙唐録

金坑石硯

金坑礦石堅而發墨歐譜

鳳咮硯

延平石出水底溫瑩縝密有玉之德益墨色蘇魏公集又銘云石出延平矩琢茲器坳堂引水晉圭去銳

北苑鳳凰山下石膚潤益墨王顧始為硯東坡名之鳳咮銘帝規武尼作茶圃山為孤鳳翔且嗅下集芝田琢瓊玖玉乳金沙發靈竇殘璋斷璧瀋而黝治為書硯美無有至珍驚世初莫售黑眉黃眼爭姸陋蘇子一見名鳳咮坐令龍尾羞牛後歙人病丗言後求硯於歙歙人曰何不使鳳咮石作解嘲云君看龍尾豈石材玉德金聲寓於石東坡雜說

鳳凰咮潭中石蒼黑堅緻如玉與筆墨宜欒城

黯淡石聲堅清磨久不得墨米史

東坡鳳咮蓋黯淡灘石一出鹵水去灘四十里細潤不發墨灘石宜墨膚理不及鹵水葉夢得又詩深知黯淡灘流澤不待呵揭來訪九淵引綆出素波

洮石硯

石出臨洮山谷

洮河綠石性腴不起墨不耐久磨米帖張文潛和山谷詩云明窻試墨吐秀潤端溪歙州無此色晁无咎和山谷詩云洮州石貴雙趙璧漢水鴨頭無此色楊信相詩但見臨州琢蛾綠爲用歙溪眉子爲又晁无咎洮硯銘曰洮之崖鴨綠謝

幼槃詩老松收烟琢圭玉可試洮州鴨頭綠

綠洮石硯詩 山谷詩又云久聞岷石鴨頭綠可磨桂溪龍紋刀

山谷

張文潛贈君洮州綠石含風漪能淬筆鋒利如錐

𤄶石硯

石理濇可礪深綠可愛有波紋小黑點謂之湔墨點緊者與墨鬬慢者滲墨無光佳者在洮石上 米史

唐石硯

唐州紫石色澤可愛膩不發墨人以爲端石唐録唐石佳者與端石亂真特以無眼辨之

宿石硯

宿州樂石硯潤膩發墨無石脉米帖

絳石硯

絳州角石色如牛角有花浪頑滑不發墨歐譜蔡帖三疊角有佳趣

淄石硯

淄石韞玉硯發墨損筆

青金石青黑相混少潤而發墨與端歙上下　唐録

淄川石門澗石青黑相錯如雜銅屑理極細密范文正公居長白山以為硯發墨類歙石久則裂　類苑

青金石青黑相參點如銅屑細密不堅叩無聲　唐録

淄州石理滑易之在建石之次　米史　似孫按寰宇記曰淄州產長理石

登石硯

登州駞基島石色黑羅紋金星發墨類歙 唐録

寧石硯

寧州歲貢硯十枚 九域志

宣石硯

李白詩麻牋素絹排數箱宣州石硯墨色光

明石硯

米帖明州石硯石甚[illegible]

瀘石硯

瀘川石硯黯黑受墨視萬崖中正砦石白眉銘山谷

戎石硯

戎州試金石類淄石

淮石硯

媧皇鍛鍊補天石天完餘石人間擲擲向淮山山下溪千古萬古無人識去年臘月溪水枯奪得江頭數峰碧野夫採得琢爲硯形壅水流流若璧。楊次公辟雍硯詩

萬石硯

萬州懸金崖石黑潤有銅屑眼如豆發墨叩無聲萬有磁洞石米帖曾伯裒詩山匠琢成磁洞硯溪翁擣出浣花箋

蘷石硯陳了翁詩黑石巴山硯魚鱗蜀客箋

蘷石色黑理乾間有黑點如墨玉發墨米史

中正砦石硯山谷詩蠻溪大硯磨松烟

縝栗密緻德也礱而不瑂質也生石之渊中正砦蠻溪之别也

歸石硯劉原父詩巴巫之山足奇石氣含秋雲如黛色

歸州大沲江之一曲石色綠理少密緻唐録

大沲石青黑理微瘖發墨峽人謂江水爲沲

歸石有風濤象滲墨無光緑可愛

柳石硯

龍壁下多秀石可爲硯柳文柳州山水記

成石硯

成州栗亭石色青銅點大如指理慢發墨米史

吉石硯

吉州永福石硯色近紫理瘖不潤硯録

永福縣紫石狀類端之西坑發墨過之米史

永嘉石硯

硯溪一源多石硯永嘉郡記

永嘉觀音石硯比端溪尤良潤微不及鄭剛中集

沅石硯又有一石碧色紋理如皺縠

單煒以沅石硯遺吳琚進重華宮色紫間有金痕滑不宜墨

灘哥石硯

神龍改元天竺僧示灘哥石硯壬爍西人習知

西州言灘哥石鑿黑在積石軍西潛巖居士集

黛陁石硯

劉貢父黛陁石硯詩一片蒼山石遥怜巧匠心
能存辟雍法究是馬蹄金
氣奪秋雲濕光涵墨海深
魚龍隨醉筆變化出幽涔

潭石硯

潭州谷山硯淡青紋如亂絲扣無聲得墨快有
尤米史

嶽麓硯

欒城法光嶽麓硯詩筆端無古亦無今翰墨淋
漓非世音要知此物非他
物雲靄西
山玉一尋

廬山硯

與潭州谷山同 米史

太湖石硯

皮日休序曰處士魏不琢買龜頭山疊石硯高不及二寸其仞數百謂太湖硯日休詩求於花石間怪狀乃天然中瑩五寸劒外差千疊蓮陸龜蒙詩截石下秋灘閙窺四緒寬繞為千嶂遠深置一潭寒王子年拾遺記曰吴郡有硯石山

石鍾山石硯

東坡帖米元章得山硯於湖口石鍾山側甚奇

銅雀硯

瓦出銅雀臺多斷折間有全者煑以歷青發墨可用好事者愛其古唐録欒城銅雀硯銘石質金聲頗盡其妙

銅雀瓦澄胡桃油埏與衆瓦異蘇譜陶穀詩煉盡沙石滓陶成金玉胚

相古瓦誠佳然少真者歐録蘇譜云大名相等處作假瓦

徐鉉得銅雀瓦注水試墨即滲鉉嘆曰豈銅雀之渴乎談苑李漢老詩魏官歌舞久灰塵重見陶家幾世孫銅雀不鳴唯解渴飲管城何罪遭遣

硯箋田此

銅雀硯以古見貴色頗青肉厚平瑩多工姓氏隸古蔡帖陶商翁詩得自銅雀臺收晚稜角推四方綠琉璃一片青玫瑰

銅雀硯甚發墨可使米帖

鄴郡三臺舊瓦琢硯勝澄泥賈氏談錄

銅雀瓦驗有三錫花雷布鮮疵是也風雨雕鐫不可偽晁氏客錄予硯奩一硯可八寸青色錫花製作渾古墨坳如滲踳駁尤甚

先公在燕得瓦硯長尺半闊八寸隸建安十五年隨筆

古瓦硯詩張殿院惠　晏元獻

鄴城宮殿久荒涼，繚瓦隨波出禁墻。誰約蘚文成古硯，等閑裁破碧鴛鴦。崔德符詩：一從臺傾荒樹死，空餘飄瓦裁紋鴛。劉原父詩：當時鴛鴦夢飛入魏宮來，崇構滅餘香，碧瓦空在我。

已忽玉鋒磨蘚骨，更持蟾淚濕雲根。欲知千載淒涼意，尚有昭陽夜雨痕。劉原父詩：磨礱變新硯，洗刷滌故苔。

古瓦硯詩 答章望之 韓魏公

魏宮之廢知幾春，昭陽殿瓦霾荒榛。蘚斑入骨尚乾翠，夜雨點漬痕如新。

古瓦硯歌 歐公詩又云我 歐陽公

巍然銅雀高岧岧此瓦一墜埋蓬蒿苔文半滅

荒土蝕誰使鐫鑱成凸凹

古銅雀硯銘 東坡銘漳濱之埴陶氏我厄受成不化得反天宅

山谷

王文叔守洛得銅雀瓦於深水其子為硯歸魯

直銘維曹氏西陵之陶瓦其屋歌舞以除風雨

初不自期為翰墨主不有君子長與璧為伍

漢祖廟瓦硯 定州漢祖廟上瓦 梅聖俞

硯取漢廟瓦誰恤漢廟隳重古一如此吾今對

之悲

灌嬰廟瓦硯

贛雩都灌嬰廟左有池得瓦可為硯予守郡得刓闕兩角重二十斤瀋墨如潑其色沛然正黃

隨筆

東魏興和瓦硯 興和靜帝年號 距建安三百年

先公得小瓦箎花團不逮銅雀腹篆東魏興和

隨筆

楚王廟塼硯

楚王廟塼可為硯宜成驛記

古陶硯

鄭亨仲硯記云唐人所用皆陶

鄴惟濟得陶器體圓色白中虛徑六七寸酌水於輪郭間隆起處磨墨甚良古硯也麈史

相陶在銅雀上綠如春波細滑着墨微滲不費筆米史

青州石末硯

青州石末第一磨墨易冷

青州石末受墨而費筆蔡君謨

公權論石末云墨易冷世莫曉其語青州易得無足珍唐人作羯鼓鞚豈硯材乎東坡雜詩

公權記石末硯墨易冷或爲冷石堅磨力兩剛相拒必熱而沫磨墨如病兒貴其輕也唐中世未甚知有端歙當是以瓦質不堅磨墨無沫爾石林避暑録又云研中沫起取耳中塞一粟投之一再磨不復見

濰硯

唐人稱濰州石末硯發墨麤損筆今青州檀名歐譜

濰州石末硯公權謂青州石末硯濰乃青北海縣 唐錄

磁硯

梅聖俞答王幾道遺磁泥古硯詩澄泥叢臺泥斷瓦鄴宮瓦初從故人來來自邯鄲下

虢硯 附稠桑硯

虢州歲貢十硯 通典蘇譜云虢貢鍾馗石硯未知鍾馗之由

虢澄泥唐人以為第一劉義叟如譜法造之絕佳余得其二一贈原甫一置中書閣今士大

夫不學書罕事筆硯硯之見於時者惟此爾 歐公

虢石細紫可愛發墨不滲久漸凹磨墨有泥香 米史

元和初叔祖宰虢山澗得一紫石琢爲硯名稠桑硯 李濟翁資暇錄

澄泥硯

澤州金道人澄泥硯有呂字堅緻可試墨 歐譜王孜

藏石硯識者曰呂公造旁篆二方圍玉色金聲奇物 按孜稱高尚處士字元甫

澤陶硯以別色泥作吕字内外透米史山谷吕道人硯詩校

書天禄閣藝竹老風煙新書先舊物包送北青氊陳商彜吕道人硯詩銅雀臺邊多事上走上觚稜蔭歌舞餘香分畫垢不除却寄書淋汗纏揩豈知此瓦凝青膏冷面不識姦雄曹吕翁已去法賒泫通譜未許弘農陶

絳人囊泥汾水中踰年陶爲硯水不涸費氏談録硯法

以泥挼水貯罌内別甕貯清水夾囊盛泥擺之俟其細去水乾入黄丹和作模擊之令至堅竹刀刻作硯蔭乾曝絮以稻糠燒一伏時入墨蠟貯米醋蒸五七度含津益墨亞於石蘇氏譜

缸硯欒城有賦

蜀老以藥煑破缸為硯

銀硯傳玄硯賦曰鍛金鐵以為池

上燕謂劉聰曰卿贈朕銀硯憶否蕭方等三十國春秋

御物三十種有純銀參帶硯一枚魏武雜物疏

鐵硯

青州熟鐵硯發墨賈氏談錄

青州鐵硯製作頗精歐譜

張華博物志成武帝賜青鐵硯于闐所貢王子年拾遺記

桑維翰鑄鐵硯曰硯弊敗改而他仕五代史傳陸龜蒙石筆格賦莫比巾箱之貴堪齊鐵硯之高

洪崖先生歸河內舍人劉守璋贈楊雄鐵硯

銅硯

東魏孝靜帝芝生銅硯

米元章鑄生銅硯甚佳李方叔帖又曰銅硯易研敗筆

蜯硯

袁彖贈庾廙蜯硯

漆硯

皇太子初拜有漆硯一枚東宮故事

金龜硯

山谷銘曰叔祖公溥得石溪澼剖璞見龜以爲書府有石刻集中不載

硯箋卷三

硯箋卷四

高氏似孫集

賦

硯賦　傅玄

採陰山之潛璞，簡衆材之攸宜，節方圓以定形，鍛金鐵而為池，設上下之剖判，配法象乎二儀，木貴其能軟，石美其潤堅，加采漆之膠固，含沖德之清玄。曾南豐實録院謝賜紙筆硯表曰：陰山堅石之璞，用堅字，似未知石傳玄。

賦曰石美其潤

堅蓋取此耶

石硯賦　　張少博

硯之施也備乎用石之質也本乎山溫潤稱珍騰異彩而玉色追琢成器發奇文而綺斑蓋求伸於知己爰得用於君子故立言之徒載筆之史將吮墨以濡翰乃操觚而汲水始爛爛以光徹終霏霏而煙起或外圓而若規或中平而如砥原夫匠石流盼藻瑩生輝龜負圖而乍伏鵲抵印以將飛設之户庭王充之名允著置之藩溷左

思之用無遠徙觀夫清光景耀真質霜淨符彩
華鮮精明隱映皎如之色比藏冰之玉壺煥然
之文狀吐菱之石鏡當其山谷之側沉冥未識
韞玉吐雲懷珍隱德及乎因人而拂拭故能撫
之類磬發奇音對之若鏡開新色既垂文以呈
象亦澄瀾而潰墨硯之用也詎可興歎而棄石
之堅然孰謂有時而泐斯可以正典謨之紀垂
篆籀之則者也遂更播美六書傳芳二妙用之
漢帝嘗回彭祖之席存之魯國猶列宣尼之廟

是以遺文可述茲器爰匹匪銷匪鑠良金安可比其剛不磷不緇美玉未足方其質光鳥跡於青簡發龜文於洪筆則知創物作程事與利并茲硯也所以究墨之妙窮筆之精者也

夫子廟石硯賦　王嵩崿

昔夫子有石硯焉邈觀器用寔無雕鐫古石猶在今人尚傳從歎鳳兮何世至獲麟兮幾年世歷近王近霸年止幾祖幾遷任迴旋於几席垂翰墨於韋編時亦遠矣物仍在焉非聖人之休

佑安得兹而不稍泊乎佑遠聖賢教移齊魯列
廟以居先師攸主上熒熒以光徹旁纍纍而色
固介爾堅貞確乎規矩昔有諸侯力政周道無
聞嗟禮樂之仍闕歎詩書之未分聖人乃啓以
褒貶垂以典墳必藉兹器用成斯文蓋石固而
人往亦事存乎硯云至乃方質圓形銅模龜首
雕飾爲用陶甄可久横絲煙而不絶添淥水之
常有豈如石焉斯爲不朽昔偶宣父厥容伊何
旁積垂露中含偃波時代遷移去游夏而彌遠

日月逾邁變炎涼之已多別有逢掖書生獻策東京仰望先哲攻文後成叨東筆以當問愧含毫於頌聲

石硯賦 山水暉映 墨妙筆精 黎逢

有子墨客卿從事於筆硯之間學舊史之暇日得美石於他山琢而磨之其滑如砥欲研精而染翰在虛中而貯水水隨暈而環周墨浮光而黛起明而未融是以為用久而不渝故以為美成蹤尚古徵闕里於素王匠法增華參會稽之

内史且王言惟一道心惟微于以幽賛由之發揮從人之欲委質莫違代若遐棄文將疇依肅觀光而霧集賴設色而煙霏實將振文而為邦豈惟蘊玉而山輝者哉君無謂一拳之石取其堅君無謂一勺之水取其淨君其遂取我有成性茍有補於敷闈圖無辭於蘊映惟聖人有大寶昊天有成命莫不自我以載形因我以施令志前王之事業作後人之龜鏡夫物遷其常天運不息水有涸兮石有泐代貴其不磷我則受

其堅代貴其不染我則受其黑象山下之泉為天下之式因碌碌於俗間類栖栖於孔墨嗚呼辭尚體要文當絶妙雖濡翰其不疲無煩文而取誚然君子以其勁質或升之堂或入之室對此大匠厠諸鴻筆見珍於殺青之晨為用於草玄之日夫氣結為石物之至精攻之為硯因用為名事若可久代將作程斯器也不獨堅之為貴諒於人之有成

硯賦

吳淑

採陰山之潛璞琢圓池於壁水成墨海於一細
作夏鼎之三趾選自斧柯置之綈几或採於吳
都山下或取於永嘉谿裏若夫蓮葉馬蹄之狀
圓天方地之形木則貴其能軟玉則取其不冰
鴿曾聞於衡水蟻或見於沈罍滴蟾蜍之積潤
點鴝鵒之寒星爾其郎官之様鍾繇之製甄后
則以爲常用字文則不能久事劉弘嘗援於晉
武彭祖曾同於宣帝盧携怒以相投韓愈述其
見瘞至於梁武不珍於翔鳳道夫初得於浮檀

蜂貽庚翼鐵遺洪崖髡微茫之金線重點滴之青花亦聞稠桑美石興平青色筆運翰染浮津輝墨學時方儗於涷開洗處常聞於水墨張華以麟筆同賜左慈以素琴並得取端溪者價重千金出青州者名標第一或為祖先而增感或因雷霆而遷失至於汾水精奇墐泥妙絶歙山既重於龍尾西域但施於竹節秘雀臺之滑膩寶栗罔之潤潔斯所以作城池於筆陣非徒比石墨於讒說也

古瓦硯賦

吳融

勿謂乎柔而無剛，土埏而為瓦；勿謂乎廢而不用，瓦斷而為硯。藏器蠖屈，逢時豹變。陶甄已往，含古色之幾年；磨瑩俄新，貯秋光之一片。厥初在冶成象，毀方效姿，論堅等甓，鬭縹勝瓷。人莫我知，是冬穴夏巢之日；形為才役，乃上棟下宇之時。扶同杞梓，廻避茅茨。若乃臺號姑蘇，殿稱枍栺，樓標十二之聳，閣起三重之麗，莫不瓴甋凝輝，鴛鴦疊勢，鋒寒如鏤，行蹤若綴，銜來而月影重重漏出而爐香細細觚稜金爵競託岩嵬玉女胡人爭來睥睨陵谷難定松薪忽焉朝歌有已秀之麥咸陽有不滅之煙是則縱橫舊址散亂荒阡風飄早落雨滴仍穿藏瀰迤之春蕪耕牛腳下照青熒之鬼火戰骨堆邊誰能識處亦莫知年何斯邂逅見寵雕鐫資手有作備我況研磬在水以羞浮鍾因霜而謝響玉滴一墮松煙四上山雞誤舞澄明之石鏡當頭織女疑來清淺之銀河在掌異哉昔之藏歌蓋舞底日

千霄繁華幾代零落一朝委地而合隨塵土依人而却伍瓊瑤天祿石渠和鉛即石風臺雪苑落筆爭邀依依舊物歷歷前朝沈家今生上迴看能無淚下江中書歸來偶見得不寬銷有以見古今推移牢籠眇漫成敗皆分短長一貫何樹春秋各千年何花開落唯一旦星隕地以為石盡滅光輝雞升天而上仙別生羽翰異類猶然浮生莫算

歌詩

青花紫石硯歌　李賀

端州石工巧如神踏天磨刀割紫雲傭刓抱水含滿唇暗灑萇弘冷血痕紗帷晝暖墨花春輕漚漂沫松麝薰乾膩薄重立脚匀數寸秋光無日昏圓毫促點聲清新孔硯寬頑何足云

寄鄭碏疊石硯歌　莊南傑

媧皇補天殘錦片飛落人間為石硯孤峯削疊一尺雲屏斡熊跪勢皆編半擲春泉澄淺清洞天徹底寒泓泓筆頭搶起松煙輕龍虵怒鬬秋

雲生我今得此以代耕如探禹穴披崢嶸披崢嶸心骨驚座中髣髴到蓬瀛

硯詩　楊師道

圓池類璧水輕翰染煙華將軍欲定遠見棄不應賒

硯詩　李嶠

左思裁賦日王充作論年光隨錦文發形帶石巖圓積潤循毫裏開池小學前君苗徒見爇誰詠士衡篇

殷十一贈栗岡硯詩　李白

殷侯三玄士贈我栗岡硯洒染中山毫光輝吳門練天寒水不凍日用心不倦攜此臨墨池還如對君面

石硯詩　崔德符巨硯行對此陂陁一大硯可容十手磨松烟用杜句　杜甫

平公今詩伯秀發吾所羨奉使三峽中長嘯得石硯巨璞禹鑿餘異狀君獨見其滑乃波濤其光或雷電聯坳各盡墨多水遶隱見揮洒容數

人十手可對面比公頭上冠止貿未爲賤當公
賦佳句况得終清宴公含起草姿不遠明光殿
致于丹青地知汝隨顧眄

韓少尹贈硯詩　　韋應物

故人在遐遠留硯寵斯文白水浮香墨清池満
夏雲念離心已永感物思徒紛未有桂陽使裁
書一報君

紫石硯詩　　劉禹錫

端溪石硯人間重贈我應知正草玄闕里廟中

空舊物開方竈下豈天然玉蠩吐水霞光淨彩翰搖風絳錦鮮此日傭工記名姓因君數到墨池前

柳子厚寄疊石硯詩　劉禹錫

常時同硯席寄此感離群清越敲寒玉參差疊碧雲煙嵐餘斐亹水墨兩氤氳好與陶貞白松窗寫紫文

硯詩　僧貫休

淺薄雖頑朴其如近筆端低心蒙潤久入匣便

身安應念研磨久無為瓦礫看儻然人不棄還
可比琅玕

古銘頌傳讚文狀啓

硯銘　繁欽

爰初書契以代結繩觀文察理庶績誕興在此
季末華藻流遙文不寫行書不書心淳樸澆散
日以崩沉墨運翰染榮辱是懲念茲念茲唯玄
是徵

硯銘　李尤

硯銘　梁武帝

書契既造硯墨乃陳篇籍永垂紀誌功勲

音 [illegible] 德 [illegible] [illegible] 圓 墨 [illegible]

硯銘

璧圓水方路直匪明

丘遲

硯頌

繁欽

有般倕之妙匠兮頫詭異於遐都研山川之神瑞兮識嘉璇之内敷遂縈繩於規的兮假卞氏之遺模擬渾靈之肇樸兮效羲和之毀隅鈞三趾於夏鼎兮象辰宿之相扶供無窮之祕用兮御几筵而優遊

硯讚　繁欽

顧尋斯硯乃生翰墨自昔頡皇傳之罔極或厚或薄乃圓乃方班采散色漚染毫芒點黛文字燿明典章施而不德吐惠無疆浸清甘潤吸受

流光

即墨侯石虛中傳　　李觀

石虛中字居默南越高要人也性好山水隱遁不仕因採訪使遇之於端溪謂曰子有樸質況厚之德兼有奇相體貌紫光噓呵潤澈頗具材器但未遇哲匠琢磨耳禮不云乎玉不琢不成器人不學不知道子其之謂矣今明天子御四海六合之內無不用之材無不成之器吾今奉命巡察天下風俗採訪海內遺逸安敢輒怠厥職

見賢不薦者歟子無戀溪泉自取沉棄耳虛中曰僕生此南土遠在峽隅自不知材堪器用既辱採顧敢不唯命是從採訪使遂命博士金漸之規矩磨礱不日不月果然業就虛中器度方圓皆有邊岸性抱謹默中心坦然若汪汪萬頃之量也採訪使以聞于省司之考試使與燕人易玄光研覈合道遂為雲水之交有司以薦于上上授之文史登臺省處右職上利其器用嘉其謹默詔命常侍御案之右以備濡染因累勳

績封之即墨侯虛中自歷位常與宣城毛元鋭燕人易玄光華陰褚知白常侍帝左右皆同出處時人號爲相須之友

史臣曰衛有大夫石碏其先顓帝之苗裔也出靖伯之後曰甫甫生石仲仲之後曰碏春秋時仕衛世爲大夫焉即墨侯石氏與衛大夫即不同也蓋出五行之精八音之靈嶽結而生稟質而名懷寶爲玉吐氣爲雲發硎利刃與天地長存者也

瘞硯文　韓愈

隴西李元賓始從進士貢在京師或貽之硯四年悲懽否泰未嘗廢用凡與之試藝春官實二年登上第行於褒谷間役者誤墜地毀焉乃匣歸埋於京師里中昌黎韓愈其友人也贊而識之曰

土乎成質陶乎成器復其質非生死類全斯毀不忍棄埋而識之仁之義硯乎硯乎瓦礫異

謝朱梁祖大硯瓦狀　李琪

伏以記室濡毫於犢鼻刃側非多史臣染翰於螭頭筒形甚小尚或文章煥發言動必書為號令之詞作典謨之訓如臣者坐憂才竭行怯思遲自叨金馬之近班常愧玉蟾之舊物豈可又頒文器周及禁林製作泓渟規模廣滑閟宮苔而色古連沼石以光凝敢不致在坐隅酣茲筆陣餘波浸潤便同五老之壺終日攜磨豈但一丸之墨如承重寶倍感殊恩

代宋建平王謝賜石硯啓

奉勅賜石硯及法書五卷敬閱籀篆側觀硯功
張衡慙奇金瓊羞麗臣夙之翰能素謝篇伎空
賁恩輝徒隆慈觴仰結聖造伏銘私荷

篆法偏旁點畫辨

本書選用中國國家圖書館藏本影印

余訪書得《篆法偏旁點畫辨》《釋篆法辨》，知爲吾四明人士應在撰，而不知其何時人。嗣見錢塘汪沆《小眠齋讀書日札》云：『《篆文辨訣》一卷，明句章應在止善輯、仁和莫可易震生增次、海鹽孫爾振允揚篆正。』私以爲汪氏既題明代人，必有所據。但未知明代之初，抑明代之季；且不知句章者，慈乎？鄞乎？今偶檢張金吾《藏書志》，有《應子篆法偏旁點畫辨》一卷、《釋篆法辨》一卷，注明刊本，元應在撰。前有自序，從舊鈔本補録。是書根據篆書以訂隸、楷之誤，取俗書之戾於篆者，辨正點畫，剖析毫釐，括作七言詩歌，以便誦讀，冠之篇首曰『篆法偏旁點畫辨』。在又自爲之注，曰『辨釋篆法辨』。其書刊謬訂誤，至爲精密，非究心篆法者不及此。《述古堂書目》、倪氏《補元史藝文志》俱著録，皆未詳其名，知其未見自序也。伏讀《欽定佩文書畫譜》，有元應在《篆文辨訣》採入卷四，論書即《篆法偏旁點畫辨》也。張金吾《藏書記》又載《篆法偏旁點畫辨》一卷，注舊鈔本，後録應在止善甫自序。然則汪氏所謂明人者誤矣。抑或汪氏别有所據。元享國僅八十年，元之末、明之初亦未可知也。要之此書可寶，况爲吾鄉哲之書，當歸安姚彦侍覲元刻《咫進齋叢書》時搜得此本，將入之，故題『咫進齋叢書』五字於書縫，不知何以於第一、第二集未録。意者以其時代無可考乎？余既先見《讀書日札》，又見《愛日廬藏書志》，因得考其詳焉。且即以詩歌言亦古奥不俗。余曩歲得湯豫亭容渭《六書辨异》二卷，將刻入《四明叢書》，以其於六書多有辨證，兹又得此，擬同刊入第八集。咫進所遺者，由余補之，不成一佳話乎？甲申孟冬，約園。

（《約園雜著三編》卷一《藏書題跋一·篆法偏旁點畫辨　釋篆法辨》）

泉唐汪沆小眠齋讀書日札篆文辨訣一卷
明白章應在止善輯仁和莫可易震生增
次海鹽孫爾振允揚纂正即此也歲壬午爲
公家訪書得是書乃歸安姚彥侍覲元將刻之進齋
叢書搜得之本其鈔校校用之進齋叢書而今所版
行第一第二兩集尚未入之者也顧應君爲云四明人其
籍爲鄞爲慈慈亦稱白章既無可攷時當在明何代清爲康熙與乾

後並無可稽詢諸張君菊生亦復茫然此書為汪氏所錄姚氏所采讀之誠為匡繆之作即以詩歌論亦古奧不俗宜入四明叢書第八集

甲申秋伯園識

自序

字學不　比之篆法不無差謬有自來矣顔魯公集干祿書而字尚譌柳公權爲一代師而柳字亦謬至於漢之后經猶有可議者而况其餘近世所尚晉帖唐碑字體愈變其閒蓋有名世者翕然从之遂使童穉習書自幼至老但知其變體而不識其正文如井作丼秉作秉如此等類不可悉舉其誤後學何可勝言賴有毛韻所修點畫旁偏可以究其一二苟能以此爲正

者反爲世俗駁誚吁期欲得古其可得乎予拙於艸隸習工小篆幾廿年家貧無書所閱不過說文韻 而已其於六書之故豈能悉通 者與夫 刻工不知篆法苟欲書篆輒㠯俗隸偏旁臆度成字罔世誣民紕繆爲甚識者觀之不能无歎焉遂於暇日采摭俗隸之偏旁相類而不合於篆者編爲詩歌俾之觀誦以解其惑庶有補於將來

句章埜褐應在止善甫書

巫書畫譜作夾

康應鹿頓皆匪广縮
韻覷體不从朱

日書畫譜作白

收書畫譜作求

應子篆法偏旁點畫辯

鳥迹科斗既茲昧后鼓遺文起自周其後李斯工
小篆篆中生隸有从由須知六體深藏義會意諧
聲各可求後世偏旁多舛繆幸存復古可旁揆試
看奉奏春秦泰隸首雖同篆不侔文市方言交永
主難將點畫一般求兼幷既不同羌首美益何堪
比半酉合辯糞身全異翼當知差首亦殊羞巫人
豈類來人迹農字那从曲字頭應鹿有頭非是广
岳兵同首不同乓退遨盡向彳旁取甘曰皆从口
內收刀力微茲分劵券同倦厶突亾彷佛兆荒流勝

辯一

原本豈類作類矣今據釋文改那从作文非今亦據釋文改

同作相

正反書畫譜作倒顛

同作籀

支攴作攴攴 書畫譜仍作支攴

从誤作充 兢誤作兢

券作劵不成字元非劵牽字从牵不成字不是牟莫道
塞寒均一體當明覆履不同謀夒形卻自夓猱生
角牛字何从午出頭若解活甛難共舌方知屆宙
不同由當分攴支丈微如攴合辯図匆鹵古文西近
似卣卣二或正反籀作[illegible]兩華般仰覆水成溝支
攴略異分桉枝杖収掑甲微殊別戒戎明得罖頭
非是里乃知夒首亦非重臼文寫就幾如自思字
看來仿似恖晉首還从雙至得競頭當以兩言从
當知兢字非雙克須記曹頭用兩東普用竝頭从
兩立弼因弜體用雙弓弜強音別文還別普普替

頭同足不同蝶自虫邊从一疌蜂于逢下用雙虫
茲時但用雙玄竝友字還从兩又重攄畔用雩非
用慮彌㫄从長不从弓智知不可文通用好玻原
來字不同昔比朁不成字頭皆匪廿巽同異足各非
共津㫄有𦘔原非聿騂畔从羊不成字不是辛合省
戎㫄難比戊當知暘畔不同申楚疏用疋疏原非
足弃育从去不是云鼏冂冪兩虫方有蠠蜜土行
三鹿乃揚麈彝頭非米炎爲疋肩下如肖肖是眞
冂几但分形闊狹玉王惟辯畫稀勻哂時但用弓
㫄欠瞬字當从目畔寅戟字非从戈畔卓陣圖卻

辯二

沛譜作濟
包譜作匀 相譜作一
桓譜作桓
檴譜作樺 樗譜作樗
呂譜作呂
眠譜作瞑
跗譜作桴

用攴邊陳艸頭从早通爲皂木畔从屯郎是椿韱
畔用韋非用革楃旁从木不从巾巿旁从水通爲
沛敔下从山郎是岷兄允兖充皆共足獨於克字
不同几人句勻勻背翻俱異旬包軍頭反相如恒
近於桓非共亘沒幾于役不同殳雩旁著木翻成
檴木畔从虖始是樗表素責青頭竝異喪辰畏屐
足皆殊丸形近似瓜和爪掌失迹全殊矢與夫臭
不成字下米夲分㬥暴黍旁占古別黏黏𪐴呂此二字不成字
每乍眠人別台弁弘私厶口殊羽上从殹西州音通作
彖木旁从付郎爲跗抑文卻是从反印幻字原來

贊譜作贊　朁譜作朁

因譜作从　下譜作不

踦譜作羈

旁譜作𠂤邊

時譜作文

是倒予贊輦替朁頭並異壺壼壹橐首皆殊旅依
近似衣還異旆飾相親帀不成字則非致畔莫差爻
作攴攲旁當正欠爲夋美㲋有足同兔萈象馬分
蹄異鷹爲華葉棄乘頭並異舜爵愛受首俱奇悚
時卻用心旁隻擺字惟从手畔卑布用父頭難比
有具因收足下同其手旁用后通爲拓同摭足畔从
奇卽是踦后畔家聲諧作㒸𠂤旁左字疊成豪朋
明胡服旁皆異要賈票垔首欲迷日畔从王非是
旺口旁从帝不成唬休言去吉皆从土莫道封封
盡屬圭溺字卻从人畔水洗時還用水邊西旨旁

有首方爲稽斯下从言卽是嘶郭孰有旁皆異享粟覃同首各非西額旁用各非从客盼畔从分不是兮攜本用巂非用雋鐫還从雋不从巂耗時認取微如手棒字看來近似杯合省眉頭非用夕當知面下不从回金旁用廣非爲礦土畔从佳不是𠂤折畔卻須从兩屮薛旁不可用單𠂤薪柴便可爲營寨禾藍還堪作豆稭虫在叉間原是蚤狸藏艸下卽爲埋从糸从定非爲綻袒則衣旁以旦諧旦畔从人通作袒禿旁从頁不成積邑旁用咢通爲蕚艸下从宣卽是藼邑內共行方是𨞚木邊从

手譜作扭　杯譜作桮

夕譜作尸

間譜作中

从譜作以　袒譜作綻

卽是藼譜作不是萱

𨞚譜作菍

戌村 譜作为邨
罼 譜作[illegible]不 改前兩罼字 亦須一律
蝯 譜作猿
暖 譜作煖
卻 譜作卽

陝 譜作狹

戌 譜作戍

寸不成村蜱將虫弟爲魚罼蝯以虫爰代犬袁日
落蝉中原是暮泉流厂下卽成原火旁从㒷方爲
暖火畔从爰卻是暄山上有山非是出口旁从口
卽成喧渣查只用木旁且蘊韞惟从艸下溫闅鬧
閴閺鬮鬭閲篆皆从鬥不从門女旁从㒷方爲軟
手上从臤卽是慳合記衛从韋下市當知魏有鬼
頭山刅文點畫全如刃辨釆偏旁不類班陝用㠯
旁非用犬寬非从萈卻从萈莟生于水當从水彈
起于丸合用丸綵採只須从獨釆欄攔皆合用單
闌戌中从步方成歲禾下从千卽是年戌戊微差

辯四

愒譜作憩　卽譜作姑　盔譜作鉢

份份譜作斌斌　妙妙譜作玅玅

堵譜作渚

濤畔譜作潮罷　非譜作因

難比戊干于略異不同千心旁用曷方成愒目畔
从冥卽是眠金本旣然難作盔止舟何爲卻成前
曷文亦可通爲鵲鴞字原來卽是鳶黃夢萬頭皆
匪艸畏思胃首總非田份份不用文和武妙妙當
从女作糸醋酢翻呼爲酢醋傳傳諧附佀尃專三
佳有木方成集三犬無風亦是颷最曼冕頭皆是
冒奝穼尉足盡如票廓文卻用雲頭郭寥字翻从
广下膠朩字單行通作菽朩頭加艸卻成椒土旁
尾出方爲窟穴下从美卽是窰旣是堵旁非用水
當知濤畔不从朝粲頭无艸還非木俎畔非氷亦

自辛譜作罪似誤

匪夊漲脹但須从獨張鍪遨只是用單敖段叚寫出還微異折拆看來亦有譌冉再共行猶有異罘罵同體亦全差鈔時只用金匆少墮字惟从𠂤畔多以女从叟非是嫂以般从女始成婆俗譌虯糾丩爲斗篆正池訑也作它駝字从人非用馬蛇文无虫併爲他做時寫出還同作衰字書成卻是蓑罔下去亡通作网可中无口亦成呵刅來依井方爲創刅畔从倉卽是槍登發有頭殊祭詧慶塵同首異庚唐非來网下非其罪女向艮邊无此孃系胄自然殊甲胄行裔亦合異宮商甬頭从彗方成

雪夕畔从生卽是晴矧字但从弓畔矢亮時卻用
旡旁京亯旁从亾通爲巘山畔从青卽是崢畢竟
木禾尢異术原來烹享盡同亨冒頭去目通爲帽
衣畔从金卽是襟卒也但从衣裏覓友于難向犮
中尋憶時非用心旁意恥字當从目畔心夾夾微
差分陝陜巠坙略異別涇淫濯還从水非从木釵
本同叉不用金須記黍黎皆用水當知恭忝各从
心歷頭莫以秝爲林沓上非从外作兟栗粟似卤
元是卤粼麻从㶣不从林㲋之爲盌非从椀箴則
爲鍼俗作針音音有頭皆匪立聖呈同足各非壬

譜作櫂

譜作之

金旁从戊翻音鐵鉞字原來不用金惱懶去心皆用女慣慳从手不从心顛邊不可單从步得畔仍須復用彡合記博旁原是十當知影畔卻无彡貫頭有毌原非毋虜下从毌不是男以土从占通作店以詹从木卽爲簷水邊从允方爲吮水畔从占卽是添几足㕣頭方作兗雨頭沾足始爲霑手旁用適通爲擲木畔从點卽是杉合記噀旁當用水須知飲畔合从酓玉旁以占非爲㓠金畔从𢧜卽是尖甯以用心袪必冉颿將風馬易巾凡木旁从廣當爲棍門裏从音不是菴凡下用巾原是佩胡

爲夙字不从凡篆文體用皆从古點畫豪釐不可差隸法相从多簡略不无子篆有偏頗堪嗟世俗无師法臆度偏旁誤愈多于此未能窮一二聊題要領正其謬

辯釋篆法辯

鳥迹科斗既茫昧石鼓遺文起自周其後李斯工小篆篆中生隸有从由須知六體深藏義會意諧聲各可求後世偏旁多舛繆幸存復古可旁按試看

奉 奉方孔切承也俗奉馮貢切養也俗捧撫鳳切秩祿也俗俸

奏則候切進上也俗奏亦作𠬝卩𠬝音律之次第也

萅樞倫切易萅也古作旾俗春

秦慈鄰切國名借蟲名俗螓又竹樂俗篆

泰他蓋切滑也古作太俗太借沙泰俗汰又安也甚也俗㯃

隸首雖同篆不侔

文無分切錯畫也又文字俗攵又雲成章也俗雯又織錦綺黼黻曰文轉去聲飾也俗紋又作彣郁也

市時止切買賣所之也

方汸同敷房切併船也借子方俗舫

言夷然切直言曰言借大簫俗䇾

交居爻切交脛也亦作䢒會也

永于憬切長也

主腫庾切鐙中火主也借君也賓之對也亦作丶俗炷黈

難將點畫一般

羌

求兼 兼古嫌切幷也俗兼借鳥名俗鶼 幷 幷補明切相从也俗并别作併卑正切並也

既不同羌 羌去羊切西戎也俗羌猇借蟲名俗蜣 首 𦣻百同書九切頭也轉去聲有皐自陳也俗首

美 美莫賄切甘也亦作媄色好也俗媺 益 益伊昔切饒也增也

何堪比屰 屰宜戟切不順也亦作逆迎也 酉 酉慈秋切繹酒也又酋長魁帥俗酋醔

合辯糞 糞方問切棄除也穢也俗糞

身全異翼 翼翼同夷益切翄也又作趩趩進趩如也

當知𢀩 𢀩初牙切貳也又茲切次也初皆切擇也初禾切失時也俗差嗟

首亦殊

羞 羞息流切進膳致滋味也俗羞借辱也 巫 巫微夫切祝也女曰巫男曰覡俗巫

人豈類來 來秝同郎才切小麥也俗来麮借往來又招之也俗徠倈山名俗崍

人迹農 農奴冬切耕也俗農借吴人自謂俗儂 字那从

曲 囮丘六切象囮器形俗曲借蝺也俗蛐亦作麴蠶薄也又作圝骫圝也 字頭

康 康穅同苦岡切穀皮借安也俗康糠又康瓠俗㼩 應 應于京切當也于正切物相應也俗應別作譍對也

鹿 鹿盧谷切獸也借鹿盧又小車俗樚轆又奚鹿俗螰野馬俗騼騄 顛

皆匪广 广音儼因巖爲屋亦作隒又半屋 緧 緧七由切馬紂也俗鞦鞧

韊韏同卽由切收束也俗揫　斛他彫千遙二切斗旁耳又田器俗鍫鍬又緝衣俗鍫

體不从　烑七由切禾穀熟也籀作龝俗秋借烑千俗鍬　復衲同他外切卻也俗退借畏復俗毯　徼于消切遮求也俗邀傲古堯切循也古弔切邊境也

盡向　彳丑亦切小步也通用蹢

旁取　甘古三切美也又同苷俗甘又病也俗疳　曰魚厥切詞也與粵越通

俱从　橘屬俗柑別作曆和也

口苦厚切人所以言食也

內收　刀都牢切兵也借小舟俗舠又魚名俗魛㥛也俗忉轉音裯刀斗軍器刁鳥名俗鳭　力郎擊切筋力氣所任也

微范

分 券去願切契書也俗券 券逵眷切勞勸也俗倦勸 去他骨切不順忽出也古作㐬 亾無方切逃也死也俗亡 彷彿兆 兵列切分兆也今俗混用別

巟呼光切蕪也俗荒亦作巟虛無食也又作㳍水廣也 𣲡流同力求切水行也借葯石寶石俗硫琉衣縷俗梳 媵書盈切任也式正切克也俗勝 从

朕呈稔切天子自稱俗朕 力非因券 舝胡秸切車軸耑鍵也別作轄車聲也 从 舛昌演切差錯也俗踳 𥝢音薛古离字蝨也

省非 牟莫浮切牛鳴也借蝨名俗蛑又惡欲也俗恈 莫道

塞先代切隔也邊也俗塞亦作簺相賽也轉音色別作寒蘇則切窒也又作𡫳實也寒河干切凍也

均一體當明

覆敷救切蓋也方六切反也俗覆

履良止切足所依也踐也俗履

不相謀

夔渠追切獸也俗夔獿

形卻自

夒奴刀切貪獸俗猱

生角

牛于求切耕畜

字何从

午阮古切牾也

出頭若

解

𣳚戶括切水流聲俗活𣹟又生也

甛徒兼切美也俗甜別作恬安靖也

難共

舌食列切在口所以言及兆味也俗舌

方知

屆居拜切至也俗届 宙直又切宇宙也 **不同** 由于求切因也亦作

粤遾 夊楚危切行遲曳夊夊也 夂陟侈切从後至也 **之形疑**

似 丂苦瓦切跨步也 鹵郎古切西方鹽地又覔鹽澤俗壚滷澛借鹵莽俗

⿰言鹵 囪倉紅切竈突也俗匆又楚江切在屋曰囪亦作窗窻俗牕窓 **之體近**

如 卣徒聊切艸木實𠂹也與久切酒尊也俗卣轉音尤 **一** 或域同于逼切邦也胡國切迷也疑也同惑 **正反籀作** 𢧢籀文詩字蒲沒蒲昧二切亂也

兩 隹職追切短尾鳥之總名借同惟維 **並峙古**

音雝 雝市流切雙鳥也亦作讎怨也通用 丈 丈呈兩切十尺也俗丈

攴 攴旨而切去竹之枝借度也 略異分 枝 枝旨而切木別生條柯也

杖 枝呈兩切持也又兵器俗杖仗 廾 収拱同居竦切竦手也俗廾 甲

甲古洽切十干之首俗甲 微差兆 戒 戒居拜切警也亦作誡敕也又作悈飭也 明得

戎 戎而中切兵也俗戎借禺屬俗狨細布俗絨厚貌同茸俗羢又相助也俗㤝

黑 𪐗迄得切火所熏之色俗黑 頭非是 里 里良止切居地借憂

也俗瘇又妯里俗娌 乃知 豐 豐良止切行禮之器也俗豊 首不

同豐 豐方戎切豆之豐滿者也又器名又水名俗豐雷師俗靊蕪菁艸俗葑 𦥑 𦥑居玉切又手奉物也亦作匊擢

文寫就幾如臼 臼巨九切舂臼也俗臼 恖 恖息茲切念也俗思偲蘇來切多須也俗腮顋又杳恖俗鬆毸

字看

來仿似恖 恖倉紅切遽也俗怱借囱車俗轗 晉 晉即刃切進也俗晉晉

體聲諧日 日人質切太昜之精

與臸 臸人質切到也

誩 誩渠慶切彊語也逐也俗競傹競

身意會誩 誩渠慶切競言也

和从 从疾容切相聽許也

要識競 競舉卿切競也驚懼也俗

兢

非从二一　亨苦得切能勝也損削也忌亨也俗克尅亦作勊尤極也

牢記　朁昨勞切獄之兩朁借羣也俗曺曹又深空皃俗嶆運船俗艚聲也俗嘈

頭有兩東　東德紅切動也　普滂古切日光偏大也通用溥俗普

从㚘　㚘蒲迴切併也轉同扶俗並

兮下有日　弻薄密切輔也俗弼亦作即通

因　㐁他點切舌貌古作㐁又以舌鉤取亦作餂俗餂

畔用雙　弓居中切弧也俗朽　彊巨良切健也暴也別作弜其兩切彊也　强巨良切蚚也

義別文還別　寀倉

宰切同地爲宷宷宷審同式荏切詳悉也頭同體不同
虫虫虺同呼偉切蛇屬邊着疌疌疾葉切疾也亦作捷獵也軍獲得也別
作疌尼輒切機下足所履者方爲蜨蜨徒叶切蛺蜨也俗蝶逢逢符
中切遇也步江切塵起又姓俗逄𨔶又鼓聲俗韸下从䖵蚰公渾切虫之總名又明
虫俗蜫始是蠭蠭方戎切蠆也俗蜂兹兹子之切黑也俗兹山名俗嵫
別作兹艸木多益也時但用玄玄胡涓切幽遠也黑也古作𢆯相
幷棗棗子晧切棘實也並朿爲棘上下爲棗俗棗字須从

朿七四切木芒亦作莿艸木之莿也又作刺傷也又作誎數諫也俗从朿非

更重

攄抽居切舒也俗攄

畔是

雩羽俱切祈雨祭

非用

慮良據切謀思也俗慮

瓕彌同緜兮切久長也俗弥

側从

長直良切久遠也轉上聲孟也去聲賸也

或用弓

𥏼知意切明也俗智

知珍而切覺也

義異文難混

好許老切美也

㚟呼到切愛樂也

情殊篆不通

㫺思積切乾肉也借今㫺俗昔腊

比

㪚蘇汗切雜肉也俗散亦作㪔分離也

頭

皆匪廿　廿人汁切二十幷也　巽　巽蘇困切具也亦作顨易卦名俗巽

和巽　巺以智切分也俗異　足各非共　共渠用切同也轉同供

苦　苦失廉切葢也別作檯喪籍也　苦　苦孔五切困悴也　書成

微近若　若而勺切杜若香艸借語詞又入者切蘭若般若　夆　夆下江切服也別作降古巷切貶也

夆　夆呼葢切相遮要夆也別作害傷也　看來恍

似夆　夆敷容切相爭牾也又同逢　未　未无沸切木滋茂也借辰名又勿可之詞

末　末莫葛切杪也　本　本布袞切木根也　朱　朱專于切赤心木又榦也借朱

儒俗侏亦作絑純赤
木莫卜切
也俗硃又作邾國名
樹木也
裹會十
十人汁切
數之具也
丁當經切千名借丁盜俗叮中
埊切伐木聲轉去聲評也俗訂
上上同時掌切
高也又時諒切
丅下同胡雅切底
也轉去聲降也
丨古本
切上下
通
也
居中必也
津將鄰切水
渡處俗津
盡音
津氣
液也
俗盡
非用
聿余律切所以
書者借發語詞
始識
騂息營切馬赤黃
又牲赤色俗騂
侁姺同所臻切有侁氏又商有
姺邳俗莘㜪借魚尾亦俗鮮
不着辛
辛斯鄰切千
名借苦辛
合省
劵芬同
敷文切

棄 據刊本

香艸頭通用屮屮丑列切屮木初生也分明暘暘尺亮切通暘也俗暘亦作𧀢艸木茂也畔不从申申失人切辰名借伸也俗申亦作㬅引也疏疏疋同所菹切通也稀也轉去聲書疏條陳也俗䟽踈別作𨻒門戶疏也

楚楚創舉切叢木借國名俗𣚍水名俗濋阪也俗𪾔痛也俗憷㵂是疋疋音疏足也轉同雅正也幾似足足縱玉切趾也子遇切益也棄棄去冀切捐也

古作弃俗棄育育毓同余六切養也借肥壤俗堉从去不同

云云古文雲字借言也詞也鼏鼏莫狄切以木橫貫鼎耳而舉之諧蚿

意才成 蠠蜜同覔筆切蠭甘飴也

視 麤倉胡切行超遠也又與粗通俗麄

臨土 土他魯切地也

乃揚 𪋻池鄰切鹿羣行揚土也俗塵

頭非 粦良刃切鬼火俗燐离珍切山貌俗嶙借車聲俗轔螢火俗燐

米 米莫禮切禾黍實也借水名俗洣別作粎繡文如聚細米也

炎 炎移廉切火光上也

方是 屑私列切動作切切也俗屑

間如 肖私妙切骨肉相似也俗俏

肸佾同夷質切振肸也

爲冥 冂莫狄切覆也亦作幎幦俗羃冪幎

几居綺切人所凭坐者

但分形闊狹

王王魚欲切后之美者俗玉王王于方切天下所歸往而人稱之也轉去聲興也

惟辯畫稀勻弞弞式忍切微笑也俗哂文只

用弓劵欠欠去劒切張口氣悟也俗欠瞚瞚舒閏切目開闔數搖也俗瞬

字宜从目目莫六切人眼借艸名俗苜眫瞚

寅寅魚巾切辰名俗寅借夾脊肉俗膑戟戟戟紀逆切戈戟也俗戟借持也俗撠義非

因戈戈古禾切平頭戟也與𠦝𠦝竹角切高也借几也俗卓

敶敶直刃切戰敶行列也俗陣圖卻以攴攴普木切小擊也

前陳陳池鄰切國名俗陳昂昂子晧切晨也通用蝨俗早頭加

艸艸倉老切百艸俗混草才爲草草自保切櫟實俗皁皂木

右从屯屯章倫切難也借屯亶俗迍徒渾切厩也悶亂也俗忳菜名俗芚徒損切混屯俗沌伅

乃是杶杶櫄楯同昌純切木名俗椿韤韤望發切足衣俗襪韈

類用韋韋宇非切獸皮巳柔曰韋俗韋亦通韍違鞔鞔母官切履空也冒鼓也

用革革古覈切獸皮治去其毛未柔曰革別作諽更也楃楃于角切木帳也俗幄

兮从木業業魚怯切筍虡大版也俗牒借事緒又懼也俗僕山

高俗業又地名亦作鄴

从巾　巾居銀切佩帨也又頭衣

本卽里切止也俗峕

㫄有　水式軌切北方之行

諧成　泲子禮切沇也別作濟亦水名轉子計切渡舟曰濟

鼓眉殯切冒也

下从山　山師姦切土后峯高之名別作邺地名

篆作　谿彌鄰切山名俗岷

兄呼滎切男子先生者長者以言教其下也

允羽敏切信也借獫允俗犹亦作𣄃進也

皃如之切孺子也俗兒借老人齒俗齯曲从臼俗晲衣縷俗𧞣

充昌中切滿也借充亘俗珫心動貌俗㤝充戚艸俗芫

皆其足　頫俛同芳武切低頭也俗俯

媮他矦切

巧黠也俗偷借媮后俗鍮

右于救切助也俗佑別作祐神助也

駐治據切馬不行俗佳亦作邁不行也

不从人

句古侯切曲也俗勾又褠常服俗袧九遇切文詞止處日句

勻王分切少也徧也

勹之若切挹取也都歷切射質也俗[illegible]

背翻俱異

旬詳倫切七日爲旬

包胞同班交切兒生裹也亦作勹裹也又作郇地名

軍規倫切兵車也

體反相如

𠬛莫勃切入水有所取也俗沒

歾歿同莫勃切終也借埋歾俗圽

音

通文理錯

㐱鬒同之忍切稠髮俗黰沴珍診類从此

彡之忍切新生羽而飛也漻璆謬類从此

形分義亦渝恆 恆胡登切常也俗恒借恆娥俗嫦

與桓 桓胡官切柱之植者爲桓

亐非共亘 亙古文桓字古鄧切竟也俗亘

沒 沒莫勃切沉也

於役 役于逼切使也

字不同殳 殳市朱切擊也俗殳

雩旁著木翻爲樗 樗乎化切木名俗樺檴

木畔从虖 虖荒烏切嘑虖也俗虖沱俗滹亦作呼外息也又作評召也又作嘑嗁也又作歑溫吹也

倒是樗 樗抽居切惡木也

表 表彼小切上衣也俗表

素 素桑故切白緻繒也

俗素借鳥吭俗嗉器未飾俗榡畫質俗傃情也傃埏土象物俗塐塑

責側格切求也誅誚也俗責

青七情切東方色借魚名俗鯖又音精

頭並別

喪息郎切亾也轉去聲凡有所失曰喪俗丧

辰植鄰切震也俗辰亦作㫳日月合宿也亦作晨早昧爽也亦作農晨房星也

畏紆胃切惡怖也俗畏借畏壘俗碨嵔畏偎俗偎

展知衍切轉也誠也俗展輾蹍也俗蹍

足爲譌

丸胡官切圜也借小鹿俗麑高峯俗⿰山丸

形近似

瓜古華切胍也

和

爪諸兩切執持也亦作掌手中也

失式質切縱也錯也

迹全非

矢詩止切箭也

借誓詞又同菡

與

夫方无切丈夫借武夫俗玞砆轉音扶

曓蒲角切大呼自勉也

易米

夲土力切進趣也

分

㬥步木切晞也俗曝

暴薄報切疾也借一宿酒俗[酉暴]亦作虣虐也

黍賞呂切禾屬

加

占之廉切測也章艷切固有也俗佔

古公土切故也

兆

黏女廉切相着也俗粘

䵻戶孤切黏也借模䵻轉去聲俗糊[黍胡]亦作鬻鍵也又作餬寄食也

媅丁含切樂之甚也俗躭愖別作酖樂酒也又作耽巨垩也

婬余箴切私逸也通用滛

媟暬同私列切狎慢也別作結褻私服也

嬻黷遺同徒谷切媟也別作隫瀆溝

也

皆从

女足呂切婦女也又同汝又去聲

陛旁禮切階也轉去聲獸名俗狴

豣丑刊切獸名亦作犴

豬章居切豕也俗猪

貓莫交切捕鼠獸俗猫又音苗

用

犬苦弦切狗之有懸蹄者

誣

公古紅切背厶爲公借翁也又相呼尊稱

厶息茲切姦邪也又自營爲厶

幺于堯切小也俗么

㕣以轉切山間陷泥地亦作沇俗兗

身差異

台與之切說也同怡轉湯來切星名

[illegible]本作覍皮變切冕也俗弁借姓俗卞

宏戶肓切弓聲也

私息茲切禾名俗私

肰亦疏

羽偶許切鳥長毛也俗羽別作

霧水音上从殳殳除留切懸物殳擊也通作翳翳徒晧切翳也所以舞者轉徒莢切左翳羽葆幢也皂翳軍中大旗也俗翿翢纛木旁从付付方故切與也卽爲柎柎芳无切闌足借足背俗趺跗𠨗𠨗伊昔切按也俗抑文卻是从反印印衣刃切執政所持信也

幻幻胡摜切虛幻相詐惑也字元來用倒予予余呂切推與也轉同余別作與黨與也又作與賜與也贊贊則旰切參也稱美也俗贊讚囋

輦輦力展切人步挽車㬱㬱暜同他計切代也委靡也俗替朁朁子感切

曾也俗㫺
頭分兆
壼苦本切宮中巷道俗閫
壺戶孤切昆吾圜器也
壹于悉切專壹也于眞切壹壺也俗氤氳別作一數之始也
槖他各切囊也借槖佗俗駝
首難符
旅力舉切衆也借祭名俗祣
依于宜切倚也亦作皀歸也
似
衆之仲切庶多也亦作㐺俗衆
須知
別
飭昌后切整備也俗飭亦作敕誡也又制書曰敕今通用勅
飾賞職切刷也又潔也俗拭
皆殊
旆蒲昧切旗也俗斾
更非
致知義切送詣也極也使之至也趣也俗致致
畔莫差爻作攴

⿰去攴 ⿰去攴去其切持去也借不正俗歆 旁宜易欠爲攴

羔 美姑勞切羊子也俗羔 熊 熊羽弓切獸名 有腳如

魚 魚牛居切水蟲 燕 燕于甸切元鳥俗鷰借合飲通作宴俗讌醼轉同鄭又燕脂俗臙胭

象 象徐兩切南越大獸借肖似也亦作像 馬 馬莫下切乘畜借馬𡿺俗瑪碼別作⿰馬阝縣

名之蹄兆廌 廌宅買切解廌也俗用豸池示切蟲無足者名曰豸

爲 爲于嬀切母猴借作也轉去聲所以也 華 蕚胡瓜切榮也俗華借蕚騮俗驊又呼瓜切艸木英俗花苍

葉 葉弋涉切枝葉亦作枼又音攝 椉 椉食陵切覆也御也食正切車

也俗乘山垂坙直追切遠邊也俗垂借人名俗倕小
名俗崍口噐俗甀別作𠂹艸木䔢葉𠂹也又作
陲危中不一舜𦦦舒閏切有虞爵爵卽
也氏帝號俗舜約切
鳥名通用愛㤅烏代切惠也俗愛亦作𢜤行受
雀借飲器兒借艸木盛俗薆不明兒俗曖
受是酉切上俱奇㥶㥶息拱切懼也俗時
承也容也悚別作竦敬也
但用心心思林切旁隻隻之石切鳥一
身之主也枚也
捭捭北買切兩字惟从又手始九切左
手擊也俗擺右手
卑卑彼爲切賤也俗布布博故切枲織也
畁借卑居俗鵯借陳也別作𢯷㨾

持也俗佈以父父扶古切家長率教者借咀嚼俗吺牡馬俗駁頭難比

有有去九切對无之稱借同又具具其遇切共置也俗具因收

足不同其其渠之切指物之詞俗其兔兔土故切獸名俗兎借艸

名俗莬木名俗鵵免免美辯切釋也脫也㲋㲋昌約切獸似兔青色而大文

皆下異臽臽戶賺切小阱也別作陷陊也俗臽臿臿楚治切舂也

俗臿借以版有所蔽俗揷別作插刺肉也又作睫鍪也又作鍤鍼也舀舀以沼切抒臼也又俞九二音

字首參差手旁用石石常隻切山石也別作䄷

量名又作頎頭大也通爲拓拓摭同之石切拾也又音托手推物也足

畔从奇奇巨支切異也居宜切不耦也俗奇即是踦踦苦

兮切一足也借同蜀俗踦后後㒸㒸徐醉切从意也別作遂逃亾也聲

諧作隊隊徒對切陊也亦作隊轉音墜𨸏𨸏房九切大陸山無石者俗阜

从二左左則箇切手相左助也俗佐壘成陸陸塉同詳

爲切毀也俗隨胡胡洪孤切頷下縣肉[illegible]皮也俗頶借胡俗鶘鷙獸名俗猢胡蝭俗蝴箭室俗箶箏

服𦨈房六切用也古作舣俗服借鳥名俗鵬別作𠬝治也鳳朋古文鳳字借蒲登切大

鳥名俗朋鵬別作倗輔也朙朙武兵切光也古作明又隽朙鳳屬俗鳴轉音芒俗蘉身

已變要𡝩于消切身中也俗要腰借蟲聲俗𧍙求也俗偠良馬俗騕衣襻俗𦃍䙅轉去

聲妙也賈賈公戶切賈市也俗賈估居訝切售直也遷䙴與同此先切升高也迻也俗

罨亦作遷登也垔垔于眞切塞也俗陻堙烟首欲迷日畔

从王非是暀暀于放切光美也明盛也俗旺口从

帝帝都計切諦也王天下之號也字不爲嗁嗁杜兮切號也俗啼

休言去去丘據切人相違也轉上聲撤也俗去又張口運氣俗呿㰦吉

吉激質切善也俗吉亦作姞姓也俱从土莫道

封苦回切刺也俗劄

封方中切爵諸侯之土借緘也又山名俗葑牛名俗犎盡屬

圭

圭珪同居爲切瑞玉也又長襦婦人服俗袿

休女力切沒也別作溺而勺切水名轉奴弔切溲便也字察知

人而鄰切天地之性最貴者也亦作儿

在水

谿苦兮切水注川曰谿俗溪嵠谿借谿鷄水鳥俗鸂文合

誼

谷古祿切水注谿曰谷俗谷前

奚胡雞切大腹也又姓俗傒

旨諸氏切美也別作恉意也俗旨

旁有首方爲

䭫䭫康禮切下首也别作稽古兮切留止也斯斯相咨切析也借取薪及養馬賤役俗厮⿴行斯鸒斯鳥名俗鷉下从言則是𧩟𧩟先齊切悲聲也又馬鳴亦作廝俗嘶𩫏𩫏古博切齊之𩫏氏虛俗郭亦作𩫖城𩫖也𦏧𦏧殊六切食飪也盛也俗孰熟之邊皆異亯亯許兩切獻也俗享披庚切飪也俗烹許庚切通也俗亨又彭音病俗脝覈覈胡得切實也考也通作核俗覈⿱𠧪亯⿱𠧪亯徒含切長味也轉徒感徐心二切俗覃瞫之上各非西西棲同先齊切鳥在巢上也借東西又幽西古作卥俗西栖棲頟頟五陌切顙也俗額借題也从頁頁胡結切

頭也各各古洛切異詞也非从客客苦得切寄也又賓客日

分分撫文切別也轉扶問切分之所得曰分又名位也爲盼盼匹莧切目黑白分

也俗盼別作盻胡計切恨視貌不从兮兮胡雞切語所稽也俗兮攜攜弦

雞戶圭二切提攜也亦作攜俗携本用巂巂戶圭切子巂鳥今用規借車輪一周爲

巂俗轊鐫鐫子全切穿木琢石也俗鐫用雋雋徂沇切鳥也俗雋

麾麾許爲切大將之旗也古作戲俗麾从靡靡莫禮切披靡也手

火火虎果切燬也成糜糜武移切爛也俗爢秏秏呼到切稻屬借減

也俗耗時認取微如杽杽昌九女九二切手械也別作杻古
文椿字棓棓步項切木杖也俗棒字看來近似
桮桮布回切飲器俗盃杯合省眉眉莫桮切目上曰眉俗眉借蛾眉山
曰峨嵋頭非用夕夕祥易切莫也借晚潮俗汐當知
面面莫見切顏前也亦作偭鄉也俗靣體不从回回胡瑰切轉也
達也俗囬廻借回香俗茴魚名俗鮰裦回古作囘俗徊金金居音切五色金也旁用
廣廣古晃切大也闊也非爲磺磺古猛切銅鐵朴石也古作卝俗鑛卝非

又古患切總角也

土石从隹不是𠂤 𠂤都回切小𠂤也亦作雇俗堆借䭔也俗䭔擿也俗搥治玉俗鎚夏冠俗頧

瑲 瑲七羊切磬瑲小聲又樂聲俗鏘別作蹌濟濟蹌蹌又作蹩管磬蹩蹩俗蹡又作牄鳥獸來食聲

字卻諧倉 倉七岡切穀藏也

與玉龡 籥昌垂切音律管壎之樂也亦作吹嘘也

文須叶龠 龠以勺切樂之竹管俗龠借天龠鳥名俗鸙

和炊 炊昌追切爨也

薪 薪息鄰切大木可折曰薪

柴 柴士皆切小木槭材也別作祡燒柴焚燎以祭天神也

便可爲營 營余傾切市居又軍壘又造也

柴 又助賣切木柵又軍壘俗

寨寋呰禾稽古達切禾稾去其皮穎也俗秸䅥還堪作

豆豆大透切古食肉器亦作梪俗笠借尗曰豆俗荳稭又居諧切莖也蚰在

叉側絞切手足甲也別作爪執也借爪離俗笊間元是蝅蚕

同子晧切齧人跳蚤借同早俗蚤艸裏藏貍里之切狐狸伏獸俗狸

即瘞薶莫皆切瘞也俗埋以糸莫狄切細絲也从

定徒徑切安也丁定切營室星也又頟也俗顁非爲袒丈莧切衣縫

解也俗綻亦作組補逢也但徒旱切裼也亦作膻肉膻謂但衣見肉也俗胆襢襢別作儃何也

則人邊以旦一旦得案切明也借葛旦俗狚又當葛切同妲諳

秃秃他谷切无髮也俗秃禿秃借秃鶩鳥名俗鵚雉又詆秃狡猾也俗誘旁从

頁非穨穨杜回切秃貌俗頹借隤穨俗隤字以衣衣于

宜切依也掩口乃成哀哀烏開切閡也邑邑于汲切國邑

前用咢咢五各切譁訟也俗咢噩借謇咢直言也俗諤齒斷俗齶通乎

鄂鄂五各切江夏縣俗鄂借坼岸俗堮崿華不俗蕚噩別作遻相遇驚也俗遌愕艸下

从亘亘須緣切宣室也俗宣別作亘求亘也揚布也亦是蕙蕙蔆

萱同令人忘憂艸俗萱 䢼胡降切鄰道也 內共兮渾作
䢼巷同胡降切里中道俗巷衖 寸村困切十分也 來依木
不爲 邨此尊切聚落也俗村 蝉五各切海中魚似蜥易俗鰐鱷
將虫并易魚罪 蝯玉權切禺屬俗猿猨猨蝯
以虫 爰玉權切引也同援借爰居鳥名俗鶢別作趄趄田易居今混用爰 代
犬 袁于權切長衣貌俗袁 日落 茻謀朖切眾艸也別作莽
犬逐兔艸中也 中才見 莫慕故切日晚也俗暮暝借慕各切勿也

泉疾緣切水原也借同錢流厂厂音岸山石之厓岩人可居者下

亦同原同愚袁切水泉本也俗原源借□白腹俗騵再蠡俗蠡別作邍廣平□

煗乃管切盈也俗暖㬉借嫁女送食曰煗俗餪㷊从火聲作

耎而沇切罷弱也借同偄俗軟偄別作甍戾皆柔皮也火畔从爰

義叶煖況袁切日煗也俗暄晅山上再山非

出尺律切進出又英華上吐也斥也又尺類切字口邊又口

便成吅況袁切驚呼也同讙囂俗諠喧別作諼詐也柤側加切木閑

于問切刻本作于粉切

也滓也俗楂渣查又鉏加切理也別作樝果名似棃查只用木後

且且七也切薦也又苟且又于魚切蕰蕰于粉切積也俗蘊韞韞惟

从艸下溫溫烏魂切水名俗温亦作昷仁也又昷清俗昷𥁕閧

閧下降呼貢二切鬭也俗閧鬧閙奴教切不靜也俗閙闠闠匹賓切鬭也又紕民切

俗繽闠鬭鬭撫文切鬭連結闠鬭相牽也今用紛鬮鬮古矦居稠居黝三切鬮取也

俗鬮鬭鬭鬥同都豆切遇也俗鬭鬪又尨尾星俗豨鬩鬩許激切恒訟也很也俗鬩

篆皆从鬥鬥都豆切兩士相對兵仗在後象鬥之形不从

門門謨奔切合兩戶謂之門俗門既知女要因爲

婜婜奴困切好貌俗嫩合解云員員于權切物數也便

是貦貦王分切物數紛貦亂也俗紜衛衛云貴切宿衛也俗衛

行行戶庚切人之步趨也轉同奔又胡孟切行之于身也胡浪切剛强貌胡䐎切次列也借屋橫木俗桁

中韋下帀帀子荅切周也俗匝匝迊巍巍語韋切高也轉危睡切俗魏

須委委于詭切隨也亦作骫骫髀屈曲也畔鬼鬼古委切人所歸曰鬼俗鬼

頭山種種直容切禾名禾點畫差

細角補空格

殊種種之用切藝也之隴切類也辬辬布還切駁文也俗斑編釆

偏旁不類班班布還切分瑞玉也俗班亦作攽分也又作頒大頭也又作業賦事也⿰車從⿰車從將容切車迹也俗蹤踪別作縱紙屬从從從慈用切隨行也俗從從省非同縱縱足用切舍也寬寬苦官切屋大也緩也俗寬非从莧莧矦澗切菜名卻从萈萈胡官切山羊細角者藕藕五口切芙渠根俗藕菭菭徒哀切水衣亦曰垣衣俗苔生水

宜从水邠邠幽同必鄰切周太王國俗鑌⿰阝解⿰阝解胡買切山谷也俗

嶰別作澥
渤海也

皆山不用山綵採依聲

从獨　采倉宰切捋取也俗採又采邑亦作彩
俗綵轉同菜又木名俗棌結也俗[髟采]

欄攔假借以單　闌洛干切門遮也
俗闌攔借木名俗

欄闌衫俗襴[illegible]闌俗孏踰也俗躝別作䦨
妟入宮掖也又詆讕以言語防閑之也　戌胥律
切滅也

中从　步薄故切徐行也又天步俗步又習馬
曰步俗騗水際渡頭曰步俗埠

方成　歲雖遂切年
歲也俗歲

禾下从　千
七
前切十百也俗
仟借姝千俗韆

始是　秊寍田切穀
一孰也俗年

戍
傷

遇切守邊也戍戉魚厥切斧也別作鉞卽鐵字微差難比戊戊莫候切中宮也干干古寒切犯也借蝨名俗奸又僵也俗杆亏亏羽俱切於也轉同吁俗于略異不倫千心右曷曷胡葛切何也兮諧愒愒苦計立竭二切息也俗憩憇字冥冥武兵切幽也俗冥又莫定切少晦也俗暝邊从目篆爲瞑瞑武延切翕目也俗眠金本旣然堪作盋盋鉢同北末切盂屬俗盔止止諸氏切足也俗趾又同阯又白止俗芷舟舟職流切船也俗舟何

以卻成 寿昨先切不行而進謂之寿俗前 舄雒同七削切鳥也俗鵲 文亦可通乎舄 又思積切履也又柱楚俗磶又鹵地俗潟

蔦五各切鵰屬俗鶚 迹元來即是蔦 又玉年切鷙鳥俗鳶又同焉

黃乎光切地之色也俗黃借乘黃馬名俗⿰馬黃 夢莫紅切不明也通用瞢別作㝱寐而有覺也

萬无販切蜂屬借數也俗万卍又蔓睦二音又同蠆 顛皆匪艸

畀渠記切舉也俗畀別作卑必至切付與也俗畀 禺牛居切猴屬又地名俗禺又音御

胃云貴切穀府也俗胃腸 首總非

田侍年切樹穀曰田借同佃份份伯貧切文質備也古作彬俗斌份不用
文和武武罔古切揚戈定亂也借武夫似玉俗碔珷紗紗眉召切急戾
也俗妙紗當更女作乍乍古文元字醋酢
⿰酉飛呼爲醋醋在各切客酌主也酢酢倉故切味之酸醶者
傅傅芳遇切相也傅之以德義曰傅傳傳直戀切遞也又訓傅轉重員切受也續也
諧附以尃尃芳无切布也與敷同又敂也俗敷專專職緣切六寸
簿也一曰紡專俗甎塼又擅也亦作嫥壹也又作顓頭貌又作叀專小謹也三佳在

隹

說文作乚辯切

木方成

雧集同秦入切聚也

三犬無風

猋卑遙切犬走貌借貝也俗最

贆亦作飆扶搖風也俗颷將

亦是

遂切犯而取也

曼莫半无販二切引也冕

優也俗最宬

轉謨官切大水貌俗漫美

辯切冠有鍪

者亦作絻

頭俱用

冃莫報切頭衣也俗

帽帽亦作冃重覆也

又作冒冡也俗冒又莫北切冒頓

尞力照切祡祭

匈奴名又莫佩切毒冒也俗蝐

天也俗尞禳轉

上聲目明

窔式針切湥也竈突也

叞于胃

也俗瞭

俗罙別作湥水名俗深

切从上

案下也俗尉轉于勿

切充叞艸名俗蔚尉

足盡如

奥紆驍湧驍

二切火飛起

廫 从肉誤 洪本作㕏

九十下刻本有曰 從應補

也俗票又毗召切勁疾也鋪紗切輕毳貌 霩 霩苦郭切開也虛也俗廓 字須从

雨 雨偶許切水从雲下也轉去聲下也同霱 與郭 廫 廫洛蕭切虛空也俗寥借廫瞭俗嘹

迹偏宜广下 膠 膠古文切昵也借膠葛俗轇水名俗漻

老 老盧晧切七十曰老俗恅 从 蒿 蒿呼毛切藃也 省因

爲 薹 薹莫報切九十曰薹俗耄 艸間从 尗 尗式竹切豆總名亦作叔拾也借季也

乃成 茉 茉即消切茉茱也俗椒 土㫄

尾 尾无斐切微也俗尾 出知營 堀 堀苦骨切兔堀孔穴也俗窟堀

亦作堀突也

穴 穴胡決切土室堀穴也 下从美作竈

窯 窯余招切燒瓦竈也古用匋陶俗窰 要識

陼 陼知庾切小洲也水中高地亦作渚水名 旁通用水應知

潮 潮直遙切水朝宗于海者朝曰潮晚曰汐俗潮字 畔不从

𠦝 𠦝止遙切旦也俗朝馳遙切借朝廷朝覲 文無艸

繠 繠如壘切艸木華未舒曰繠俗蕊蕋蘂別作惢心疑也 尤非木

俎 俎側左切禮俎也亦作且俗爼 義非人

仌 仌補明切凍也俗氷別作冰凝魚陵切水堅也 亦匪爻

爻 爻胡茅切交也

張止良切施弓弦也借陳設也知諒切大水貌俗漲大腹俗脹字單行譌漲

脹俗作螯遨獨用敖敖五牢切游也俗遨借螯大足俗螯地名俗隞倉數俗廒擊也俗摮段段徒玩切推物也叚叚居訶切借也亦作假非眞也又作假至也又作𡗥大遠也

寫來還各樣折折斷同之列切斷也又食列切屈曲也坼坼丑格切裂也俗拆牌

書成亦自譌冄冄而眼切毛冄冄也俗冉冄借蔽郗衣俗袡又荏冄亦作集染俗苒轉同髯

再再作代切一舉而二也通用載俗再二形宜有兆

郗原本作鄰刻本作郗

罧 罧㝅同莫兮切周行也深冒也俗罧 羈 羈居宜切馬絡頭俗羈羈羇借旅寓也

兩體更全差 鈔 鈔楚交切又取也俗抄楚敎切略取也借錢鈔

時只用金邊 少 少書沼切不多也轉去聲年壯之稱

陊 陊徒果切落也俗墮 字惟从自後 多 多得何切

重也 女旁从 叟 叟悲檢切傾覆也俗叟又同貶 非爲

嫂 嫂蘇老切兄妻也俗嫂 以 般 般北潘切舟運物也亦作槃又音槃樂也又音

班俗搬 从女始成 媻 媻薄波切奢也借老媪之稱俗婆 俗

譌 虯巨鳩切无角龍俗虬 糾舉有切繩三合也借察也俗紏糺木名俗料

丩居求切相糾繚也 爲 斗當口切十升也俗斗又酌器俗㪷水蟲俗蚪峻也俗陡

篆正 沱徒河切江別流也又直离切沼也俗池 訑託何切欺也

余支切自足皃俗訑 也羊者切女陰也借決詞亦作乜 作 它蛇同食遮切

蟲也又湯何切彼之稱俗他 佗徒何切負何也俗馳借橐佗獸又馬名俗駝醉皃俗酡 側

从人非用馬 蠃郎果切獸名俗羸別作臝袒也亦作裸又作

蠃蠕蠃也轉洛戈切蚌屬俗螺 中从馬郎爲 驘洛戈切驢父

馬母者俗騾

作則洛切起也造也又臧祚切俗做

文轉借元同做

縗倉回切喪服也別作㾓所乖切減耗也並通用衰

字尋常亦用

衰蘇荷切艸雨衣俗衰蓑

网罔䍐同文紡切取魚器俗網借車丏又地名俗輞失志兒俗惘無也巫也俗調

下从亾渾是

罔

可肯我切許肯之詞

中無口則爲

丂虎何切嘘气也轉上聲大笑也俗呵亦作訶大言而怒也

丼子郢切掘地及泉處又丼田俗井

右依

刅創同楚良切傷也俗瘡

方造

刱初亮切造法刱
業也又懲刱俗刱
倉前立木始爲槍
槍七羊切歫也刀有兩刃名亦
作刃俗鎗槍又搶攘俗搶掙
登
登都滕切上車也
借棱登俗橙別作
豋禮器也
俗甑登
發
發方伐切射
發借明也
頭非如祭
祭
子
計切祭祀也
俗祭轉同鄒
詧
詧初八切言微親
詧也亦作察覆也
慶
慶邱竟切
行賀人也
麇
麇居匀切鹿屬无角者
籀作麢又上聲俗麏
之首兕
庚
庚
古
衡切干名借倉庚俗鶬又荅
也今書用賡乃古文續字
唐
唐徒郎切大言也俗
[illegible]借木名俗榶艸名
俗磄玉名俗瑭池名俗隚溏鳥名俗
鶶蟲名俗螗又煻火俗糖唐突俗傏
非
非芳微切違
也又同緋誹

良古張切刊
本作吕張切
踉
娘

飛

來网下非其辠 辠徂賄切犯法也別作罪捕魚竹网也俗罪

女向良 良呂張切善也借欲行也俗踉 邊無此

孃 孃女良切母也又少女之稱俗娘 系 系胡計切繫也亦作係絜束也 胄 胄直又切允也俗伷

自然姝甲胄 胄直又切兜鍪也 行

𧶠 𧶠式陽切行賈也 亦合異宮商 商式陽切金行之音 俗商又啇量俗謪鳥名俗鷸

雨兮臨彗 彗徐醉切埽竹也 俄

成雪 雪相絕切凝雨說物者俗雪 夕畔从生 生師庚切

進也產也轉同牲又生鐵俗鉎**即是**生夝疾盈切雨而夜除星見也俗晴

弞弞式忍切況詞也俗矧**字但从弓與矢**

諒諒力讓切明也俗亮亦作諒信也**文惟用**旡旡居未切飲食气屰不得息曰旡亦作既小食也食盡也俗既**和**京京居卿切人所爲絕高邱借京師俗京

鬳鬳牛建切鬲屬**邊从**瓦瓦五寡切土器已燒之總名俗瓦**通**

爲甗甗魚蹇切甑也借山形似甑曰甗亦作書俗巘**山側从青**

即是崝崝士耕切崝嶸也俗崢**畢竟**禾禾戶戈切嘉穀

也

禾古兮切木之曲頭止不能上也楷字从此

元異

术秫同食聿切稷之黏者别作茉山薊也又作蒁艸也

終須

臾羊朱切束縛捽抴爲臾俗臾快

叜蘇后切老人之稱亦作傁又與瞍通俗叟

不同

叓古行切改也轉去聲再也俗更

要知著着惟爲

箸遲倨切飯欹也俗筯借同守轉音注明也俗著又直略切麗

切

也職略切被服也俗着長魚切籚箸也俗躇

記

胜桑經切犬膏臭又不孰也

鮏桑經切魚臭俗鯹

不類

腥

腥桑經切星見食豕令肉中生小息肉也又蘇佞切

𤔔郎段切與亂同治也理也終

乁于悉切十干名乾尤亂从此別
作乙燕也亦作鳦孔乳从此
也俗亂乱[illegible]从乁

同乎𣪠敿郎段切煩也衣畔从金乃是

裣居音切交衽也俗襟別作衿衣系也
又巨今切單被也轉去聲帶也俗衿

卒臧
沒切兵卒亦作殌大夫死
曰殌又通用猝踤俗卒

也便从衣裏覛

莫狄切衺視也
求索也俗覔覓

叜云九切同志同
門皆曰叜俗友

于難向

犮蒲末切犬走皃借犮
涉俗犮亦作跋顚跋也

中㝷

徐林切繹理也
挼求也俗尋

啻伊昔切十萬曰啻亦作億安也
度也又作啻快也俗憶億

文非用

心邊意意于計切志也借恥耻尺氏切辱
意而燕名俗鷾也俗耻
字宜从耳㠯忍止切主聽也又駿馬俗駬又
䜌盛皃俗緬借同介語已詞
畔心夾夾失冉切盜夾夾古狎切持也借
竊裏物也鳥名俗鵊
微殊分陝陝矢冉切陜陜矦甲切隘也
宏農郡也俗狹峽硤亦作
陝僻也巠巠九丁切水巠巠余箴切近水略
又同狎脈也通用經也又他含切
異兆涇涇九丁切水名淫淫余箴切浸淫也俗滛
又久雨俗霪
櫂櫂直教切在旁撥水以行船者
短曰楫長曰櫂史記通濯俗棹文通濯

濯直角切浣也泥淖也還从木釵釵初皆切婦人歧笄也本用叉本爲叉又初牙切手指相錯也又挾取俗杈別作杈歧枝木也續用金合記滕滕徒登切水名國名又水超涌也借艸蔓俗藤𥝩𥝩郎奚切履黏也借黑也俗黧又頗𥝩俗黎貪𥝩俗蜊別作鼊國名又作邌徐緩也皆用水當知惷惷居中切肅也敬之見乎外也俗恭忝忝他點切玷辱也俗忝各从心歷歷郎擊切過也借纍歷俗癧煙皃俗曆迅雷俗靂羊殺俗䍦亭歷俗藶又歷錄又作厤治也又作歷象也中勿以秝秝郎擊切稀疏適也譌

𣏟 𣏟匹賣切葩之總名又同麻 曐 曐星同桑經切曐宿借屛曐俗笪 上

應須日易 晶 晶子盈切精光也通用精 㮚 㮚力質切木名俗栗借敬懼俗慄鳥名俗鷅風雨暴疾俗䬆以手理物俗搮觱管俗篥 㮚 㮚相玉切嘉穀實俗粟借細切也俗剩

非鹵須鹵徒弔切字 檾 檾去潁切枲屬亦作褧單衣也俗顈苘

麻 麻莫加切麻有實曰苴無實曰枲 从𣏟不从

林 林力尋切平土有叢木曰林 盌 㼝盌同烏管切盂也俗椀碗 之爲

盌 盌譌爲椀 鍼 鍼職深切所以縫也亦作箴借箴規俗針鑯又

醫者以后刺病俗鍼則同箴箴俗作針音音千

今切聲成文謂之音咅咅天口切相與語唾而不受也俗音借咅恩俗毰轉他候切通明咅識也續作

透過也兩頭皆匪立聖聖式正切通明先識曰聖

呈呈直貞切平也轉去聲自衒也二足各非王壬如林切

位北方也金旁着氏翻音鐬鐬呼會切車鑾聲俗鐵借

鳥聲俗嘰雲雲于分切山川气古作云借言詞又雲臺菜俗蕓下諧今

今居音切是時也俗今今亦是霒霒于今切霒昜也別作陰闇也水之南山之北也古

作会也俗懶

嫍奴晧切有所恨也俗惱別作㛴頭髗也俗腦借馬瑙俗瑙

嬾洛旱切懈怠

摜還同古患切習也俗慣

匪心皆以女

掔去閑切固各也俗慳

从手不因心

頻卑民龇賓二切水厓也俗頻瀕濱借數也亦作顰涉水顰蹙不前也又作矉恨張目也

邊不可單从步

鬀他計切鬄髮也俗剃別作鬄髮也

字當从

弟特計切次弟兄弟宅弟豈弟亦作悌俗第第

上

髟所銜切長髮猋猋也又音猋

要見

博補各切大通也俗博借博託餅名俗餺又火乾俗煿別作簙局戲也

前元用十分明景景居影切光明也俗景澋璟又于景切物之陰景也俗影

畔卻無彡彡所銜切毛飾畫文也又毛長貌俗毿髮

貫貫古玩切錢貫也借鄉籍上从毌毌古丸切穿物持之也又古冠字又同貫

難比母母莫后莫古二切嬰兒慕者俗姥亦作娒女師俗姆虜虜郎古切獲也俗虜擄又酉虜

內外田不類男男奴含切丈夫也

坫坫都念切屏也反爵亢圭處借停物舍之名俗店字還从占

與土以詹詹職廉切多言也俗噡譫時占切詹諸也俗蟾从木

叶爲檐檐余廉切梠也俗簷亦作闔廟門也水邊从允方諧沇沇以淺切水名亦作㕣俗兗流水側占兮正作沾沾他廉切水名借益也俗添手上从監監古銜切臨下也古懺切寺監也才是擥擥盧敢切撮持也俗攬借感擥俗㩜又去聲牽也俗纜雨頭沾足始成霑霑職廉切雨䨜也手旁从適適賞職切之也轉同嫡堪投擿擿直隻切投也俗擲木兮从从煔煔舒贍切火行也乃爲

樧樧所銜切木也俗杉記取潠潠蘇困切噴也俗噀時宜
用水當知須須相居切面毛也俗鬚林始爲
顲顲而占切頰須也俗髯以玉从玷譌㓵㓵鉆
同丁念切缺也又玉病俗玷字金右从韱韱息廉切山韭也俗韯亦
作纖黑經白緯也又作孅銳細也並通用竟作鑯鑯子廉切鐵器俗尖鑯亦作櫼楔也
寍甯乃定切所願也俗寗以用用余訟切可施行也心祛
必必卑吉切尃也弓檠也府結切又弓䕺俗鉍林颿颿符咸切馬疾步也借舟

上幔所以泛風者俗帆將風方戎切八風借疾也又大聲俗凨瘋渢馬易巾凡符咸切大槩也俗凣木旁用廣才爲櫎戶廣切所以几器又帷幔屏風之屬俗榥幌門裏以音始是闇烏紺切閉門也與暗通轉烏函切治喪廬也又艸屋俗庵菴人畔凡巾成帶佩步味切大帶佩也又玉佩俗珮如何夙息逐切早敬也俗夙字不从凡篆文體用皆从古點畫毫釐不可差

隸法相从多簡略不無於篆有偏頗可鲞世俗無師法臆度偏旁誤愈多於此未能窮一二聊題要領正其譌

前漢書隨筆二十卷

本書選用中國國家圖書館藏本影印

吾鄉萬授一經作也。其書分《帝紀》《年表》《本志》《列傳》，凡典故均用大字標出，用小字注之。雖爲文藻而編，與吕東萊作精華，論其大者、遠者，用志不同。然一代之大者、遠者，未嘗不於詞藻間見之，在閲者眼光耳，固不可以尋常類書比也。此鈔極精，字畫一筆不苟，又爲鄉先輩之書，世無刻本，倘非刻工昂貴，如今日雖置之《四明叢書》中亦宜也。甲申孟冬，約園。

（《約園雜著三編》卷二《藏書題跋二·前漢書隨筆二十卷》）

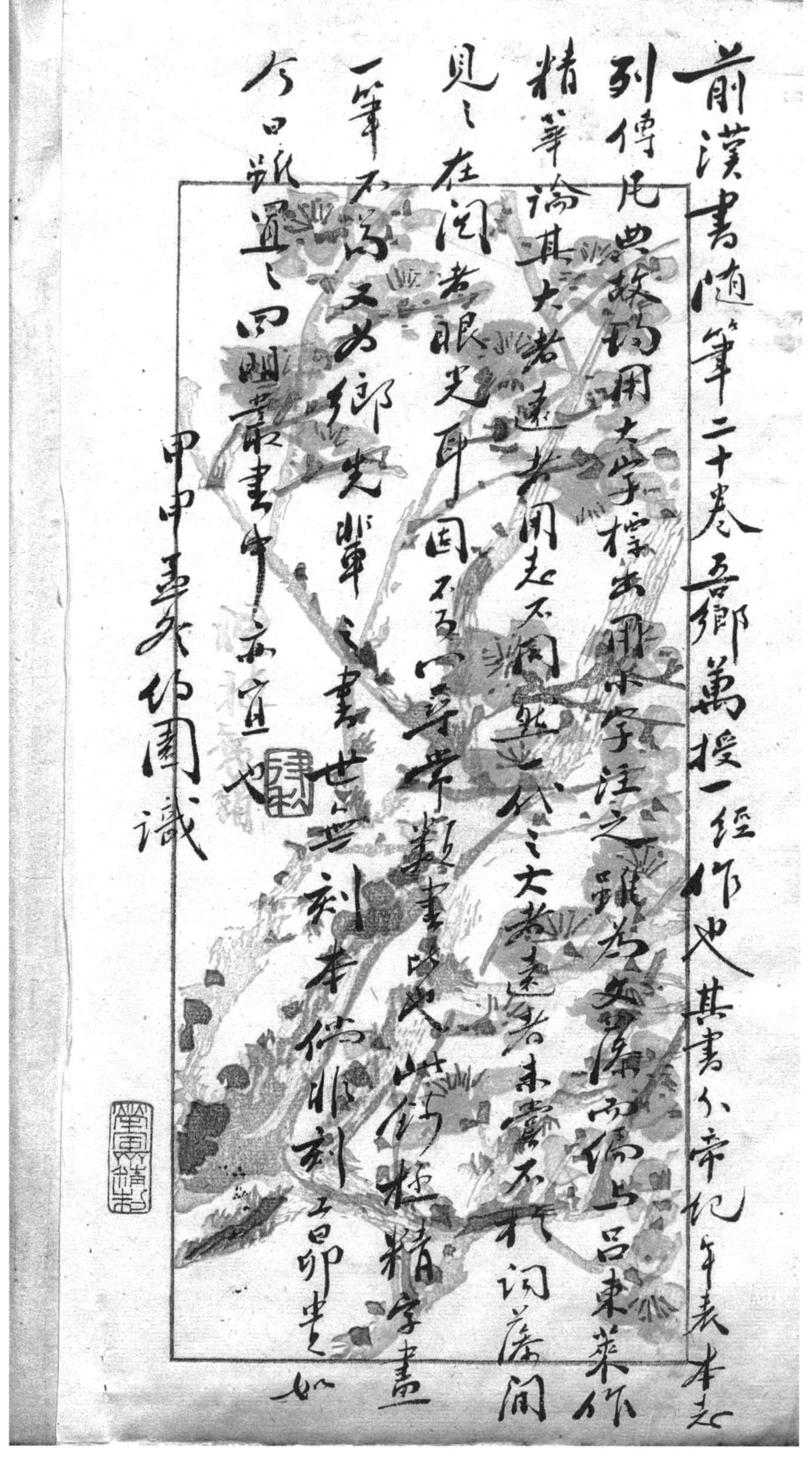
前漢書隨筆二十卷，吾鄉萬授一經作也。其書以帝紀、年表、本志、
列傳凡典故、訓詁用大字標出，異字注之，雖爲文藻而作，與呂東萊作
精華論其大者遠者用意不同，然公之大者遠者未嘗不於詞藻間
見之，在閱者眼光耳。固不可以尋常數書時文視之。此書極精，字畫
一筆不苟，又爲鄉先輩之書，世無刻本，倘非刻，正卯豈如
今日編置之四明叢書中，亦宜也。
甲申孟冬伯圍識

前漢書隨筆録目次

第四卷本書第五卷至第六卷

本志郊社上下　天文　五行上　五行中之上
五行中之下　五行下之上　五行下之下

第五卷本書第八卷

本志地理上
地理下

第六卷本書第九卷至第十卷

本志溝洫　藝文上
藝文下

第七卷本書列傳第一卷至第四卷
又第五卷至第八卷

列傳陳勝　項籍　張耳　陳餘　魏豹　田儋
韓王信　韓信　彭越　英布　盧綰　吳芮

列傳荆王賈　燕王澤　吳王濞　楚元王　德向歆
季布　欒布　田叔　齊悼惠王肥

第八卷 本書第九卷至第十二卷
又第十三卷至第十八卷

列傳 蕭何 曹參 張良 陳平 王陵 周勃 子亞夫
樊噲 夏侯嬰 周昌 申屠嘉

列傳 酈食其 陸賈 朱建 婁敬 叔孫通
淮南王安 蒯通 息夫躬 萬石君奮

衛綰 直不疑
代孝王參 賈誼

第九卷 本書第十九卷至第二十一卷
又第二十二卷至第二十三卷

列傳 爰盎 鼂錯 張釋之 馮唐 汲黯 鄭當時
賈山 鄒陽 枚乘 子皐 路溫舒

列傳 竇嬰 田蚡 灌夫 韓安國
河間獻王德 魯恭王餘

江都易王非 中山靖王勝
長沙定王發 廣川惠王越

第十卷 本書第二十四卷至第二十五卷
又第二十六卷至第三十卷

列傳 李廣 孫陵 蘇武
衛青 霍去病

列傳 董仲舒 司馬相如 公孫弘 卜式 兒寬
張湯 子安世 安世子延壽 杜周 子延年 延年弟欽

第十一卷 本書第三十一卷至第三十四卷 又第三十五卷至第三十七卷

列傳 張騫 李廣利 司馬遷 戾太子據 昌邑王賀
嚴助 朱買臣 吾丘壽王 主父偃 徐樂

嚴安 終軍
王褒 賈捐之

列傳 東方朔 公孫賀 劉屈氂 車千秋 楊敞 子惲
蔡義 陳萬年 楊王孫 胡建 朱雲 梅福 云敞

第十二卷 本書第三十八卷至第三十九卷 又第四十卷至第四十一卷

列傳 霍光 金日磾
趙充國 辛慶忌

列傳 傅介子 常惠 鄭吉 甘延壽 陳湯 段會宗
雋不疑 疏廣 于定國 薛廣德 平當 彭宣

第十三卷本書第四十二卷至第四十三卷又第四十四卷至第四十五卷

列傳王吉 貢禹 龔勝 龔舍 鮑宣 帝賢 子玄成

列傳魏相 丙吉 夏侯勝 京房 翼奉、李尋

第十四卷本書第四十六卷至第四十八卷

列傳趙廣漢 尹翁歸 韓延壽 張敞 王尊 王章

列傳蓋寬饒 諸葛豐 劉輔 鄭崇 孫寶 毋將隆 何並 蕭望之 子育

第十五卷本書第四十九卷至第五十一卷又第五十二卷至第五十三卷

列傳馮奉世 子野王 立 參 淮陽憲王欽 東平思王宇

定陶共王康 中山孝王興 匡衡 張禹 孔光

列傳王商 史丹 傅喜 薛宣 朱博

第十六卷本書第五十四卷至第五十六卷又第五十七卷至第五十八卷

列傳翟方進 子義 谷永 何武 王嘉 師丹 揚雄

儒林施讎 梁丘賀 伏生 申公 王式 轅固 韓嬰 孟卿 瑕丘江公

第十七卷本書第五十九卷至第六十二卷

循吏文翁 王成 黃霸 朱邑 龔遂 召信臣

酷吏郅都 甯成 趙禹 義縱 王溫舒 咸宣 嚴延年 尹賞

貨殖白圭 猗頓 烏氏蠃 巴寡婦清 蜀卓氏 程鄭 宛孔氏 丙氏 刁間 師史 宣曲任氏

游俠朱家 劇孟 郭解 樓護 陳遵 原涉

第十八卷本書第六十三卷至第六十六卷

佞幸鄧通 石顯 李延年 董賢

匈奴

西南夷 两粤 朝鮮

西域

第十九卷本書第六十七卷至第六十八卷

外戚上下

元后

第二十卷本書第六十九卷至第七十卷

王莽

敘傳上下

前漢書隨筆錄卷一

甬東　萬經授

帝紀　高帝　惠帝　高后　文帝　景帝
昭帝　宣帝　元帝　成帝　哀帝　平帝

常從王媪武負貰酒時飲醉臥武負王媪見其上常
有怪高祖每酤留飲酒讎數倍及見怪歲竟此兩家

折券棄責

常○○上有雲氣高祖隱於芒碭山澤間呂后與人俱求常得
○○之高祖怪問之呂后曰季所居○常○○○

故從徃常得李高祖大喜沛
中子弟聞之多欲附者矣

文吏自愛

父老乃帥子弟共殺沛
令開城門迎高祖欲以
為沛令高祖曰天下方擾諸侯並起今置將不善一敗塗地吾
非敢自愛恐能薄不能完父兄子弟此大事願更擇可者蕭曹
等皆○○○○恐事不就後秦種族其家盡讓高祖諸父老皆
曰平生所聞劉季奇怪當貴且卜筮之莫如劉季最吉高祖數
讓衆莫肯為高
祖乃立為沛公

緩頰徃說

漢王謂酈食其曰○○○○魏
王豹能下之以魏地萬戶封生

中分天下

羽乃與漢約○○○○割
洪溝以西為漢以東為楚

三者人傑

夫運籌帷幄之中決
勝千里之外吾不如

子房填國家撫百姓給餉餽不絕糧道吾不如蕭何連百萬之衆戰必勝攻必取吾不如韓信○○皆○○吾能用之此吾所以取天下者也項羽有一范增而不能用此所以為我禽也**高屋建瓴**秦形勝之國也帶河阻山縣隔千里持戟百萬秦得百二焉地埶便利其以下兵於諸侯譬由居○○之上○○水也**雍齒且侯**上居南宮從復道上見諸將往ゝ耦語以問張良ゝ曰陛下與此屬共取天下今已為天子而所封皆故人所愛所誅皆平生仇怨今軍吏計功以天下為不足用徧封而恐以過失及誅故相聚謀反耳上曰為之奈何良曰取上素所不快計羣臣所共知最甚者一人先封以示羣臣三月上置酒封雍齒因趣丞相急定功行封罷酒羣臣皆喜曰○○○○吾屬無患矣**士卒墮指**上從晉陽連戰乘勝逐北至樓煩會大寒○○○○什二三遂至平城為匈奴所圍七日用陳平秘計得出**孰與仲多**上奉玉卮為太上皇壽曰始大人常以臣亡賴不能治產業不如仲力今某之業所就○○○○殿上羣臣皆稱萬歲大笑為樂**勸為之駕**其有意稱明德者必身○○○○**魂魄思沛**上破布軍於會缶布走令別將追之上還過沛

留置酒沛宮悉名故人父老子弟佐酒發沛中兒得百二十人教之歌酒酣上擊筑自歌曰大風起兮雲飛揚威加海內兮歸故鄉安得猛士兮守四方令兒皆和習之上乃起舞忼慨傷懷泣數行下謂沛父兄曰游子悲故鄉吾雖都關中萬歲之後吾○○猶樂○○

扁鵲何益上問醫曰疾可治不醫曰可治於是上嫚罵之曰吾以布衣提三尺取天下此非天命乎命乃在天雖○○○○遂不使治醫賜黃金五十斤罷之

丹書鐵契又與功臣剖符作誓○○○金匱石室藏之宗廟

協于火德漢承堯運德祚已盛斷蛇著符旗幟上赤○○○自然之應得天統矣　以上高帝紀○

鬼薪白粲上造以上及內外公孫耳孫有罪當刑及當為城旦舂者皆耐為○○○○

虧損至德可謂寬仁之主遭呂太后○○○○悲夫　以上惠帝紀

為劉左袒勃入軍門行令軍中曰為呂氏右袒○○氏○○軍皆左袒

不出房闥高后女主制政○○○○天下晏然　以上高后紀

而喋血京師今已誅諸呂○○○○以迎大王為名實不可信

盤石之宗高帝王子弟地犬牙相制所謂○○○○也

郡守為符初與○○

○銅虎○竹使符三老孝悌以戶口率置○○○○力田常員令各率其意以道民焉致敬無祈今吾

聞祠官祝釐皆歸福於朕躬不為百姓朕甚媿之夫以朕之不德而專鄉獨美其福百姓不與焉是重吾不德也其令祠官○

○○有昞○結徹於道故遣使者冠蓋相望○○○○以諭朕志於單于欲作露臺嘗○○○○名

匠計之直百金上曰百金中人十家之產也吾奉先帝宮室常恐羞之何以臺為假借納用羣臣爰盎等諫說雖

切常○○○○○焉張武等受賂金錢覺吏加賞賜以媿其心以上文帝紀人心不厭諸疑獄若雖文致於法而

於○○○○者輒讞之車朱兩轓令長吏二千石○○○○千石至六百石朱左轓雕文刻鏤詔曰

○○○○傷農事者也錦繡纂組害女紅者也筭四得官今訾筭十以上乃得官廉士無筭不必衆有市籍不得官無

訾又不得官朕甚憫之訾○○○○毋令廉士久失職貪夫長利掃除煩苛周秦之敝罔密文峻而姦軌不勝漢

興○○○○與民休息漢言文景周云成康○○○○美矣以上景帝紀安車蒲輪議立明堂遣使

者○○○○束帛加璧徵魯申公
畫象不犯詔賢良曰朕聞昔在唐虞○○而民○○
興廉舉孝深詔執事○○○○○庶幾成風紹休聖緒
不舉者罪○其與中二千石禮官博士議○○○有司議不舉孝不奉詔當以不敬論不察廉不勝任也當免奏可
武功賞官詔曰日者大將軍巡朔方征匈奴斬首虜萬八千級諸禁錮及有過者咸蒙厚賞得免減罪今大將軍仍復克獲斬首虜萬九千級受爵賞而欲移賣者無所流貤其議為令有司奏請置○○○○以戰士
罷火耕水耨今水潦移於江南迫隆冬至朕懼其飢寒不活江南之地○○○○方下巴蜀之粟致之江陵
馬生渥洼六月得寶鼎后土祠旁秋○○○○馬生渥洼水中作寶鼎天馬之歌
拜況於郊朕甚念年歲未登飭躬齋戒丁酉○○○○
負薪塞河夏四月還祠泰山至瓠子臨決河命從臣將軍以下皆○○○○堤作瓠子之歌
通回中道冬十月行幸雍祠五畤○○○○遂北出蕭關歷獨鹿鳴澤自代而還幸河東
射蛟江中自尋陽浮江親○○○○獲之
跅弛之士馬或奔踶而致千里士或有負俗之累而立功名夫泛駕之馬○○○○

亦在御之而已上黃用五色○○數○○獲汗血馬貳師將軍廣利斬大宛王首○○○○來作西極天
馬之歌衣繡杖斧泰山琅邪羣盜徐穀等阻山攻城道路不通遣直指使者暴勝之等○○衣○○分部逐捕
麟趾褭蹏詔曰有司議曰往者朕郊見上帝西登隴首獲白麟以饋宗廟渥洼出天馬泰山見黃金宜改故名今更
黃金爲○○○○以協瑞焉因以班賜諸侯王罷黜百家孝武初立卓然○○○○表章六經雄材大略
號令文章煥焉可述後嗣得遵洪業而有三代之風如武帝之○○○○不改文景之恭儉以濟斯民雖詩書所稱何有加焉
以上武帝紀鉤盾弄田己亥上耕于○○○○流庸未還詔曰比歲不登民匱于食○○○○盡復
往時令民共出馬其止勿出諸給中都官者且減之罷亭母馬夏○天下○○○及馬弩關委任霍光
昔周成以孺子繼統而有管蔡四國流言之變孝昭幼年即位亦有燕蓋上官逆亂之謀成王不疑周公孝昭○○○○各因
其時以成名大矣哉時務之要承孝武奢侈餘敝師旅之後海內虛耗戶口減半光知○○○○輕徭薄賦與民休

息尊號曰昭至始元元鳳之間匈奴和親百姓充實舉賢良文學問民所疾苦議鹽鐵而罷榷酤○○○○不亦
宜乎以上昭帝紀歎塞來享百蠻鄉風○○○○損膳省宰詔曰今歲不登已遣使者振貸困乏其令
太官○○○樂府減樂人使歸就農業疇其爵邑詔曰大司馬大將軍博陸侯宿衛孝武皇帝三十餘年輔孝昭
皇帝十有餘年遭大難躬秉義率三公諸侯九卿大夫定萬世策以安宗廟天下蒸庶咸以康寧功德茂盛朕甚嘉之復其後
世○○○○世世無有所與功如蕭相國其減鹽價今年郡國頗被水災已振貸鹽民之食而賈咸貴衆庶重困○
○天下○○掠辜瘐死又曰令甲死者不可生刑者不可息此先帝之所重而吏未稱今繫者或以○○若飢寒
○獄中何用心逆○人道也朕甚痛之析律貳端用法或持巧心○○○○深淺不平增辭飾非以成其罪稱
過使客或擅興繇役飾廚傳○○○○越職踰法以取名譽槩而不殊詔曰蓋聞象有罪舜封之骨肉之親
○○○○其封故邑王賀爲海昏侯昌益奉十五詔曰吏不廉平則治道衰今小吏皆勤事而奉祿薄欲其毋侵

漁百姓難矣哉其○吏百石以下○○○神光交錯詔曰鸞鳳萬舉蜚覽翱翔集止於旁齋戒之暮神光顯著薦鬯
之夕○○○○設常平倉大司農中丞耿壽昌奏○○○○以給北邊省轉漕枯槁榮茂詔曰廼者鳳皇
甘露降集黄龍登興醴泉滂流○○○○綜核名實孝宣之治信賞必罰○○○○吏稱其職政事文學
法理之士咸精其能至於技巧工匠自元成間鮮能及之亦足以知○○○○民安其業也　以上宣帝紀拘牽微
文百姓仍遭凶阨無以相振加以煩擾乎苛吏○○手○○不得永終性命朕甚閔焉分扚節度元帝多材藝善
史書鼓琴瑟吹洞簫自度曲被歌聲○○○○窮極幼眇牽制文義徵用儒生委之以政貢薛韋匡迭為宰相而上
○○○○優游不斷孝宣之業衰焉　以上元帝紀共張繇役廼者徙泰畤后土於南郊北郊朕親飭躬郊祀上帝
皇天報應神光並見三輔長無○○○○之勞令給槥櫝其為水所流壓死不能自葬○郡國○○○葬埋已葬者
與錢人二千避水他郡國在所冗食之謹遇以文理毋令失職流冗者衆關東○○○○青幽冀部尤劇朕甚痛焉

客土疏惡過聽將作大匠萬年言昌陵三年可成作治五年中陵司馬殿門内尚未加功天下虛耗百姓罷勞○○

○○終不可成湛于酒色遭世承平上下和睦然○○○○趙氏亂内外家擅朝言之可爲於邑哀平短

祚建始以來王氏始執國命○○○○莽遂篡位蓋其威福所由來者漸矣以上成帝紀名田過品詔諸侯王

列侯公主吏二千石及豪富民多畜奴婢田宅無限與民爭利百姓失職重困不足其議限列有司條奏諸王列侯得名田國

中列侯在長安及公主名田縣道關内侯吏民名田皆無得過三十頃諸侯王奴婢二百人列侯公主百人關内侯吏民三十

人年六十以上十歲以下不在數中賈人皆不得名田爲吏犯者以律論諸○○畜奴婢○○皆沒入縣官予寧三

年博士弟子父母死○○○○欲彊主威睹孝成世祿去王室權柄外移是故臨朝屢誅大臣○○○○○以則

武即位痿痹雅性不好聲色時覽卞射武戲○○○○末年寖劇饗國不永哀哉以上哀帝紀什器

儲偫天下吏舍亡得置○○○○女徒顧山罷明光宮及三輔馳道天下○○已論歸家○○錢月三百

通于器物詔曰皇帝二名○○○○今更名合於古制石䂬受錢遣使者捕蝗民捕蝗請吏以○○○

○頌聲竝作孝平之世政自莽出褒善顯功以自尊盛觀其文辭方外百蠻亡思不服休徵嘉應○○○○至乎

變異見於上民怨於下莽亦不能文也以上平帝紀

以上本書第一卷至第十二卷

年表異姓諸侯王諸侯王王子侯高惠高后孝文功臣景武昭宣元成功臣

外戚恩澤侯百官公卿上下古今人

籀語燒書秦既稱帝患周之敗以為起於處士橫議諸侯力爭四夷交侵以弱見奪於是削去五等墮城銷刃○○

○○内鋤雄俊外攘胡粵用壹威權為萬世安適資豪傑然十餘年間猛敵橫發乎不虞適戍彊於五伯閭閻偪於

戎狄嚮應磨於謗議奮臂威於甲兵嚮秦之禁○畔以○○○而速自斃也一劍之任是以漢亡尺土之階緣○

○○○五載而成帝業書傳所記未嘗有焉何則古世相革皆承聖王之烈今漢獨收孤秦之弊鐫金石者難為功摧枯朽者
易為力其埶然也以上異姓諸侯王表姍笑三代秦據埶勝之地騁狙詐之兵蠶食山東一切取勝因矜其所習
自任私知○○○○○盪滅古法奮其白挺竊自號為皇帝而子弟為匹夫內無骨肉本根之輔外無尺土藩翼之衛
陳吳○○○○○劉項隨而斃之夸州兼郡藩國大者○○○○連城數十宮室百官同制京師可謂撟枉過其正矣
藩國自析然諸侯原本以大末流濫以致濫小者淫荒越法大者睽孤橫逆以害身喪國故文帝采賈生之議分齊
趙景帝用鼂錯之計削吳越武帝施主父之策下推恩之令使諸侯王得分戶邑以封子弟不行黜陟而○○○○衣食
租稅諸侯惟得○○○○不與政事至於哀平之際皆繼體苗裔親屬踈遠生於帷牆之中不為士民所尊埶與富室無
異而本朝短世國統三絕是故王莽知漢中外殫微本末俱弱亡所忌憚生其姦心班行符命因母后之權假伊周
之稱顓作威福廟堂之上不降階序而運天下詐謀既成遂據南面之尊分遣五威之吏馳傳天下○○○○奉上璽

敦漢諸侯王厥角稽首○○○○推恐在後或延稱美頌德以求容媚豈不哀哉是以究其終始强弱之變明監戒焉○以上諸侯王表

支庶畢侯至於孝武以諸侯王畺土過制或僭差失軌而子弟為匹夫輕重不相準於是制詔御史諸侯王或欲推私恩分子弟邑者令各條上朕且臨定其號名自是○○○○矣以上王子侯表

僞褒宗室元始之際王莽擅朝○○○○侯及王之孫焉居攝而愈多非其正故弗録旋踵亦絶悲夫以上王子侯年表

大侯萬家初以沛公總帥雄俊三年然後西滅秦立漢王之號五年東克項羽即皇帝位八載而天下乃平始論功而定封訖十二年侯者百四十有三人時大城名都民人散亡户口可得而數裁什二三是以○○不過○○小者五六百户

丹書白馬封爵之誓曰使黄河如帶泰山若厲國以永存爰及苗裔於是申以○○之信重以○○之盟又作十八侯之位次

枝葉稍落高后二年復詔陳平盡差列侯之功録弟下竟臧諸宗廟副在有司始未嘗不欲固根本而○○○○也

罔亦少密故逮文景四五世間流民既歸户口亦息列侯大者至三四萬户小國自倍富厚如之子孫驕逸忘其先祖之

艱難多陷法禁隕命亡國云子孫訖于孝武後元之年靡有孑遺耗矣○○○○焉
襲封者盡
迹漢功臣亦皆剖符世爵受山河之誓存以著其號亡以顯其魂賞亦不細矣百餘年間而○○○○或絕失姓或乏無主朽骨孤於墓苗裔流於道生為愍隸死為轉屍以往況今甚可悲傷○以上高惠高后孝文功臣表
弓高襄城
春秋列潞子之爵許其慕諸夏也漢興至於孝文時乃有○○○○之封雖自外倈本功臣後　以上景武昭宣元成哀功臣表
宰相畢侯
至乎孝武元功宿將畧盡會上亦興文學進拔幽隱公孫弘自海瀕而登宰相於是寵以列侯之爵又疇咨前代詢問耆老初得周後復加爵邑自是之後○○○○矣
春秋襃紀
高后欲王諸呂王陵廷爭孝景將侯王氏條侯犯色卒用廢黜是後薄昭竇嬰上官衛霍之侯以功受爵其餘后父據○○○○之義帝舅緣大雅申伯之意寖廣博矣　以上外戚恩澤侯
表周衰失官
自○○○○而百職亂戰國並爭各變異秦兼天下建皇帝之號立百官之職因循而不革明簡易隨時宜也其後頗有所改王莽篡位慕從古官而吏民弗安亦多虐政遂以亂亡故畧表舉大分以通古今備温故知新之義

云金印紫綬相國丞相皆秦官○○○○掌副丞相御史大夫秦官位上卿銀印青綬○○○○
繡衣直指侍御史有○○○○出討姦猾治大獄武帝所制不常置羽林孤兒取從軍死事之子孫養羽
林官教以五兵號曰○○○○更名挏馬中太僕掌皇太后輿馬不常置也武帝太初元年○○家馬為○○徼
循京師中尉秦官掌○○○○武帝太初元年更名執金吾名大長秋將行秦官景帝中六年更○○○○
或用中人或用士人是為三輔主爵中尉秦官掌列侯景帝中六年更名都尉武帝太初元年更名右扶風治內史
右地與左馮翊京兆尹○○○○督大姦猾司隸校尉周官武帝征和四年初置持節從中都官徒千二百人捕
巫蠱○○○○後罷其兵察三輔三河弘農元帝初元四年去節簪裊不更爵一級曰公士二上造三○○四○
○五大夫六官大夫七公大夫八公乘九五大夫十左庶長十一右庶長十二左更十三中更十四右更十五少上造十六大
上造十七駟車庶長十八大庶長十九關內侯二十徹侯皆秦制以賞功勞徹侯金印紫綬避武帝諱曰通侯或曰列侯金

璽盭綬諸侯王高帝初置○○○置部刺史監御史秦官掌監郡漢省丞相遣史分刺州不常置武帝
元封五年初○○○○掌奉詔條察州秩六百石員十三人成帝綏和元年更名牧秩二千石哀帝建平二年復為刺史元壽
二年復為牧更名太守郡守秦官掌治其郡秩二千石有丞邊郡又有長史掌兵馬秩皆六百石景帝中二年○
○○○長吏少吏縣令長皆秦官掌治其縣萬戶以上為令秩千石減萬戶為長秩五百石至三百石皆有丞尉
秩四百石至二百石是為○○○百石以下有斗食佐史之秩是為○○○三老嗇夫大率十里一亭亭有長十亭一
鄉ゝ有三老有秩嗇夫游徼○○○○掌教化○○○職聽訟收賦稅游徼ゝ循禁賊盜縣大率方百里其民稠則減稀則曠鄉亭亦
如之皆秦制也上百官公卿表以九等之序譬如堯舜禹稷卨與之為善則可與行鮌讙兜欲與為惡則誅可與
為善不可與為惡是謂上智桀紂龍逢比干欲與之為善則誅于莘崇侯與之為惡則行可與為惡不可與為善是謂下愚齊
桓公管仲相之則霸豎貂輔之則亂可與為善可與為惡是謂中人因玆以列○○○○究極經傳繼世相次總備古今之畧

要云○以上古今人表 以上本書第一卷至第八卷

注

從王媼武負貰酒顔師古曰古語謂老母為負媼女老稱也王媼王家之媼也武負武家之母也貰賒也酒讎數倍讎亦售也緩頰張晏曰緩頰徐言引譬喻也帶河阻山縣隔千里李斐曰河山之險由地埶高順流而下易故天下於秦懸隔千里也秦得百二蘓林曰百二得百中之二二萬人也秦地險固二萬人足當諸侯百萬人也居高屋之上建瓴水瓴盛水瓶也言其向下之埶也必身勸為之駕文穎曰有賢者郡守身自往勸勉令至京師駕車遣之會缶蘓林曰缶音垂晋灼曰靳縣鄉名也佐酒應劭曰助行酒筑狀似琴而大頭安弦以竹擊之提三尺師古曰三尺劍也剖符作誓如淳曰謂功臣表誓使黄河如帶泰山若厲國乃滅絶金匱石室師古曰以金為匱以石為

室重緘封之保慎之義旗幟上赤協於火德自然之應得天統矣臣瓚曰漢
堯緒為火德秦承周後以火代木得天之統序故曰得天統漢初因秦正至太初元年始用夏正不用十一月為正也
以上高帝紀上造以上及內外公孫耳孫有罪當刑及當為城旦
舂者皆耐為鬼薪白粲應劭曰上造爵滿十六者也內外公孫謂王侯內外孫也耳孫者玄孫之
子也言去其曾高遠但耳聞之也今以上造有功勞內外孫有骨血屬婕施德布惠故事從其輕也城旦者旦起行治城
舂者婦人不豫外傜但舂作米皆四歲刑也今皆就鬼薪白粲取薪給宗廟為鬼薪坐擇米使正白為白粲皆三歲刑也
婕音連以上惠帝紀右袒左袒師古曰袒脫衣袖而肉袒也左右者偏脫其一耳以上高后紀喋
血京師喋音蹀如淳曰殺人流血滂沱為喋血銅虎符竹使符應劭曰銅虎符第一至第五國
家當發兵遣使至郡合符〻合乃聽受之竹使符皆以竹箭五枚長五寸鐫刻篆書第一至第五師古曰與郡守為符者

各分其半右留京師左以與之結徹於道韋昭曰使車往還故徹如結也中人十家之產師古
曰中謂不富不貧以上文帝紀車朱兩轓如淳曰轓音反小車兩屏也應劭曰車耳反出所以為之藩屏
翳塵泥也二千石雙朱其次乃偏其左軓以簟為之或用革軓音方遠反錦繡纂組應劭曰纂今五采屬綷是
也組者今綬紛絛是也臣瓚曰許慎云纂赤組也師古曰瓚說是也綷會也會五綵者今謂之錯綵非纂也綷音子內反
絛音它牢反訾算十以上得官服虔曰訾萬錢算百二十七也應劭曰古者疾吏之貪衣食足知榮
辱限訾十算廼得為吏十算十萬也賈人有財不得為吏廉士無訾又不得官故減訾四算得官矣師古曰訾讀與貲同
以上景帝紀安車蒲輪師古曰以蒲裹輪取其安也唐虞畫象應劭曰二帝但畫衣冠異章服
而民不敢犯也師古曰白虎通云畫象者其衣服象五刑也犯墨者蒙巾犯劓者以赭著其衣犯髕者以墨蒙其髕象而
畫之犯宮者扉犯大辟者布衣無領墨謂以墨黥其面也劓截其鼻也髕去膝蓋骨也宮割其陰也扉草屨也得免

減罪有罪者或被釋免或得減輕受爵賞而欲移賣者無所流貤應劭曰貤音移言軍吏士斬首虜爵級多無所移與今為置武功賞官爵多者分與父兄子弟及賣與他人也師古曰此說非也許慎說文解字云貤物之重次第也此詔言欲移賣爵者無有差次不得流行故為置官級也今俗猶謂凡物一重為一貤也火耕水耨應劭曰燒草下水種稻草與稻並生高七八寸因悉芟去復下水灌之草死獨稻長所謂火耕水耨馬生渥洼水中李斐曰南陽新野有暴利長當武帝時遭刑屯田敦煌界數於此水旁見羣野馬中有奇異者與凡馬來飲此水利長先作土人持勒靽於水旁後馬玩習久之代土人持勒靽收得其馬獻之欲神異此馬云從水中出師古曰渥音握洼音於佳反拜況於郊師古曰況賜也通回中道回中在安定北通蕭關蓋自回中通道以出蕭關遂北出蕭關歷獨鹿鳴澤如淳曰匈奴傳入朝那蕭關蕭關在安定朝那縣也服虔曰獨鹿山名也鳴澤〻名也皆在涿郡遒縣北界也奔踶而致千里師古云踶蹋也奔走也奔

踶者乘之即奔立則踶人也負俗之累晉灼曰負俗謂被世譏論也泛駕之馬師古曰泛覆也覆駕者言馬有逸氣而不循軌轍也跅弛之士跅者跅落無檢局也弛者放廢不遵禮度也色上黃數用五張晏曰漢據土德土數五故用五謂印文也若丞相曰丞相之印章諸卿及守相印文不足五字者以之足之汗血馬應劭曰大宛舊有天馬種蹋石汗血汗從前肩髆出如血號一日千里師古曰蹋石者謂蹋石而有跡言其號堅利更黃金為麟趾褭蹏師古曰既云宜改故名又曰更黃金為麟趾褭蹏是則舊金雖以斤兩為名而官有常形制亦由今時吉字金挺之類矣武帝欲表祥瑞故普改鑄為麟足馬蹏之形以易舊法耳今人往〻於地中得馬蹏金〻甚精好而形制巧妙褭音奴了反以上武帝紀上耕于鉤盾弄田應劭曰鉤盾官者近署師古曰弄田為宴游之田天子所戲弄耳流庸流庸謂去其本鄉而行為人庸作罷天下亭母馬及馬弩關應劭曰武帝數伐匈奴再擊大宛馬死畧盡乃令天下諸亭養母馬欲令其繁滋又

作馬上弩機關令悉罷之孟康曰舊馬高五尺六寸齒未平弩十石以上皆不得出關今不禁也

議鹽鐵罷榷酤韋昭曰以木渡水曰榷謂禁民酤釀獨官開置如道路設木為榷獨取利也師古曰榷者步渡橋爾雅謂之石杠今之畧彴是也禁閉其事總利入官而下無由以得有若渡水之榷因立名焉武帝時以國用不足縣官自賣鹽鐵酤酒昭帝務本抑末不與天下爭利故罷之彴音酌　以上昭帝紀

欵塞來享應劭曰欵叩也皆叩塞門來服從也

太官損膳省宰師古曰宰為屠殺也省減也漢儀注大宰令屠者七十二人宰二百人

疇其爵邑張晏曰律非始封十減二疇者等也言不復減也

析律貳端師古曰析分也謂分破律條妄生端緒以出入人罪

飾廚傳稱過使客韋昭曰廚謂飲食傳謂傳舍師古曰使人及賓客來者稱其意而遣之令過去也

粲而不殊粲明也殊絕也當明於仁恩不離絕也

益吏百石以下奉十五如淳曰律百石奉月六百韋昭曰若食一斛則益五斗　以上宣帝紀

洞簫簫之無底者

自度曲

被歌聲應劭曰自隱度作新曲因持新曲以為歌詩聲也荀悅曰被聲能播樂也分扚節度韋昭曰扚切也謂能分切句絕為之節制也窮極幼眇師古曰幼眇讀要妙以上元帝紀共張繇役謂供具張設楷櫝楷櫝謂小棺流宂者衆宂散失其事業也客土疏惡服虔曰取他處土以增高為客土也以上成帝紀有司條奏諸王列侯得名田國中列侯在長安及公主名田縣道關内侯吏民名田皆無得過三十頃如淳曰名田國中者自其所食國中也既收其租稅又自得有私田三十頃名田縣道者令甲諸侯在國名田他縣罰金二兩今列侯有不之國者雖遥食其國租稅復自得田於他縣道公主亦如之不得過三十頃予寧三年師古曰寧謂處家持喪服卞射武戲蘇林曰手搏為卞角力為武戲也痿痹如淳曰痿音蹞踒弩兩足不能相過曰痿蹞音頻踒音雖以上哀帝紀什器儲偫師古曰軍法五人為伍二伍為什則共其器物故通謂生〻之

具為什器亦猶今之從軍及作役者十人為火共畜調度也儲積也偫具也天下女徒已論歸家顧山錢月三百謂女徒論罪已定並放歸家不親役之但令一月出錢三百以顧人也二名通於器物孟康曰平帝本名箕子更名衎箕用器也故云通於器物曰民捕蝗詣吏以石斗受錢師古曰量蝗多少而賞錢以上平帝紀睽孤橫逆易睽卦九四爻辭曰睽孤見豕負塗睽孤乖剌之意階序序謂東西廂璽敍敍璽之組也上諸侯王表以黃河如帶泰山若厲應劭曰帶衣帶也厲砥厲石也河當何時如衣帶山當何時如厲石言如帶厲國猶永存以及後世之子孫也白馬之盟師古曰謂刑白馬歃其血以為盟也副在有司副貳也其列侯功籍已藏於宗廟副貳之本又在有司靡有子遺耗矣孟康曰耗音毛師古曰言無有獨存者至於耗盡也愍隸轉屍師古曰愍隸者言為徒隸可哀愍之也應劭曰死不能葬故屍流轉在溝壑之中以上高惠高后孝文功臣表弓高褒城

之封弓高侯穨當襄城侯桀龍皆從匈奴來降而后得封也以上景武昭宣元成哀功臣表文攄春秋襃紀之義應劭曰春秋天子將納后於紀〻本子爵也故先襃為侯言王者不取於小國帝舅緣大雅申伯之意申伯周宣王元舅也為邑於謝後世欲光寵外親者緣申伯之恩援此義以為諭也以上外戚恩澤侯表繡衣直指服虔曰指事而行無阿私也師古曰衣以繡者尊寵之也教以五兵師古曰五兵謂弓矢殳矛戈戟也更名家馬為挏馬應劭曰主乳馬取其汁挏治之味酢可飲因以名官也如淳曰主乳馬以韋革為夾兜受數斗盛馬乳挏取其上把因名曰挏馬今梁州亦名馬酪為馬酒晉灼曰挏音挺挏之挏徒孔反掌徼循如淳曰所謂遊徼〻循禁備盜賊也徼音工釣反執金吾金吾鳥名也主辟不祥天子出行職主先導以禦非常故執此鳥之象因以為名大長秋師古曰秋者收成之時長者恒久之義故以為皇后官名右扶風左馮翊京兆尹服虔曰皆治在長安城中師古曰長安以東為京兆

長陵以北為左馮翊渭城以西為右扶風也司隸校尉師古曰以掌徒隸而巡察故云司隸爵一級曰公士言有爵命異於士卒二上造造成也言有成命於上也三簪裊以組帶馬曰裊簪裊者言飾此馬也裊音乃了反四不更言不豫更卒之事也更音工衡反五大夫列位從大夫六官大夫七公大夫加官公者亦稱尊也八公乘言其得乘公家之車也九五大夫大夫之尊也十庶長十一右庶長言為眾列之長也十二左更十三中更十四右更更言主領更卒部其役使也更音工衡反十五少上造十六大上造言皆主上造之士也十七駟車庶長言乘駟馬之車而為眾長也十八大庶長又更尊也十九關內侯言有侯號而居京畿無國邑二十徹侯言其爵位上通於天子金璽盭綬如淳曰盭音戾晉灼曰盭草名也出琅邪平昌縣似艾可染綠因以為綬名也師古曰璽之言信也古者印璽通名今則尊卑

有斗食佐史之秩師古曰漢官名秩簿云斗食月奉十一斛佐史月奉八斛也一説斗食者歲奉不滿百石計日而食一斗二升故云斗食也

以上百官公卿表

前漢書隨筆録卷二

本志 律歷 刑法 禮樂

不失圭撮度長短者不失毫氂量多少者○○○○權輕重者不失黍絫五聲八音八音土曰塤匏曰笙皮曰鼓竹曰管絲曰絃石曰磬金曰鐘木曰柷○○和○○諧而樂成商之爲言章也物成孰可章度也角觸也物觸地而出戴芒角也宮中也居中央暢四方唱始施生爲四聲綱也徵祉也物盛大而緐祉也羽宇也物聚臧宇覆之也夫聲者中於宮觸於角祉於徵章於商宇於羽故四聲爲宮紀也律十有二○○○○陽六爲律陰六爲呂律以統氣類物一曰黃鐘二曰太族三曰姑洗四曰蕤賓五曰夷則六曰亡射呂以旅陽宣氣一曰林鐘二曰南呂三曰應鐘四曰大呂五曰夾鐘六曰中呂有三統之義焉是爲律本黃帝使泠綸自大夏之西昆崘之陰取竹之解谷生其竅厚均者斷兩節間而吹之以爲黃鐘之宮制十二筩以聽鳳之鳴其雄鳴爲六雌鳴亦六比黃鐘之宮而皆可以生之○○○○宮九唱

六 黃者中之色君之服也鍾者種也天之中數五ゝ為聲ゝ上宮五聲莫大焉地之中數六ゝ為律ゝ有形有色ゝ上黃五色莫盛焉故陽氣施種於黃泉孳萌萬物為六氣元也以黃色名元氣律者著宮聲也○以○○○變通不居周流不虛始於子在十一月大呂ゝ旅也言陰大旅助黃鍾宣氣而牙物也位於丑在十二月太族ゝ奏也言陽氣大奏地而達物也位於寅在正月夾鍾言陰夾助太族宣四方之氣而出種物也位於卯在二月姑洗ゝ絜也言陽氣洗物辜絜之也位於辰在三月中呂言微陰始起未成著於其中旅助姑洗宣氣齊物也位於巳在四月蕤賓蕤繼也賓導也言陽始導陰氣使繼養物也位於午在五月林鍾林君也言陰氣受任助蕤賓君主種物使長大楙盛也位於未在六月夷則ゝ法也言陽氣正法度而使陰氣夷當傷之物也位於申在七月南呂南任也言陰氣旅助夷則任成萬物也位於酉在八月亡射ゝ厭也言陽氣究物而使陰氣畢剝落之終而復始亡厭已也位於戌在九月應鍾言陰氣應亡射該藏萬物而雜陽閡種也位於亥在十月 是為

三統 三統者天施地化人事之紀也十一月乾之初九陽氣伏於地下始著為一萬物萌動鍾於太陰故黃鍾為天統律

長九寸九者所以究極中和為萬物元也易曰立天之道曰陰與陽六月坤之初六陰氣受任於太陽繼養化柔萬物生長楙之於未令種剛彊大故林鍾為地統律長六寸六者所以含陽之施楙之於六合之内令剛柔有體也立地之道曰柔與剛乾知大始坤作成物正月乾之九三萬物棣通族出於寅人奉而成之仁以養之義以行之令事物各得其理寅木也為仁其聲商也為義故太族為人統律長八寸象八卦宓戲氏之所以順天地通神明類萬物之情也立人之道曰仁與義在天成象在地成形后以裁成天地之道輔相天地之宜以左右民此三律之謂矣○○○○

氣鍾於子

此陰陽合德○○○○化生萬物者也故孳萌於子紐牙於丑引達於寅冒茆於卯振美於辰已盛於巳咢布於午昧薆於未申堅於申留孰於酉畢入於戌該閡於亥出甲於甲奮軋於乙明炳於丙大盛於丁豐楙於戊理紀於己斂更於庚悉新於辛懷任於壬陳揆於癸

子穀秬黍

度者分寸尺丈引也所以度長短也本起黃鍾之長以○○○○中者一黍之廣度之九十分黃鍾之長一為一分十分為寸十寸為尺十尺為丈十丈為引而五度審矣其法用銅高一寸廣二寸而分寸尺丈存焉用竹為引高一

分廣六分長十丈其方法矩高廣之数陰陽之象也其狀似爵量者龠合升斗斛也所以量多少也本起於黄鐘之龠用度数審其容以子穀矩黍中者千有二百實其龠以井水準其槩十龠為合十合為升十升為斗十斗為斛而五量嘉矣其法用銅方尺而圜其外旁有庣焉其上為斛其下為斗左耳為升右耳為合龠○○○○以縻爵祿上三下二參天兩地圜而函方左一右二陰陽之象也其圜象規其重二鈞備氣物之數合萬有一千五百二十任權均物衡權者衡平也權重也衡所以○○而○○平輕重也其道如底以見準之正繩之直左旋見規右折見矩其在天也佐助旋機酙酌建指以齊七政故曰玉衡論語云立則見其參於前也在車則見其倚於衡也又曰齊之以禮此衡在前居南方之義也權者銖兩斤鈞石也所以稱物平施知輕重也本起於黄鐘之重一龠容千二百黍重十二銖兩之為兩二十四銖為兩十六兩為斤三十斤為鈞四鈞為石忖為十八易十有八變之象也衡運生規權與物鈞而生衡○○○○規圜生矩〻方生繩〻直生準〻正則平衡而鈞權矣是為五則規者所以規圜器械令得其類也矩者所以矩方器械令不失其形也規矩相須陰

陽位序圜方乃成準者所以揆平取正也繩者上下端直經緯四通也準繩連體權衡合德百工繇焉以定法式輔弼執玉以翼天子**介然有常**凡律度量衡用銅者名自名也所以同天下齊風俗也銅為物之至精不為燥濕寒暑變其節不為風雨暴露改其形○○○有似於士君子之行是以用銅也用竹為引者事之宜也**頗推五勝**三代既沒五伯之末史官喪紀疇人子弟分散或在夷狄故其所記有黃帝顓頊夏殷周及魯曆戰國擾攘秦兼天下未遑暇也亦○○而自以為獲水德乃以十月為正色上黑漢興方綱紀大基庶事草創襲秦正朔以北平侯張蒼言用顓頊歷比於六歷疏闊中最為微近然正朔服色未覩其真而朔晦月見弦望滿虧多非是以上律歷志**禮樂用急**六經之道同歸而○○○之○為○治身者斯須忘禮則暴嫚入之矣為國者一朝失禮則荒亂及之矣**合為一體**二者並行○○○○畏敬之意難見則著之於享獻辭受登降跪拜和親之說難形則發之於詩歌詠言鍾石筦弦蓋嘉其敬意而不及其財賄美其歡心而不流其聲音○**銳志武功**○是時上方征討四夷○○○○不暇留意禮文之事**養人為本**

禮以○○○○如有過差是過而養人也刑罰之過或至死傷今之刑非皐陶之法也而有司請定法削則削筆則筆救時務
也至於禮樂則曰不敢是敢於殺人不敢養人也房中祠樂又有○○○○高祖唐山夫人所作也周有房中樂
至秦名曰壽人凡樂樂其所生禮不忘本高祖樂楚聲故房中樂楚聲也竹宮望拜乃立樂府采詩夜誦有趙代秦
楚之謳以李延年為協律都尉多舉司馬相如等數十人造為詩賦略論律呂以合八音之調作十九章之歌以正月上辛用
事甘泉圜丘使僮男女七十人俱歌昏祠至明夜常有神光如流星止集於祠壇天子自○○而○○百官侍祠者數百人皆
肅然動心焉金支秀華芬樹羽林雲景杳冥○○○○庶旄翠旌大海蕩蕩○○○○水所歸高賢愉
愉民所懷窅窊桂華都荔遂芳○○○○孝奏天儀若日月光象來致福鑾竟竭懽○○○○師象
山則承帝明德○○○○雲施稱民永受厥福以上安世房中歌華文霧縠衆嫭並綽奇麗顔如荼兆遝靡
被○○厠○○叀阿錫佩珠玉俠嘉夜茝蘭芳澹容與獻嘉觴青陽開動○○○○根荄以遂膏潤并愛跂行畢逮

霆聲發榮壧處頃聽枯槀復產迺成厥命衆庶熙〻施及夭胎羣生啿〻惟春之祺朱明盛長旉與萬物
桐生茂豫靡有所詘西顥流碭秋氣肅殺含秀垂穎續舊不廢玄冥陵陰蟄蟲蓋臧
鸞路龍鱗罔不肸飾俶儻權奇太一況天馬下霑赤汗沫流赭志俶儻精權奇籋浮雲晻上馳
體容與迣萬里今安匹龍為友元狩三年馬生渥洼水中作天馬龍媒來之游閶闔觀玉臺誅宛王
獲宛馬作穆〻金波月以日華燿以〻宣明甘露榮泉象載瑜白集西食飲赤鴈集六
紛員殊翁雜五采文神所見施祉福登逢萊結無極行幸東海獲赤鴈作赤蛟黃華綏蓋露夜零晝
晻濭百君禮六龍位勺椒漿靈已醉靈既享錫吉祥芒〻極降嘉觴靈殷〻爛揚光延壽命永未央杳冥〻塞六合澤汪濊輯
萬國靈禠〻象輿轙票然逝旗逶蛇禮樂成靈將歸託玄德長無衰以上郊祀歌褒揚功德昔殷周之雅頌迺上
本有娀姜原卨稷始生玄王公劉古公太伯王季姜女太任太姒之德乃及成湯文武受命武丁成康宣王中興下及輔佐阿

衛周召太公申伯名虎仲山甫之屬君臣男女有功德者靡不○○○○既信美矣襃揚之聲盈乎天地之間是以光名著於當世遺譽於無窮也垂不協鐘律今漢郊廟詩歌未有祖宗之事八音調均又○○於○○而內有掖庭材人外有上林樂府皆以鄭聲施於朝廷以上禮樂志一里為井因井田而制軍賦地方○○○○井十為通〻十為成〻方十里成十為終〻十為同〻方百里同十為封〻十為畿〻方千里有稅有租稅以足食賦以足兵乘馬之法故四井為邑四邑為丘〻十六井也有戎馬一匹牛三頭甲士三人卒七十二人干戈備具是謂○○○○提封萬井一同百里○○○○除山川沈斥城池邑居園囿術路三千六百井定出賦六千四百井戎馬四百匹兵車百乘此卿大夫采地之大者也是謂百乘之家一封三百一十六里提封十萬井定出賦六萬四千井戎馬四千匹兵車千乘此諸侯之大者也是謂千乘之國天子畿方千里提封百萬井定出賦六十四萬井戎馬四萬匹兵車萬乘故稱萬乘之主戎馬車徒干戈素具春振旅以搜夏拔舍以苗秋治兵以獮冬大閱以狩皆於農隙以講事焉大簡車徒五國為屬屬有長十

國為連：有帥三十國為卒：有正二百一十國為州：有敀連帥比年簡車卒正三年簡徒羣牧五載○○○○此先王為國立武足兵之大畧也師旅亟動二伯之後寖以陵夷至魯成公作丘甲哀公用田賦搜狩治兵大閱之事皆失其正春秋書而譏之以存王道於是○○○○百姓罷敝無伏節死難之誼孔子傷焉曰以不教民戰是謂棄之更名角抵春秋之後滅弱呑小竝為戰國稍增講武之禮以為戲樂用相夸視而秦○○○○先王之禮沒於淫樂中矣孫吳為宗雄桀之士因埶輔時作為權詐以相傾覆吳有孫吳齊有孫臏魏有吳起秦有商鞅皆禽敵立勝垂著篇籍當此之時合從連橫轉相攻伐代為雌雄齊愍以技擊彊魏惠以吳卒奮秦昭以銳士勝世方方爭於功利而馳說者以○○○○若卵投石時唯孫卿明於王道而非之曰彼孫吳者上埶利而貴變詐施於暴亂昏嫚之國君臣有間上下離心政謀不良故可變而詐也夫仁人在上為下所仰猶子弟之衛父兄手足之扞頭目何可當也鄰國望我歡若親戚芬若椒蘭顧視其上猶焚灼仇讎人情豈肯為其所惡而攻其所好哉故以桀攻桀猶有巧拙以桀詐堯○○○○夫何幸之有亡國之

兵若齊之技擊得一首則受賜金事小敵脆則媮可用也事鉅敵堅則渙然離矣是○○○○也魏氏武卒衣三屬之甲操十二石之弩負矢五十个置戈其上冠冑帶劍贏三日之糧日中而趨百里中試則復其户利其田宅如此則其地雖廣其稅必寡其氣力數年而衰是危國之兵也

干賞蹈利秦人其生民也陋隘其使民也酷烈劫之以埶隱之以隘狃之以賞慶道之以刑罰使其民所以要利於上者非戰無由也功賞相長五甲首而隸五家是最為有數故能四世有勝於天下然皆○○○之兵庸徒鬻賣之道耳未有安制矜節之理也故雖地廣兵彊鰓鰓常恐天下之一合而共軋己也

墨者

守門凡殺人者踣諸市○○使○○劓者使守關宮者使守內刖者使守囿完者使守積其奴男子入於罪隸女子入舂槁凡有爵者與七十與未齓者皆不為奴

參夷之誅陵夷至於戰國韓任申子秦用商鞅連相坐之法造○○○○增加肉刑大辟有鑿顛抽脅鑊亨之刑

躬操文墨至於秦始皇兼吞戰國遂毀先王之法滅禮義之官專任刑罰○○○○晝斷獄夜理書自程決事日懸石之一而姦邪並生赭衣塞路囹圄成市天下愁怨潰而叛之

作律九章

漢興高祖初入關約法三章曰殺人者死傷人及盜抵罪蠲削
煩苛兆民大悅其後四夷未平兵革未息三章之法不足以禦
姦於是相國蕭何攈摭秦法
取其宜於時者○○○○
新免毒蠚
當孝惠高后時百姓○
○○○人欲長幼養老
蕭曹為相填以無為從民之欲而
不擾亂是以衣食滋殖刑罰用稀
頗没為婢
齊太倉令淳于公
有罪當刑詔獄逮
繫長安淳于公無男有五女當行會逮罵其女曰生子不生男
緩急非有益也其少女緹縈自傷悲泣廼隨其父至長安上書
曰妾父為吏齊中皆稱其廉平今坐法當刑妾傷夫死者不可
復生刑者不可復屬雖後欲改過自新其道無繇也妾○○入
○官○以贖父
刑罪使得自新
憐悲其意
書奏天子天子○○○遂下令曰
其除肉刑有以易之丞相張蒼御史
大夫馮敬謹議請定律曰諸當完者完為城旦舂當黥者髡鉗
為城旦舂當劓者笞三百當斬左止者笞五百當斬右止及殺
人先自告及吏坐受賕枉法守縣官財物而即盜之已論名復
有笞罪者皆棄市罪人獄已決完為城旦舂滿三歲為鬼薪白
粲鬼薪白粲一歲為隸臣妾隸臣妾一歲免為庶人隸臣妾滿
二歲為司寇司寇一歲及作如司寇二歲皆免為庶人其亡逃

及有罪耐以上不用此令前令之刑城旦舂而非禁內實殺人
錮者如完為城旦舂歲數以免臣昧死請制曰可
是後外有輕刑之名○○○斬右止者又當死斬左止者笞
五百當劓者笞三百率多死景帝元年下詔曰加笞與重罪無
異幸而不死不可為人其定律笞五百曰三百笞三百曰二百
猶尚不全至中六年又下詔曰加笞者或至死而笞未畢朕甚
憐之其減笞三百曰二百笞二百曰一百又曰笞者所以教之
也其定箠令丞相劉舍御史大夫衛綰請笞者箠長五尺其本
大一寸其竹也末薄半寸皆平其節當笞者笞髀毋得更人畢
一罪乃更人自是笞者得全然酷吏猶以為威死刑既重而生
刑又輕民禁罔寢密之及至孝武即位外事四夷之功內盛耳目
易犯之好徵發煩數百姓貧耗窮民犯法酷吏
擊斷姦軌不勝於是招進張湯趙禹之屬條定法令作見知故
縱監臨部主之法緩深故之罪急縱出之誅其後姦猾巧法轉
相比況○○○○律令凡三百五十九章大辟四百九條千八
百八十二事死罪決事比萬三千四百七十二事文書盈於几
閣典者不能徧睹是以郡國承用者駁或罪同而論異姦吏因
緣為市所欲活則傅生議所欲陷則予死比議者咸冤傷之

齋居決事宣帝下詔曰今遣廷史與郡鞠獄任輕祿薄其為置廷平秩六百石員四人其務平之以稱朕意於是選于定國為廷尉求明察寬恕黃霸等以為廷平季秋後請讞時上常幸宣室○○而○○獄刑號為平矣時涿郡太守鄭昌上疏言今明主躬垂明聽雖不置廷平獄將自正若開後嗣不若刪定律令律令一定愚民知所避姦吏無所弄矣今不正其本而置廷平以理其末也政衰聽怠則廷平將招權而為亂首矣

奇請它比成帝河平中下詔曰今大辟之刑千有餘條律令煩多百有餘萬言○○○○日以益滋自明習者不知所由欲以曉喻衆庶不亦難乎於以羅元元之民夭絕亡辜豈不哀哉其與中二千石二千石博士及明習律令者議減死刑及可蠲除約省者令較然易知條奏書不云乎惟刑之恤哉其審核之務準古法朕將盡心覽焉

鉤摭微細有司無仲山甫將明之材不能因時廣宣主恩建立明制為一代之法而徒○○○○毛舉數事以塞詔而已是以大議不立遂以至今議者或曰法難數變此庸人不達疑塞治道聖智之所常患者也故略舉漢興以來法令稍定而合古便今者

網漏吞舟漢興之初雖有約法三章○○○○之魚然其大辟

尚有夷三族之令令曰當三族者皆先黥劓斬左右趾笞殺之梟其首菹其骨肉於市其誹謗詈詛者又先斷舌故謂之具五刑彭越韓信之屬皆受此誅至高后元年乃除三族罪祅言令復行族誅孝文二年詔丞相太尉御史今犯法者已論而使無罪之父母妻子同產坐之及收朕甚不取其議丞相周勃陳平奏言臣等謹奉詔盡除收律相坐法其後新垣平謀為逆○○三○之○由是言之風俗移易人性相近而習相遠信矣夫以孝文之仁平勃之知猶有過刑謬論如此甚也而況庸材溺於末流者乎五聽八議周官有○○○○三刺三宥三赦之法五聽一曰辭聽二曰色聽三曰氣聽四曰耳聽五曰目聽議曰議親二曰議故三曰議賢四曰議能五曰議功六曰議貴七曰議勤八曰議賓三刺一曰訊羣臣二曰訊羣吏三曰訊萬民三宥一曰弗識二曰過失三曰遺忘三赦一曰幼弱二曰老耄三曰惷愚凡四上罪梏拲而桎中罪梏桎下罪梏王之同族拲爵者桎以待弊有獄刑益詳孝景中詔曰獄重事也人有愚智官有上下獄疑者讞有令讞者已報讞而後不當讞者不為失自此之後○○○○近於五聽三宥之意鞫繫頌繫又詔曰其著令年八十以上八

歲以下及孕者未乳師
朱儒當○○者○○之
幼弱老眊
孝宣元康四年下詔自今以
來諸年八十非誣告殺傷人
它皆勿坐至成帝鴻嘉元年定令年未滿七歲賊鬭殺人及犯
殊死者上請廷尉以聞得減死合於三赦○○○○之人此皆
法令稍定近
而便民者也
古
歲以萬數
今漢道至盛歷世二百餘載考自昭
宣元成哀平六世之間斷獄殊死率
歲千餘口而一人耐罪上至右止三倍有餘古人有言滿堂而
飲酒有一人鄉隅而悲泣則一堂皆為之不樂王者之於天下
譬猶一堂之上也故一人不得其平為之悽愴於心今郡國被
刑而死者○○○○天下獄二千餘所其冤死者多少相覆獄
不減一人此和氣所以未洽者也原獄刑所以蕃若此者禮教
不立刑法不明民多貧窮豪桀務私姦不輒得獄犴不平之所
致以
也
刻為
明今之獄吏上下相驅○○○○深者獲功名平者
多後患諺曰鬻棺者欲歲之疫非憎人欲殺之利
在於人死也今治獄吏
欲陷害人亦猶此矣
菲履赭衣
善乎孫卿之論刑也曰世俗
之為說者以為治古者無肉
刑有象刑墨黥之屬○○○○而不純是不然矣以為治古則
人莫觸罪邪豈獨無肉刑哉亦不待象刑矣以為人或觸罪矣

而直輕其刑是殺人者不死而傷人者不刑也罪至重而刑至輕民無所畏亂莫大焉凡制刑之本將以禁暴亂且懲其末也殺人者不死傷人者不刑是惠暴而寬惡也故象刑非生治古方起於亂今也象天作刑所謂象刑惟明者言○○道而○○安有菲屨赭衣者哉罔密刑蕃○○而姦不塞○○而民愈嫚以上刑法志

以上本書第一卷至第三卷

注

豪氂孟康曰豪兔豪也十豪為氂圭撮應劭曰圭自然之形陰陽之始也四圭曰撮三指撮之也孟康曰六十四黍為圭黍絫應劭曰十黍為絫十絫為一銖絫音纍解谷晋灼曰昆侖之北谷名也生其竅厚均者取谷中之竹生而孔外肉厚薄自然均者截以為篇不復加削刮也天之中數五韋昭曰一三在上七九在下地之中數六二四在上八四在下韋絜孟康曰韋必也必使之絜也萬物

棣通棣謂通音棣音替無有忽微忽微若有若無細於髮者也謂正聲無有殘分也子穀秬黍中者師古曰子穀猶言穀子秬即黑黍中者不大不小也言取黑黍穀子大小中者率為分寸也用度數審其容度以生量也其容謂其中所容受之多少也以井水準其槩孟康曰槩欲其直故以水平之井水清〻則平也師古曰槩所以槩平斗斛之上者也旁有庣焉鄭氏曰庣音條庣過也算方一尺所受一斛過九氂五豪然後成斛師古曰庣不滿之處也其上為斛其下為斗孟康曰其上謂仰斛也其下謂覆斛之底受一斗以糜爵禄晉灼曰糜散也其重二鈞備氣物之數合萬有一千五百二十孟康曰三十斤為鈞〻萬一千五百二十銖忖為十八易十有八變之象也忖度也度其義有十八也黃鍾龠銖兩鈞斤石凡七與下十一象為十八也權與物鈞而生衡謂錘與物鈞所稱適停則衡平也矩方生繩〻直生準韋昭曰立準以

望繩以水為平律度量衡用銅者名自名也師古曰取銅之名以合於同也用竹為引者事之宜也李奇曰引長十丈高一分廣六分唯竹篾柔而堅為宜耳疇人子弟分散如淳曰家業世世相傳為疇以上律歷志唐山夫人韋昭曰唐山姓也服虔曰高帝姬也自竹宮而望拜韋昭曰以竹為宮天子居中師古曰漢舊儀云竹宮去壇三里芬樹羽林雲景杳冥師古曰言所樹羽葆其盛若林芬芬然眾多仰視高遠如雲日之杳冥也金支秀華庶旄翠旌臣瓚曰樂上眾飾有流遡羽葆以黃金為支其首敷散若草木之秀華也師古曰庶眾也謂析五采羽注翠旄之首而為旌也都荔遂芳窅窊桂華師古曰此言都良薜荔俱有芬芬桂華之形窅窊然也窊音一瓜反象來致福李奇曰象譯也蠻夷遣譯致福貢也師象山則師古曰眾象山而為法不騫不崩眾嫭並綽奇麗孟康曰嫭音互好也謂供神女樂並好麗也顏如荼兆逐靡兆逐靡者兆民

逐觀而倚靡也被華文厠霧縠師古曰霧縠言輕細若雲霧也其曳阿錫如淳曰阿細繒錫細布也跂行畢達師古曰凡有足而行者稱跂行也壧處頃聽壧與巖同言雷霆始發蟄虫處巖崖者莫不傾聽而起頃讀曰傾羣生啿啿惟春之祺服虔曰啿音湛師古曰豐厚之貌如淳曰祺福也旉與萬物師古曰旉古敷字言開舒也桐生茂豫桐讀為通茂豫美盛而光悅也西顥沆碭韋昭曰西方少昊也師古曰沆碭白氣之貌也玄冥陵陰師古曰玄冥北方之神也罔不肸飾肸振也謂皆振整而飾之也籋浮雲晻上馳蘇林曰籋音躡言天馬上躡浮雲也師古曰晻音烏感反言晻然而上馳體容與迣萬里師古曰迣讀與厲同言能厲渡萬里也天馬來龍之媒應劭曰言天馬者乃神龍之類今天馬已來此龍必至之効也游閶闔觀玉臺閶闔天門玉臺上帝之居月穆穆以金波師古曰言月光穆穆若金之波流也象載瑜白集西象載象輿也山出象

輿瑞應車也瑜美貌也言此瑞車瑜然色白而出西方也西合韻音先赤鴈集六紛員言六者所獲亦
鴈之數也紛員多貌也員音云殊翁雜五采文孟康曰翁鴈頸也言其文采殊異也赤蛟綏黃
華盖師古曰綏〻赤蛟貌黃華盖言其上有黃氣狀若盖也露夜零晝晻濭晻音烏感反濭音藹
晻濭雲氣之貌靈禗〻象輿轙孟康曰禗音近枲不安欲去也如淳曰轙僕人嚴駕待發之意也轙音義
以上禮樂志提封萬井李奇曰提舉也舉四封之內也除山川沈斥城池邑居園
囿術路師古曰川謂水之通流者也沈謂居深水之下也斥鹹鹵之地術大道也卿大夫采地采官
也因官食地故曰采地比年簡車比年年也頻作丘甲丘十六井也止出戎馬一匹牛三頭四丘
為甸甸六十四井也乃出戎馬四匹兵車一乘牛十二頭甲士三人卒七十二人耳今乃使丘出甸賦違常制也一說別
令人為丘作甲也士農工商四類異業甲者非凡人所能為而令作之譏不正也用田賦田賦者別計田畝及

家財各為一賦言不依古制役煩歛重也合從連衡衡橫也戰國時齊楚韓魏燕趙為從秦國為衡從謂其地形南北從長也秦地形東西橫長故為衡也齊愍以技擊彊孟康曰兵家之技巧技巧者習手足便器械積機關以立攻守之勝孫卿師古曰孫卿楚人姓荀字況避宣帝之諱故曰孫卿衣三屬之甲如淳曰上身一髀褌一脛繳一凡三屬也師古曰屬聯也音之欲反髀音陛脛即脛字負矢五十个置戈其上冠冑帶劍嬴三日之糧師古曰个讀曰箇箇枚也冑兜鍪也嬴擔負也音盈中試則復其戶利其田宅中試試之而中科條也復謂復其賦稅也利其田宅者給其便利之處也復音方目反隱之以阸鄭氏曰秦地名隘臧隱其民於隘中也功賞相長五甲首而隸五家服虔曰能得著甲者五人首使得隸役五家也如淳曰役隸五家是為相君長鰓鰓常恐天下之一合而共軋已也蘇林田鰓懼貌也張晏曰軋蹴轢也鰓音先祀反踖諸市師古曰踖

謂鬄之也音妨付反墨者使守門黥面之人不妨禁衛也劓者使守關以其貌毀故遠之宮者使守內人道既絶於事便也刖者使守囿驅御禽獸無足可也完者使守積完謂不虧其體但居作也積積聚之物也其奴男子入於罪隸李奇曰男女徒總名為奴女子入舂槁孟康曰主暴燥舂之也韋昭曰齔師古曰齔毀齒男舂〻人槁〻人給此二官之役齔子八歲女子七歲而毀齒參夷之誅參夷〻三族鑊亨之刑鼎大而無足曰鑊以鬻人也自程決事日縣石之一服虔曰縣稱也石百二十斤也始皇省讀文書以百二十斤為程諸當完者完為城旦舂臣瓚曰文帝除肉刑皆有以易之故以完易髡以當代劓以鈦左右趾代刖今既曰完矣不復云以完代完也此當言髡者完也及殺人先自告及吏坐受賕枉法守縣官財物而即盜之已論命復有笞罪者皆棄市師古曰殺人害重受賕盜物贓汚之

身故此三罪已被論名而又犯笞亦皆棄市也鬼薪白粲一歲爲隸臣妾隸臣妾一歲免爲庶人男子爲隸臣女子爲隸妾鬼薪白粲滿三歲爲隸臣隸臣一歲免爲庶人隸妾亦然也隸臣妾滿二歲爲司寇司寇一歲及作如司寇二歲皆免爲庶人如淳曰罪降爲司寇故一歲正司寇故二歲也其亡逃及有罪耐以上不用此令師古曰於本罪中又重犯者也前令之刑城旦舂歲而非禁錮者如完爲城旦舂歲數以免李奇曰謂文帝作此令之前有刑者定箠令師古曰箠策也所以擊者也當笞者笞臀如淳曰然則先時笞背也毋得更人師古曰謂行笞者不更易人也作見知故縱監臨部主之法見知人犯法不舉告爲故縱而所監臨部主有罪并連坐也緩深故之罪孟康曰孝武欲急刑吏深害及故入人罪者皆寬緩急縱出之誅師古曰吏釋罪人疑以爲縱出則急

之誅死罪決事比比以例相比況也郡國承用者駮不曉其指用意不同也齋居而決事如淳曰重用刑故齋戒以決事奇請它比師古曰奇請謂常文之外主者別有所請以定罪也它比謂引他類以比附之稍增律條也奇音居宜反五聽一曰辭聽觀其出言不直則煩二曰色聽觀其顏色不直則變三曰氣聽觀其氣息不直則喘四曰耳聽觀其聽聆不直則惑五曰目聽觀其瞻視不直則亂凡因上罪梏拲而桎中罪梏桎下罪梏王之同族拲有爵者桎以待弊械在手曰梏兩手同械曰拲在足曰桎拲即拱字也弊音蔽當鞫繫者頌繫之頌讀曰容寬容之不桎梏治古者無肉刑治古謂上古至治之時也菲履赭衣而不純菲草履也純緣也衣不加緣示有恥也○以上刑法志

前漢書隨筆録卷三

本志 食貨上 食貨下

金刀龜貝 洪範八政一曰食二曰貨食謂農殖嘉穀可食之物貨謂布帛可衣及○○○○所以分財布利通有無者也二者生民之本

四民有業 士農工商○○○○學以居位曰士闢土殖穀曰農作巧成器曰工通財鬻貨曰商聖王量能授事四民陳力受職故朝無廢官邑無敖民地無曠土

地著為本 理民之道○○○○故必建步立晦正其經界六尺為步〻百為晦〻百為夫〻三為屋〻三為井井方一里是為九夫八家共之各受私田百晦公田十晦是為八百八十晦餘二十晦以為廬舍出入相友守望相助疾病則救民是以和睦而教化齊同力役生產可得而平也

以口受田 民受田上田夫百晦中田夫二百晦下田夫三百晦歲耕種者為不易上田休一歲者為一易中田休二歲者為再易下田三歲更耕之自爰其處農民戶人已受田其家衆男為餘夫亦○○○○如比士工商家受田五口乃當農夫一人此

謂平土可以為法者也有賦有稅若山林藪澤○原○陵○淳○鹵之地各以肥磽多少為差稅謂公田什一及
工商衡虞之入也賦共車馬甲兵士徒之役充實府庫賜予之用稅給郊社宗廟百神之祀天子奉養百官祿食庶事之費
六十歸田民年二十受田○○○○七十以上ゝ所養也十歲以下上所長也十一以上ゝ所強也必雜
五種種穀○○○○以備災害田中不得有樹用妨五穀力耕數耘收穫如寇盜之至還廬樹桑菜茹有畦瓜瓠果蓏殖
於彊易雞豚狗彘毋失其時女脩蠶織夜績女工冬民既入婦人同巷相從○○○○一月得四十五日必相從
者所以省費燎火同巧拙而合習俗也各言其傷男女有不得其所者相與歌詠○○○○作盡地力
李悝為魏文侯○○○○○之數以為地方百里提封九萬頃除山澤邑居參分去一為田六百萬晦治田勤謹則晦益三升不
勤則損亦如之地方百里之增減輒為粟百八十萬石矣使民無傷又曰糴甚貴傷民甚賤傷農民傷則離散農傷
則國貧故甚貴與甚賤其傷一也善為國者○○○○而農益勸必謹觀歲善平糴者○○○○有上中下孰上

孰其收自餘四百石中孰自餘三百石下孰自倍餘百石小飢則收百石中飢七十石大飢三十石故大孰則上糴三而舍一

中孰則糴二下孰則糴一使民適足賈平則止小飢則發小孰之所斂中飢則發中孰之所斂大飢則發大孰之所斂而糶之

故雖遇飢饉水旱糴不貴而民不散取有餘以補不足也行之魏國〻以富彊

急耕戰賞

及秦孝公用商君壞井田開仟伯○○○之○雖非古道猶以務本之故傾鄰國而雄諸侯然王制遂滅僭差無度庶人之富者累鉅萬而貧者食糟糠國彊者兼州域而弱者喪社稷

泰半之賦

至於始皇遂并天下內興工作外攘夷狄收○○○○發閭左之戍

什五稅一

漢興接秦之敝諸侯並起民失作業而大飢饉凡米石五千人相食死者過半高祖乃令民得賣子就食蜀漢天下既定民無蓋臧自天子不能具醇駟而將相或乘牛車上於是約法省禁輕田租○○而○○量吏祿度官用以賦於民而山川園池市肆租稅之入自天子以至封君湯沐邑皆各為私奉養不領於天子之經費漕轉關東粟以給中都官歲不過數十萬石孝惠高后之間衣食滋殖

請賣爵子

賈誼說上曰失時不雨民且狼顧歲惡不入○○○○既耳聞

矣安有為天下阽危者若是而上不驚者易子㱙骨世之有飢穰天之行也禹湯被之矣即不幸有方二三千里之旱國胡以相恤卒然邊境有急數十百萬之眾國胡以餽之兵旱相乘天下大屈有勇力者聚徒而衡擊罷夫羸老○○而○其○政治未畢通也遠方之能疑者並舉而爭起矣迺駭而圖之豈將有及乎積貯大命夫○○者天下之○○也苟粟多而財有餘何為而不成以攻則取以守則固以戰則勝懷敵附遠何招而不至今敺民而歸之農皆著於本使天下各食其力末技游食之民轉而緣南畮則畜積足而人樂其所矣可以為富安天下而直為此廩廩也輕微易臧鼂錯復說上曰夫珠玉金銀飢不可食寒不可衣然而眾貴之者以上用之故也其為物○○○○在於把握可以周海內而無飢寒之患此令臣輕背其主而民易去其鄉盜賊有所勸亾逃者得輕資也粟米布帛生於地長於時聚於力非可一日成也數石之重中人弗勝不為姦邪所利一日弗得而飢寒至是故明君貴五穀而賤金玉半賈而賣今農夫五口之家其服役者不下二人其能耕者不過百畮百畮之收不過百石春耕夏耘秋穫冬臧伐薪樵治官府給繇役春不得避風塵夏不

得避暑熱秋不得避陰雨冬不得避寒凍四時之間無日休息又私自送往迎來弔死問疾養孤長幼在其中勤苦如此尚復被水旱之災急政暴歛賦歛不時朝令而暮改當其有者○○○○亡者取倍稱之息於是有賣田宅鬻子孫以償責者矣

操其奇贏而商賈大者積貯倍息小者坐列販賣○○○○日游都市乘上之急所賣必倍故其男不耕耘女不蠶織衣必文采食必梁肉亡農夫之苦有阡伯之得因其富厚交通王侯力過吏埶以利相傾千里游敖冠蓋相望乘堅策肥履絲曳縞此商人所以兼并農人農人所以流亡者也

粟為賞罰方今之務莫若使民務農而已矣欲民務農在於貴粟貴粟之道在於使民以○○○○今募天下入粟縣官得以拜爵得以除罪如此富人有爵農民有錢粟有所渫夫能入粟以受爵皆有餘者也取於有餘以供上用則貧民之賦可損所謂損有餘補不足令出而民利者也順於民心所補者三一曰主用足二曰民賦少三曰勸農功

入粟於邊爵者上之所擅出於口而亡窮粟者民之所種生於地而不乏夫得高爵與免罪人之所欲也使天下○○○○以受爵免罪不過三歲塞下之粟必多矣於是文帝從錯之言令民入粟邊六百

石爵上造稍增至四千石為五大夫萬二千石為大庶長各以多少級數為差入粟郡縣錯復奏言竊恐塞卒之食

不足用大渫天下粟邊食足以支五歲可令○○○○矣足支一歲以上可時赦勿收農民租如此德澤加於萬民〻愈勤農

時有軍役若遭水旱民不困乏上復從其言廼下詔賜民十二年租稅之半明年遂除民田之租稅後十歲孝景二年令民半

出田租三十而稅一也廩庾盡滿至武帝之初七十年間國家亡事非遇水旱則民人給家足都鄙○○○○而

府庫餘財京師之錢累百鉅萬貫朽而不可校太倉之粟陳〻相因充溢露積於外腐敗不可食衆庶街巷有馬仟伯之間成

羣乘牸牝者擯而不得會聚守閭閻者食粱肉為吏者長子孫居官者以為姓號人〻自愛而重犯法先行誼而黜媿辱焉於

是罔疏而民富役財驕溢或至并兼豪黨之徒以武斷於鄉曲宗室有土公卿大夫以下爭於奢侈室廬車服僭上亡限物盛

而衰固其變也益種宿麥董仲舒說上曰春秋它穀不書至於麥禾不成則書之以此見聖人於五穀最重麥與禾

也今關中俗不好種麥是歲失春秋之所重而損生之具也願陛下幸詔大司農使關中民○○○○今毋後時限民

名田又言古井田法雖難卒行宜少近古○○○○以贍不足塞并兼之路鹽鐵皆歸於民去奴婢除專殺之威薄賦歛省繇役以寬民力然後可善治也能為代田武帝末年悔征伐之事廼封丞相為富民侯下詔曰方今之務在於力農以趙過為搜粟都尉過〻○○○一晦三甽歲代處故曰代田古法也是後邊城河東弘農三輔太常民皆便代田用力少而得穀多省關東漕大司農中丞耿壽昌奏言故事歲漕關東穀四百萬斛以給京師用卒六萬人宜糴三輔弘農上黨太原郡穀足供京師可以○○○○卒過半又白增海租三倍天子皆從其計邊郡築倉壽昌遂白令○○皆○○以穀賤時增其價而糴以利農穀貴時減價而糶名曰常平倉民便之上廼下詔賜壽昌爵關內侯而蔡癸以好農使勸郡國至大官宜略為限哀帝即位師丹輔政建言今累世承平豪富吏民訾數鉅萬而貧弱俞困○○○○天子下其議丞相孔光大司空何武奏請諸侯王列侯皆得名田國中列侯在長安公主名田縣道關內侯吏民名田皆毋得過三十頃諸侯王奴婢二百人列侯公主百人關內侯吏民三十人期盡三年犯者沒入官時田宅奴婢價為減賤丁傅

用事董賢隆貴皆不便也詔書且須後遂寢不行田曰王田王莽簒位動欲慕古不度時宜分裂州郡改職作官
下令曰漢氏減輕田租三十而稅一常有更賦罷癃咸出而豪民侵陵分田刼假厥名三十實什稅五也富者驕而為邪貧者
窮而為姦俱陷于辜刑用不錯今更名天下○○○○奴婢曰私屬皆不得賣買其男口不滿八而田過一井者分餘田與九
族鄉黨犯令法至死吏緣為姦天下謷〻然陷刑者衆後三年莽知民愁下詔諸食王田及私屬皆得賣買勿拘以法以上
食貨志上九府圜法凡貨金錢布帛之用夏殷以前其詳靡記云太公為周立○○○○黃金方寸而重一斤錢圜
函方輕重以銖布帛廣二尺二寸為幅長四丈為匹故貨寶於金利於刀流於泉布於布束於帛太公退又行之於齊藏
繦千萬萬室之邑必有萬鐘之藏○○○○千室之邑必有千鐘之藏〻繦百萬更鑄大錢周景王時患錢
輕將○○○○單穆公曰民患輕則為之作重幣以行之於是有母權子而行民皆得焉若不堪重則多作輕而行之亦不廢
重於是有子權母而行小大利之今王廢輕而作重民失其資能無匱乎秦幣二等○○兼天下○○黃金以溢為

名上幣銅錢質如周錢文曰半兩重如其文而珠玉龜貝銀錫之屬為器飾寶臧不為幣然各隨時而輕重無常

民鑄莢錢

漢興以為秦錢重難用更令○○○○黃金一斤而不軌逐利之民畜積餘贏以稽市物痛騰躍米至石萬錢馬至匹百金天下已平高祖乃令賈人不得衣絲乘車重租稅以困辱之

鑄四銖錢

孝文五年為錢益多而輕乃更○○○○其文為半兩除盜鑄錢令使民放鑄賈誼諫曰法使天下公得顧租鑄銅錫為錢敢雜以鉛鐵為它巧者其罪黥然鑄錢之情非殽雜為巧則不可得贏而殽之甚微為利甚厚夫事有召禍而法有起姦今令細民人操造幣之埶各隱屏而鑄作因欲禁其厚利微姦雖黥罪日報其埶不止

采銅日蕃

又曰今農事棄捐而○○者○釋其耒耜冶鎔炊炭姦錢日多五穀不為多善人怵而為姦邪愿民陷而之刑戮

即山鑄錢

是時吳以諸侯○○○○富埒天子後卒叛逆鄧通大夫也以鑄錢財過王者故吳鄧錢布天下

選舉陵夷

干戈日滋行者齎居者送中外騷擾相奉百姓抗敝以巧法財賂衰耗而不贍入物者補官出貨者除罪○○○○廉恥相冒武力進用法嚴令具興利之臣自此而始

入羊為

郎自山東咸被其勞費数十百鉅萬府庫並虛迺募民能入奴婢得以終身復為郎增秩及○○○○始於此請置
賞官於是大司農陳臧錢經用賦稅既竭不足以奉戰士有司請令民得買爵及贖禁錮免臧罪○○○○名曰武功爵
級十七萬凡直三十餘萬金諸買武功爵官首者試補吏先除千夫如五大夫其有罪又減二等爵得至樂卿以顯軍功軍功
多用超等大者封侯卿大夫小者郎吏道雜而多端則官職耗廢皮幣薦璧天子與公卿議更造錢幣以贍用而
摧浮淫并兼之徒是時禁苑有白鹿而少府多銀錫有司言曰古者皮幣諸侯以聘享金有三等黃金為上白金為中赤金為
下令半兩錢法重四銖而姦或盜摩錢質而取鋊錢益輕薄而物貴則遠方用幣煩費不省乃以白鹿皮方尺緣以績為皮幣
直四十萬王侯宗室朝覲聘享必以○○○○然後得行白金三品又造銀錫白金以為天用莫如龍地用莫如馬
人用莫如龜故○○○○其一曰重八兩圜之其文龍名白撰直三千二曰以重差小方之其文馬直五百三曰復小橢之其
文龜直三百令縣官銷半兩錢更鑄三銖錢重如其文盜鑄諸金錢罪皆死而吏民之犯者不可勝数利析秋毫

於是以東郭咸陽孔僅為大農丞領監鐵事而桑弘羊貴幸咸陽齊之大鬻鹽孔僅南陽大冶皆致產累千金故鄭當時進言之弘羊洛陽賈人之子以心計年十三侍中故三人言〇事〇〇〇矣

腹非之法 初大農顏異為濟南亭長以廉直稍遷至九卿上與湯既造白鹿皮幣問異異曰今王侯朝賀以蒼璧直數千而其皮薦反四十萬本末不相稱天子不悅湯又與異有隙及人有告異以他議事下湯治異與客語客語初令下有不便者異不應微反脣湯奏當異九卿見令不便不入言而腹非論死自是後有〇〇〇〇比

鑄官赤仄 郡國鑄錢民多姦鑄錢多輕而公卿請令京師〇〇〇〇一當五賦官用非赤仄不得行白金稍賤民弗寶用縣官以令禁之無益歲餘終廢不行是歲湯死而民不思其後二歲赤仄錢賤民巧法用之不便又廢

三官鑄錢 於是悉禁郡國毋鑄錢專令上林〇〇〇既多而令天下非三官錢不得行諸郡國前所鑄錢皆廢銷之輸入其銅三官而民之鑄錢益少計其費不能相當唯真工大姦廼盜為之

郡國緡錢 楊可告緡徧天下中家以上大氐皆遇告杜周治之獄少反者廼分遣御史廷尉正監分曹往〻即治〇〇〇〇得民財物以

億計奴婢以千萬數田大縣數百頃小縣百餘頃宅亦如之於是商賈中家以上大氐破民媮甘食好衣不事畜藏之業而縣

官以監鐵緡錢之故用少饒矣名曰平準弘羊以諸官各自市相争物以故騰躍而天下賦輸或不償其僦費以廼請

置大農部丞數十人分部主郡國各往往置均輸監鐵官令遠方各以其物如異時商賈所轉販為賦而相灌輸置平準於京

師都受天下委輸名工官治車諸器皆仰給大農大農諸官盡籠天下之貨物貴則賣之賤則買之如此富商大賈亡所牟大

利則反本而萬物不得騰躍故抑天之物○○○○天子以為然而許之下民不益賦於是天子北至朔方東封

泰山巡海上旁北邊以歸所過賞賜用帛百餘萬匹錢金以鉅萬計皆取足大農弘羊又請令民入粟補吏及罪以贖令民入

粟甘泉各有差以復終身不復告緡它郡各輸急處而諸農各致粟山東漕益歲以六百萬石一歲之中太倉甘泉倉滿邊餘穀

諸均輸帛五百萬匹○○○○而天下用饒契刀錯刀王莽居攝變漢制以周錢有子母相權於是更造大錢徑

寸二分重十二銖文曰大錢五十又造○○○○契刀其環如大錢身形如刀長二寸文曰契刀五百錯刀以黃金錯其文曰

一刀直五千與五銖錢凡四品並行錢貨六品莽即真以為書劉字有金刀乃罷錯刀契刀及五銖錢而更作金銀
龜貝錢布之品名曰寶貨小錢徑六分重一銖文曰小錢直一次七分三銖曰幺錢一十次八分五銖曰幼錢二十次九分七
銖曰中錢三十次一寸九銖曰壯錢四十因前大錢五十是為○○○○直各如其文銀貨二品黃金重一斤直
錢萬朱提銀重八兩為一流直一千五百八十它銀一流直千是為○○○○龜寶四品元龜岠冉長尺二寸直二
千一百六十為大貝十朋公龜九寸直五百為壯貝十朋侯龜七寸以上直三百為幺貝十朋子龜五寸以上直百為小貝十
朋是為○○○○貝貨五品大貝四寸八分以上二枚為一朋直二百一十六壯貝三寸六分以上二枚為一朋
直五十幺貝四寸二分以上二枚為一朋直三十小貝寸二分以上二枚為一朋直十不漏寸二分漏度不得為朋率枚直錢
三是為○○○○布貨十品大布次布弟布壯布中布差布厚布幼布幺布小布小布長寸五分重十五銖文曰
小布一百自小布以上各相長一分相重一銖文各為其布名直各加一百上至大布長一寸四分重一兩而直千錢矣是為

○○○○百姓憒亂凡寶貨五物六名二十八品鑄作錢布皆用銅殽以連錫文質周郭放漢五銖錢云其金銀與它物雜色不純好龜不盈五寸貝不盈六分皆不得為寶貨元龜為蔡非四民所得居有者入太卜受直○○○○其貨不行民私以五銖錢市買立五均官莽姓躁擾不能無為每有所興造必欲依古得經文國師公劉歆言周有泉府之官收不讐與欲得即易所謂理財正辭禁民為非者也莽乃下詔曰夫周禮有賒貸樂語有五均傳記各有斡焉今開賒貸張五均設諸斡者所以齊衆庶抑并兼也遂於長安及五都○○○○更名長安東西市令及洛陽邯鄲臨菑宛成都市長皆為五均司市稱師東市稱京西市稱畿洛陽稱中餘四都各用東西南北為稱皆置交易丞五人錢府丞一人豬突豨勇作貨布後六年匈奴侵寇甚莽大募天下囚徒人奴名曰○○○○壹切稅吏民訾三十而取一又令公卿以下至郡縣黃綬皆保養軍馬吏盡復以與民民搖手觸禁不得耕桑繇役煩劇而枯旱蝗蟲相因旁緣莽禁又因制作未定上自公侯下至小吏皆不得奉祿而私賦斂貨賂上流獄訟不決吏用苛暴立威○○○○侵刻小民富者不得自保貧者無以自

存起為盜賊依阻山澤吏不能禽而覆蔽之浸淫日廣於是青徐荊楚之地往〻萬數戰鬭死亡緣邊四夷所係虜陷罪飢疫人相食及莽未誅而天下戶口減半矣自發豬突豨勇後四年而漢兵誅莽後二年世祖受命盪滌煩苛復五銖錢與天下更始

以上食貨志下

以上本書第四卷

注

金刀龜貝師古曰金謂五色之金也黃者曰金白者曰銀赤者曰銅青者曰鉛黑者曰鐵刀謂錢幣也龜以占卜貝以表飾故皆為寶貨也

地著為本地著謂安土也音直界反

自爰其處更互也

淳鹵之地晉灼曰淳盡也舃鹵之田不生穀也

十一以上上所彊也師古曰勉彊勸之令習事也

菜茹有畦茹所食之菜也畦區也

瓜瓠果蓏應劭曰木實曰果草實曰蓏

夜績女工一月得四十五日服虔曰一月之中又得夜半為十五日凡四十五日也

省費燎火師古曰省

燎火之費也燎所以為明火所以為溫治田勤謹則畝益三升臣瓚曰當言三斗謂治田勤則畝加三斗也上孰其收自四餘四百石張晏曰平歲百畮收百五十石今大孰四倍收六百石計民食終歲長四百石官糴三百石此為糴三舍一也中孰自三餘三百石自三四百五十石也終歲長三百石官糴二百石此為糴二而舍一也下孰自倍餘百石自倍收三百石終歲長百石官糴其五十云下孰糴一謂中分百石之一小飢則收百石平歲百畮之收收百五十石今小飢收百石收三分之一也中飢七十石取二分之一大飢三十石收五分之一也以此準之大小中飢之準也開仟伯師古曰仟伯田閒之道也南北曰仟東西曰伯泰半之賦泰半三分取其二發閭左之戍應劭曰秦時以適發之名適戍先發吏有過及贅壻賈人後以嘗有市籍者發又後以大父母父母嘗有市籍者戍者曹輩盡復入閭取其左發之未及取右而秦亡師古曰閭里門也言居在閭門之左者一切發之醇

駟師古曰醇不雜也無醇色之駟謂四馬雜色也中都官京師諸官府也請賣爵子如淳曰賣爵級
又賣子也可以為富安天下而直為此廩廩也李奇曰廩廩危也師古曰言務耕農
厚畜積則天下富安何乃不為而常不足廩廩若此倍稱之息如淳曰取一償二為倍稱師古曰稱舉也今俗
所謂舉錢者也粟有所渫師古曰渫散也音先列反貫朽而不可校校謂計數也乘牸
牝者擯而不得會聚言時富饒故恥乘牸牝宿麥宿麥謂苗經冬其名田占名田占田
也代田一晦三甽甽壟也音工犬反代易也歲漕關東穀漕水運以上食貨志上九
府圜法周官太府玉府內府外府泉府天府職內職金職幣皆掌財幣之官故云九府圜謂均而通也錢圜
函方孟康曰外圜而內孔方也輕重以銖師古曰言黃金以斤為名錢則以銖為重也貨寶於
金利於刀如淳曰名錢為刀者以其利於民也流於泉流行如泉也布於布布於民間束

於帛李奇曰東聚也萬鍾之臧臧繦千萬孟康曰六斛四斗為鍾繦錢貫也音居兩反民患輕則為之作重幣以行之於是有母權子而行民皆得焉應劭曰母重也其大倍故為母也子輕也其輕少半故為子也民患幣之輕而物貴為重幣以平權時而行以廢其輕故曰母權子猶言重權輕也民皆得者本末有無皆得其利也孟康曰重為母輕為子若市八十錢物以母當五十以子三十續之若不堪重則多作輕而行之亦不廢重於是乎有子權母而行小大利之民患幣重則多作輕錢而行之亦不廢去重者言重者行其貴輕者行其賤也幣為二等黃金以溢為名上幣孟康曰二十兩為溢師古曰改周一斤之制更以溢為金之名數也上幣者二等之中黃金為上而錢為下也鑄莢錢如淳曰如榆莢也黃金一斤師古曰復周之制更以斤為名放鑄迄其私鑄冶鎔炊炭應劭曰鎔形容也作錢模也募民能入奴婢

得以終身復為郎增秩師古曰庶人入奴婢則復終身先為郎者就增其秩也一曰入奴婢少者復終身多者得為郎舊為郎更增秩也諸買武功爵官首者試補吏先除千夫如五大夫五大夫舊二十等爵之第九級也至此以上始免傜役故每先選以為吏千夫者武功十一等爵之第七也亦得免役今則先除為吏比於五大夫其有罪又減二等爵得至樂卿樂卿者武功爵第八等也言買爵唯得至第八也三曰復小楯之楯圜而長也音佗果反鑄官赤仄應劭曰所謂子紺錢也如淳曰以赤銅為其郭也楊可告緡徧天下師古曰楊可擬令而發動之故天下皆被告獄少反者如淳曰治匿緡之罪其獄少有反者反音幡分遣御史廷尉正監分曹師古曰曹輩也分輩而出為使也僦費僦顧也言所輸賦物不足償其餘顧庸之費也朱提朱提縣名屬犍為出善銀朱音殊提音上支反元龜岠冉孟康曰冉龜甲緣也岠至也度背兩邊緣尺二

寸也臣瓚曰元大也直二千一百六十為大貝十朋蘓林曰兩貝為朋朋直二百一十六元龜十朋故二千一百六十也布貨師古曰布亦錢耳謂之布者言其分布流行也鑄作錢布皆用銅殽以連錫師古曰許愼云鏈銅屬也然則以連及錫雜銅而為錢也收不讎與欲得讎讀曰售言賣不售者官收取之無而欲得者官出與之周禮有賒貸周禮泉府之職曰凡賒者祭祀無過旬日喪紀無過三月凡人之貸者與其有司辨而授之以國服為之息謂人以祭祀喪紀從官賒買物不過旬日及三月而償之其從官貸物者以共其所屬吏定價而後與之各以其國服事之稅而輸息謂若受園廛之田而貸萬錢者一朞之月出息五百樂語有五均鄧展曰樂語樂元語河間獻王所傳道五均事臣瓚曰其文云天子取諸侯之士以立五均則市無二賈四民常均彊者不得困弱富者不得要貧則公家有餘恩及小民矣豬突狶勇服虔曰豬性觸突人故取以喻師古曰東方名豕曰狶一曰豕走也

以上食貨志下

前漢書隨筆録卷四

本志 郊社上下 天文 五行上 五行中之上 五行中之下 五行下之上 五行下之上

覡巫祝宗 在男曰○在女曰○使制神之處位為之牲器使先聖之後能知山川敬於禮儀明神之事者以為○能知四時犧牲壇場上下氏姓所出者以為○

社祠稷祠 自共工氏霸九州其子曰句龍能平水土死為○○有烈山氏王天下其子曰柱能殖百穀死棄為稷祠 湯伐桀欲遷夏社不可作夏社為○○故郊祀社稷所從來尚矣迺遷烈山子柱而以周○代○○○

古之封禪 齊桓公既霸會諸侯於葵丘而欲封禪管仲睹桓公不可窮以辭因設之以事曰○○○○鄗上黍北里禾所以為盛江淮間一茅三脊所以為藉也東海致比目之魚西海致比翼之鳥然後物有不召而自至者十有五焉今鳳皇麒麟不至嘉禾不生而蓬蒿藜莠茂鴟梟羣翔而欲封禪無乃不可乎

不死之藥 自威宣燕昭使人入海求蓬萊方丈瀛洲此三神山者其傳在渤海中去人不遠蓋嘗有至者諸僊人及○○○○皆在

焉其物禽獸盡白而黃金銀為宮闕未至望之如雲及到三神山反居水下水臨之患且至則風輒引船而去終莫能至云世主莫不甘心焉及秦始皇至海上則方士爭言之始皇如恐弗及使人齎童男女入海求之船交海中皆以風為解曰未能至望見之焉治枌榆社漢高祖天下已定詔御史令豐〇〇〇〇長陵女子武帝求神君舍之上林中磃氏館神君者〇〇〇以乳死見神於先後宛若宛若祠之其室民多往祠平原君亦往祠其後子孫以尊顯及上即位則厚禮置祠之內中聞其言不見其人云使物卻老李少君亦以祠竈穀道卻老方見上上尊之少君者故深澤侯人主方匿其年及所生長常自謂七十能〇〇〇〇其游以方徧諸侯無妻子人聞其能使物及不死更饋遺之常餘金錢衣食人皆以為不治產業而饒給又不知其何所人愈信爭事之帷中望見齊人少翁以方見上上有所幸李夫人夫人卒少翁以方蓋夜致夫人及竈鬼之貌云天子自〇〇〇〇焉乃拜少翁為文成將軍賞賜甚多以客禮禮之帛書飯牛文成言上即欲與神通宮室被服非象神神物不至乃作畫雲氣車及各以勝日駕車辟惡鬼又作甘泉宮中為臺室畫

天地泰一○諸鬼神而置祭具以致天神居歲餘其方益衰神不
至乃為○○以○○陽不知言此牛腹中有奇書殺視得書〻
言甚怪天子識其手問之果
為書於是誅文成將軍隱之
壽宮神君
置○○○○神君最貴
者曰太一其佐曰太禁
司命之屬皆從之非可得見聞其言〻與人音等時去時來〻
則風肅然居室帷中時晝言然常以夜天子祓然後入因巫為
主人關飲食所欲言行下又置壽宮北宮張羽旗設供具以禮
神君神君所言上使受書其名曰晝法其所言世俗之所知也
無絶殊者而天子心獨
意其事秘世莫知也
敢為大言
欒大膠東宮人○○○○大為人長美
言多方畧而○○○○處之
不疑大言曰臣之師曰黃金可成而河決可塞不死之藥可得
僊人可致也然臣恐效文成則方士皆掩口惡敢言方哉是時
上方憂河決而黃金不就乃拜大為五利將軍又以衞長公
主妻之於是五利常夜祠其家欲以下神後裝治行東入海求
其師云大見數月佩六印貴震天下而海上燕齊之
間莫不扼腕而自言有禁方能神僊矣後誅五利
候神河南
公孫卿○○○○言見僊人迹緱氏城上有物如雉往來城上
天子親幸緱氏視迹問卿得毋效文成五利乎卿曰僊者非有

求人主入主者求之其道非少寬假神不來言神事如迂誕積以歲乃可致於是郡國各除道繕治宮館名山神祠所以望幸矣

二十五絃其春既滅南越嬖臣李延年以好音見上善之公卿曰古者祠天地皆有樂而神祇可得而禮或曰泰帝使素女鼓五十絃瑟悲帝禁不止故破其瑟為○○○○於是塞南越禱祠泰一后土始用樂舞益召歌兒作二十五絃及空侯瑟自興始

比德九皇自得寶鼎上與公卿諸生議封禪封禪用希曠絶莫知其儀體而羣儒采封禪尚書周官王制之望祀射牛事齊人丁公年九十餘曰封禪者古不死之名也秦皇帝不得上封陛下必欲上稍上即無風雨遂上封矣上於是迺令諸儒習射牛草封禪儀數年至且行天子既聞公孫卿及方士之言黃帝以上封禪皆致怪物與神通欲放黃帝以接神人蓬萊高世○○於○○而頗釆儒術以文之羣儒既已不能辯封禪事又拘於詩書古文而不敢騁上為封祠器視羣儒羣儒或曰不與古同徐偃又曰太常諸生行禮不如魯善周霸屬圖封事於是上黜偃霸而盡罷諸儒弗用

雲出

封中封禪祠其夜若有光白○○○○天子從禪還坐明堂羣臣更上壽下詔改元為元封

庶幾遇之天子

既已封泰山無風雨而方士更言蓬萊諸神若將可得於是上欣然○○○○復東至海上望焉　以上郊社志上

粵祠雞卜　是時既滅兩粵粵人勇之乃言粵人俗鬼而其祠皆見鬼數有効昔東甌王敬鬼壽百六十歲後世怠嫚故衰耗廼命粵巫立粵祝祠安臺無壇亦祠天神帝百鬼而以雞卜上信之○○○○自此始用

招來神仙　公孫卿曰僊人可見上往常遽以故不見今陛下可為館如緱氏城置脯棗神人宜可致且僊人好樓居於是上令長安則作飛廉桂館甘泉則作益壽延壽館使卿持節設具而候神人廼作通天臺置祠具其下將○○○○之屬於是甘泉更置前殿始廣諸宮室夏有芝生甘泉殿房內中天子為塞河興通天若有光云廼下詔赦天下

作建章宮　其後天子又朝諸侯甘泉甘泉作諸侯邸勇之廼曰粵俗有火灾復起屋必以大用勝服之於是○○○○度為千門萬戶前殿度高未央其東則鳳闕高二十餘丈其西則商中數十里虎圈其北治大池漸臺高二十餘丈名曰泰液池中有蓬萊方丈瀛洲壺梁象海中神山龜魚之屬其南有玉堂璧門大鳥之屬立神明臺井幹樓高五十丈輦道相屬焉

幾遇其真　方士之候神入海求蓬萊者終

無驗公孫卿猶以大人之迹為解天子猶羈縻不絕○○○○金馬碧雞或言益州有○○○○之神可醮祭而致
於是遣諫大夫王褒持節而求之洪寶苑祕大夫劉更生獻淮南枕中○○○○之方令尚方鑄作事不驗更生
坐論鼎有款識是時美陽得鼎獻之下有司議多以為宜薦見宗廟如元鼎時故事張敞好古文字按鼎銘勒而上
議曰臣聞周祖始乎后稷后稷封于斄公劉發迹於豳太王建國於郊梁文武興於酆鎬由此言之則郊梁豐鎬之間周舊居
也固宜有宗廟壇場祭祀之臧今鼎出於郊東中有刻書曰王命尸臣官此栒邑賜爾旂鸞黼黻琱戈尸臣拜手稽首曰敢對
揚天子丕休顯命臣愚不足以迹古文竊以傳記言之此鼎殆周之所以褒賜大臣大臣子孫刻銘其先功臧之於宮廟也昔
寶鼎之出於汾脽也河東太守以聞詔曰朕巡祭后土祈為百姓蒙豐年今穀嗛未報鼎焉為出哉博問耆老意舊臧與誠欲
考得事實也有司驗脽上非舊臧處鼎大八尺一寸高三尺六寸殊異於衆鼎今此○細小又○○○不宜薦見於宗廟制曰
京兆尹議是惑以神怪谷永說上曰臣聞明於天地之性不可○○○○知萬物之情不可罔以非類諸背仁義

之正道不遵五經之法言而盛稱奇怪鬼神廣崇祭祀之方求報無福之祠及言世有僊人服食不終之藥遥興輕舉登遐倒
景覽觀縣圃浮游蓬萊耕耘五德朝種暮穫與山石無極黃冶變化堅氷淖溺化色五倉之術者皆姦人惑衆挾左道懷詐偽以
欺罔世主聽其言洋ゝ滿耳若將可遇求之盪ゝ如係風捕景終不可得是以明王距而不聽聖人絶而不語還南北
卩成都侯王商為大司馬衛將軍輔政杜鄴說商曰今甘泉河郊東天地郊祀咸失方位違陰陽之宜及雍五畤皆曠遠奉尊
之後休而復起繕治共張無解已時皇天著象殆可畧知宜如異時公卿之議復○長安○○○貢五色土莽奏
言聖漢興禮儀稍定已有官社未立官稷遂於官社後立官稷以夏禹配食官社后稷配食官稷稷種穀樹徐州收歲○○○
○各一斗種五粱禾莽簒位二年興神僊事以方士蘇樂言起八風臺於宮中臺成萬金作樂其上順風作液湯入
○○○○於殿中各順色置其方面先鬻鶴髓毒冒犀玉二十餘物漬種計粟斛成一金言此黃帝穀僊之術也以樂為黃門
即令主之犬當麋鹿莽遂崇鬼神淫祀至其末年自天地六宗以下至諸小鬼神凡千七百所用三牲鳥獸三千餘

種後不能備廼以雞當鶩鴈○○○○数下詔自以當仙　以上郊祀志下伏見蚤晚凡天文在圖籍昭昭可知者經星常宿中外官凡一百一十八名積數七百八十三星皆有州國官宮物類之象其○○○○邪正存亡虛實濶陿及五星所行合散犯守陵歷鬭食彗孛飛流日月薄食暈適背穴抱珥虹蜺迅雷風祆怪雲變氣此皆陰陽之精其本在地而上發於天者也政失於此則變見於彼猶景之象形鄉之應聲是以明君覩之而寤飭身正事思其咎謝則禍除而福至自然之符也

角亢氐房角亢氐沇州房心豫州尾箕幽州斗江湖牽牛婺女揚州虛危青州營室東壁并州奎婁胃徐州昴畢冀州觜觿參益州東井輿鬼雍州柳七星張三河翼軫荊州

海外不占甲乙○○日月○○丙丁江淮海岱戊己中州河濟庚辛華山以西壬癸常山以北一曰甲齊乙東夷丙楚丁南夷戊魏己韓庚秦辛西夷壬燕趙癸北夷子周丑翟寅趙卯鄭辰邯鄲巳衛午秦未中山申齊酉魯戌吳越亥燕代

日有中道○○○○月有九行中道者黃道一曰光道光道北至東井去北極近南至牽牛去北極遠東至角西至婁去極中夏至至於東井北近極故晷短立八尺之表而晷景

長尺五寸八分冬至〻於牽牛遠極故晷長立八尺之表而晷
景長三尺一寸四分春秋分日至婁角去極中而晷中立八尺
之表而晷景長七尺三寸六分此日去極遠近之差晷景長短
之制也去極遠近難知要以晷景晷景者所以知日之南北也
日陽也陽用事則日進而北晝進而長陽勝故為溫暑陰用事
則日退而南晝退而短陰勝故為涼寒也故日進為暑退為寒
若日之南北失節晷過而長為常寒退而短為常燠此寒燠之
表也故曰為寒暑一曰晷長為潦短為旱奢為扶〻者邪臣進
而正臣踈君子不足姦人有餘月有九行○○○○者黑道二出黃道北赤道二出黃道南白道二出黃道西青道
二出黃道東立春〻分月東從青道立秋〻分西從白道立冬冬至北從黑道立夏〻至南從赤道然用之一決黃中道青赤
出陽道白黑出陰道若月失節度而妄行出陽道則旱風出陰道則陰雨日行疾遲○凡○君行急則○○○君行緩則
日行○日行不可指而知也故以二至二分之星為候日東行星西轉冬至昏奎八度中夏至氐十度中春分柳一度中秋分
牽牛三度七分中此其正行也日行疾則星西轉疾事勢然也故過中則疾君行疾之感也不及中則遲君行緩之象也至月

行則以晦朔決之日冬則南夏則北冬至於牽牛好風好雨箕
夏至於東井日之所行為中道月五星皆隨之也星
為風東北之星也東北地事天位也故易曰東北喪朋及巽在
東南為風〻陽中之陰大臣之象也其星軫也月去中道移而
東北入箕若東南入軫則多風西方為雨〻少陰之位也月失
中道移而西入畢則多雨故詩曰月離于畢俾滂沱矣言多雨
也星傳曰月入畢則將相有以家犯罪者言陰盛也書曰星有
○○星有○○月之從星則以風雨言失中道而東西也故星
傳曰月南入牽牛南戒民間疾疫月北入太微出坐北若犯坐
則下人謀上一曰月為風雨日為寒溫冬至日南極晷長南不
極則溫為害夏至日北極晷短北不極則寒為害故書曰日月
之行則有冬有夏也政治變於下日月運於上矣日出房北為
雨為陰為亂為兵出房南為旱為夭喪水　日旁雲氣○○○○
旱至衝而應及五星之變必然之効也　人主象皆
如其形以占故北夷之氣如羣畜穹閭南夷之氣類舟船幡旗
大水處敗軍場破國之虛下有積泉金寶上皆有氣不可不察
海旁蜃氣楼臺廣壄氣成宮闕然雲氣各象其山川人民所聚
集故候息秏者入國邑視封畺田疇之整治城郭室屋門戶之

潤澤次至車服畜産精華實息者吉虛耗者凶若煙非煙若雲非雲郁〻紛〻蕭索輪囷是謂慶雲慶雲見喜氣也若霧非霧
衣冠不濡見則其城被甲而趨金穰水毀然必察太歲所在○○○○木飢火旱此其大經也鱗雜米鹽
近世十二諸侯七國相王言從橫者繼踵而占天文者因時務論書傳故其占驗○○○○亡可録者彗星四見
始皇之時十五年間○○○○久者八十日長或竟天後秦遂以兵内兼六國外攘四夷死人如亂麻又熒惑守心及天市芒
角色赤如雞血始皇既死適庶相殺二世即位殘骨肉戮將相太白再經天因以張楚並興兵相跆籍秦遂以亡枉矢
西流項羽救鉅鹿○○○○枉矢所觸天下之所伐射滅亡象也物莫直於矢今蛇行不能直而枉者執矢者亦不正以
象項羽執政亂也羽遂合從阬秦人屠咸陽凡在矢之流以亂伐亂也以上天文志
大法九章初一曰五行次二曰羞用五事次三農用八政次四曰叶用五紀次五曰建用皇極次六曰艾用三德次七曰明用稽疑次八曰念用庶徵次九曰嚮用五福威用六極凡此六十五字皆雒書本文所謂天廼錫禹○○○○常事所次者也以為河圖雒書相為經緯八

卦九章相為表裏昔殷道弛文王演周易周道敝孔子述春秋則乾坤之陰陽效洪範之咎徵天人之道粲然著矣始推

陰陽漢興承秦滅學之後景武之世董仲舒治公羊春秋○○為儒者宗宣元之後劉向治穀梁春秋數其禍福傳

以洪範與仲舒錯至向子歆治左氏傳其春秋意已乖矣言五行傳又頗不同是以擥仲舒別向歆傳載眭孟夏侯勝京房谷

永李尋之徒所陳行事訖於王莽舉十二世以傳春秋著於篇

木不曲直

經曰初一曰五行五行一曰水二曰火三曰木四曰金五曰土水曰潤下火曰炎上木曰曲直金曰從革土爰稼穡傳曰田臘不宿飲食不享出入不節奪民農時及有姦謀則○○○○說曰木東方也於易地上之木為觀其於王事威儀容貌亦可觀者也故行步有佩玉之度登車有和鸞之節田狩有三驅之制飲食有享獻之禮出入有名使民以時務在勸農桑謀在安百姓如此則木得其性矣若迺田獵馳騁不反宮室飲食沈湎不顧法度妄興繇役以奪民時作為姦詐以傷民財則木失其性矣蓋工匠之為輪矢者多傷敗及木為變怪是為木不曲直

木冰木介

春秋成公十六年正月雨○○劉歆以為上陽施不下通下陰施不上達故雨而木

為之氷雰氣寒木不曲直也劉向以為氷者陰之盛而水滯者也木者少陽貴臣卿大夫之象也此人將有害則陰氣脅木〻

先寒故得雨而氷也或曰今之長老名木氷為○○介者甲〻兵象也**火不炎上**傳曰棄法律逐功臣殺太子以

妾為妻則○○○○說曰火南方揚光煇為明者也其於王者南面嚮明而治書云知人則哲能官人故堯舜舉羣賢而命之

朝遠四佞而放諸野孔子曰浸潤之譖膚受之訴不行焉可謂明矣賢佞分別官人有序帥由舊章敬重功勳殊別適庶如此

則火得其性矣若迺信道不篤或燿虛偽讒夫昌邪勝正則火失其性矣自上而降及濫炎妄起災宗廟燒宮館雖興師衆弗

能救矣是為火不炎上**使奔火所**左氏傳曰宋災樂喜為司城先使火所未至徹小屋塗大屋陳畚挶具綆缶備

水器畜水潦積土塗繕守備表火道儲正徒郊保之民○○○○又飭衆官各慎其職**配祭火星**說曰古之火正

謂火官也掌祭火星行火政季春昏心星出東方而咮七星鳥首正在南方則用火季秋星入則止火以順天時救民疾帝嚳

則有祝融堯時有閼伯民賴其德死則以為火祖○○○○故曰或食於心或食於咮也相土商祖契之曽孫代閼伯後主火

星宋其後也世司其占故先知火災賢君見變能脩道以除凶亂君凶象天下譴告故不可必也 隆〻如雷 成帝
河平二年正月沛郡鐵官鑄鐵〻不下○○○○聲又如鼓音工十三人驚走音止還視地〻陷數尺鑪分為十一鑪中銷鐵
散如流星皆上去與征和二年同象 稼穡不成 傳曰治宮室飾臺榭內淫亂犯親戚侮父兄則○○○○說曰土中
央生萬物者也其於王者為內事宮室夫婦親屬亦相生者也古者天子諸侯宮廟大小高卑有制后夫人媵妾多少進退有
度九族親踈長幼有序孔子曰禮與其奢也寧儉故禹卑宮室文王刑于寡妻此聖人之所以昭教化也如此則土得其性矣
若迺奢淫驕慢則土失其性亾水旱之災而草木百穀不孰是為稼穡不成 大亡麥禾 嚴公二十八年冬○水○
○○○董仲舒以為夫人哀姜淫亂逆陰氣故大水也劉向以為水旱當書不書水旱而曰大亡麥禾者土氣不養稼穡不成
者也是時夫人淫於二叔內外亡別又因凶飢一年而三築臺故應是而稼穡不成飾臺榭內淫亂之罰云遂不改寤四年而
死禍流二世奢淫之患也 金不從革 傳曰好戰攻輕百姓飾城郭侵邊境則○○○○說曰金西方萬物既成殺氣

之始也故立秋而鷹隼擊秋分而微霜降其於王事出軍行師把旄杖鉞誓士衆抗威武所以征畔逆止暴亂也詩云有虔秉鉞如火烈〻又曰載戢干戈載櫜弓矢動靜應誼說以犯難民忘其死金得其性矣若逎貪欲恣睢務立威勝不重民命則金失其性蓋工冶鑄金鐵金鐵氷滯涸堅不成者衆及爲變怪是爲金不從革

金石同類

左氏傳曰昭公八年春石言於晉晉平公問於師曠對曰石不能言神或馮焉作事不時怨讟動於民則有非言之物而言今宮室崇侈民力雕盡怨讟並興莫信其性石之言不亦宜乎於是晉侯方築虒祁之宮叔向曰君子之言信而有徵劉歆以爲〇〇〇是爲金不從革失其性也

俗名石鼓

成帝鴻嘉三年五月乙亥天水冀南山大石鳴聲隆〻如雷有頃止聞平襄二百四十里壄雞皆鳴石長丈三尺廣厚略等旁著岸脅去地二百餘丈民〇〇曰〇〇石鼓鳴有兵

水不潤下

傳曰簡宗廟不禱祠廢祭祀逆天時則〇〇〇〇說曰水北方終臧萬物者也其於人道命終而形藏精神放越聖人爲之宗廟以收魂氣春秋祭祀以終孝道王者即位必郊祀天地禱祈神祇望秩山川懷柔百神亡不宗事慎其齋戒致其嚴敬鬼神歆饗多獲福助此聖

王所以順事陰氣和神人也至發號施令亦奉天時十二月咸
得其氣則陰陽調而終始成如此則水得其性矣若迺不敬鬼
神致令逆時則水失其性霧水暴出百姓逆溢壞鄉邑溺
人民及淫雨傷稼穡是為水不潤下 以上五行志上
厥罰
恒雨
傳曰貌之不恭是謂不肅厥咎狂○○○○厥極惡時則
有服妖時則有龜孽時則有雞旤時則有下體生上之痾時則
時則有青眚青祥唯金沴水 劉歆曰貌之不恭是謂不肅〻
敬也內曰恭外曰敬人君行已體貌不恭怠慢驕蹇則不能敬
萬事失在狂易故其咎狂也上嫚下暴則陰氣勝故其罰常雨
也水傷百穀衣食不足則姦軌並作故其極惡也一曰民多被
刑或形貌醜惡亦是也風俗狂慢變易節度則為剽輕奇怪之
服故有服妖水類動故有龜孽於是巽為雞〻有冠距文武之
貌不為威儀貌氣毀故有雞旤一曰水歲雞多死及為怪亦是
也上失威儀則下有彊臣害君上者故有下體生於上之痾木
色青故有青眚青祥凡貌傷者病木氣木氣病則金沴
之衝氣相通也逆之其極曰惡順之其福曰攸好德
厥罰恒
陽
傳曰言之不從是謂不艾厥咎僭○○○○厥極憂時則有
詩妖時則有介蟲之孽時則有犬旤時則有口舌之痾時則

有白眚白祥惟木沴金言之不從〻順也是謂不乂〻治也孔
子曰君子居其室出其言不善則千里之外違之况其邇者乎
詩云如蜩如螗如沸如羹言上號令不順民心虛譁憒亂則不
能治海內失在過差故其咎僭〻差也刑罰妄加羣陰不附則
陽氣勝故其罰常陽也旱傷百穀則有寇難上下俱憂故其極
憂也君炕陽而暴虐臣畏刑而拑口則怨謗之氣發於歌謠故
有詩妖介蟲孽者謂小蟲有甲飛揚之類陽氣所生也於春秋
為蟲今謂之蝗皆其類也於易兑為口犬以吠守而不可信言
氣毀故有犬旤一曰旱歲犬多狂死及為怪亦是也及人則多
病口喉咳者故有口舌痾金色白故有白眚白祥凡言傷者病
金氣金氣病則木沴之其極憂者順之
其福曰康寧　以上五行志中之上
厥罰恒燠
傳曰視之不明是謂不哲
厥咎舒〇〇〇〇厥極疾時則有草妖時則有蠃蟲之孽時則
有羊旤時則有目痾時則有赤眚赤祥惟水沴火視之不明是
謂不哲〻知也詩云爾德不明以亡陪亡卿不明爾德以亡背
亡仄言上不明暗昧蔽惑則不能知善惡親近習長同類亡功
者受賞有罪者不殺百官廢亂失在舒緩故其咎舒也盛夏日
長暑以養物政弛緩故其罰常燠也燠則冬溫春夏不和傷病

民人故極疾也誅不行則霜不殺草由臣下則殺不以時故有草妖凡妖貌則以服言則以詩聽則以聲視則以色者五色物之大分也在於眚祥故聖人以為草妖失秉之明者也温燠生蟲故有蠃蟲之孽謂螟螣之類當死不死未當生而生或多於故而為災也劉歆以為屬思心不容於易剛而包柔為離〻為火為目羊上角下號剛而包柔羊大目而不精明視氣毀故有羊旤一曰暑歲羊多疫死及為怪亦是也及人則多病目者故有目痾火色赤故有赤眚赤祥凡視傷者病火氣火氣傷則水沴之其極疾者厥罰恒寒○傳曰聽之不聽是謂不謀厥咎急○順之其福曰壽○○厥疾貧時則有鼓妖時則有魚孽時則有豕旤時則有耳痾時則有黑眚黑祥惟火沴水聽之不聰是謂不謀言上偏聽不聰下則情隔塞則不能謀慮利害失在嚴急故其咎急也盛冬日短寒以殺物政促迫故其罰常寒也寒則不生百穀上下俱貧故其極貧也君嚴猛而閉下臣戰栗而塞耳則妄聞之氣發於音聲故有鼓妖寒氣動故有魚孽雨以黿為孽黿能陸處非極陰也魚去水而死極陰之孽也於易坎為豕〻大耳而不聰察聽氣毀故有豕旤也一曰寒歲豕多死及為怪亦是也及人則多病耳者故有耳痾水色黑故

有黑眚黑祥凡聽傷者病水氣水氣病則火沴之其極貧者順之其福曰富　以上五行志中之下

厥罰恒風

傳曰思心之不容是謂不聖厥咎霿○○○○厥極凶短折時則有脂夜之妖時則有華孽時則有牛旤時則有心腹之痾時則有黃眚黃祥時則有金木水火沴土思心之不睿是謂不聖思心者心思慮也容寬也孔子曰居上不寬吾何以觀之哉言上不寬大包容臣下則不能居聖位貌言視聽以心為主四者皆失則區霿無識故其咎霿也雨旱寒燠亦以風為本四氣皆亂故其罰常風也常風傷物故其極凶短折傷人曰凶禽獸曰短屮木曰折一曰凶夭也兄喪弟曰短父喪子曰折在人腹中肥而包裹心者脂也心區霿則冥晦故有一脂夜之妖一曰有脂物而夜為妖若脂水夜汙人衣淫之象也一曰夜妖者雲風並起而杳冥故與常風同象也溫而風則生螟螣有裸蟲之孽劉向以為於易巽為風為木卦在三月四月繼陽而治主木之華實風氣盛至秋冬木復華故有華孽一曰地氣盛則秋冬復華一曰華者色也土為內事為女孽也於易坤為土為牛〻大心不一能思慮思心氣毀故有牛旤土色黃故有黃眚黃祥凡思心傷者病土氣土氣病則金木水火沴之故曰時則有金木水火沴

土不言惟而獨曰時則有者非一衡氣所沴明其異大也其極曰凶短折順之其福曰考終命厥罰恒陰傳曰皇之

不極是謂不建厥咎眊○○○○厥極弱時則有射妖時則有龍蛇之孼時則有馬旤時則有下人伐上之痾時則有日月亂

行星辰逆行皇之不極是謂不建皇君也極中建立也人君貌言視聽思心五事皆失不得其中則不能立萬事失在眊背故

其咎眊也王者自下承天理物雲起於山而彌於天〻氣亂故其罰常陰也一曰上失中則下強盛而蔽君明也易曰亢龍有

悔貴而亾位高而亡民賢人在下位而亡輔如此則君有南面之尊而亾一人之助故其極弱也盛陽動進輕疾禮春而大射

以順陽氣上微弱則下奮動故有射妖易曰雲從龍又曰龍蛇之蟄以存身也陰氣動故有龍蛇之孼於易乾為君為馬〻任

用而彊力君氣毀故有馬旤一曰馬多死及為怪亦是也君亂且弱人之所畔天之所去不有明王之誅則有簒弒之禍故有

下人伐上之痾凡君道傷者病天氣不言五行沴天而曰日月亂行星辰逆行者為若下不敢沴天猶春秋王師敗績於貿戎

不言敗之者以自敗為文尊〻之意也以上五行志下之上不記其故隱公三年二月己巳日有食之穀梁傳曰

言日不言朔食晦公羊傳曰食二日董仲舒劉向以為其後戎執天子之使鄭獲魯隱衛魯宋咸殺君左氏劉歆以為正月二日燕越之分野也凡日所躔而有變則分野之國失政者受之人君能修政共御厥罰則災消而福至不能則災息而禍生故經書災而○○○○蓋吉凶無常隨行而成禍福也周衰天子不班朔魯歷不正置閏不得其月〻大小不得其度史記日食或言朔而實非朔或不言朔而實朔或脫不書朔與日皆史官失之也

將不終日

十七年十月朔日有食之穀梁傳曰言朔不言日食二日也劉向以為是時衛侯朔有罪出奔齊天子更立衛君朔藉助五國舉兵伐之而自立王命遂壞魯夫人淫佚於齊卒殺威公董仲舒以為言朔不言日惡魯桓且有夫人之禍○○○○也

是為夜食

嚴公十八年三月日有食之穀梁傳曰不言日不言朔夜食史推合朔在夜明旦日食而出〻而解○○○○劉向以為夜食者陰因日明之衰而奪其光象周天子不明齊桓將奪其威專會諸侯而行霸道其後遂九合諸侯天子使世子會之此其效也

春秋

日食

凡○○十二公二百四十二年○○三十六穀梁以為朔二十六晦七夜二二日一公羊以為朔二十七二日七晦

二左氏以為朔十六二日十八晦一不書日者二尊者惡之惠帝七年正月辛丑朔日有食之在危十三度谷永以為歲首正月朔日是為三朝○○○○五月丁卯先晦一日日有食之幾盡在七星初劉向以為五月微陰始起而犯至陽其占重至八月宮車晏駕有呂氏詐置嗣君之害不以晦朔京房易傳曰凡日食○○○○者名曰薄人君誅將不以理或賊臣將暴起日月雖不同宿陰氣盛薄日光也兩月重見成帝建始元年八月戊午晨漏未盡三刻有○○○○京房易傳曰婦貞厲月幾望君子征凶言君弱而婦彊為陰所乘則月並出不舒不急晦而月見西方謂之朓朔而月見東方謂之仄慝仄慝則侯王其肅朓則侯王其舒劉向以為朓者疾也君舒緩則臣驕慢故日行遲而月行疾也仄慝者不進之意君肅急則臣恐懼故日行疾而月行遲不敢迫近君也○○○○以正失之者食朔日劉歆以為舒者侯王展意顓事臣下促急故月行疾也肅者王侯縮朒不任事臣下弛縱故月行遲也當春秋侯王率多縮朒不任事故食二日仄慝者十八食晦日朓者一此其效也考之漢家食晦朓者三十六終亡二日仄慝者歆說信矣此皆謂日月亂行者也恒

星不見嚴公七年四月辛卯夜○○○○夜中星隕如雨董仲舒劉向以為常星二十八宿者人君之象也衆星萬民之類也列宿不見象諸侯微也衆星隕墜民失其所也夜中者為中國也不及地而復象齊桓起而救存之也鄉亡桓公星遂至地中國其良絕矣劉向以為夜中者言不得終性命中道敗也或曰象其叛也言當中道叛其上也

星隕最大成帝永始二年二月癸未夜過中星隕如雨長一二丈繹繹未至地滅至雞鳴止谷永對曰日月星辰燭臨下土其有食隕之異則遐邇幽隱靡不咸睹星辰附離於天猶庶民附離王者也王者失道綱紀廢頓下將畔去故星畔天而隕以見其象春秋記異○○○○自魯嚴以來至今再見

孛入北斗文公十四年七月有星○○于○○董仲舒以為孛者惡氣之所生也謂之孛者言其孛孛有所妨蔽闇亂不明之貌也北斗大國象後齊宋魯莒晉皆弒君劉向以為君臣亂於朝政令虧於外則上濁三光之精五星贏縮變色逆行甚則為孛北斗人君象孛星亂臣類篡殺之表也星傳曰魁者貴人之牢又曰孛星見北斗中大臣諸侯有受誅者

孛于大辰昭公十七年冬有星○○○○董仲舒以為大辰心也心在明堂天

子之象後王室大亂三王分爭此其效也劉向以為星傳曰心大星天王也其前星太子後星庶子也尾為君臣乖離孛星加心象天子適庶將分爭也

以上五行志下之下 以上本書第五卷至第六卷

注

使先聖之後能知山川敬於禮儀明神之事者以為祝能知四時犧牲壇場上下氏姓所出者以為宗 師古曰祝謂主祭之贊詞者積土為壇平地為場氏姓謂神本所出及見所當為主者也宗〻人主神之列位尊卑者也春秋左氏傳曰虢公使祝應宗區享神也又云祝宗用馬於四墉並非宗伯及大宗也

湯伐桀欲䙴夏不可作夏社 應劭曰遭大旱七年明德以薦而旱不止故遷其社棄代為稷欲遷句龍德莫能繼故作夏社說不可遷之義也師古曰䙴古遷字夏社尚書篇名今亡則序在而書亡逸

鄗上黍北里禾所以為盛 應劭曰鄗音臛蘓林曰鄗上北

里皆地名盛謂以實簠簋江淮間一茅三脊所以為藉服虔曰茅草有三脊也師古曰藉以藉地也東海致比目之魚師古曰爾雅云東方有比目魚焉不比不行其名謂之鰈音土盍反西海致比翼之鳥山海經云崇吾之山有鳥狀如鳧而一翼一目相得乃飛其名曰鸞爾雅曰南方有比翼鳥焉不比不飛其名謂之鶼鶼而管仲乃云西海其說異也治枌榆社鄭氏曰枌榆鄉名也晉灼曰枌白榆也社在豐東北十五里神君者長陵女子以乳死見神於先後宛若孟康曰產乳而死也兄弟妻相謂先後宛若字也師古曰古平原謂之娣姒今關中俗呼為先後吴楚俗呼之為妯娌君應劭曰平原君武帝外祖母也祠竈穀道如淳曰祠竈可以致福李奇曰穀道辟穀不食之道也故深澤侯人主方如淳曰侯家人主方藥也使物卻老物謂鬼物也各以勝日服虔曰甲乙五行相尅之日如淳曰如火勝金用丙丁日不用庚辛日也識其手師古曰手謂所書手跡畫法

孟康曰象畫之法也衛長公主如淳曰衛太子姊也空侯瑟蘇林曰作空侯與瑟九皇韋昭曰上古有人皇者九人以上卯社志上雞卜李奇曰持雞骨卜如鼠卜飛廉桂館師古曰飛廉館及桂館二名也益壽延壽館亦二館名通天臺漢舊儀云臺高三十丈望見長安城為塞河興通天若有光云為塞河及造通天臺而有神光之應故大赦天下也其東則鳳闕三輔故事云其闕圜上有銅鳳皇其西則商中數十里虎圈如淳曰商中商庭也師古曰商金也於序在秋故謂西方之庭為商庭言廣數十里於菟亦西方之獸故於此置其圈也其北治大池漸臺師古曰漸浸也臺在池中為水所侵故曰漸臺象海中神山龜魚三輔故事云池北岸有石魚長二丈高五尺西岸有石龜三枚長六尺其南有玉堂璧門大鳥立大鳥象也立神明臺井幹樓漢宮閣疏云神明臺高五十丈上有九室恒置九天道士百人然則神明井幹俱高五十丈也井幹樓積木而高為

樓若井幹之形也井幹者井上木欄也其形或四角或八角張衡西京賦云井幹疊而百層即謂此樓也幹或作韓其義並同羈縻不絕羈縻繫聯之意馬絡頭曰羈牛靷曰縻金馬碧雞如淳曰金形似馬碧神似雞洪寶苑秘師古曰洪大也苑秘者言秘術之園囿也王命尸臣官此栒邑事尸臣主之臣也栒邑即豳地是也栒音荀賜爾旂鸞黼黻琱戈交龍為旂鸞謂有鸞之車也黼黻冕服也琱戈刻鏤之戈也穀嗛未報嗛少意也言穀稼尚少未獲豐年也嗛音苦簟反登遐倒景如淳曰在日月之上反從下照故其景倒覽觀縣圃浮游蓬萊李奇曰昆侖九成上有縣圃縣圃之上即閶闔天門耕耘五德朝種暮穫晉灼曰翼氏風角五德東方角南方丙西方庚北方壬中央戊種五色禾於北地而耕耘也黃冶變化黃者鑄黃金也道家言冶丹砂令變化可鑄作黃金也堅冰淖溺方士詐以藥石若陷冰九投之冰即消液因假為神仙道使然也師古曰淖濡甚也音女教反化色五倉之術

者李奇曰思身中有五色腹中有五倉神五色存則不死五倉存則不飢已有官社未立官稷臣瓚曰高帝除秦社稷立漢社稷所謂太社也時又立官社配以夏禹所謂王社也見漢祀令而未立官稷至此始立之稷種穀樹師古曰穀樹楮樹也其子類穀故於稷種也種五梁五色禾也谷永所謂耕耘五德也先鬻鶴髓毒冒犀玉二十餘物漬種鬻古煑字髓古髓字謂煑取汁以漬穀子也以上郊社志下伏見蚤晚邪正存亾虛實濶陿孟康曰伏見蚤晚謂五星也日月五星下道為邪存謂列宿不虧也亾謂恒星不見虛實若天牢星實則囚多虛則開出之屬也濶陿若三台星相去遠近也及五星所行合散犯守陵歷鬭食孟康曰合同舍也散五星有變則其精散為祆星也犯七寸以內光芒相及也凌相冒過也食星月相凌不見者則所蝕也韋昭曰自下往觸之曰犯居其宿曰守經之為歷突掩為凌星相擊為鬭也彗孛飛流日月薄食張晏曰彗所以除舊布新也孛氣似彗飛流謂飛星流星也韋

昭曰氣往迫之為薄虧毀曰食也孟康曰日月無光曰薄暈適背穴抱珥虹蜺孟康曰皆食旁氣也適日之將食先有黑之變也背形如背字也穴多作鐍其形如玉鐍也抱氣向日也珥形點黑也如淳曰暈讀曰運虹或作虹蜺讀曰齧蠕蝀謂之虹表云雄為虹雌為蜺凡氣食日上為冠為戴在旁直對為珥在旁如半環向日為抱向外為背有氣刺日為鐍〻扶傷也甲乙海外日月不占晉灼曰海外遠甲乙日時不以占之晷長為湊短為旱奢為扶鄭氏曰扶當為蟠蘇林曰景形奢大也晉灼曰扶附也小臣佞媚附近君子之側也以上天文志與仲舒錯師古曰錯互不同也水曰潤下火曰炎上師古曰皆水火自然之性也木曰曲直言可揉而曲可矯而直金曰從革張晏曰革更也可更銷鑄也土爰稼穡師古曰爰於也可於其上稼穡也種之曰稼收聚曰穡行步有佩玉之度師古曰玉佩上有雙衡下有雙璜琚瑀以雜之衡牙玭珠以納其間右徵角而左宮羽進則掩之退則揚之然後玉鏘鳴焉是為行

步之節度也登車有和鸞之節和鈴也以金為之施於衡上鸞亦以金為鸞鳥而銜鈴焉施於鑣上皆有聲以為舒疾之節也田狩有三驅之制三驅之禮一為乾豆二為賓客三為充君之庖也飲食有享獻之禮以禮飲食謂之享進爵於前謂之獻先使火所未至徹小屋塗大屋恐火及之故徹去大屋難徹故以泥塗之令火至不可焚陳畚輂應劭曰畚草籠也讀與本同輂所以輿土也音居玉反具綆缶師古曰綆汲索也缶即盎也備水器罃瓮之屬也說氏說文解字曰罃備火令之長頸餅也畜水潦積土塗潦行潦也畜讀曰蓄障遏聚之也塗泥也繕守備繕謂補修之也脩守禦之備恐因火有他故也表火道火之所起之道皆立標記也儲正徒儲偫也正徒役徒也郊保之民使奔火所謂郊野之外保聚者也使奔火所共救災也夫人淫於二叔謂莊公二弟仲慶父及叔牙旣流二世謂子般及閔公皆殺死金鐵氷滯涸堅涸與

（沍同疑也左傳曰固陰沍寒）莫信其性（信讀曰申言不得申其性命也）虒祁（地在絳西臨汾水虒音斯）

（以上五行志上）下體生上之痾（韋昭曰若牛之足反出背上下欲伐上之禍也痾音阿）青青祥（李奇曰內曰眚外曰祥）唯金沴水（服虔曰沴害也音拂戾之戾）臣畏刑而拑口（師古曰柑籋也音其廉反籋音女涉反　以上五行志中之上）蠃蟲之孽（螽螟之類無鱗甲毛羽故謂之蠃）

（以上五行志中之下）區霿無識（區音口豆反霿音莫豆反）脂夜之妖（脂妖夜妖）及裸蟲之孽（裸亦蠃字也）厥咎眊（音耄　以上五行志下之上）戎執天子之使（凡伯周大夫也隱七年天王使凡伯來聘戎伐凡伯於楚丘以歸）鄭獲魯隱（公羊傳隱六年春鄭人來渝平渝平墮城也曰吾成敗矣吾與鄭人未有成狐壤之戰隱公獲焉斫以不言戰諱獲也）滅戴（十年秋宋人蔡人衛人伐戴鄭伯伐取之戴國今外黃縣東南戴城是也）衛魯宋咸殺君（四年衛州吁殺其君完十一年羽父使賊殺公于寪氏桓

二年春宋督弑其君與夷凡日旰躔躔踐也音纏衛侯朔有罪出奔齊桓十六年衛侯朔出奔齊公羊傳曰得罪乎天子天子更立衛君謂公子黔牟朔藉助五國舉兵伐之而自立王命遂壞莊五年公會齊人宋人陳人蔡人伐衛莊六年春王人子突救衛夏衛侯朔入放公子黔牟於周是也不言日不言朔夜食張晏曰日夜食則無景立六尺木不見其景以此為候史推合朔在夜明旦食日而出出而鮮孟康曰夜食地中出而止天子使世子會之師古曰僖五年齊侯宋公陳侯衛侯鄭伯許男曹伯會王太子於首止是晦而月見西方謂之朓朔而月見東方謂之仄慝孟康曰朓者月行疾在日前故早見仄慝者行遲在日後當沒而更見縮朒不任事鄭氏曰不任事之貌也服虔曰朒音忸怩之忸師古曰音女六反以上五行志下之下

前漢書隨筆録卷五

本志 地理上 地理下

掌天下地 周既克殷監於二代而損益之定官分職改禹徐梁 二州合之於雍青分冀州之地以爲幽并故周官有

職方氏○○○之 ○辯九州之國 東南揚州 ○○曰○○其山曰會稽藪曰具 區川曰三江寖曰五湖其利金錫

竹箭民二男五女 畜宜鳥獸穀宜稻 正南荆州 ○○曰○○其山曰衡藪曰雲夢 川曰江漢寖曰潁湛其利丹銀齒

華民一男二女畜 及穀宜與揚州同 河南豫州 ○○曰○○其山曰華藪曰圃田 川曰滎雒寖曰波溠其利林漆絲

枲民二男三女畜宜 六擾其穀宜五種 正東青州 ○○曰○○其山曰沂藪曰孟 諸川曰淮泗寖曰沂沭其利蒲

魚民二男三女畜 宜雞狗穀宜稻麥 河東兖州 ○○曰○●其山曰岱藪曰泰埜 其川曰河泲寖曰盧濰其利蒲魚

民二男三女其畜 宜六擾穀宜四種 正西雍州 ○○曰○○其山曰嶽藪曰弦蒲 川曰涇汭其寖曰渭洛其利玉石

其民三男二女畜宜牛馬穀宜黍稷東北幽州○○曰○○其山曰醫無閭藪曰貕養川曰河泲寖曰菑時其利魚監民一男三女畜宜四擾穀宜三種河內冀州○○曰○○山曰霍藪曰揚紆川曰漳寖曰汾潞其利松柏民五男三女畜宜牛羊穀宜黍稷正北并州○○曰○○其山曰恒山藪曰昭餘祁川曰虖池嘔夷寖曰淶易其利布帛民二男三女畜宜五擾穀宜五種

封域分星保章氏掌天文以星土辯九州之地所封○○皆有○○以視吉凶

開地斥境漢興因秦制度崇恩德行簡易以撫海內至武帝攘卻胡越○○○○南置交阯北置朔方之州兼徐梁幽并夏周之制改雍曰涼改梁曰益凡十三部置刺史先王之迹既遠地名又數改易是以采獲舊聞考迹詩書推表山川以綴禹貢周官春秋下及戰國秦漢焉

三十六郡本秦京師為內史分天下作○○○○漢興以其郡太大稍復開置又立諸侯王國武帝開廣三邊故自高祖增二十六文景各六武帝二十八昭帝一訖於孝平凡郡國一百三縣邑千三百一十四道三十二侯國二百四十一地東西九千三百二里南北萬三千三百六十八里提封田一萬四千五百一十三萬六千四百

五頃其一萬萬二百五十二萬八千八百八十九頃邑居道路山川林澤羣不可墾其三千二百二十九萬九百四十七頃可墾田八百二十七萬五百三十六頃民戶千二百二十三萬三千六十二口五千九百五十九萬四千九百七十八漢極盛矣

京兆尹　左馮翊　右扶風　弘農郡　河東郡　太原郡
上黨郡　河內郡　河南郡　東郡　陳留郡　潁川郡
汝南郡　南陽郡　南郡　江夏郡　廬江郡　九江郡
山陽郡　濟陰郡　沛郡　魏郡　鉅鹿郡　常山郡
清河郡　涿郡　勃海郡　平原郡　千乘郡　濟南郡
泰山郡　齊郡　北海郡　東萊郡　琅邪郡　東海郡
臨淮郡　會稽郡　丹揚郡　豫章郡　桂陽郡　武陵郡
零陵郡　漢中郡　廣漢郡　蜀郡　犍為郡　越嶲郡
益州郡　牂柯郡　巴郡　武都郡　隴西郡　金城郡
天水郡　武威郡　張掖郡　酒泉郡　敦煌郡　安定郡
北地郡　上郡　西河郡　朔方郡　五原郡　雲中郡
定襄郡　鴈門郡　代郡　上谷郡　漁陽郡　右北平郡
遼西郡　遼東郡　玄菟郡　樂浪郡　南海郡　鬱林郡
蒼梧郡　交趾郡　合浦郡　九真郡　日南郡　趙國

廣平國　菑川國　真定國　膠東國　中山國　高密國　信都國　城陽國　河間國　淮陽國　廣陽國　梁國

東平國　廣陵國　魯國　六安國　楚國　長沙國　泗水國

水土風氣凡民函五常之性而其剛柔緩急音聲不同繫○○之○○故謂之風好惡取舍動靜亡常隨君上之情欲故謂之俗孔子曰移風易俗莫善於樂言聖王在上統理人倫必移其本而易其末此混同天下一之乎中和然後王教成也

秦地分壄○○於天官東井輿鬼之○○也其界自弘農故關以西京兆扶風馮翊北地上都西河安定天水隴西南有巴蜀廣漢犍為武都西有金城武威張掖酒泉敦煌又西南有牂柯越巂益州皆宜屬焉

秦亭秦谷秦之先曰柏益出自帝顓頊尭時助禹治水為舜朕虞養育草木鳥獸賜姓嬴氏歷夏殷為諸侯至周有造父善馭習馬得華騮綠耳之乘幸於穆王封於趙城故更為趙氏後有非子為周孝王養馬汧渭之間孝王曰昔伯益知禽獸子孫不絕廼封為附庸邑之於秦今隴西○○○○是也以河為竟至玄孫氏為莊公破西戎有其地子襄公時幽王為犬戎所敗平王東遷雒邑襄公將兵救周有功賜受邰酆之地

列為諸侯後八世穆公稱伯○○○○**詩兼秦豳**十餘世孝公用商君制轅田開阡伯東雄諸侯子惠公初稱王得上郡西河孫昭王開巴蜀滅周取九鼎昭王孫政并六國稱皇帝負力怙威燔書阬儒自任私智至子胡亥天下畔之故秦地於禹貢時跨雍梁二州○風○○○兩國**農桑衣食**昔后稷封斄公劉處豳太王徙郊文王作酆武王治鎬其民有先王遺風好稼穡務本業故豳詩言○○○○之本甚備**九州膏腴**有鄠杜竹林南山檀柘號稱陸海為○○○○始皇之初鄭國穿渠引涇水溉田沃野千里民以富饒**彊幹弱支**漢興立都長安徙齊諸田楚昭屈景及諸功臣家於長陵後世世徙吏二千石高訾富人及豪桀并兼之家於諸陵蓋亦以○○○○非獨為奉山園也是故五方雜厝風俗不純其世家則好禮文富人則商賈為利豪桀則游俠通姦猾南山近夏陽多險阻輕薄易為盜賊常為天下劇又郡國輻湊浮食者多民去本就末列侯貴人車服僭上衆庶放效羞不相及嫁娶尤崇侈靡送死過度**高上氣力**天水隴西山多林木民以板為室屋及安定北地上郡西河皆迫近戎狄脩習戰備○○○○以射獵為先故秦詩曰在其板屋又

曰王于興師脩我甲兵與子偕行及車轔四載小戎之篇皆言車馬田狩之事漢興六郡良家子選給羽林期門以材力為官名將多出焉孔子曰君子有勇而亾誼則為亂小人有勇而亾誼則為盜故此數郡民俗質木不恥寇盜

鬲絕匈奴自武威以西本匈奴昆邪王休屠王地武帝時攘之初置四郡以通西域○○南羌○○其民或以關東下貧或以報怨過當或以誖逆亾道家屬徙焉習俗頗殊地廣民稀水草宜畜牧古涼州之畜為天下饒保邊塞二千石治之咸以兵馬為務酒禮之會上下通焉吏民相親是以其俗風雨時節穀糴常賤少盜賊有和氣之應賢於內郡此政寬厚吏不苛刻之所致也

江水沃野巴蜀廣漢本南夷秦并以為郡土地肥美有○○○○山林竹木疏食果實之饒南賈滇僰僮西近邛莋馬旄牛民食稻魚亾凶年憂俗不愁苦而輕易淫泆柔弱褊阸

文翁倡教景武間文翁為蜀守教民讀書法令未能篤信道德反以好文刺譏貴慕權埶及司馬相如游宦京師諸侯以文辭顯於世鄉黨慕循其迹後有王褒嚴遵揚雄之徒文章冠天下繇○○○其○相如為之師故孔子曰有教無類

西南外夷武都地雜氐羌及犍為牂柯越巂皆○○○○武帝

初開置民俗略與巴蜀同而武都近天水俗頗似焉富居什六故秦地天下三分之一而人衆不過什三然量其○

○○○秦幽吴札觀樂為之歌秦曰此之謂夏聲夫能夏則大〻之至也其周舊乎鶉首之次自井十度至柳三度

謂之○○○○秦之分也○以上秦志魏地分野○○觜觿參之○○也其界自高陵以東盡河東河內南有陳

留及汝南之名陵濦彊新汲西華長平潁川之舞陽鄢許傿陵河南之開封中牟陽武酸棗卷皆魏分也謂之三監

河内本殷之舊都周既滅殷分其畿内為三國詩風邶庸衛國是也邶以封紂子武庚庸管叔尹之衛蔡叔尹之以監殷民○

○○○故書序曰武王崩三監畔周公誅之盡以其地封弟康叔號曰孟侯以夾輔周室遷邶庸之民於雒邑相與同

風故邶庸衛三國之詩○○○○邶詩曰在浚之下庸曰在浚之郊邶又曰亦流于淇河水洋〻庸曰送我淇上在彼中河

衛曰瞻彼淇奥河水洋〻故吴公子札聘魯觀周樂聞邶庸衛之歌曰美哉淵乎吾聞康叔之德如是〻其衛風乎更屬

于晋至十六世懿公亡道為狄所滅齊桓公帥諸侯伐狄而更封衛於河南曹楚丘是為文公而河内殷虚○○○○康

叔之風既歌而紂之化猶存故俗剛彊多豪桀侵奪薄恩禮好生分鹽鐵之饒河東土地平易有○○○○本唐堯所居詩風唐魏之國也周武王子唐叔在母未生武王夢帝謂已曰余名而子曰虞將與之唐屬之參及生名之曰虞至成王滅唐而封叔虞唐有晉水及叔虞子燮為晉侯云故參為晉星其民有先王遺教君子深思小人儉陋故唐詩蟋蟀山樞葛生之篇曰今我不樂日月其邁究其死矣他人是媮百歲之後歸于其居皆思奢儉之中念死生之慮吳札聞唐之歌曰思深哉其有陶唐氏之遺民乎是為三晉魏國亦姬姓也在晉之南河曲故其詩曰彼汾一曲寘諸河之側自河唐叔十六世至獻公滅魏以封大夫畢萬滅耿以封大夫趙夙及大夫韓武子食采於韓原晉於是始大至於文公霸諸侯尊周室始有河內之土吳札聞魏之歌曰美哉渢渢乎以德輔此則明主也文公後十六世為韓魏趙所滅三家皆自立為諸侯○○○○魏號為梁趙與秦同祖韓魏皆姬姓也自畢萬後十世稱侯至孫稱王徙都大梁故○一○○○七世為秦所滅

以上魏志

周地分野○○柳七星之○○也今之河南雒陽穀成平陰偃師鞏緱氏是其分也昔周公營雒邑以為

在于土中諸侯蕃屏四方故立京師至幽王淫褒姒以滅宗周子平王東居雒邑其後五伯更帥諸侯以尊周室故周於三代

最為長久八百餘年至於王赧乃為秦所兼短長相覆初雒邑與宗周通封畿東西長而南北短○○○○為千

里至襄王以河內賜晉文公又為諸侯所侵故其分墬小高富下貧周人之失巧偽趨利貴財賤義○○○○憙為

商賈不好仕宦鶉火之次自柳三度至張十二度謂之○○○○周之分也以上周志韓地分野○○

角亢氐之○○也韓分晉得南陽及潁川之父城定陵襄城潁陽潁陰長社陽翟郟東接汝南西接弘農得新安宜陽皆韓分

也及詩風陳鄭之國與韓同星分焉祝融之虛鄭國今河南之新鄭本高辛氏火正○○○○也及成皋滎陽潁川

之崇高陽城皆鄭分也本周宣王弟友為周司徒食采於宗周畿內是為鄭〻桓公問於史伯曰王室多故何所可以逃死史

伯曰四方之國非王母弟甥舅則夷狄不可入也其濟洛河潁之間乎子男之國虢會為大君若寄帑與賄周亂而敝必將背

君〻以成周之衆奉辭伐罪亡不克矣桓公從其言乃東寄帑與賄虢會受之後三年幽王敗烕公死其子武公與平王東遷

卒定號會之地右雒左泲食溱洧焉土陿而險山居谷汲男女亟聚會故其俗淫鄭詩曰出其東門有女如雲又曰溱與洧方灌灌兮士與女方秉菅兮恂盱且樂惟士與女伊其相謔此其風也吳札聞鄭之歌曰美哉其細已甚民弗堪也是其先亡乎自武公後二十三世為韓所滅

太昊之虛

陳本○○○周武王封舜後媯滿於陳是為胡公妻以元女大姬婦人尊貴好祭祀用史巫故其俗巫鬼陳詩曰坎其擊鼓宛丘之下亡冬亡夏值其鷺羽又曰東門之枌宛丘之栩子仲之子婆娑其下此其風也吳札聞陳之歌曰國亡主其能久乎自後二十三世為楚所滅陳雖屬楚於天文自若其故

自恝一都之會

潁川南陽本夏禹之國夏人上忠其敝鄙朴韓自武子後七世稱侯六世稱王五世而為秦所滅秦既滅韓徙天下不軌之民於南陽故其俗夸奢上氣力好商賈漁獵藏匿難制御也宛西通武關東受江淮○○○○也

治皆見紀

宣帝時鄭弘名信臣為南陽太守○○○○信臣勸民農桑去末歸本郡以殷富潁川韓都士有申子韓非刻害餘烈高士宦好文法民以貪遴爭訟生分為失韓延壽為太守先之以敬讓黃霸繼之教化大行獄或八年亡重罪因南陽好商賈召父富

以本業潁川好爭訟分異黃韓化以篤厚君子之德風也小人之德草也信矣壽星之次自東井六度至亢六度謂之○○○○鄭之分野與韓同分以上韓志趙地分壄○○昴畢之○○趙分晉得趙國北有信都真定常山中山又得涿郡之高陽鄚州鄉東有廣平鉅鹿清河河間又得渤海郡之東平舒中邑文安東州成平章武河以北也南至浮水繁陽内黃斥丘西有太原定襄雲中五原上黨上黨本韓之別郡也遠韓近趙後卒降趙皆趙分也自趙夙後世稱侯四世敬侯徙都邯鄲至曾孫武王稱王五世為秦所滅靈彈弦跕躧趙中山地薄人衆猶有沙丘紂淫亂餘民丈夫相聚游戲悲歌忼慨起則椎剽掘冢作姦巧多弄物為倡優女子○○○○游媚富貴徧諸侯之後宮土廣俗雜邯鄲北通燕涿南有鄭衛漳河之間一都會也其○○○○大率精急高氣埶輕為姦號為難治太原上黨又多晉公族子孫以詐力相傾矜夸功名報仇過直嫁娶送死奢靡漢興○○○○常擇嚴猛之將或任殺伐為威父兄被誅子弟怨憤至告訐刺史二千石或報殺其親屬患其剽悍鍾代石北迫近胡寇民俗懻忮好氣為姦不事農桑自全晉時已○

○○○而武靈王又益厲之故冀州之部盜賊常為它州劇天文屬燕定襄雲中五原本戎狄地頗有趙齊衛楚
之從其民鄙朴少禮文好射獵雁門亦同俗於○○別○○以上趙志燕地分野○○尾箕○○也武王定殷封
名公於燕其後三十六世與六國俱稱王東有漁陽右北平遼西遼東西有上谷代郡雁門南得涿郡之易容城范陽北新城
故安涿縣良鄉新昌及勃海之安次皆燕分也樂浪玄菟亦宜屬焉燕稱王十世秦欲滅六國燕王太子丹遣勇士荊軻刺秦
王不成而誅遂舉兵滅燕燕丹遺風薊南通齊趙勃碣之間一都會也初太子丹賓養勇士不愛後宮美女民化以
為俗至今猶然賓客相過以婦侍宿嫁娶之夕男女無別反以為榮後稍頗止然終未改其俗愚悍少慮輕薄無威亦有所長
敢於急人○○○○也魚鹽棗栗上谷至遼東地廣民稀數被胡寇俗與趙代相類有○○○○之饒北隙烏丸
夫餘東賈真番之利異於三方玄菟樂浪武帝時置皆朝鮮濊貉句驪蠻夷殷道衰箕子去之朝鮮教其民以禮義
田蠶織作樂浪朝鮮民犯禁八條相殺以當時償殺相傷以穀償相盜者男沒入為其家奴女子為婢欲自贖者五十萬雖免

為民俗猶羞之嫁取無所讎是以其民終不相盜無門戶之閉婦人貞信不淫辟其田民飲食以籩豆都邑頗放效吏及內郡賈人往〻以杯器食郡初取吏於遼東吏見民無閉藏及賈人往者夜則為盜俗稍益薄今於犯禁寖多至六十餘條可貴哉仁賢之化也然東夷天性柔順○○○○之外故孔子悼道不行設浮於海欲居九夷有以也夫樂浪海中有倭人分為百餘國以歲時來獻見云

析木之次

自危四度至斗六度謂之○○○○燕之分也　以上燕志

齊地分埜

○○虛危之○○也東有菑川東萊琅邪高密膠東南有泰山城陽北有千乘清河以南勃海之高樂高城重合陽信西有濟南平原皆齊分也少昊之世有爽鳩氏虞夏時有季萴湯時有逢公柏陵殷末有薄姑氏皆為諸侯國此地至周成王時薄姑氏與四國共作亂成王滅之以封師尚父是為太公詩風齊國是也

決〻大風

臨菑名營丘故齊詩曰子之營兮遭我乎嶩之間兮又曰竢我於著乎而此亦其舒緩之體也吳札聞齊之歌曰○○乎○○也哉其太公乎國未可量也

人物輻湊

古有分土無分民太公以齊地負海舄鹵少五穀而人民寡迺勸以女工之業通魚鹽之利而○○○○

冰

紈綺後十四世桓公用管仲設輕重以富國合諸侯成伯功繡身在陪臣而取三歸故其俗彌侈織作○○○○純麗之物號為冠帶衣履天下舒緩濶達初太公治齊脩道術尊賢智賞有功故至今其土好經術矜功名○○○○而足智其失夸奢朋黨言與行繆虛詐不情急之則離散緩之則放縱名曰巫兒始桓公兄襄公淫亂姑姊妹不嫁於是令國中民家長女不得嫁○○○○為家主祠嫁者不利其家舉賢上功昔太公始封周公問何以治齊太公曰○○而○○周公曰後世必有簒殺之臣其後二十九世為彊臣田和所滅而和自立為齊侯初和之先陳公子完有罪來奔齊齊桓公以為大夫更稱田氏九世至和而簒齊至孫威王稱王五世為秦所滅海岱都會臨菑○○之閒一○○也其中具五民云以上齊志魯地分壄○○奎婁之○○也東至東海南有泗水至淮得臨淮之下相睢陵僮取慮皆魯分也周興以少昊之虛曲阜封周公子伯禽為魯侯以為周公主洙泗斷斷其民有聖人之教化故孔子曰齊一變至於魯魯一變至於道言近正也瀕洙泗之水其民涉渡幼者扶老者而代其任俗既益薄長老不自安與幼少

相讓故曰魯道衰○○之間○○如也受業而通孔子閔王道將廢廼脩六經以述唐虞三代之道弟子○○○○者七十有七人是以民好學上禮義重廉恥其尊尊親親周公始封太公問何以治魯周公曰○○而○○太公曰後世寖弱矣故魯自文公以後祿去公室政在大夫季氏逐昭公陵夷微弱三十四世而為楚所滅然本大國故自為分壄文備實寡今去聖久遠周公遺化銷微孔氏庠序衰壞地陿民衆頗有桑麻之業亡林澤之饒俗儉嗇愛財趨商賈好訾毀多巧偽喪祭之禮○○○○然其好學猶愈於他俗漢興以來魯東海多至卿相東平須昌壽良皆在濟東屬魯非宋地也當考上魯志以宋地分壄○○房心之○○也今之沛梁楚山陽濟陰東平及東郡之須昌壽張皆宋分也周封微子於宋今之睢陽是也本陶唐氏火正閼伯之虛也濟陰定陶詩風曹國也武王封弟叔振鐸於曹其後稍大得山陽陳留二十餘世為宋所滅先王遺風昔堯作游成陽舜漁靁澤湯止於亳故其民猶有○○○○重厚多君子好稼穡惡衣食以致畜藏參分其地宋自微子二十餘世至景公滅曹滅曹後五世亦為齊楚魏所滅○○○

○魏得其梁陳留齊得其濟陰東平楚得其沛故今之楚彭城本宋也春秋經曰圍宋彭城宋雖滅本大國故自為分野沛楚之失急疾顓己地薄民貧而山陽好為盜賊　以上宋志

衛地分壄○○營室東壁之○○也今之東郡及魏郡黎陽河內之野王朝歌皆衛分也衛本國既為狄所滅文公徙封楚丘三十餘年子成公徙於帝丘故春秋經曰衛遷於帝丘今之濮陽是也本顓頊之虛故謂之帝丘夏后之世昆吾氏居之成公後十餘世為韓魏所侵盡亾其旁邑獨有濮陽後秦滅濮陽置東郡徙之於野王始皇既并天下猶獨置衛君二世時乃廢為庶人凡四十世九百年最後絕故獨為分野號善為吏衛地有桑間濮上之阻男女亦亟聚會聲色生焉故俗稱鄭衛之音周末有子路夏育民人慕之故其俗剛武上氣力漢興二千石治者亦以殺戮為威宣帝時韓延壽為東郡太守承聖恩崇禮義尊諫争至今東郡○○○○延壽之化也其失頗奢靡嫁取送死過度而野王好氣任俠有濮上風　以上衛志

楚地分壄○○翼軫之○○也今之南郡江夏零陵桂陽武陵長沙及漢中汝南郡盡楚分也周成王時封文武先師鬻熊之曾孫熊繹於荊蠻為楚子居丹陽後十餘世至熊達是為

武王寖以彊大後五世至嚴王總帥諸侯觀兵周室并吞江漢之間內滅陳魯之國後十餘世頃襄王東徙於陳呰窳偷生楚有江漢川澤山林之饒江南地廣或火耕水耨民食魚稻以漁獵山伐為業果蓏蠃蛤食物常足故○○○○而無積聚飲食還給不憂凍餓亦亡千金之家信巫鬼重淫祀而漢中淫泆枝柱與巴蜀同俗汝南之別皆急疾有氣埶江陵故郢都西通巫巴東有雲夢之饒亦一都會也　以上楚志

吳地分埜○○丰○○也今之會稽九江丹陽豫章廬江廣陵六安臨淮郡盡吳分也太伯初奔荊蠻荊蠻歸之號曰句吳太伯卒仲雍立至曾孫周章而武王克殷因而封之又封周章弟中於河北是為北吳後世謂之虞十二世為晉所滅後二世而荊蠻之吳子壽夢盛大稱王其少子則季札有賢材兄弟欲傳國札讓而不受自太伯壽夢稱王六世闔廬舉伍子胥孫武為將戰勝攻取興伯名於諸侯至子夫差誅子胥用宰嚭為粵王句踐所滅吳粵之君皆好勇故其民至今好用劍輕死易發粵既并吳後六世為楚所滅後秦又擊楚徙壽春至子為秦所滅皮革鮑木壽春合肥受南北湖○○○○之輸亦一都會也○文辭竝發始楚賢臣屈原被讒放流

作離騷諸賦以自傷悼後有宋王唐勒之屬慕而述之皆以吙顯名漢興高祖王兄子濞於吳招致天下之娛游子弟枚乘鄒陽嚴夫子之徒興於文景之際而淮安王亦都壽春招賓客著書而吳有嚴助朱買臣貴顯漢朝○○○○故世傳楚辭其失巧而少信

民俗略同

初淮南王興國中民家有女者以待游士而妻之故至今多女而少男本吳粵與楚接比數相并兼故○○○○吳東有海盐章山之銅三江五湖之利亦江東之一都會也豫章出黃金然堇〻物之所有取之不足以更費江南卑濕丈夫早夭會稽海外有東鯷人分為二十餘國以歲時來獻見云以上吳志

粵地分壄

○○牽牛婺女之○○也今之蒼梧鬱林合浦交阯九真南海日南皆粵分也其君禹後帝少康之庶子云封於會稽文身斷髮以避蛟龍之害後二十世至句踐稱王與吳王闔廬戰敗之雋李夫差立句踐乘勝復伐吳〻大破之棲會稽臣服請平後用范蠡大夫種計遂伐滅吳兼并其地度淮與齊晉諸侯會致貢於周〻元王使〻賜命為伯諸侯畢賀後五世為楚所滅子孫分散君服於楚後十世至閩君搖佐諸侯平秦漢興復立搖為粵王是時秦南海趙佗亦自王傳國至武帝時盡滅以為郡云

儋

耳珠厓處近海多犀象毒冒珠璣銀銅果布之湊中國往商賈
者多取富焉番禺其一都會也自合浦徐聞南入海得
大州東西南北方千里武帝元封元年略以為○○○郡民
皆服布如單被穿中央為貫頭男子耕農種禾稻女子桑蠶織
績亡馬與虎民有五畜山多麈麖兵人多侵陵自初為郡縣吏
則矛盾刀木弓弩竹矢或骨為鏃卒中國○○○
○之故率数歲壹反稟食為耦自日南障塞徐聞合浦船行可
元帝時遂罷弃之五月有都元國又船行可四月
有邑盧沒國又船行可二十餘日有諶離國步行可十餘日有
夫甘都盧國自夫甘都盧國船行可二月餘有黃支國民俗略
與珠厓相類其州廣大户口多々異物自武帝以來皆獻見有
譯長屬黃門與應募者俱入海市明珠璧流離奇石異物齎黃
金雜繒而往所至國皆○○○○蠻夷賈船轉送致之亦利交
易剽殺人又苦逢風波溺死不者数年來還大珠至圍二寸以
下平帝元始中王莽輔政欲燿威德厚遺黃支王令遣使獻生
犀牛自黃支船行可八月到皮宗船行可八月到日南象林界
云黃支之南有已程不國漢之驛使自此
遠矣　以上粵志　以上地理志上下

以上本書第八卷

注

攺禹徐梁二州合之於雍青師古曰省徐州以入青州并梁州以合雍州職方氏職主也主四方之土地其山曰會稽在山陰縣藪曰具區藪大澤也具區在吳川曰三江寖曰五湖寖古浸字川水之通流者也浸謂引以灌溉者五湖在吳也畜宜鳥獸鳥孔翠之屬獸犀象之屬潁湛潁水出陽城陽乾山宜屬豫州許慎又云湛水豫州浸並未詳也華即華陰之華山也連延東出故屬豫州圃田在中牟滎雒波溠滎即沇水所溢者也波即禹貢所云滎波者也溠水在楚亦不當為豫州寖也溠音莊亞反六擾馬牛羊豕犬雞也擾者言人所馴養也五種黍稷菽麥稻沂孟諸沂山在蓋縣即沂水所出也孟諸即盟豬沂沭沭水出東莞音術泰壄即大野盧濰盧水在濟

北盧縣四種黍稷稻麥也嶽即吴嶽也弦蒲在汧縣涇汭汭在幽地菑時菑出萊蕪時水

出般陽四擾馬牛羊豕三種黍稷稻霍在平陽永安縣東北揚紆爾雅云秦有揚紆而此以為冀

州未詳其義及所在漳寖汾潞漳水出上黨長子汾水出汾陽北山潞出歸德昭餘祁在太原鄔縣

虖池嘔夷淶易虖池出鹵城嘔夷出平舒淶出廣昌易出故安虖音呼池音徒何反嘔音於侯外五

擾馬牛羊犬豕保章氏保章氏春官之屬保守也言守天文之職南置交阯北置朔方

之州胡廣記云漢既定南越置交阯刺史別於諸州令持節治蒼梧分雍州置朔方刺史元始二年户

口漢之户口當元始時最為殷盛故志舉之以為數也柏益伯益一號伯翳聲相近故也造父造音千倒

反父讀曰甫華騮綠耳華騮言其色如華之色也綠耳〻綠色郟鄤郟亦岐字制轅田張晏

曰周制三年一易以同美惡商鞅始割列田地開立仟伯令民各有常制孟康曰三年爰上田易居古制也末世浸廢商

鞅相秦復立爰田上田不易中田一易下田再易爰自在其田不復易居也食貨志曰自爰其處而已是也轅爰同黎師古曰黎讀曰邰即今武功故城是也豳即今豳州栒邑是郊今岐山縣是酆今長安西北界靈臺鄉豐里是鎬今昆明池北鎬陂是號稱陸海為九州膏腴言其地高陸而饒物產如海之無所不出腹之下肥曰腴故取喻云沃野沃即溉也瀕南山近夏陽瀕猶邊也夏陽即河之西岸也今在同州韓城縣界六郡良家子六郡謂隴西天水安定北地上郡西河南賈滇僰僮言滇僰之地多出僮隸也僰音蒲北反西近邛莋馬旄牛言邛莋之地出馬及旄牛莋音材各反分其畿內為三國自紂城而北謂之邶南謂之鄘東謂之衛河內殷虛殷虛汲郡朝歌縣獻公滅魏以封大夫畢萬畢萬畢公之後魏犨祖父滅耿以封大夫趙夙趙衰之兄大夫韓武子食采於韓原韓武子韓厥之曾祖也始有河內之土左氏傳所謂始起南

（陽者）初雒邑與宗周通封畿（宗周鎬京也方八百里八〻六十四為方百里者六十四也雒邑成周也方六百里六〻三十六為方百里者三十六王都得百里者方千里也故詩云邦畿千里）食采於宗周畿內是為鄭（即今之華陰鄭縣）虢會（會讀曰鄶字或作檜〻國在豫州外方之北滎播之南溱洧之閒妘姓之國）亟聚會（亟屢也立丘吏反）貪遴（遴與吝同）椎剽掘冢（椎殺人而剽劫之也）彈弦跕躧（如淳曰跕音蹀足之蹀躧音屣師古曰躧與屣同謂小履之無跟者也跕謂輕躡之也）報仇過直（直亦當也）鍾代石北（如淳曰鍾所在未聞石山險之限在上曲陽）慎忮（師古曰慎堅也忮恨也）勃碣之閒（勃〻海也碣〻石也）北隙烏丸夫餘（隙際也烏丸本東胡也為冒頓所滅餘類保烏九山因以為號夫餘在長城之北去玄菟千里夫讀曰扶）濊貉（濊音穢）嫁取無所讎（讎匹也一曰讎讀曰售）異於三方之外（三方謂南西北也）夫樂浪海中有倭人（今猶有倭國魏

畧倭在帶方東南大海中依山島為國度海千里復有國皆倭種古有分土亾分民有分土者謂立
封疆也亾分人者謂通往來不常厥居也三歸三歸三姓之女織作氷紈綺繡純麗氷謂布帛
之細其色鮮絜如氷者也紈素也綺文繒也即今之所謂細綾也純精好也麗華靡也冠帶衣履天下
言天下之人冠帶衣履皆仰齊地五民如淳曰游子樂其俗不復歸故有五方之人民雎陵僮取慮
皆魯分師古曰睢音雖取音趨又音秋慮音閭齗齗分辨之意訾毀以言相毀曰訾尭作游
成陽如淳曰成陽在定陶今有尭冢靈臺師古曰作游者言為宮室游止之處也呰窳偷生如淳曰呰
音紫窳音庾師古曰呰短也窳弱也言短力弱材不能勤作故朝夕取給而無儲偫也淫失枝柱失讀曰佚
枝柱言意相節卻不順從也句吴句音鉤夷俗語之發聲也亦猶越為于越也皮革鮑木之輸
皮革犀兕之屬也鮑鮑魚也木楓柟豫章之屬菫菫物之所有取之不足以更貴言所

出之金既少矣自外諸物蓋亦不多故總言取之不足償功直也堇讀曰僅更音庚東鯷人孟康曰鯷音題文身斷髮應劭曰常在水中故斷其髮文其身以象龍子故不見傷害也雋李師古曰雋音醉字本作檇麈麖麈似鹿而大麖似鹿而小麈音主麖音京或骨為鏃矢鋒稾食為耦稾給也耦媲也給其食而侶媲之相隨行也以上地里志上下

五卷止

前漢書隨筆録卷六

本志　溝洫　藝文上　藝文下

隨山浚川夏書禹堙洪水十三年過家不入門陸行載車水行乘舟泥行乘毳山行則梮以別九州○○○○任土作貢通九道陂九澤度九山

釃渠引河然河災之羨溢害中國也尤甚唯是為務故道河自積石歷龍門南到華陰東下底柱及盟津雒内至於大伾於是禹以為河所從來者高水湍悍難以行平地數為敗迺○二○以○其○北載之高地過降水至於大陸播為九河同為迎河入於勃海九川既疏九澤既陂諸夏乂安功施乎三代

鄴有賢令魏文侯時西門豹為鄴令有令名至文侯曾孫襄王時與羣臣飲酒為羣臣祝曰令吾臣皆如西門豹之為人臣也史起進曰魏氏之行田也以百畝鄴獨二百畝是田惡也漳水在其旁西門豹不知用是不智也知而不興是不仁也於是以史起為鄴令遂引漳水溉鄴以富魏之河内民歌之曰○○○○兮為史公決漳水兮灌鄴旁終古舄鹵兮生稻粱

收畝一鍾其後

韓聞秦之好興事欲罷之無令東伐迺使水工鄭國間說秦以令鑿涇水自中山西抵瓠口為渠並北山東注洛三百餘里欲以溉田中作而覺秦欲殺鄭國鄭國曰始臣為間然渠成亦秦之利也臣為韓延數年之命而為秦建萬世之功秦以為然卒使就渠渠〻成而用溉注填閼之水溉舄鹵之地四萬餘頃〇皆〇〇〇於是關中為沃野無凶年秦以富彊卒并諸侯因名曰鄭國渠

損漕省卒

鄭當時為大司農言異時關東漕粟從渭上度六月罷而渭水道九百餘里時有難處引渭穿渠起長安旁南山下至河三百餘里徑易漕度可令三月罷〻而渠下民田萬餘頃又可得以溉此〇〇〇〇而益肥關中之地得穀上以為然令齊人水工徐伯表發卒數萬人穿漕渠三歲而通以漕大便利其後漕稍多而渠下之民頗得以溉矣

穿褒斜道

其後人有上書欲通褒斜道及漕事下御史大夫張湯湯問之言抵蜀從故道多阪回遠今〇〇〇〇少阪近四百里而褒水通沔斜水通渭皆可以行船漕〻從南陽上沔入褒〻絕水至斜間百餘里以車轉從斜下渭如此漢中穀可致而山東從沔無限便扵底柱之漕且褒斜材木竹箭之饒儗扵巴蜀上以為然拜湯子卬為漢中守發數萬人作褒斜道五

百餘里道果便近水多湍石不可漕**而穿得龍骨**其後嚴熊言臨晋民願穿洛以溉重泉以東萬餘頃故惡地誠以即得水可令畝十石於是為發卒萬人穿渠自徵引洛水至商顔下岸善崩乃鑿井深者四十餘丈往々為井々下相通行水水隤以絶商顔東至山領十餘里間井渠之生自此始○○○○故名曰龍首渠作之十餘歲渠頗通猶未得其饒**白馬**

玉璧自河決瓠子後二十餘歲々因以數不登而梁楚之地尤甚上既封禪巡祭山川其明年乾封少雨上廼使汲仁郭昌發卒數萬人塞瓠子決河於是上以用事萬里沙則還自臨決河湛○○○○令羣臣從官自將軍以下皆負薪寘決河是時東郡燒草以故薪柴少而下淇園之竹以為揵上既臨河決悼功之不成廼作歌云々於是卒塞瓠子築宮其上名曰宣防而道河北行二渠復禹舊迹而梁楚之地復寧無水災

鑿六輔渠自鄭國渠至元昌六年百三十六歲而兒寬為左內史奏請○○○○以益溉鄭國傍高卬之田上曰農天下之本也泉流灌寖所以育五穀也左右內史地名山川原甚衆細民未知其利故為通溝瀆畜陂澤所以備旱也今內史稲田租挈重不與郡同其議減令吏民勉農盡地利平繇行水勿使

失時名曰白渠後十六歲大始二年趙中大夫白公復奏穿渠引涇水首起谷口尾入櫟陽注渭中袤二百里溉田四千五百餘頃因○○○○民得其饒歌之曰田於何所池陽谷口鄭國在前白渠起後舉臿為雲決渠為雨涇水一石其泥數斗且溉且糞長我禾黍衣食京師億萬之口言此兩渠饒也出之胡中是時方事匈奴興功利言便宜者甚衆齊入延年上書言河出昆侖經中國注勃海是其地勢西北高而東南下也可案圖書觀地形令水工準高下開大河上領○○○○東注之海如此關東長無水災北邊不憂匈奴可以省隄防備塞士卒轉輸胡寇侵盜覆軍殺將暴骨原野之患天下常脩匈奴而不憂百越者以其水絕壞斷也此功壹成萬世大利書奏上壯之報曰延年計議甚深然河乃大禹之所道也聖人作事為萬世功通於神明恐難改更方略疏濶後三歲河果決於館陶及東郡金堤泛濫兗豫入平原千乘濟南凡灌四郡三十二縣水居地十五萬餘頃深者三丈壞敗官亭室廬且四萬所御史大夫尹忠對○○○○上切責之忠自殺遣大司農非調調均錢穀河決所灌之郡謁者二人發河南以東漕船五百樓徙民避水居丘陵九萬七千餘口河隄使者王延

世使塞以竹落長四丈大九圍盛以小石兩船夾載而下之三十六日河隄成水益湍怒後九嵗鴻嘉四年楊焉言從河上下患底柱隘可鐫廣之上從其言使焉鐫之鐫之裁沒水中不能去而令○○○○○為害甚於故上中下策待詔賈讓奏言治河有○○○○○古者立國居民疆理土地必遺川澤之分度水勢所不及大川無防小水得入陂障卑下以為汙澤使秋水多得有所休息左右游波寬緩而不迫夫土之有川猶人之有口也治土而防其川猶止兒啼而塞其口豈不遽止然其死可立而待也　今瀕河十郡治隄嵗費且萬萬及其大決所殘無数如出数年治河之費以業所徙之民遵古聖之法定山川之位使神人各處其所而不相奸且以大漢方制萬里豈其與水爭咫尺之地哉此功一立河定民安千載無患故謂之上策若廼多穿漕渠於冀州使民得以溉田分殺水怒雖非聖人法然亦救敗術也　今瀕河隄吏卒郡数千人伐買薪石之費嵗数千萬足以通渠成水門又民利其灌溉相率治渠雖勞不罷民田適治河隄亦成此誠富國安民興利除害支数百嵗故謂之中策若廼繕完故隄增卑倍薄勞費無已数逢其害此最下策也　以上溝洫志

微言大義昔仲

尼没而○○絶七十子喪而○○乖故春秋分為五詩分為四
易有数家之傳戰國從横真偽分争諸子之言紛然殽亂至秦
患之乃燔滅文大收篇籍漢興改秦之敗○○○廣開獻書
章以愚黔首之路迄孝武世書缺簡脫禮壞樂崩
聖上喟然而稱曰朕甚閔焉於是建藏書之策置寫書之官下
及諸子傳説皆充秘府至成帝時以書頗散亡使謁者陳農求
遺書於天下詔光禄大夫劉向校經傳諸子詩賦步兵校尉任
宏校兵書太史令尹咸校数術侍醫李柱國校方技每一書已
向輒條其篇目撮其指意録而奏之會向卒哀帝復使向子侍
中奉車都尉歆卒父業歆於是總羣書而奏其七畧故有輯畧
有六藝略有諸子略有詩賦畧有兵書略
有術数畧有方技畧今删其要以備篇籍
易十三家凡○○○
○二百九
十四篇易道深矣人更三聖世歴三
古及秦燔書而易為筮卜之事傳藁絶
凡書九家○○○○四
百一十二篇
古文尚書者出孔子壁中武帝末魯共王壞孔子宅欲以廣其
宮而得古文尚書及禮記論書孝經凡数十篇皆古字也共王
往入其宅聞鼓琴瑟鐘磬之音於是懼乃止不壞孔安國者孔
子後也悉得其書以考二十九篇得多十六篇安國獻之遭巫

盡事未列於學宮凡詩六家○○○○四百一十六卷古有采詩之官王者所以觀風俗知得失自考正也孔
子純取周詩上采殷下取魯凡三百五篇遭秦而全者以其諷誦不獨在竹帛故也漢興魯申公為詩訓故而齊轅固燕韓生
皆為之傳或取春秋雜說咸非其本義與不得已魯最為近之三家皆列於學官又有毛公之學自謂子夏所傳而河間獻王
好之未得立禮十三家凡○○○○五百五十五篇漢興魯高堂生傳士禮十七篇訖孝宣世后倉最明戴德
戴聖慶並皆其弟子三家立於學官禮古經者出於魯淹中及孔氏學七十篇文相似多三十九篇及明堂陰陽王史氏記所
見多天子諸侯卿大夫之制雖不能備猶瘉倉等推士禮而致於天子之說凡樂六家○○○○百六十五篇
漢興制氏以雅樂聲律世在樂官頗能紀其鏗鏘鼓舞而不能言其義六國之君魏文侯最為好古孝文時得其樂人竇公獻
其書乃周官大宗伯之大司樂章也武帝時河間獻王好儒與毛生等共采周官及諸子言樂事者以作樂記獻八佾之舞與
制氏不相遠其內史王定傳之以授常山王禹〻成帝時為謁者數言其義獻二十四卷記劉向校書得樂記二十三篇與禹

不同其道寖以益微

凡春秋家○○○二十三○九百四十三篇丘明恐弟子各安其意以失其真故論本事而作傳明夫子不以空言說經也春秋所貶損大人當世君臣有威權勢力其事實皆形於傳是以隱其書而不宣所以免時難也及末時口說流行故有公羊穀梁鄒夾之傳四家之中公羊穀梁立於學官鄒氏無師夾氏未有書

凡論語家漢興有齊魯之說傳齊論者昌邑中尉王吉少府宋畸御史大夫貢禹尚書令五鹿充宗膠東庸生唯王陽名家傳魯論語者常山都尉龔奮長信少府夏侯勝丞相韋賢魯扶卿前將軍蕭望之安昌侯張禹皆名家張氏最後而行於世

孝經十家凡○○一○○五十九篇漢興長孫氏博士江翁少府后倉諫大夫翼奉安昌侯張禹傳之各自名家經文皆同唯孔氏壁中古文為異父母生之續莫大焉故親生之膝下諸家說不安處古文字讀皆異

小學十家易曰上古結繩以治後世聖人易之以書契百官以治萬民以察蓋取諸夬夬揚於王庭言其宣揚於王者朝廷其用最大也

敎之六書古者八歲入小學故周官保氏掌養國子○○○○謂象形象事象意象聲轉注假借造字之本也漢興蕭何造律亦著其法

曰太史試學童能諷書九千字以上乃得為史六體試之又以○○○○課最者以為尚書御史史書令史吏民上書字或不正輒舉劾六體者古文奇字篆書隸書繆篆蟲書皆所以通知古今文字摹印章書幡信也蒼頡爰歷史籀篇者周時史官教學童書也與孔氏壁中古文異體○○七章者秦丞相李斯所作也○○六章者車府令趙高所作也○○博學七章者太史令胡母敬所作也文字多取史籀篇而篆體復頗異所謂秦篆者也是時始造隸書矣起於官獄多事苟趨省易施之於徒隸也凡將急就漢書閭里書師合蒼頡爰歷博學三篇斷六十字以為一章凡五十五章并為蒼頡篇武帝時司馬相如作○○篇無復字元帝時黃門令史游作○○篇成帝時將作大匠李長作元尚篇皆蒼頡中正字也凡將則頗有出矣記字庭中○至元始中徵天下通小學者以百數各令○於○○○揚雄取其有用者以作訓纂篇順續蒼頡又易蒼頡中重復之字凡八十九章臣復續揚雄作十二章凡一百二章無復六藝羣書所載略備矣以上小學家

三年一藝古之學者耕且養○○而通○○存其大體玩經文而已是故用日少而畜德多三十而五經立也碎

義逃難後世經傳既已乖離博學者又不思多聞闕疑之意而務○○○便辭巧說破壞形體說五字之文至於二三萬言後進彌以馳逐故幼童而守一藝白首而後能言安其所習毀所不見終以自蔽此學者之大患也以上六藝序

儒家者流○○○○蓋出於司徒之官助人君順陰陽明教化者也游文於六藝之中留意於仁義之際祖述堯舜憲章文武宗師仲尼以重其言於道最為高孔子曰如有所譽其有所試唐虞之隆殷周之盛仲尼之業已試之效者也然惑者既失精微而辟者又隨時抑揚違離道本苟以譁衆取寵後進循之是以五經乖析儒學寖衰此辟儒之患

道家者流○○○○蓋出於史官歷記成敗存亾禍福古今之道然後知秉要執本清虛以自守卑弱以自持此君人南面之術也合於堯之克讓易之嗛嗛一謙而四益此其所長也及放者為之則欲絕去禮學兼棄仁義曰獨任清虛可以為治

陰陽家流○○○者○蓋出於羲和之官敬順昊天歷象日月星辰敬授民時此其所長也及拘者為之則牽於禁忌泥於小數舍人事而任鬼神

法家者流○○○○蓋出於理官信賞必罰以輔禮制易曰先王以明罰飭法此其所長也及

刻者為之則無教化去仁愛專任刑法而欲以致治至於殘害至親傷恩薄厚名家者流○○○○蓋出於禮官古者名位不同禮亦異數孔子曰必也正名乎名不正則言不順言不順則事不成此其所長也及警者為之則苟鉤鈲析亂而已墨家者流○○○○蓋出於清廟之守茅屋采椽是以貴儉養三老五更是以兼愛選士大射是以上賢宗祀嚴父是以右鬼順四時而行是以非命以孝視天下是以上同此其所長也及蔽者為之見儉之利因以非禮推兼愛之意而不知别親踈從橫者流○○家○○蓋出於行人之官孔子曰誦詩三百使於四方不能專對雖多亦奚以為又曰使乎使乎言其當權事制宜受命而不受辭此其所長也及邪人為之則上詐諼而棄其信雜家者流○○○○蓋出於議官兼儒墨合名法知國體之有此見王治之無不貫此其所長也及盪者為之則漫羨而無所歸心農家者流○○○○蓋出農稷之官播百穀勸耕桑以足衣食故八政一曰食二曰貨孔子曰所重民食此其所長也及鄙者為之以為無所事聖王欲使君臣並耕誖上下之序小說者流○○○○蓋出於稗官街談巷語道聽塗說者之所造也孔

子曰雖小道必有可觀者焉致遠恐泥是以君子弗為也然亦弗滅也閭里小知者之所及亦使綴而不忘如或一言可采此

亦芻蕘狂夫之議也

支與流裔

今異家者各推所長窮治究慮以明其指雖有蔽短合其要歸亦六經之○○○○使其人遭明王聖主得其所折衷皆股肱之材已

猶瘉於野

仲尼有言禮失而求諸野方今去聖久遠道術缺廢無所更索彼九家者不○○○○乎若能脩六藝之術而觀此九家之言舍短取長則可以通萬方之略矣

以上諸子十家敘

詩賦百六

凡○○○○家千三百一十八篇傳曰不歌而誦謂之賦登高能賦可以為大夫言感物造端材知深美可與圖事故可以為列大夫也古者諸侯卿大夫交接鄰國以微言相感當揖讓之時必稱詩以諭其志蓋以別賢不肖而觀盛衰焉故孔子曰不學詩無以言也

離騷憂國

春秋之世周道寖壞聘問歌詠不行於列國學詩之士逸在布衣而賢人失志之賦作矣大儒孫卿及楚臣屈原○○○○皆作賦以風其後宋玉唐勒漢興枚乘司馬相如下及揚子雲競為侈麗閎衍之詞沒其風諭之義是以揚子悔之曰詩人之賦麗以則辭人之賦麗以淫如孔氏之門人用賦也則賈誼登堂相如

入室矣如其不用何自孝武立樂府而采歌謠於是有代趙之謳秦楚之風皆感於哀樂緣事而發亦可以觀風俗知厚薄云

詩賦為五種

兵權謀家右○○○十三○二百五十九篇權謀者以正守國以奇用兵先計而後戰兼形埶包陰陽用技巧者也

兵形埶家右○○○十一○九十二篇圖十八卷形埶者雷動風舉後發而先至離合背鄉變化無常以輕疾制敵者也

右陰陽家○○○十六○二百四十九篇陰陽者順時而發推刑德隨斗擊因五勝假鬼神而為助者也

兵技巧家右○○○十三○百九十九篇技巧者習手足便器械積機關以立攻守之勝者也

捃摭遺逸漢興張良韓信序次兵法凡百八十二家刪去要用定著三十五家諸呂用事而盜取之武帝時軍政楊僕○○○○○紀奏兵録猶未能備至於孝成命任宏論次兵書為四種兵家序

右天文家○○○二十一○四百四十五卷天文者序二十八宿步五星日月以紀吉凶之象聖王所以参政也易曰觀乎天文以察時變然星事㐫悍非湛寄者不能由也夫觀景以譴形非明王亦不能服聽也以不能由之臣諫不能聽之王此所以兩有患也

右

歷譜家〇〇〇十八〇六百六卷　歷譜者序四時之位正分至之節會日月五星之辰以考寒暑殺生之實故聖王必正歷數以定三統服色之制又以探知五星日月之會凶阸之患吉隆之喜其術皆出焉此聖人知命之術也非天下之至材其孰與焉道之亂也患出於小人而強欲知天道者壞大以為小削遠以為近是以道術破碎而難知也

右五行家〇〇〇三十一〇六百五十二卷　五行者五常之形氣也書云初一曰五行次二曰羞用五事言進用五事以順五行也貌言視聽思心失而五行之序亂五星之變作皆出於律歷之數而分為一者也其法亦起五德終始推其極則無不至而小數家因此以為吉而行於世寖以相亂

右蓍龜家〇〇〇十五〇四百一卷　蓍龜者聖人之所用也書曰女則有大疑謀及卜筮易曰定天下之吉凶成天下之亹亹者莫善於蓍龜是故君子將有為也將有行也問焉而以言其受命也如嚮無有遠近幽深遂知來物非天下之至精其孰能與於此及至衰世解於齊戒而屢煩卜筮神明不應故筮瀆不告易以為忌龜筮不告詩以為刺

右雜占家〇〇〇十八〇三百一十三卷　雜占者紀百事之象候善惡之徵易曰占事

知來衆占非一而夢爲大故周有官而詩載熊羆虺蛇衆魚旐旟之夢著明大人之占以考吉凶蓋參卜筮春秋之說訞也曰人之所忌其氣炎以取之訞由人興也人失常則訞興人無釁焉訞不自作故德勝不祥義厭不惠桑穀共生太戊以興雊鴙登鼎武丁爲宗然惑者不稽諸躬而忌訞之見是以詩刺召彼故老訊之占夢傷其舍本而憂末不能勝凶咎也

形法六家右○○○○百二十二卷形法者大舉九州之埶以立城郭室舍形人及六畜骨法之度數器物之形容以求其聲氣貴賤吉凶猶律有長短而各徵其聲非有鬼神數自然也然形與氣相首尾亦有々其形而無其氣有其氣而無其形此精微之獨異也

凡數術家○○○百九十○二千五百二十八卷數術者皆明堂羲和史卜之職也史官之廢久矣其書既不能具雖有其書而無其人易曰苟非其人道不虛行春秋時魯有梓慎鄭有裨竃晉有卜偃宋有子韋六國時楚有甘公魏有石申夫漢有唐都庶得麤觕蓋有因而成易無因而成難故因舊書以序數術爲六種

醫經七家右○○○○二百一十六卷醫經者原人血脈經絡骨髓陰陽表裏以起百病之本死生之分而用度箴石湯火所施調百藥齊

和之所宜至齊之得猶慈石取鐵以物相使拙者失理以瘉為劇以死為生
右經方家○○○十一○二百七十
四卷經方者本草石之寒溫量疾病之淺深假藥味之滋因氣感之宜辯五苦六辛致水火之齊以通閉解結反之於平及
失其宜者以熱益熱以寒增寒精氣內傷不見於外是所獨失也故諺曰有病不治常得中醫
房中八家右○○○
○百八十六卷房中者性情之極至道之際是以聖王制外樂以禁內情而為之節文傳曰先王之作樂所以節百事也樂
而有節則和平壽考及迷者弗顧以生疾而隕性命
神僊十家右○○○○以保性命之真
神僊者所而游求於
外者也聊以盪意平心同死生之域而無怵惕於胸中然而或者專以為務則誕欺怪迂之文彌以益多非聖王之所以教也
孔子曰索隱行怪後世有述焉吾不為之矣
凡方技家○○○三十六○八百六十八卷
方技者皆生〻之具
王官之一守也太古有岐伯俞拊中世有扁鵲秦和蓋論病以及國原診以知政漢興有倉公今其技術晻昧故論其書以序
方技為四種大凡書六畧三十八種五百九十六家萬三千二百六十九卷
以上蓺文志

以上本書第九卷至第十卷

注

泥行乘毳孟康曰毳形如箕行泥上山行則梮如淳曰梮謂以鐵如錐頭長半寸施之履下以上山不蹉跌也梮音居足反隨山浚川師古曰順山之高下而深其流任土作貢任其土地所有以定貢賦之差也通九道陂九澤度九山言通九州之道及彰遏其澤商度其山也度音大各反河災之羨溢羨讀與衍同迺釃二渠以引其河孟康曰釃分也分其流泄其怒也二渠其一出貝丘西南〻折者也其一則漯川也河自王莽時遂空唯用漯耳魏氏之行田也以百畝師古曰賦田之法一夫百畝也自中山西邸瓠口為渠師古曰中讀曰仲即今九嵕之東仲山也邸至也並北山東注洛並音步浪反洛水即馮翊漆沮水渠成而用溉注填閼之水

注引也閼讀與淤同填閼謂壅泥也令齊人水工徐伯表延行穿渠之處而表記之今之竪摽是通褒斜道褒斜二谷名其皆各自有水耳谷自徵引洛水至商顏下徵音懲即今所謂澄城也商顏商山之顏也謂之顏者譬人之顏額也亦猶山額象人之頸領水潰以絕商顏下流曰潰下洪園之竹以為揵如淳曰樹竹塞水決之口稍稍布插接樹之水稍弱補令密謂之揵以草塞其裹乃以土填之有石以石為之揵音其偃反以穿鑿六輔渠師古曰在鄭國渠之裹今尚謂之輔渠亦曰六渠也內史稻田租挈重不與郡同租挈收田租之約令也郡謂四方諸郡也平繇行水均齊渠堰之力役謂俱得水利也袤二百里袤長也音茂開大河上領晉灼曰上領山頭也大司農非調師古曰大司農名非調也調均錢穀河決所灌之郡令其調發均平錢穀遭水之郡使存給也調音徒釣反漕船五百㮴一船為一㮴必遺川澤之分

度水埶所不及遺留也度計也言川澤所流聚之處皆留而置之不以為居邑而安墾殖必計水所不及然後居而田之也以上溝洫志春秋分為五韋昭曰謂左氏公羊穀梁鄒氏夾氏也詩分為四謂毛氏齊魯韓建藏書之策如淳曰劉歆七略曰外則有太常太史博士之藏內則有延閣廣內祕室之府輯略師古曰輯與集同謂諸書之總要人更三聖韋昭曰伏羲文王孔子世歷三古孟康曰易繫辭曰易之興其於中古乎然則伏羲為上古文王為中古孔子為下古古文尚書者出孔子壁中師古曰家語云孔騰字子襄畏秦法峻急藏尚書孝經論語於夫子舊堂壁中而漢記尹敏傳云孔鮒所藏二說不同未知孰是悉得其書以考二十九篇得多十六篇壁中書多以考見行世二十九篇之外更得十六篇竇公桓譚新論云竇公年百八十歲兩目皆盲文帝奇之問曰何因至此對曰臣年十三失明父母哀其不及衆技教鼓琴臣導引無所服餌父母生之續莫大焉故親生

之膝下諸家說不安處古文字讀皆異臣瓚曰孝經云續莫大焉而諸家之說各不安處之也師古曰桓譚新論云古孝經千八百七十一字今異者四百餘字教之六書謂象形象事象意象聲轉注假借造字之本也師古曰象形謂畫成其物隨體詰屈日月是也象事即指事也謂視而可識察而見意上下是也象意即會意也謂比類合誼以見指撝武信是也象聲即形聲謂以事為名取譬相成江河是也轉注謂建類一首同意相受考老是也假借謂本無其字依聲託事令長是也文字之義總歸六書故曰立字之本也尚書御史史書令史韋昭曰若今尚書蘭臺令史也臣瓚曰史書今之太史書六體者古文奇字篆書隸書繆篆蟲書師古曰古文謂孔子壁中書奇字即古文而異者也篆書謂小篆蓋秦始皇使程邈所作也隸書亦程邈所獻主於徒隸從簡易也繆篆謂其文屈曲纏繞所以摹印章也蟲書謂為蟲鳥之形所以書幡信也一謙而四益四益謂天道虧盈而益謙地道變盈而流

謙 鬼神害盈而福謙人道惡盈而好謙也此謙卦彖辭 右鬼 右尊尚也 非命 如淳曰言無吉凶之命但有賢不肖之善惡 上同 言皆同以治也 可詐諼 師古曰諼詐言也音許遠反 漫羨 漫放也羨音弋戰反

稗官 稗音稊稗之稗稗官小官 支與流裔 裔衣末也其於六經水之下流衣之末裔 如感物造耑 耑古端字因物動志則造辭義之端緒 因五勝 五行相勝也 用度箴石湯火所施 箴所以刺病也石謂砭石即石箴也古者攻病則有砭今其術絶矣 以上藝文志

前漢書隨筆録卷七

列傳

陳勝　項籍　張耳　陳餘　魏豹　田儋
韓王信　韓信　彭越　英布　盧綰　吳芮

輟耕壟上 勝少時嘗與人傭耕○○之○○悵然甚久曰苟富貴無相忘傭者笑而應曰若為傭耕何富貴也勝太息曰嗟乎燕雀安知鴻鵠之志哉

往〻指目 卜者知其指意曰足下事皆成有功然足下卜之鬼乎勝廣喜念鬼曰此教我先威衆耳迺丹書帛曰陳勝王置人所罾魚腹中卒買魚烹食得書已怪之矣又間令廣之次所旁叢祠中夜構火狐鳴呼曰大楚興陳勝王卒皆夜驚恐旦日卒中○○○○勝廣

夥涉為王 陳勝王凡六月初為王其故人嘗與傭耕者聞之迺之陳叩宮門曰吾欲見涉宮門令欲縛之自辯數迺置不肯為通勝出遮道而呼涉迺召見載與歸入宮見殿屋帷帳客曰夥涉之為王沈〻者楚人謂多為夥故天下傳之○○○○由陳涉始客出入愈益發舒言勝故情或言客愚無知專妄言輕威勝斬之諸故人皆自引去由是無親勝者

至今血食 勝雖已死其所置遣侯王將相竟亡秦高祖時

為勝置守冢於碭○○○○王莽敗乃絕以上陳勝傳

學萬人敵籍少時學書不成去學劍又不成梁怒之籍曰書足記姓名而已劍一人敵不足學○○○○耳於是梁奇其意迺教以兵法籍大喜畧知其意又不肯竟

兵法部勒梁嘗殺人與籍避仇吳中吳中賢士大夫皆出梁下每有大繇役及喪梁嘗主辦陰以○○○○賓客子弟以知其能

可取而代秦始皇帝東游會稽渡浙江梁與籍觀籍曰彼○○○○也梁掩其口曰無妄言族矣梁此奇籍

暴得大名嬰母謂嬰曰自吾為迺家婦聞先故未曾貴今○○○○不祥不如有所屬事成猶得封侯事敗易以亾非世所指名也嬰乃不敢為王

三户亾秦居鄛人范增年七十素好奇計往說梁曰陳勝敗固當夫秦滅六國楚最亡罪自懷王入秦不反楚人憐之至今故南公稱曰楚雖○○○○必楚今陳勝首事不立楚後其埶不長今君起江東楚蠭起之將皆爭附君者以君世〻楚將為能復立楚之後也於是梁迺求楚懷王孫心在民間為人牧羊立以為楚懷王從民望也

湛舡破釜章邯已破梁軍則以為楚地兵不足憂迺渡河北擊趙大破之當此之時趙歇為王陳餘為將張耳為相走入鉅鹿

城秦將王離涉間圍鉅鹿章邯軍其南築甬道而輸之粟陳餘
將卒數萬人軍鉅鹿北所謂河北軍也羽已破殺卿子冠軍
威震楚國名聞諸侯廼遣當陽君蒲將軍將卒二萬人渡河救
鉅鹿戰少利陳餘復請兵羽廼悉引兵渡河已渡皆〇〇〇〇
甑燒廬舍持三日糧視士必死無還心於是至則圍王離與秦
軍遇九戰絕甬道大破之殺蘇角虜王離涉間不降自燒死當
是時楚兵冠諸侯諸侯軍救鉅鹿者十餘壁莫敢縱兵及楚擊
秦諸侯皆從壁上觀楚戰士無不一當十呼聲動天地諸侯軍
人人惴恐於是楚已破秦軍羽見諸侯將入轅門膝行
而前莫敢仰視羽由是始為諸侯上將軍兵皆屬焉
擊阬秦軍
漢元年羽將諸侯兵三十餘萬行略地至河南遂西到新安
異時諸侯吏卒繇役屯戍過秦中秦中遇之多亡狀及秦軍
將諸侯諸侯吏卒乘勝奴虜使之輕重折辱秦吏卒吏卒多竊
言章將軍詐吾屬降諸侯今能入關破秦大善即不能諸侯虜
吾屬而東秦又盡誅吾父母妻子諸將微聞其計以告羽羽乃
名英布蒲將軍計曰秦吏卒尚衆其心不服至關不聽事必危
不如擊之獨與章邯長史欣都尉翳入
秦於是夜〇〇〇〇二十餘萬人
沐猴而冠
韓生說羽曰
關中阻山帶

河四塞之地肥饒可都以伯羽見秦宫室皆已燒殘又懷思東歸曰富貴不歸故鄉如衣錦夜行韓生曰人謂楚人○○○○果然羽聞之斬韓生

善射樓煩

羽令壯士出挑戰漢有○騎○曰○○楚挑戰三合樓煩輒射殺之羽大怒自披甲持戟挑戰樓煩欲射羽瞋目叱之樓煩目不能視手不能發走還入壁不敢復出漢王使間問之乃羽也漢王大驚

四面楚歌

羽壁垓下軍少食盡漢帥諸侯兵圍之數重羽夜聞漢軍○○皆○○迺驚曰漢皆已得楚乎是何楚人多也起飲帳中有美人姓虞氏常幸從駿馬名騅常騎迺悲歌忼慨自為歌詩曰力拔山兮氣蓋世時不利兮騅不逝騅不逝兮可柰何虞兮虞兮柰若何歌數闋美人和之羽泣下數行左右皆泣莫能仰視

二十八騎

羽復引而東至東城迺有○○○○追者數千羽自度不得脫謂其騎曰吾起兵至今八歲矣身七十餘戰所當者破所擊者服未嘗敗北遂伯有天下然今卒困於此〻天亡我非戰之罪也今日固決死願為諸軍決戰必三勝斬將艾旗迺後死使諸君知我非用兵罪天亡我也於是引其騎因四隤山而為圜陳外嚮漢騎圍之數重羽謂其騎曰吾為公取彼一將令四面騎馳下期山東為三處於是羽大

呼馳下漢軍皆披靡遂殺漢一將是時楊喜為郎騎追羽ミ還
叱之喜人馬俱驚辟易数里與其騎會三處漢軍不知羽所居
分軍為三復圍之羽延馳復斬漢一都尉殺数十百人復聚其
騎亡兩騎延謂騎曰何如騎皆服曰如大王言以上項籍傳

囊括四海
秦孝公據殽函之固擁雍州之地君臣固守而闚周
室有席卷天下包舉宇內○○○○并吞八荒之心

亾矢遺鏃
常以十倍之地百萬之軍仰關而攻秦ミ人開關延
敵九國之師逡巡而不敢進秦無○○○○之費而

天下已
困矣
分裂山河
於是從散約敗爭割地而賂秦ミ有餘力而
制其敵追亾逐北伏尸百萬流血漂鹵因利

乘便宰割天下○○○
○强國請服弱國入朝
南下收馬
南取百粵之地以為桂林象
郡百粵之郡頓首係頸委命

下吏延使蒙恬北築長城而守藩籬卻匈奴七百
餘里胡人不敢○○而○○士不敢彎弓而報怨
金人十二
墮
名

城殺豪俊收天下之兵聚之咸陽銷鋒
鍉鑄以為○○○○以弱天下之民
踐華為城
然後○○○
○因河為池

據億丈之城臨不測之淵以為固良將勁
弩守要害之處信臣精卒陳利兵而誰何
揭竿為旗
躡足行伍
之間而免

起阡陌之中帥罷散之卒将數百之衆轉而攻秦斬木為兵○○○○天下雲合嚮應贏糧而景從山東豪俊遂並起而亾秦
族矣鉏耰棘矜且天下非小弱也雍州之地殽函之固自若也陳涉之位不齒於齊楚燕趙韓魏宋衛中山之君○
○○○不敵於鉤戟長鎩適戍之衆不亢於九國之師深謀遠慮行軍用兵之道非及曩時之士也羽重童子舜盖
重童子項羽又重童子豈其苗裔邪何其興之暴也○以上陳項贊庸奴其夫張耳大梁人少時及魏公子無忌為
客嘗亾命游外黄外黄富人女甚美○○○○亡抵父客父客謂曰必欲求賢夫從張耳女聽為請決嫁之女家厚奉給耳〻
以故致千里客宦為外黄令攝使受笞陳餘年少父事耳相與為刎頸交高祖為布衣時嘗從耳游秦滅魏購求
耳千金餘五百金兩人變名姓俱之陳為里監門吏嘗以過笞餘〻欲起耳○○○○吏去耳數之曰始吾與公言何如今見笞
小辱而欲死一吏手頭會箕斂秦為亂政虐刑殘滅天下北為長城之役南有五嶺之戍外内騷動百姓罷敝○○
○○以供軍費財匱力盡重以苛法使天下父子不相聊厮養說燕趙王間出為燕軍所得燕囚之欲與分地使者

往燕輒殺之以固求地耳餘患之有○○卒謝其舍曰吾為二
公○○與趙王載歸舍中人皆笑曰使者往十輩皆死若何以
能得王廼走燕壁燕將見之問曰知臣何欲燕將曰若欲得王
耳曰君知張耳陳餘何如人也燕將曰賢人也曰其志何欲燕
將曰欲得其王耳趙卒笑曰君未知兩人所欲也夫武臣張耳
陳餘杖馬箠下趙數十城亦各欲南面而王夫臣之與主豈可
同日道哉顧其勢初定且以少長先立武臣以持趙心今趙地
已服兩人亦欲分趙而王時未可耳今君囚趙王念此兩人名
為求王實欲燕殺之此兩人分趙而王夫以一趙尚易燕況以
兩賢王左提右挈而責殺王滅燕易矣燕以為然廼歸趙王養
卒為御　有子壻禮　七年高祖從平城過趙〻王旦暮自上食體
而歸　甚卑○○○○高祖箕踞罵詈甚慢之趙相
貫高趙午年六十餘故耳客也怒曰吾王孱王也說敖曰天下
豪桀並起能者先立今王事皇帝甚恭皇帝遇王無禮請為王
殺之敖齧其指出血曰君何言之誤且先王亡國賴皇帝得復
國德流子孫秋毫皆帝力也願君無復出口貫高等十餘人相
謂曰吾等非也吾王長者不背德且吾等義不辱今帝辱不侵
我王故欲殺之何廼污王為事成歸王事敗獨身坐耳

然諸於是上逮捕趙王諸反者趙午等十餘人皆爭自剄貫高獨怒罵曰誰令公等為之今王實無謀而并捕王公等死誰當白王不反者廼檻車與王詣長安高對獄曰獨吾屬為之王不知也吏榜笞數千刺爇身無完者終不復言呂后數言張王以魯元故不宜有此上怒曰使張敖據天下豈少乃女乎廷尉以貫高辭聞上曰壯士誰知者以私問之中大夫泄公曰臣素知之此固趙國立名義○○為○○者也　以上張耳陳餘傳

不忍復見漢王敗還至滎陽豹請視親病至國則絶河津畔漢漢王謂酈生曰緩頰往說之酈生至豹謝曰人生一世間如白駒過隙今漢王嫚侮人罵詈諸侯羣臣如奴耳非有上下禮節吾○○○○也　以上魏豹傳

齮齕用事齊王曰蝮蠚手則斬手蠚足則斬足何者為害於身也田假田角田間於楚趙非手足戚何故不殺秦復得志於天下則○○首○○者墳墓矣

兄弟得士横乃與其客二人乘傳詣洛陽至尸鄉廐置謝使者曰人臣見天子當洗沐止留遂自剄令客奉其頭從使者馳奏之高帝高帝曰嗟乎有以起布衣兄弟三人更王豈非賢哉為之流涕而拜其二客為都尉發卒二千以王者禮葬横既葬二客穿其冢旁皆自剄從之

高帝聞而大驚以横之客皆賢者吾聞其餘尚五百人在海中使〻召至聞横死亦皆自殺於是乃知田横兄弟能得士也

以上田儋傳

竦而望歸

韓王信故韓襄王孼孫也沛公為漢王信從入漢中廼說漢王曰項王王諸將王獨居此遷也士卒皆山東人○○○○及其蠭東鄉可以爭天下漢王還定三秦廼許王信先拜為韓太尉

痿不忘起

十一年春信復與胡騎入居參合漢使柴將軍擊之遺信書信報曰夫種蠡無一罪身死亡僕有三罪而欲求活此伍子胥所以債於吳市也今僕亡匿山谷間旦暮乞貸蠻夷僕之思歸如○人○○○盲者不忘視埶不可耳遂戰柴將軍屠參合斬信

以上韓王信傳

舊國之後

楚漢之際豪傑相王唯魏豹韓信田儋兄弟為○○○○然皆及身而絶横之志節賓客慕義猶不能自立豈非天乎韓氏自弓高後貴顯蓋周烈近與

以上魏田韓贊

傍置萬家

韓信淮陰人家貧無行不得推擇為吏又不能治生為商賈常從人寄食其母死無以葬乃行營高燥地令○可○○○者晨炊蓐食信從下鄉南昌亭長食亭長妻苦之廼○○○○食時信往不為具食信亦知其意絶去至城下釣有一漂母哀之飯信竟漂

數十日信謂漂母曰吾必重報母〻怒曰大丈夫不能自食吾哀王孫而進食豈望報乎俛出跨下淮陰少年又侮
信曰雖長大好帶劍怯耳衆辱信曰能死刺我不能出跨下於是信孰視○○○○一市皆笑信以為怯國士無雙
何聞信亡不及以聞自追之人有言上曰丞相何亡上怒如失左右手居一二日何來謁上且怒且喜罵何曰若亡何也何曰
臣非敢亡追亡者耳上曰所追者誰也曰韓信上復罵曰諸將亡者以數十公無所追〻信詐也何曰諸將易得至如信○○
○○一軍皆驚何曰王計必東能用信〻即留不能用信〻終亡耳王曰吾為公以為將何曰雖為將信不留王曰
以為大將何曰幸甚於是王欲召信拜之何曰王素嫚無禮今拜大將如召小兒此乃信所以去也必欲拜之擇日齋戒設壇
場具禮乃可王許之諸將皆喜人〻各自以為得大將至拜乃韓信也○○○○意烏猝嗟項王○○千人
皆廢然不能任屬賢將此特匹夫之勇也印刓不予項王見人恭謹言語姁〻人有病疾涕泣分食飲至使人有功
當封爵刻○○忍○能○此所謂婦人之仁也木罌渡軍以信為左丞相擊魏信問酈生魏得毋用周叔為大將乎

曰栢直也信曰豎子耳遂進兵擊魏ゝ盛兵蒲反塞臨晋信乃益為疑兵陳船欲度臨晋而伏兵從夏陽以○○缶○○襲安邑魏王豹驚引兵迎信ゝ遂虜豹定河東

立漢赤幟

成安君儒者常稱義兵不用詐謀奇計不聽廣武君策信使間人窺知其不用還報則大喜乃敢引兵遂下未至井陘口三十里止舍夜半傳發選輕騎二千人ゝ持一赤幟從間道単山而望趙軍戒曰趙見我走必空壁逐我若疾入拔趙幟立漢幟令其裨将傳餐曰今日破趙會食諸将皆噍然陽應曰諾信謂軍吏曰趙已先據便地壁且彼未見大将旗鼓未肯擊前行恐吾阻險而還乃使萬人先行出背水陳趙兵望見大笑平旦信建大将旗鼓ゝ行出井陘口趙開壁擊之大戰良久於是信張耳棄旗鼓走水上軍ゝ復疾戰趙空壁争漢鼓旗逐信耳信耳已入水上軍ゝ皆殊死戰不可敗信所出奇兵二千騎者候趙空壁逐利即馳ゝ入趙壁皆拔趙旗幟○○○○二千趙軍已不能得信耳等欲還歸壁ゝ皆漢赤幟大驚以漢為皆已破趙王将兵遂亂遁走趙将雖斬之不能禁於是漢兵夾擊破虜趙軍斬成安君泜水上禽趙王歇

人自為戰

諸校効首虜休皆賀因問信曰兵法有右背山陵前左水澤今者将軍令臣等

反背水陳曰破趙會食臣等不服然竟以勝此何術也信曰此在兵法顧諸君弗察耳兵法不曰陷之死地而後生投之亾地而後存乎且信非得素拊循士大夫經所謂敺市人而戰之也其埶非置死地人○○○○今即予生地皆走寧尚得而用之乎諸将皆服曰非所及也

囊沙壅水

信已定臨菑東追至高密西楚使龍且将號稱二十萬救齊〻王龍且并軍與信戰未合與信夾濰水陳信乃夜令人為萬餘○○以○○上流引兵半度擊龍且陽不勝還走龍且果喜曰固知信怯遂追度水信使人決壅囊水大至龍且軍大半不得度即急擊殺龍且龍且水東軍散走齊王廣亾去信追北至城陽虜廣楚卒皆降遂平齊

即為真王

使人言漢王請自立為假王當是時楚方急圍漢王於滎陽使者至發書漢王大怒罵曰吾困於此旦暮望而來佐我乃欲自立為王張良陳平伏後躡漢王足因附耳語曰漢方不利寧能禁信之自王乎不如因立善遇之使自為守不然變生漢王亦寤因復罵曰大丈夫定諸侯○○○○耳何以假為遣張良立信為齊王徵其兵使擊楚

噲等為伍

赦以為淮陰侯信知漢王畏惡其能稱疾不朝從由此日怨望居常鞅〻羞與絳灌等列嘗過樊将軍噲

噲趨拜送迎言稱臣曰大王乃肯臨臣信出門笑曰生乃與○○○○

多〻益辦

上嘗從容與信言諸將能各有差上問曰如我能將幾何信曰陛下不過能將十萬上曰如公何如曰如臣○○○○耳上笑曰多〻益辦何為〻我禽信曰陛下不能將兵而善將〻此乃信之為陛下禽也且陛下所謂天授非人力也 以上韓信傳

兩龍方闘

彭越字仲常漁鉅野澤中為盜陳勝起或謂越曰豪傑相立畔秦仲可効之越曰○○○○且待之居歲餘澤間少年相聚百餘人往從越請仲為長越謝不願也少年強請乃許與期旦日〻出時後會者斬旦日〻出十餘人後〻者至日中於是越謝曰臣老諸君強以為長今期而多後不可盡誅〻最後者一人令校長斬之皆笑曰何至是請後不敢於是越乃引一人斬之設壇祭令徒屬徒屬皆驚畏越不敢仰視 以上彭越傳

當刑而王

黥布少時客相之○○○○及壯坐法黥布笑曰人相我當刑而王幾是乎人有聞者共戲笑之布以論輸驪山驪山之徒數十萬人布皆與其徒長豪桀交通乃率其曹耦亡之江中為羣盜

大喜過望

龍且攻淮南破布軍布欲引兵走漢恐項王擊之故間行與隨何俱歸漢〻王方踞床洗而召

布入見布大怒悔來欲自殺出就舍張御食飲從官如漢王居布又○○○○以上黥布傳復賀羊酒盧綰豐人

與高祖同里綰親與高祖太上皇相愛及生男高祖綰同日生里中持羊酒賀兩家及高祖綰壯學書又相愛也里中嘉兩家

親相愛生子同日壯又相愛○○○○東胡盧王上曰綰果反矣使樊噲擊綰〻悉將其宮人家屬騎數千居長

城下候伺幸上病愈自入謝高祖崩遂將其衆亡入匈奴匈奴以為○○○○為蠻夷所侵奪常思復歸居歲餘死胡中高后

時綰妻與其子亡降會高后病不能見舍燕邸為欲置酒見之高后竟崩綰妻亦病死孝景時綰孫它人以東胡王降封為惡

谷侯傳至曾孫有罪國除 以上盧綰傳得江湖心吳芮秦時番陽令也甚○○○閭民○號曰番君 初文王芮

高祖賢之制詔御史長沙王忠其定著令至孝惠高后時封芮庶子二人為列侯傳國數世絕 以上吳芮傳詐力成

功昔高祖定天下功臣異姓而王者八國張耳吳芮彭越黥布臧徒盧綰與兩韓信皆徼一時之權變以○○○○咸得裂

土南面稱孤見疑強大懷不自安事窮執迫卒謀叛逆終於滅亡張耳以智全至子亦失國唯吳芮之起不失正道故能傳號

五世以無嗣絶慶流支庶有以矣夫著於甲令而稱忠也以上韓彭英盧吳贊

以上本書第一卷至第四卷

列傳 荊王賈 燕王澤 吳王濞 楚元王德向歆 季布 欒布 田叔 齊悼惠王

欲王同姓荊王劉賈高帝從父兄也賈既有功而高祖子弱昆弟少又不賢○○○○以填天下乃下詔曰將軍劉賈有功及擇子弟可以為王者羣臣皆曰立劉賈為荊王王淮東以上荊王劉賈傳

與齊合謀燕王劉澤王琅邪二年而太后崩澤乃曰帝少諸呂用事諸劉孤弱引兵○○王○○西欲誅諸呂至梁聞漢將軍屯滎陽澤還兵備西界遂跳驅至長安代王亦從代至諸將相與琅邪王共立代王是為孝文帝從澤為燕王以上燕王澤傳

狀有反相吳王濞高祖兄仲之子也荊王劉賈為布所殺無後上患吳會稽輕悍無壯王填之諸子少乃立濞於沛為吳王〻三郡五十三城已拜受印高祖名濞相之曰若○○○○獨悔業已拜因拊其背曰漢後五十年東南有亂豈若耶然天下同姓一家

慎無反濞首曰不敢頓楚人輕悍孝文時吳太子入見得侍皇太子飲博吳太子師傅皆○○○○又素驕博爭
道不恭皇太子引博局提吳太子殺之於是遣其喪歸葬吳々王慍曰天下一宗死長安即葬長安何必來葬復遣喪之長安
葬吳王由是怨望稍失藩臣禮稱疾不朝削地無已三年冬楚王來朝錯因言楚王戊往年為薄太后服私姦服舍
請誅之詔赦削東海郡及前二年趙王有罪削其常山郡膠西王卬以賣爵事有姦削其六縣漢廷臣方議削吳々王恐○○
○○因欲發謀舉事念諸侯無足與計者聞膠西王勇好兵諸侯皆畏憚之於是乃使中大夫應高口說膠西王已得
劇孟條侯將乘六乘傳會兵滎陽至雒陽見劇孟喜曰七國反吾乘傳至此不自意全又以為諸侯○○○○孟今無動
吾據滎陽滎陽以東無足憂者席豪飲水膠西王徒跣○○○○謝太后三月破滅初吳王首反并將楚
兵連齊趙正月起○○皆○○以上荆燕吳傳羹盡轑釜初高祖微時常避事時々與其賓客過其丘嫂食嫂々
厭叔與客來陽為○○○○客以故去已而視釜中有羹由是怨嫂及立齊代王而伯子獨不得侯太上皇以為言高祖曰某

非敢忘封之也為其母不長者七年十月封其子信為羹頡侯醴酒不設初元王敬禮申公等穆生不耆酒元王每置酒常為穆生設醴及王戊即位常設後忘設焉穆生退曰可以逝矣○○○○王之意怠不去楚人將鉗我於市稱疾臥申公白生強起之曰獨不念先王之德與今王一旦失小禮何足至此穆生曰先王之所以禮吾三人者為道之存故也今而忽之是忘道也忘道之人胡可與久處豈為區區之禮哉遂謝病去杵臼雅舂申公白生獨留王戊稍淫暴二十年為薄太后服私姦削東海薛郡乃與吳通謀二人諫不聽胥靡之衣之赭衣使○○○○於市老子知足德少時數言事名見甘泉宮武帝謂之千里駒常持○○○○之計妻死大將軍光欲以女妻之德不敢取畏盛滿也乖氣致異劉向本名更生上封事是後尹氏世卿而專恣諸侯背畔而不朝周室卑微二百四十二年之間日食三十六地震五山陵崩阤二彗星三見夜常星不見夜中星隕如雨一火災十四長狄入三國五石隕墜六鷁退飛多麋有蜮蜚鸜鵒來巢者皆一見晝冥晦雨木氷李梅冬實七月霜降草木不死八月殺菽大雨雹雨雪雷霆失序相乘水旱饑蝝螽螟蠭午並起當是

時禍亂輒應弑君三十六亾國五十二諸侯奔走不得保其社稷者不可勝数也周室多禍晉敗其師於貿戎伐其郊鄭傷桓
王戎執其使衛侯朔召不往齊逆命而助朔五大夫爭權三君更立莫能正理遂至陵夷不能復興由此觀之和氣致祥○○
○○祥多者其國安異衆者其國危章交公車令賢不肖渾殽白黑不分邪正雜糅忠讒並進○○○○人滿北軍
朝臣舛午膠戾乖刺更相讒愬轉相是非傳授增加文書紛糾前後錯謬毀譽渾亂所以營惑耳目感移心意不可勝載分曹
為黨往〻羣朋將同心以陷正臣羣枉之門夫執狐疑之心者來讒賊之口持不斷之意者開○○○○令
如反汗故出○則○○○用賢則如轉石去佞則如拔山著其古驗成帝即位顯等伏辜向以故九卿召
拜為中郎使領護三輔都水数奏封事遷光祿大夫是時帝元舅陽平侯王鳳為大將軍秉政倚太后專國權兄弟七人皆封
為列侯時数有大異向以為外戚貴盛鳳兄弟用事之咎而上方精於詩書觀古文詔向領校中五經祕書向見尚書洪範箕
子為武王陳五行陰陽休咎之應向乃集合上古以來歷春秋六國至秦漢符瑞災異之記推迹行事連傳禍福○○○○比

類相從各有條目凡十一篇號曰洪範五行傳論奏之天子心知向忠精故為鳳兄弟起此論也然終不能奪王氏權奉

安君父久之營起昌陵數年不成復還歸延陵制度泰奢向上疏諫黃帝葬於橋山堯葬濟陰丘壠皆小葬具甚微

舜葬蒼梧二妃不從禹葬會稽不改其列殷湯無葬處文武周公葬於畢秦穆公葬於雍槖泉宮祈年館下樗里子葬於武庫

皆無丘壠之處此聖帝明王賢君智士遠覽獨慮無窮之計也其賢臣孝子亦承命順意而薄葬之此誠○○○○忠孝之至

也下錮三泉秦始皇帝葬於驪山之阿○○○○上崇山墳其高五十餘丈周回五里有餘石槨為游館人膏為

燈燭水銀為江海黃金為鳧鴈珍寶之臧機械之變棺槨之麗宮館之盛不可勝原又多殺宮人生薶工匠計以萬數天下苦

其役而反之驪山之作未成而周章百萬之師至其下矣物故流離陛下即位躬親節儉始營初陵其制約小天下

莫不稱賢明及徙昌陵增埤為高積土為山發民墳墓積以萬數營起邑居期日迫促功費大萬百餘死者恨於下生者愁於上

怨氣感動陰陽因之以饑饉○○○○以十萬數臣甚惽焉以死者為有知發人之墓其害多矣若其無知又安用大謀之賢

智則不悅以示衆庶則苦之若以說愚夫淫侈之人又何為哉荀次列女傳向睹俗彌奢淫而趙衛之屬起微賤
踰禮制向以為王教由內及外自近者始故採取詩書所載賢妃貞婦興國顯家可法則及孼嬖亂亡者序○為○○○凡八
篇以戒天子及來傳記行事著新序說苑凡五十篇奏之數上書言得失陳法戒書數十上以助觀覽補遺闕上雖不能盡用
然內嘉其言常嗟歎之宗室遺老時上無繼嗣政由王氏出災異浸甚向雅奇陳湯智謀與相親友獨謂湯曰災
異如此而外家日甚其漸必危劉氏吾幸得同姓末屬累世蒙漢厚恩身為○○○○歷事三主上以我先帝舊臣每進見常
加優禮吾而不言孰言者遂上封事極諫當朱輪華轂今王氏一姓乘○○○○者二十三人青紫貂蟬充盈幄
內魚鱗左右大將軍秉事用權五侯驕奢僭盛並作威福擊斷自恣行汙而寄治身私而託公依東宮之尊假甥舅之親以為
威重避諱呂霍排擯宗室孤弱公族其有智能者尤非毀而不進遠絕宗室之任不令得給事朝省恐其與己分權
數稱燕王蓋主以疑上心○○○○而弗肯稱內有管蔡之萌外假周公之論兄弟據重宗族磐互立石起柳物盛

必有非常之變先見為其人微象孝昭帝時冠石立於泰山仆
柳起於上林而孝宣帝即位今王氏先祖墳墓在濟南者其梓
柱生枝葉扶疏上出屋根函地中
雖○○○○無以過此之明也
累卵之危
事埶不兩大王氏
與劉氏亦且不並
立如下有泰山之安則上有○○○○陛下為人子孫守持宗
廟而令國祚移於外親降為阜隸縱不為身柰宗廟何婦人內
夫家外父母家此亦
非皇太后之福也
發於至誠
向每名見數言公族者國之枝
葉枝葉落則本根無所庇廕方
今同姓疏遠母黨專政祿去公室權在外家非所以彊漢宗卑
私門保守社稷安固後嗣也向自見得信於上故常顯訟宗室
譏刺王氏及在位大臣其言多痛切○○○○上數欲用向為
九卿輒不為王氏居位者及丞相御史所持故終不遷居列大
夫官前後三十餘年年七十二卒〻後
十三歲而王氏代漢少子歆最知名
建立左氏
歆以為左丘
明好惡與聖
人同親見夫子而公羊穀梁在七十子後傳聞之與親見之其
詳畧不同歆數以難向〻不能非間也然猶自持其穀梁義及
歆親近欲○○○○春秋及毛詩逸禮古文尚書皆立於學官
哀帝令歆與五經博士講論其義諸博士或不肯置對歆移書

太常博士責讓之

歆為國師 初歆以建平元年改名秀字穎叔云及王莽篡位○○○○事皆在莽傳 以上楚元王傳

摧剛為柔 季布楚人為任俠有名項籍使將兵數窘漢王項籍滅高祖購求布千金敢有舍匿罪三族布匿濮陽周氏周氏曰漢求將軍急迹且至臣家能聽臣臣敢進計即否願先自剄布許之迺髡鉗布衣褐置廣柳車中與其家僮數十人之魯朱家所賣之朱家心知其季布也買置田舍乃之雒陽見汝陰侯滕公說曰季布何罪臣各為其主用職耳項氏臣豈可盡誅邪今上始得天下而以私怨求一人何示不廣也且以季布之賢漢求之急如此此不北走胡南走越耳夫忌壯士以資敵國此伍子胥所以鞭荊平之墓也君何不從容為上言之滕公心知朱家大俠意布匿其所乃許諾侍間果言如朱家指上乃赦布當是時諸公皆多布能○○○○朱家亦以此名聞當世布召見謝拜郎中

得季布諾 布之官辯士曹丘生數招權顧金錢事貴人趙談等與竇長君善布聞寄書諫長君曰吾聞曹丘生非長者勿與通及曹丘生歸欲得書請布竇長君曰季將軍不悅足下足下無往固請書遂行使人先發書布果大怒待曹丘曹丘至則揖布曰楚人諺曰得黃金

百不如○○○○足下何以得此聲梁楚之間哉且僕與足下俱楚人使僕游揚足下名於天下顧不美乎何足下距僕之深也布乃大悅引入留數月為上客厚送之布名所以益聞者曹丘揚之也

氣蓋關中

○布弟季心○○○遇人恭謹為任俠方數千里士爭為死嘗殺人亡吳從爰絲匿長事爰絲弟畜灌夫籍福之屬嘗為中司馬中尉郅都不敢加少年多時〻竊借其名以行當是時季心以勇布以諾聞關中

無傚丁公

布母弟丁公為項羽將逐窘高祖彭城西短兵接漢王急顧謂丁公曰兩賢豈相戹哉丁公引兵而還及項王滅丁公謁見高祖以丁公狥軍中曰丁公為項王臣不忠使項王失天下者也遂斬之曰使後世為人臣○○○○也以上季布傳

號欒公社

布為梁大夫使於齊未反漢召彭越責以謀反夷三族梟首雒陽下詔有收視者輒捕之布還奏事彭越頭下祠而哭之上乃釋布拜為都尉孝文時為燕相至將軍吳楚反時以功封為鄃侯復為燕相燕齊之間皆為立社○曰○○○以上欒布傳

暴坐苑外

魯王好獵相常從入苑中王輒休相就館相常○○○○終不休曰吾王暴露獨何為舍王以故不大出游以上田叔傳

軍法行

酒三趙王既廢高后立諸呂為三王擅權用事章年二十有氣力忿劉氏不得職嘗入侍燕飲高后令章為酒吏章曰臣將種也請得以○○○○高后曰可酒酣章進歌舞已而曰請為太后言耕田高后兒子畜之笑曰顧乃父知田耳若生而為王子安知田乎章曰臣知之太后曰試為言田意章曰深耕穊種立苗欲疏非其種者鉏而去之太后默然頃之諸呂有一人醉亡酒章追拔劍斬之而還報曰有亡酒一人臣謹行軍法斬之太后左右大驚業已許其軍法亡以罪也自是後諸呂憚章雖大臣皆依朱虛侯劉氏為彊

埽舍人門魏勃少時欲求見齊相曹參家貧無以自通乃常獨早○齊相○○○外舍人怪之以為物而司之得勃〻曰願見相君無因故為子埽欲以求見於是舍人見勃曹參因以為舍人壹為參御言事以為賢言之悼惠王〻拜為內史

參與被席五鳳中青州刺史奏終古使所愛奴與八子及諸御婢姦終古或○○○○或白晝使羸伏犬馬交接終古親臨觀產子輒曰亂不可知使去其子事下丞相御史奏終古位諸侯王以令置八子秩比六百石所以廣嗣重祖也而終古禽獸行亂君臣夫婦之別悖逆人倫請逮捕有詔削四縣　以上齊悼惠王肥傳

大封

同姓悼惠之王齊最為大國以海内初定子弟少激秦孤立亡藩輔故○○○○以填天下時諸侯得自除御史大夫羣御以下衆官如漢朝漢獨為置丞相衣食租稅自吳楚誅後稍奪諸侯權左官附益阿黨之法設其後諸侯唯得○○○○貧者或乘牛車以上高五王贊

以上本書第五卷至第八卷

注

足下卜之鬼乎師古曰卜者云事成有功然須假託鬼神故勝廣曉此意則為魚書狐鳴以威衆耳

間令廣之次所傍叢祠中夜構火狐鳴言密於廣所次舍處旁側叢祠中為之叢謂草木岑蔚者也祠神祠也構謂結起也

自辯數迺置辯數謂自分別其姓名并歷道與涉故舊之事故舍而不縛也

夥涉之為王沈沈者應劭曰夥音禍沈沈宮室深邃之貌也以上陳勝傳

扛鼎師古曰扛舉也音江

楚雖三户亡秦必楚蘓林曰但令有三户在其怨深足以亡秦

轅門張晏

曰軍行以車為陳轅相向為門故曰轅門漢有善騎射曰樓煩李奇曰後為縣屬鴈門此縣人善騎射謂士為樓煩取其稱耳未必樓煩人也駿馬名騅師古曰蒼白雜毛曰騅孟以其色名之戲下戲大將之旗也音許為反漢書通以戲為旌麾及指麾字騎能屬者百餘人屬聯及也音之欲反因四隤山而為圜陳外嚮孟康曰四下隤陁也師古曰圜陳四周為之也外嚮謂兵刃皆在外也辟易數里師古曰謂開張而易其本處檥船如淳曰南方人謂整船向岸曰檥音蟻以上項籍傳殽函師古曰殽謂殽山今陝縣東二殽是也函謂函谷今桃林縣南洪溜澗是也流血漂鹵漂浮也鹵盾也其血可以浮盾言殺人多也銷鋒鍉如淳曰鍉音嫡箭鏃也師古曰鋒戈戟刀也鑄以為金人師古曰所謂公仲者也鉏耰棘矜不敵於鉤戟長鎩耰摩田器也棘戟也矜與穫同穫謂矛鋋之把也鉤戟〻刃鉤曲者也鎩鈹也言往者秦銷兵刃陳涉起時但用鉏耰及戈戟之穫以相攻戰也矜音其巾反

鐖音其列反以上陳項贊為請決嫁之請決絕於前夫而嫁於耳南有五領之戍領者西自衡山之南東窮於海一山之限耳而別標名則有五焉裴氏廣州記云大庾始安臨賀桂陽揭陽是為五領頭會箕斂服虔曰吏到其家人人頭數出穀以箕斂之父子不相聊言無聊賴以相保養有厮養卒謝其舍謝其舍謂告其舍中人也孱王孟康曰懦弱為孱檻車師古曰車而為檻形謂以板四周之無所通見榜笞數千榜謂捶擊之也音彭刺爇應劭曰以鐵刺之燒灼之爇音而悅反又泄公泄音薛不侵為然諾師古曰侵猶犯負也以上張耳陳餘傳蝮蠚手應劭曰蝮一名虺蠚螫也螫人手足則割去其肉不然則死蠚音火各反螫音式亦反齮齕首用事墳墓如淳曰齮側齧也齕齩也師古曰首用事謂起兵而立號者也齮音螘齕音紇尸鄉廄置師古曰尸鄉在偃師城西臣瓚曰廄置謂置馬以傳驛者以上田儋傳蓋周烈近與晉灼曰韓先與周同姓其後苗裔事晉封於韓原姓韓氏韓厥

其後也故曰周烈近與讀曰歟以上魏田韓贊晨炊蓐食張晏曰未起而牀蓐中食漂母韋昭曰以
水繫絮曰漂意烏猝嗟晉灼曰意烏恚怒聲也師古曰猝嗟暴猝嗟嘆也刻印刓忍不能
予蘊林曰刓與摶同手弄角訛不忍授也師古曰刓音五丸反以木罌缶度軍服虔曰以木柙縛罌
缶以度也師古曰罌缶謂瓶之大腹小口者也赤幟師古曰幟旌旗之屬從間道萆山而望趙
軍如淳曰萆音蔽依山自覆蔽也令其裨將傳餐小飯曰餐破趙後乃當共飽食也以上韓信傳
長沙王忠其定著令師古曰以芮至忠故著令也以上吳芮傳私姦服舍服舍居喪
之次垩室之屬也以上吳王濞傳丘嫂張晏曰丘大也長嫂稱也羹盡轑釜師古曰以勺轑釜令為聲
也轑音歷羹頡侯頡音戛言其母戛羹釜也設醴醴甘酒也少麴多米一宿而熟不齊之胥靡之
聯繫使相隨而服役之故謂之靡猶今之役囚徒以鎖聯綴耳胥使杵臼雅舂於市為木杵而手舂

即今所謂步臼者耳非碓臼也尹氏世卿春秋公羊經隱公三年夏四月尹氏卒傳曰尹氏者何天子之大夫也其稱尹氏何貶也曷為貶譏繼卿繼卿非禮也又詩刺尹氏太師章交公車人滿北軍如淳曰漢儀注中壘校尉主北軍壘門內尉一人主上書者獄上章於公車有不如法者以付北軍尉北軍尉以法治之不改其列鄭氏曰不改樹木百物之列也石椁為游館師古曰多累石作椁於壙中以為離宮別館也機械之變晉灼曰始皇本紀令匠作機弩矢有所穿近輒射之又言工匠為機咸皆知之已下閉羨門皆殺工匠也周章師古曰周章陳勝之將行汙而寄治寄託也內為汙私之行而外託治公之道也以上楚元王傳廣柳車晉灼曰周禮說衣萋柳〻聚也衆飾之所聚也此為載以喪車欲人不知也數招權顧金錢師古曰言招求貴人威權因以請託故得他人顧金錢也以上季布傳深耕概種立苗欲疏概稠也音冀以為物而司之物謂鬼神司者察視之以上齊悼惠王傳

前漢書隨筆錄卷八

○列傳 蕭何 曹參 張良 陳平 王陵 周勃子亞夫 樊噲 夏侯嬰 周昌 申屠嘉

得秦圖書沛公至咸陽諸將皆爭走金帛財物之府分之何獨先入收秦丞相御史律令圖書藏之沛公具知天下阸塞户口多少强弱處民所疾苦者以何○○○○也

功狗功人上以何功最盛先封為鄼侯食邑八千户功臣皆曰臣等身被堅執兵多者百餘戰少者數十合攻城畧地大小各有差今蕭何未有汗馬之勞徒持文墨議論不戰顧居臣等上何也上曰諸君知獵乎曰知之知獵狗乎曰知之上曰夫獵追殺獸者狗也而發縱指示獸處者人也今諸君徒能走得獸耳○○也至如蕭何發縱指示○○○也

不治垣屋何買田宅必居窮僻處為家○○○○曰令後世賢師吾儉不賢毋為埶家所奪以上蕭何傳

用黄老術參之相齊齊七十城天下初定悼惠王富於春秋參盡召長老諸先生問所以安集百姓而齊故諸儒以百數言人人殊參未知所定聞膠西有蓋公善治黄老言使人厚幣請之既見蓋公蓋公

為言治道貴清靜而民自定推此類具言之參於是避正堂舍蓋公焉其治要○○○故相齊九年齊國安集大稱賢相

獄市為寄 參去屬其後相曰以齊○○○慎勿擾也後相曰治無大於此者乎參曰不然夫獄市者所以并容也今君擾之姦人安所容乎吾是以先之

飲以〻醇酒 參代何為相國舉事無所變更一遵何之約束擇郡國吏木訥於文辭謹厚長者即召除為丞相史吏言文刻深欲務聲名輒斥去之日夜飲酒卿大夫以下吏及賓客見參不事〻來者皆欲有言至者參輒○○○度之欲有言復飲酒醉而後去終莫得開說以為常

載其清靜 參為相國三年薨百姓歌之曰蕭何為法較若畫一曹參代之守而勿失○○○○民以寧一 以上曹參傳

誤中副車 秦滅韓良年少未宦事韓〻破良家僮三百人弟死不葬悉以家財求客刺秦王為韓報仇〻以五世相韓故良嘗學禮淮陽東見倉海君得力士為鐵椎重百二十斤秦皇帝東游至博浪沙中良與客狙擊秦皇帝○○○○秦皇帝大怒大索天下求賊急甚良乃更名姓亡匿下邳

孺子可教 良嘗間從容步游下邳圯上有一老父衣褐至良所直墮其履圯下顧謂良曰孺子下取履良

愕然欲毆之為其老乃彊忍下取履因跪進父以足受之笑去良殊大驚父去里所復還曰○○○矣後五日平明與我期此良因怪之跪曰諾五日平明良往父已先在怒曰與老人期後何也去後五日蚤會五日雞鳴往父又先在復怒曰後何也去後五日復蚤來五日良夜半往有頃父亦來喜曰當如是出一編書曰讀是則為王者師後十年興十三年孺子見我濟北穀城山下黃石即我已遂去不見旦日視其書乃太公兵法良因異之常習誦

因解擊之

沛公欲以二萬人擊秦嶢關下軍良曰秦兵尚強未可輕臣聞其將屠者子賈豎易動以利願沛公且留壁使人先行為五萬人具食益張旗幟諸山上為疑兵令酈食其持重寶啗秦將秦將果欲連和俱西襲咸陽沛公欲聽之良曰此獨其將欲畔士卒恐不從不從必危不如○其○○○沛公乃引兵擊秦軍大破之再戰遂至咸陽

刻印銷印

項羽急圍漢王於滎陽漢王憂恐與酈食其謀撓楚權酈生曰昔湯伐桀封其後杞武王誅紂封其後宋今秦無道伐滅六國無立錐之地陛下誠復立六國後此皆爭戴陛下德義願為臣妾德義已行南面稱伯楚必斂衽而朝漢王曰善趣○○先生因行佩之酈生未行良從外來謁漢王漢王方

食曰客有為我計橈楚權者具以酈生計告良曰於子房如何良曰誰為陛下畫此計者陛下事去矣臣請借前箸以籌之云云漢王輟食吐哺罵曰豎儒幾敗乃公事令趣○○

毋愛子抱

十一年黥布反上疾欲使太子往擊之四人相謂曰凡來者將以存太子太子將兵事危矣乃說建成侯曰太子將兵有功即位不益太子無功則從此受禍且太子所與俱諸將皆與上定天下梟將也今乃使太子將之此無異使羊將狼皆不肯為用其無功必矣臣聞○○者○○今戚夫人日夜侍御趙王常居前上終不使不肖子居愛子上明代太子位必矣君何不急請呂后承間為上泣言黥布天下猛將善用兵今諸將皆陛下故等夷乃令太子將此屬莫肯為用且布聞之鼓行而西耳上雖疾强載輜車臥而護之諸將不敢不盡力上雖苦强為妻子計於是呂澤夜見呂后呂后承間為上泣而言四人意上曰吾惟之豎子固不足遣乃公自行耳

如羽翼已成

十二年上從破布歸疾益甚愈欲易太子良諫不聽因疾不視事叔孫太傅稱說引古以死爭太子上陽許之猶欲易之及宴置酒太子侍四人者從太子年皆八十餘須眉皓白衣冠甚偉上怪問曰何為者四人前對各言其姓名上乃驚曰吾求公避

逃我今公何自從吾兒遊乎四人曰陛下輕士善罵臣等義不辱故恐而亡匿今聞太子仁孝恭謹愛士天下莫不延頸願為太子死者故臣等來上曰煩公幸卒調護太子四人為壽已畢趨去上目送之名戚夫人指視曰我欲易之彼四人為之輔〇〇〇〇難動矣呂氏真乃主矣戚夫人泣涕上曰為我楚舞吾為若楚歌〻曰鴻鵠高飛一舉千里羽翼以就橫絕四海橫絕四海又可奈何雖有矰繳尚安所施歌數闋戚夫人歔欷流涕上起去罷酒竟不易太子者良本招此四人之力也〇以上張良傳

不問出入平曰項王為人恭敬愛人士之廉節好禮者多歸之至於行功賞爵邑重之士亦以此不附今大王嫚而少禮士之廉節者不來然大王能饒人以爵邑士之頑頓者利無恥者亦多歸漢誠各去兩短集兩長天下指麾即定矣然大王資侮人不能得廉節之士顧楚有可亂者彼項王骨鯁之臣亞夫鍾離眛龍且周殷之屬不過數人耳大王能出捐數萬斤金行反間〻其君臣以疑其心項王為人意忌信讒必內相誅漢因舉兵而攻之破楚必矣漢王以為然乃出黃金四萬斤予平恣所為〇〇〇〇

六出奇計平自初從至天下定後常以護軍中尉從擊臧荼陳豨黥布凡〇〇〇〇輒益

邑封奇計或頗祕世莫得聞也以上陳平傳

面折廷爭

惠帝崩高后欲立諸呂為王問陵：曰高皇帝刑白馬而盟曰非劉氏而王者天下共擊之今王呂氏非約也太后不悅問丞相平及絳侯周勃等皆曰高帝定天下王子弟今太后稱制欲王昆弟諸呂無所不可太后喜罷朝陵讓平勃曰始與高帝喋血而盟諸君不在邪今高帝崩太后女主欲王呂氏諸君縱欲阿意何面目見高帝於地下乎平曰於○○○○臣不如君全社稷定劉氏後君亦不如臣

道家所禁

平曰我多陰謀○○之○○吾世即廢亦已矣終不能復起以吾多陰禍也其後曾孫陳掌以衛氏親戚貴願得續封然終不得也以上王陵傳

材官引強

勃以織薄曲為生常以吹簫給喪事○○○○以

可屬大事

勃為人木強敦厚高帝以為○○○○勃不好文學每召諸生說士東鄉坐責之趣為我語其椎少文如此

獄吏之貴

其後有人上書告勃欲反下廷尉逮捕勃治之勃恐不知置辭吏稍侵辱之勃以千金與獄吏獄吏乃書牘背示之曰以公主為證公主者孝文帝女也勃太子勝之尚之故獄吏教引為證初勃之益封盡以予薄昭及繫急薄昭為言薄太后太后亦以為無反事文帝

朝太后以冒絮提文帝曰絳侯綰皇帝璽將兵於北軍不以此時反今居一小縣顧欲反邪文帝既見勃獄辭乃謝曰吏方驗而出之於是使〻持節赦勃復爵邑勃既出曰吾嘗將百萬軍然安知○○○○也

此真將軍

文帝後六年匈奴大入邊以宗正劉禮為將軍〻霸上祝茲侯徐厲為將軍〻棘門以河內守亞夫為將軍〻細柳以備胡上自勞軍至霸上及棘門軍直馳入將以下騎出入送迎已而之細柳軍〻士吏被甲銳兵刃彀弓弩持滿天子先驅至不得入先驅曰天子且至軍門都尉曰軍中聞將軍之令不聞天子之詔有頃上至又不得入於是上使〻持節詔將軍曰吾欲勞軍亞夫乃傳言開壁門壁門士請車騎曰將軍約軍中不得馳驅於是天子乃按轡徐行至中營將軍亞夫揖曰介冑之士不拜請以軍禮見天子為動改容式車使人稱謝皇帝敬勞將軍成禮而去既出軍門羣臣皆驚文帝曰嗟乎○○○○矣曩者霸上棘門如兒戲耳其將固可襲而虜也至於亞夫可得而犯邪稱善者久之月餘三軍皆罷乃拜亞夫為中尉文帝且崩時戒太子曰即有緩急周亞夫真可任將兵

以梁委之

景帝三年吳楚反亞夫以中尉為太尉東擊吳楚因自請上曰楚兵剽輕難與爭鋒

顧○○○○絕其食道乃可制也上許之亞夫至會滎陽吳方攻梁〻急請救亞夫引兵東北走昌邑深壁而守梁王使〻
請亞夫〻守便宜不往梁上書言景帝〻詔使救梁亞夫不奉詔堅壁不出而使輕騎兵弓高侯等絕吳楚兵後食道吳
楚兵乏糧飢欲退數挑戰終不出夜軍中驚內相攻擊擾亂至於帳下亞夫堅臥不起頃之復定吳奔壁東南陬亞夫使備西
北已而其精兵果奔西北不得入吳楚既餓乃引而去亞夫出精兵追擊大破吳王濞〻棄其軍與壯士數人亡走保於
江南丹徒漢兵因乘勝遂盡虜之降其縣購吳王千金月餘越人斬吳王頭以告凡相守攻三月而吳楚破平於是諸將乃以
太尉計謀為是由此梁孝王與亞夫有隙欲反地下居無何亞夫子為父買工官尚方甲楯五百被可以葬者取庸
苦之不與錢庸知其盜買縣官器怨而上變告子事連汙亞夫書既聞上下吏〻簿責亞夫〻不對上罵之曰吾不用也名
詣廷尉〻責問曰君侯欲反何亞夫曰臣所買器乃葬器也何謂反乎吏曰君縱不欲反地上即○○○○耳吏侵之益急
因不食五日歐血而死以上周勃傳排闥直入先黥布反時高帝嘗病惡見人臥禁中詔戶者無得入羣臣羣

臣絳灌等莫敢入十餘日噲乃○○○○大臣隨之上獨枕一宦者臥噲等見上流涕曰始陛下與臣等起豐沛定天下何其壯也今天下已定又何憊也且陛下病甚大臣震恐不見臣等計事顧獨與一宦者絕乎且陛下獨不見趙高之事乎高帝笑而起　以上樊噲傳

面雍樹馳

項羽大破漢軍漢王不利馳去見孝惠魯元載之漢王急馬罷虜在後常蹶兩兒棄之嬰常收載行○○○○漢王怒欲斬嬰者十餘卒得脫而致孝惠魯元於豐　以上夏侯嬰傳

庭爭之强

及高帝欲廢太子而立戚姬子如意為太子大臣固爭莫能得上以留侯策止而昌○○○○上問其說昌為人吃又盛怒曰臣口不能言然臣心知期期不可陛下欲廢太子臣期期不奉詔上欣然而笑即罷呂后側耳於東箱聽見昌為跪謝曰微君太子幾廢

極知左遷

高祖召昌謂曰吾固欲煩公公彊為相趙昌泣曰臣初起從陛下陛下獨奈何中道而棄之於諸侯乎高祖曰吾○○其○○然吾私憂趙念非公無可者公不得已强行於是徙御史大夫昌為趙相既行久之高祖持御史大夫印弄之曰誰可以為御史大夫者孰視堯曰無以易堯遂拜趙堯為御史大夫　以上周昌傳

不來且斬

是時太中

大夫鄧通方愛幸賞賜累鉅萬文帝常燕飲通家其見寵如是
是時嘉入朝而通居上旁有怠慢之禮嘉奏事畢因言曰陛下
幸愛羣臣則富貴之至於朝廷之禮不可以不肅上曰君勿言
吾私之罷朝坐府中嘉為檄召通詣丞相府○○○○通ゝ恐
入言上ゝ曰汝第往吾今使人召若通至詣丞相府免冠徒跣
頓首謝嘉ゝ坐自如弗為禮責曰夫朝廷者高皇帝之朝廷也
通小臣戲殿上大不敬當斬史今行斬之通頓首ゝ盡出血不
觧上度丞相已困通使ゝ持節召通而謝丞相此吾弄臣君釋
之鄧通既至為上泣曰丞相幾殺臣
齪ゝ廉謹
自嘉死後開封侯陶青桃侯劉舍及武帝時柏至侯許昌平棘侯薛
澤武彊侯莊青翟商陵侯趙周皆以列侯繼踵○○○○為丞
相備員而已無所能發明功名著於世者　以上申屠嘉傳

以上本書第九卷至第十二卷

列傳

酈食其　息夫躬　陸賈　萬石奮　朱建　衛綰　婁敬　直不疑　叔孫通　代孝王參　淮南委　賈誼　蒯通

輟洗起衣
後聞沛公畧地陳留郊沛公麾下騎士適食其里中
子沛公時ゝ問邑中賢豪騎士歸食其見謂曰吾聞

沛公嫚易人有大畧此真吾所願從游莫為我先若見沛公謂曰臣里中有酈生年六十長八尺人皆謂之狂生自謂我非狂騎士曰沛公不喜儒諸客冠儒冠來者沛公輒解其冠溺其中與人言常大罵未可以儒生說也食其曰第言之騎士從容言食其所戒者沛公至高陽傳舍使人召食其食其至入謁沛公方踞牀令兩女子洗而見食其食其入即長揖不拜曰足下欲助秦攻諸侯乎欲率諸侯攻秦乎沛公罵曰豎儒夫天下同苦秦久矣故諸侯相率攻秦何謂助秦食其曰必欲聚徒合義兵誅無道秦不宜踞見長者於是沛公乃○○○○延食其上坐謝之

臧粟甚多

夫敖倉天下轉輸久矣臣聞其下乃有○○○○楚人拔滎陽不堅守敖倉乃引而東令適卒分守成皋此天所以資漢方今楚易取而漢反卻自奪便臣竊以為過矣

釋耒下機

且兩雄不俱立楚漢久相持不決百姓騷動海內搖蕩農夫○○紅女○○天下之心未有所定也願足下急復進兵收取滎陽據敖庾之粟塞成皋之險杜太行之道距飛狐之口守白馬之津以示諸侯形制之勢則天下知所歸矣

背約之名

項王有○○○○殺義帝之負於人之功無所記於人之罪無所忘戰勝而不得其賞拔城而

不得其封非項氏莫得用事為人刻印玩而不能授攻城得賂
積財而不能賞天下畔之賢材怨之而莫為之用故天下之士
歸於漢王可坐而策闢所不聞高祖使賈賜佗印為南越王留
也以上酈食其傳與飲數月曰越中無足與語至
生來令我○○○○賜賈橐中裝直千金他送亦十日而更以
千金賈卒拜佗為南越王令稱臣奉漢約歸報好
時田地善往家焉有五男乃出所使越橐中裝賣千金分其子
子二百金令為生產賈常乘安車駟馬從歌鼓瑟侍者十人寶
劍直百金謂其子曰與汝約過汝〻給人馬酒食極飲○○○
○所死家得寶劍車騎侍從者一歲中以往來過他客率不過
再過數擊鮮
兩君掌握
謂陳平曰天下安注意相天下危注意
毋久溷汝為將〻相和則士豫附士豫附天下雖有
變則權不分為社稷計在○○○○耳臣常欲謂太尉絳侯絳
侯與我戲易吾意君何不交驩太尉深相結為陳平畫呂氏數
事平用其計乃以五百金為絳侯壽厚其樂飲太尉太尉亦報
如之兩人深相結呂氏謀益壞陳平乃以奴婢百人車馬五十
乘錢五百萬遺賈為食飲費賈以此游漢廷公卿間名兩主俱
聲藉甚及誅呂氏立孝文賈頗有力以上陸賈傳

幸 人或毀辟陽侯惠帝大怒下吏欲誅之太后慙不可言大臣多害辟陽侯行欲遂誅之辟陽侯困急使人欲見建〻辭曰
獄急不敢見君乃求見孝惠幸臣閎籍孺說曰君所以得幸帝
天下莫不聞今辟陽侯幸太后而下吏道路皆言君讒欲殺之
今日辟陽侯誅旦日太后含怒亦誅君〻〻何不肉袒為辟陽侯
言帝〻聽君出辟陽侯太后大驩〇〇〇君〻富貴益倍矣
於是閎籍孺大恐從其計言帝〻果出辟陽侯辟陽侯之囚欲
見建〻不見辟陽侯以為背之大怒及其成功出之大驚

上朱建傳 搤亢拊背 且夫秦地被山帶河四塞以為固卒然有急百萬之衆可具因秦之故資甚美膏腴之地此所
謂天府陛下入關而都之山東雖亂秦故地可全而有也夫與人鬬不〇其〇〇其〇未能全勝今陛下入關而都按秦之故
此亦搤天下之亢而拊其背也 必欲見短 上使人使匈奴匈奴匿其壯士肥牛馬徒見其老弱及羸畜使者十輩來
皆言匈奴易擊上使劉敬復往使匈奴還報曰兩國相擊此宜夸矜見所長今臣往徒見羸瘠老弱此〇〇〇〇伏奇兵以爭
利愚以匈奴不可擊也是時漢兵以踰句注三十餘萬衆兵已業行上怒罵敬曰齊虜以口舌得官乃今妄言沮吾軍械繫敬

廣武遂往至平城匈奴果出奇兵圍高帝白登七日然後得解
高帝至廣武赦敬曰吾不用公言以困平城吾已斬先使十輩
言可擊者矣乃封敬二千户為關
內侯號建信侯以上婁敬傳

剸言大猾

通之降漢從弟子
百餘人然無所進
剸言諸故羣盜壯士進之弟子皆曰事先生數年幸得從降漢
今不進臣等○○○○何也通乃謂曰漢王方蒙矢石爭天下
諸生寧能鬬乎故先言斬將搴
旗之士諸生且待我〻不忘矣

共起朝儀

高帝悉去秦儀法為
簡易羣臣飲爭功醉
或妄呼拔劍擊柱上患之通知上益厭之說上曰夫儒者難與
進取可與守成臣願徵魯諸生與臣弟子○○○○高帝曰得
毋難乎通曰五帝異樂三王不同禮〻者因時世人情為之節
文者也故夏殷周禮所因損益可知者謂不相復也臣願頗釆
古禮與秦儀雜就之上曰可試
為之令易知度吾所能行為之

緜蕞野外

遂與所徵三十人西
及上左右為學者與
其弟子百餘人為○○○○習之月餘通曰上可試觀上使行
禮曰吾能為此乃令羣臣習肄拜通為奉常賜金五百斤通因
進曰諸弟子儒生隨臣久矣與共為儀願陛下官之高帝悉以
為郎通出皆以五百金賜諸生諸生乃喜曰叔孫生聖人知當

時務以上叔孫通傳

尺布斗粟爰盎諫曰上素驕淮南王不爲置嚴相傅以故至此且淮南王爲人剛今暴摧折之臣恐其逢霧露病死陛下有殺弟之名柰何上曰吾特苦之耳令復之淮南王謂侍者曰誰謂乃公勇者吾以驕不聞過故至此乃不食而死民有作歌ゝ淮南王曰○○尚可縫一○○尚可舂凡弟二人不相容

一視草乃遣時武帝方好藝文以安屬爲諸父辯博善爲文辭甚尊重之每爲報書及賜常召司馬相如等○○○○

按輿地圖爲反謀益甚諸使者道長安來爲妄言ゝ上無男即喜言漢廷治有男即怒以爲妄言非也日夜與左吳等○○○○部署兵所從入以上淮南王安傳

剽輕作亂淮南衡山親爲骨肉疆土千里列在諸侯不務遵蕃臣職以丞輔天子而剸懷邪僻之計謀爲畔逆仍父子再亡國各不終其身此非獨王也亦其俗薄臣下漸靡使然夫荊楚○○好○○乃自古記之矣以上淮南衡山濟北王贊

阪上走丸爲君計者莫若以黃屋朱輪迎范陽令使馳騖於燕趙之郊則邊城皆將相告曰范陽令先下而身富貴必相率而降猶如○○○○也此臣所謂傳檄而千里定者也

相君之背蒯通知天

下權在信欲說令背漢乃先微感信曰僕嘗受相人之術相君之面不過封侯又危而不安○○○○貴而不可言

奉頭鼠竄始常山王成安君故相與為刎頸之交及爭張黶陳釋之事常山王○○○以歸漢王借兵東下戰於鄗北成安君死於泜水之南頭足異處此二人相與天下至驩也而卒相滅亡者何也患生於多欲而人心難測也今足下行忠信以交於漢王必不能固於二君之相與也而事多大於張黶陳釋之事者故臣以為足下必漢王之不危足下亦已過矣

蠭蠆致蠚猛虎之猶與不如○○○○孟賁之狐疑不如童子之必至此言貴能行之也

號曰雋永通論戰國時說士權變亦自序凡八十首○○○○以上删通傳

歷詆大臣躬上疏○○公卿○○曰方今丞相王嘉健而蓄縮不可用御史大夫貫延懦弱不任職左將軍公孫祿司隸鮑宣皆外有直項之名內實騃不曉政事諸曹以下僕遬不足數

小夫愞臣軍書交馳而輻湊羽檄重迹而狎至○○○○之徒憒眊不知所為其有犬馬之決者仰藥而伏刃上息夫躬傳

以　以策數馬建為郎中令奏事下建讀之驚曰書馬者與尾而五今乃四不

足一獲譴死矣其為謹慎雖他皆如是慶為太僕御出上問車中幾馬慶○○○○畢舉手曰六馬慶於凡弟最為簡易矣然

猶如此以上萬石君石奮傳常盛未服上賜之劍綰曰先帝賜臣劍凡六不敢奉詔上曰劍人之所施易獨至今

手綰曰具在上使取六劍○○○嘗○也郎官有譴常蒙其罪不與他將爭有功常讓他將上以為廉忠實無他腸以上衛

綰傳終不自明直不疑為郎事文帝其同舍有告歸誤持其同舍郎金去已而同舍郎覺亡意不疑不疑謝有之買

金償後告歸者至而歸金亡金郎大慙以此稱為長者稍遷至中大夫或毀不疑曰不疑狀貌甚美然特無柰其善盜嫂何也

不疑聞之曰我乃無兄然○○○○也以上直不疑傳為王生子冀州刺史林奏代王年為太子時與女弟則私

通及年立為王後則懷年子其壻使勿舉則曰自來殺之壻怒曰○○○○自令王家養之則送兒頃太后所相聞知禁止則

令不得入宮年使從季父往來送迎則連年不絕有司奏年淫亂廢為庶人以上代王參傳各如其意文帝名以

為博士是時誼年二十餘最為少每詔令議下諸老先生未能言誼盡為之對人々○○○○所出諸生於是以為能莫

邪為鈍○○○○鉛刀為銛兮驥垂兩耳騰駕罷牛驂蹇驢兮○○○○服鹽車兮萬物為銅

天地為鑪造化為工陰陽為炭○○○○何足控摶忽然為人○○○○化為異物又何足患夜半前席

上方受釐坐宣室上因感鬼神事而問鬼神之本誼具道所以然之故至○○文帝○○既罷曰吾久不見賈生自以為過之

今不及也抱火積薪夫○○厝之○○之下而寢其上火及燃因謂之安方今之埶何以異此未方握其

事然而天下少安何也大國之王幼弱未壯漢之所置傅相○○○○數年之後諸侯之王大抵皆冠血氣方剛漢之傅相

稱病而賜罷彼自丞尉以上偏置私人如此有異淮南濟北之為邪日中必熭黃帝曰○○○○操刀必割圜

視而起諸王雖名為臣實皆有布衣昆弟之心慮亡不帝制而天子自為者漢法令非行也雖行不軌如厲王者令之

不肯聽召之安可致乎幸而來至法安可得加動一親戚天下○○○○人主斤斧屠牛坦一朝解十二牛而芒刃

不頓者所排擊剝割皆衆理解也至於髖髀之所非斤則斧夫仁義恩厚人主之芒刃也權埶法制○○之○○也今諸侯王

皆衆髖髀也釋斤釜之用而欲嬰以迣刃臣以為不缺則折胡不用之淮南濟北埶不可也方病大瘇天下之埶

○○○○一脛之大幾如要一指之大幾如股平居不可屈伸一二指搐身慮無聊失今不治必為錮疾又苦蹠盭

親者或亡分地以安天下疏者或制大權以偪天子臣故曰非徒病瘇也○○○○辟且病痱非但倒懸而已又類

○○○○夫辟者一面病痱者一方痛今西邊北邊之郡雖有長爵不輕得復五尺以上不輕得息斥候望烽燧不得臥將吏

被介胄而睡臣故曰一方病矣醫能治之而上不使與公併倨秦人家富子壯則出分家貧子壯則出贅借父耰鉏

慮有德色母取其箒立而誶語抱哺其子○○○○婦姑不相悅則反脣而相稽剽吏奪金盜者剟寢户之簾搴

兩廟之器白晝大都之中○○而○之○矯偽者出幾十萬石粟賦六百餘萬錢乘傳而行郡國刀筆筐篋俗吏

之所務在於○○○○而不知大禮少成天性孔子曰○○若○習貫如自然○若刈草菅其視殺人

○○○○○然廉遠堂高人主之尊譬如堂羣臣如陛衆庶如地故陛九級上○○地則○○陛亡級廉近地則堂

卑高者難攀卑者易陵理埶然也遷就為諱古者大臣有坐不廉而廢者不謂不廉曰簠簋不飾坐汙穢淫亂男

女無別者不曰汙穢曰帷薄不修坐罷軟不勝任者不謂罷軟曰下官不職故貴大臣定有其罪矣猶未斥然正以呼之也尚

○○而○之○也盤水加劍故其在大譴大何之域者聞譴何則白冠氂纓○○○○造請室而請罪耳上不執縛係

引而行也其有中罪者聞命而自弛上不使人頸盭而加也其有大罪者聞命則北面再拜跪而自裁上不使捽抑而刑之也

聖人金城○○○○比物此志也者黑子著面代北邊匈奴與強敵為鄰能自完則足矣而淮陽之

比大諸侯厘如○○之○○適足以餌大國耳不足以有所禁禦蝟毛而起高皇帝瓜分天下以王功臣反者如

○○○○以為不可故蘄去不義諸侯而虛其國擇良日立諸子雒陽上東門之外畢以為王而天下安顧指如意

夫秦日夜苦心勞力以除六國之𠚑今陛力制天下○○○○高拱以成六國之𠚑下固為俱靡白公為亂非欲

取國代主也發憤快志剡手以衝仇人之匈○○○○而已起於兩柱予之衆積之財非有子胥白公報於廣都

之中即疑有刺諸荊軻○○○○之間所謂假賊兵爲虎翼者也　以上賈誼傳

以上本書第十三卷至第十八卷

注

發縱指示 師古曰發縱謂解紲而放之也指示以手指示之 垣屋 垣墻也以上蕭何傳 講若畫一 文穎曰講或作較師古曰講和也畫一言整齊也以上曹參傳 博狼沙中 服虔曰河南陽武南地名今有亭狼音浪 狙擊 師古曰謂狙伺之 副車 副後乘也 圯上 服虔曰圯音頤 直墮其履 師古曰直猶故也一曰正也 輜車 衣車也 矰繳 繳弋射也其矢爲矰以上張良傳 唼血而盟 小歃也音許甲反以上王陵傳 織薄曲爲生 師古曰許慎云葦薄爲曲也 材官引強 服虔曰能引強弓弩官也 書牘背示之 師古曰牘木簡以書辭也 冒絮提文帝 冒覆也老人所以覆其頭

提擲也軍禮見應劭曰禮介者不拜式車師古曰古者立乘凡言式車者謂俛身撫式以禮敬人式車前
橫木也買工官尚方甲楯五百被如淳曰工官官名也張晏曰被具也五百具甲楯也取
庸苦之師古曰庸賃也苦謂極苦使也簿責如淳曰簿音主簿之簿簿問其辭情師古曰簿問者書之於簿
一一問之也吾不用也孟康曰言不用汝對之也以上周勃傳欲殺常蹳兩兒蹳音撥
面雍樹馳師古曰面偝也雍抱持之言取兩兒令面背己而抱持之以馳故云面雍樹馳雍讀曰擁以上夏
侯嬰傳期期以口吃故重言期期每左遷是時尊右而卑左故謂貶秩為左遷以上周昌傳躪
躪廉謹躪躪持整之貌以上申屠嘉傳太行師古曰太行山名在河內野王之北上黨之南飛狐臣瓚
曰飛狐在代郡西南刻印玩而不能授臣瓚曰羽吝於爵賞玩惜侯印不能以封人師古曰韓信傳作
刓此作玩其義各通以上酈食其傳一歲中以往來過它客率不過再過師古

曰非徒至諸子所又往來經過他處計一歲之中每子不過再過至也數擊鮮毋久溷汝鮮謂新殺之肉也言我至之時汝宜數〻擊殺牲牢與我鮮食我不久住亂累汝也以上陸賈傳天府府聚也萬物所聚搤亢張晏曰亢喉嚨也師古曰搤與扼同謂捉持之也臝胔胔讀曰漬謂見者之肉也一說胔讀曰𦜝句注山名在鴈門以上婁敬傳緜蕞如淳曰謂以茅剪樹地為纂位尊卑之次也春秋傳曰置茅蕝師古曰蕞與蕝同並音子悅反以上叔孫通傳一尺布尚可縫一斗粟尚可舂臣瓚曰一尺布可縫而共衣一斗粟可舂而共食況以天下之廣而不相容也阪上走丸師古曰言乘埶便易雋永雋音字兖反肥肉也永長也言其所論甘美而深長也以上蒯通傳蓄縮蓄縮謂厺於事也僕遫僕遫凡短之貌也僕音步木反遫古速字押至言相因而至也音押習之押以上息夫躬傳書馬者與尾而五今廼四不足一馬字下曲者為尾并四點為四足凡五以上石奮傳[illegible]人之所施易施如淳曰施讀曰

移言數移易貿換之也以上衞綰傳鉛刀為銛晉灼曰世俗謂利為銛徹音弋占反鹽車師古曰駕鹽車也控揣如淳曰控引也揣音團玩弄愛生之意也日中必熭臣瓚曰太公曰日中不熭是謂失時操刀不割失利之期師古曰熭謂暴曬之也音衞圜視而起應劭曰圜精正視也髖髀師古曰髀股骨也髖髀上也言其骨大故須斧斤也方病大瘇如淳曰腫足曰瘇一二指搐師古曰搐謂動而痛也跋盭跋古蹠字足下曰跋今所呼腳掌是也盭古戾字言足蹠戾不可行也辟且病痱辟足病痱風辟音壁痱音肥雖有長爵不輕得復蘇林曰輕易也不易得復除言難也五尺以上不輕得息如淳曰五尺謂小兒也言無大小皆自為戰倫斥候望烽燧不得臥文穎曰邊方偹胡寇作高土櫓櫓上作桔槔桔槔頭兜零以薪草置其中常低之有寇即火然舉之以相告曰烽又多積薪寇至即然之以望其煙曰燧曰晝則燔燧夜則舉烽師古剟寢戶之簾師古曰剟謂割取之也室有東西箱曰廟

無東西箱曰寢盖謂陵上之寢剟音輟搴兩廟之器如淳曰搴取也兩廟高祖惠帝廟也刀筆筐篋師古曰刀所以削書札筐篋所以盛書廉遠地則堂高廉側隅也簠簋不飾簠簋所以盛飯也方曰簠圓曰簋大譴大何之域譴責也何問也域界局也白冠氂纓鄭氏曰以毛作纓白冠喪服也盤水加劍造請室而請罪應劭曰請室請罪之室如淳曰水性平若已有正罪君以平法治之也加劍當以自刎也或曰殺雖者以盤水取頸血故示若此也捽抑師古曰捽持頭髮也抑按之也聖人有金城者比物此志也言聖人厲此節行以御羣下則人皆懷德戮力同心國家安固不可毀狀若金城也蝟毛而起蝟蟲名也其毛為刺蕲讀與芰同頤指如意如淳曰但動頤指麾則所欲皆如意俱靡而已師古曰斃也言與仇人俱滅以上賈誼傳

前漢書隨筆錄卷九

列傳 爰盎 鼂錯 張釋之 馮唐 汲黯 鄭當時 賈山 鄒陽 枚乘 路溫舒

刀鋸之餘 盎常引大體忼慨宦者趙談以數幸常害盎〻患之盎兄子種為常侍騎諫盎曰君衆辱之後雖惡君上不復信於是上朝東宮趙談驂乘盎伏車前曰臣聞天子所與共六尺輿者皆天下豪英今漢雖乏人陛下獨柰何與○○○○共載〻於是上笑下趙談〻泣下車 不見人豕 上幸上林皇后慎夫人從其在禁中常同坐及坐郎署長布席盎引卻慎夫人坐慎夫人怒不肯坐上亦怒起盎因前說曰臣聞尊卑有序則上下和今陛下既以立后慎夫人乃妾〻主豈可以同坐哉且陛下幸之則厚賜之陛下所以為慎夫人適所以禍之也獨○○○○乎於是上乃說入語慎夫人〻〻賜盎金五十斤 刀決帳道 及鼂錯已誅盎以太常使吳〻王欲使將不肯欲殺之使一都尉以五百人圍守盎軍中初盎為吳相時從史盜私盎侍兒盎知之弗泄遇之如故人有告從史君知汝與侍者通乃亾去盎驅自追之遂以侍者賜之復為

從史及盎使吳見守從史適乃守盎校為司馬乃悉以其裝齎買二石醇醪會天寒士卒飢渴飲醉西南陬卒ㄟ皆臥司馬夜引盎起曰君可以去矣吳王期旦日斬君盎弗信曰何為者司馬曰臣故為君從史盜侍兒者也盎乃驚謝曰公幸有親吾不足累公司馬曰君第去臣亦且亡辟吾親君何患乃以○○○○從醉卒直出司馬與分背盎解節旄懷之屐步行七十里明見梁騎馳去遂歸報在亡為辭盎病免家居與閭里浮湛相隨行鬬雞走狗雒陽劇孟嘗過盎ㄟ善待之安陵富人有謂盎曰吾聞劇孟博徒將軍何自通之盎曰劇孟雖博徒然母死客送喪車千餘乘此亦有過人者且緩急人所有夫一旦叩門不以親為解不以○○○○天下所望者獨季心劇孟今公陽從數騎一旦有緩急寧足恃乎遂罵富人弗與通諸公聞之皆多盎以上袁盎傳號曰智囊拜錯為太子家令以其辯得幸太子太子家○○○○步兵之地兵法曰丈五之溝漸車之水山林積石經川丘阜草木所在此○○○○也車騎二不當一車騎之地土山丘陵曼衍相屬平原廣野此○○○○步兵十不當一○弓弩之地平陵相遠川谷居間仰高臨下此○○○○也短兵

百不當一長戟之地兩陳相近平地淺草可前可後此○○○也劒楯三不當一矛鋋之地萑葦竹蕭
草木蒙蘢支葉茂接此○○○○也長戟二不當一劍楯之地曲道相伏險阸相薄此○○○○也弓弩三不當一
匈奴長技今匈奴地形技藝與中國異上下山阪出入溪澗中國之馬弗與也險道傾仄且馳且射中國之騎弗與
也風雨罷勞飢渴不困中國之人弗與也此○○○○也中國長技若夫平原易地輕車突騎則匈奴之衆易
撓亂也勁弩長戟射疏及遠則匈奴之弓弗能格也堅甲利刃長短相雜游弩往來什伍俱前則匈奴之兵弗能當也材官騶
發矢道同的則匈奴之革笥木薦弗能支也下馬地鬭劍戟相接去就相薄則匈奴之足弗能給也此○○之○○也木
皮三寸胡貉之地積陰之處○○○○冰厚六尺食肉而飲酪如徃棄市秦之戍卒不能其水土戍者死
於邊輸者僨於道秦民見行○○○○因以謫發之名曰謫戍先發吏有謫及贅壻賈人後以嘗有市籍者又後以大父母父
母嘗有市籍者後入閭取其左鉄兩之報秦之發卒也有萬死之害而無○○○○死事之後不得一筭之復藺

石渠荅為之高城深塹具○○布○○中周虎落其內城間百五十步要害之處通川之道調立城邑毋下千家為○○○○先為室屋具田器製里割宅相其陰陽之和嘗其水泉之味審其土地之宜觀其草木之饒然後營邑立城○○○○○通田作之道正阡陌之界一堂二內先為築室家有○○○○門戶之閑置器物焉民至有所居作有所用此民所以輕去故鄉而勸之新邑也以臣充賦今臣竊等乃○○錯○○親跡皆危秦始亂之時吏之所先侵者貧人賤民也至其中節所侵者富人吏家也及其末塗所侵者宗室大臣也是故○○○○外內咸怨離散逋逃人有走心除苛解嬈廢去淫末○○○○跡人骨肉遷為御史大夫請諸侯之罪過削其支郡錯所更令二十章諸侯讙譁錯父聞之從潁川來謂錯曰上初即位公為政用事侵削諸侯○○○○口讓多怨公何為也錯曰固也不如此天子不尊宗廟不安父曰劉氏安矣而鼂氏危吾去公歸矣遂飲藥死曰吾不忍見禍逮身白頭舉事上曰吳王即山鑄錢煮海為鹽誘天下豪桀○○○○此其計不百全豈發乎何以言其無能為也盎對曰吳銅鹽之利

則有之安得豪桀而誘之誠令吳得豪桀亦且輔而為誼不反矣吳所誘皆亡賴子弟亡命鑄錢姦人故相誘以亂天下

籍口謂者僕射鄧公曰吳為反數十歲矣發怒削地以誅錯為名意不在錯也且臣恐○○之士○○不敢復言矣上曰

何哉鄧公曰夫晁錯患諸侯強大不可制故請削之以尊京師萬世之利也計畫始行卒受大戮內杜忠臣之口外為諸侯報

仇臣竊為陛下不取也於是景帝喟然長息曰公言善吾亦恨之 以上晁錯傳

十年不調張釋之與兄仲同居

以貲為騎郎事文帝○○○○得○亡所知名釋之曰久宦減仲之產遂欲免歸

毋甚高論釋之既朝畢因前言便宜

事文帝曰卑之○○○○令今可行也於是釋之言秦漢之間事秦所以失漢所以興者文帝稱善

亟疾苛察且秦

以任刀筆之吏爭以○○○○其敝徒文具亡惻隱之實以故不聞其過

北山為槨從行至霸陵上居外臨廁時慎

夫人從上指視慎夫人新豐道曰此走邯鄲道也使慎夫人鼓瑟上自倚瑟而歌意慘悽悲懷顧謂羣臣曰嗟乎以○○石○

○用紵絮斮陳漆其間豈可動哉左右皆曰善釋之前曰使其中有可欲雖錮南山猶有隙使其中無可欲雖亡石椁又何戚

焉文帝稱善長陵抔土其後有人盜高廟座前玉環得文帝怒下廷尉治案盜宗廟服御物者為奏當棄市上大
怒曰人亡道乃盜先帝器吾屬廷尉欲致之族而君以法奏之非吾所以共承宗廟意也釋之免冠頓首謝曰法如是足也且
罪等然以逆順為基今盜宗廟器而族之有如萬分一假令愚民取○○一○○陛下且何以加其法乎文帝與太后言之乃
許廷尉結為親友當是時中尉條侯周亞夫與梁相山都侯王恬咸見釋之持議平乃○○○○張廷尉由此天
下稱之聊使結韈文帝崩景帝立釋之恐稱疾欲免去懼大誅至欲見則未知何如用王生計卒見謝景帝不過
也王生者善為黃老言處士嘗召居廷中公卿盡會立王生老人曰吾韈解顧謂釋之為我結韈釋之跪而結之既已人或讓
王生獨奈何廷辱張廷尉如此王生曰吾老且賤自度終無益於張廷尉廷尉方天下名臣吾故○○○○欲以重之諸公聞
之賢王生而重釋之事景帝歲餘為淮南相猶尚以前過也以上張釋之傳不從中覆臣大父言李牧之為趙將
居邊軍市之租皆自用饗士賞賜決於外○○○○也委任而責成功故李牧乃得盡其知能尺籍伍符夫士卒盡

家人子起田中從軍安知○○○○終日力戰斬首捕虜上功莫府一言不相應文吏以法繩之其賞不行吏奉法必用愚以
為陛下法太明賞太輕罰太重且雲中守尚坐上功首虜差六級陛下〻之吏削其爵罰作之由此言之陛下雖得李牧不能
用也文帝說是日令唐持節赦魏尚復為雲中守而拜唐為車騎都尉主中尉及郡國車士○馮唐傳以上不拘文
法
黯學黃老言治官民好清靜擇丞史任之責大指而已不細苛多病臥閤內不出歲餘東海大治稱之上聞召為主爵都
尉列於九卿治務在無而已引大體○○○○為性倨少禮為人○○○○面折不能容人之過合己者善待之
不合者弗能忍見士亦以此不附焉然好游俠任氣節行修潔其諫犯主之顏色常慕傅伯爰盎之為人善灌夫鄭當時及宗
正劉棄疾亦以數直諫不得久居位不冠不見大將軍青侍中上踞廁視之丞相弘宴見上或時不冠至如見黯○
○○○也上嘗坐武帳黯前奏事上不冠見黯避帷中使人可其奏其見敬禮如此望下大將軍大將軍青既益
尊姊為皇后然黯與亢禮或說黯曰自天子欲令羣臣○○○○大將軍尊貴誠重君不可以不拜黯曰夫以大將軍有揖客

反不重邪大將軍聞愈賢黯數請問以朝廷所疑遇黯加於平日後來居上上既數征匈奴有功黯言益不用始黯列九卿矣而公孫弘張湯為小吏及弘湯稍貴與黯同位黯又非毀弘湯已而弘至丞相封侯湯御史大夫黯時丞史皆與同列或尊用過之黯褊心不無少望見上言曰陛下用群臣如積薪耳〇〇者〇〇黯罷上曰人果不可以無學觀汲黯之言日益甚矣君薄淮陽上以為淮陽楚地之郊也名黯拜為淮陽太守黯伏謝不受印綬詔數強予然後奉詔名上殿黯泣曰臣自以為填溝壑不復見陛下不意陛下復收之臣常有狗馬之心今病力不能任郡事臣願為中郎出入禁闥補過拾遺臣之願也上曰〇〇〇〇邪吾今召君矣顧淮陽吏民不相得吾徒得君重臥而治之以上汲黯傳亡留門下當時為大吏戒門下客至無貴賤〇〇〇〇者執賓主之禮以其貴下人性廉不治產卬奉賜給諸公有味其言然其餽遺人不過具器食每朝候上間說未嘗不言天下長者其推轂士及官屬丞史誠〇〇〇〇也常引以為賢於己未嘗名吏與官屬言若恐傷之聞人之善言進之上唯恐後山東諸公以此翕然稱鄭莊趨和承意然當時在朝常

○○○○不敢甚斥臧否可設爵羅當時始與汲黯列為九卿內行修兩人中廢賓客益落當時死家無餘財先是
下邽翟公為廷尉賓客亦填門及廢門外○○○○後復為廷尉客欲往翟公大署其門曰一死一生乃知交情一貧一富乃
知交態一貴一賤交情乃見以上鄭當時傳赭衣半道○○○○羣盜滿山使天下之人戴目而視傾耳而聽
下徹三泉死葬乎驪山吏徒數十萬人曠日十年○○○○合采金石冶銅錮其內桼塗其外被以珠玉飾以翡翠
中成觀游上成山林須臾毋死臣聞山東吏布詔令雖老羸癃疾扶杖而往顧少○○○○思見德化之成也善
指事意其後文帝除鑄錢令山復上書諫以為變先帝法非是章下詰責對以為錢者亡用器也而可以易富貴富貴
者人主之操柄也令民為之是與人主共操柄不可長也其言多激切○○○○然終不加罰所以廣諫爭之路也其後復禁
鑄錢云以上賈山傳晚節末路臣聞秦倚曲臺之宮懸衡天下畫地而不犯兵加胡越至其○○○○張耳陳
勝連從兵之據以叩函谷咸陽遂危上覆飛鳥今胡數涉北河之外○○○○下不見伏菟鬪城不休救兵不止死

者相隨輦車相屬轉粟流輸千里不絶不明求衣始孝文皇帝攄闔入立寒心銷志○○○○白頭如
新語曰有○○○○傾蓋如故何則知與不知也獨任成亂偏聽生姦○○○○衆口鑠金○○○○
積毀銷骨跖客刺由今人主誠能去驕傲之心懷可報之意披心腹見情素墮肝胆施德厚終與之窮達無愛於士
則桀之犬可使吠尭○之○可使○○按劍相眄臣聞明月之珠夜光之璧以闇投人於道衆莫不○○○○者何則
無因而至前也蟠木根柢輪囷離奇而為萬乘器者以左右先為之容也故無因而至前雖出隨珠和璧祇怨結而不見德有
人先游則枯木朽株樹功而不忘里名勝母○○○○曾子不入邑號朝歌墨子回車羔犢之弱夫以
區區之濟北而與諸侯爭強是以○○○○而扞虎狼之敵也守職不撓可謂誠一矣功義如此尚見疑於上脅肩低首累足
撫衿使有自悔不前之心非社稷之利也　以上鄒陽傳一縷千金夫以○○之任係○○之重上懸無極之高下
垂不測之淵雖甚愚之人猶知哀其將絶也畏景惡跡人性有○其○而○其○者卻背而走跡愈多景愈疾不

如就陰而止景滅迹絶欲人勿聞莫若勿言欲人勿知莫若勿為石稱丈量夫銖〻而稱之至石必差寸〻而度
之至丈必過○○○○徑而寡失詼笑俳倡皐不通經術○○類○○為賦頌好嫚戲以故得媟黷貴幸比東方
朔郭舍人等而不得比嚴助等得尊官受詔輒成上有所感輒使賦之為文疾○○○○故所賦者多司馬相如
善為文而遲故所作少而善於皐〻賦辭中自言為賦不如相如又言為賦乃俳見視如倡自悔類倡也　以上枚乘傳澤
蒲寫書父使舒牧羊舒取○中○截以為牒編用○○稍習善求為獄小吏虛美薰心譽諛之聲日滿於耳
○○○實禍蔽塞此乃秦之所以亡天下也天下大命夫獄者○○之○○也死者不可復生絶者不可復續
以刻為明今治獄吏則不然上下相驅○○○○深者獲功名平者多後患故治獄之吏皆欲人死非憎人也自安
之道在人之死鍛練周內夫人情安則樂生痛則思死棰楚之下何求而不得故囚人不勝痛則飾辭以視之吏治
者利其然則指道以明之上奏畏卻則○○而○○之媮為一切蓋奏當之成雖咎繇聽之猶以為死有餘辜何

則成練者衆文致之罪明也是以獄吏專爲深刻殘賊而亡極○○○○不顧國患此世之大賊也刻木爲吏俗語曰畫地爲獄議不入○○○期不對此皆疾吏之風悲痛之辭也國君含詬古人有言山藪藏疾川澤納汙瑾瑜匿惡○○○○○○漢厄三七溫舒從祖父受曆數天文以爲○○○○之間上封事以豫戒成帝時谷永亦言如此及王莽簒位欲章代漢之符著其語焉溫舒子及孫皆至牧守大官以上路溫舒傳

以上本書第十九卷至第二十一卷

列傳竇嬰　田蚡　灌夫　韓安國　河間獻王德　魯恭王餘　江都易王非　中山靖王勝　長沙定王發　廣川惠王越

沾沾自喜者竇太后數言魏其景帝曰太后豈以臣有愛相魏其者魏其○○○○耳多易難以爲相持重遂不用以上竇嬰傳

往來侍酒竇嬰已爲大將軍方盛蚡爲諸曹郎未貴○○○○嬰所跪起如子姓及孝景晚節蚡益

貴幸為中大夫辯有口學
盤盂諸書王皇后賢之
肺附為相
蚡為人貌侵生貴甚又以
為諸侯王多長上初即位

富於春秋蚡以○○○○非痛折節以禮屈之天下不肅當是
時丞相入奏事語移日所言皆聽薦人或起家至二千石權移

主
上
坐兄北鄉
台客飲○其○蓋侯○○自坐東鄉以
為漢相尊不可以兄故私橈由此滋驕
田園膏腴

治宅甲諸第○○極○○市買郡縣器物相屬於道前堂羅鐘
鼓立曲旃後房婦女以百數諸奏珍物狗馬玩好不可勝數而

嬰失竇太后益疏不用無埶諸公稍自引而怠驁唯灌
夫獨否故嬰墨、不得意而厚遇夫也　以上田蚡傳
剛直使

酒
夫為人○○○○不好面諛貴戚諸埶在已之右欲必陵之
士在已左愈貧賤尤益敬禮與鈞稠人廣衆薦寵下輩士亦

以此
多之
引繩排根
夫家居卿相侍中賓客益衰及竇嬰失埶亦欲
倚夫○○○○生平慕之後棄者夫亦得嬰通

列侯宗室為名高兩人相為引重其
游如父子然相得驩甚恨相知之晚
洒埽張具
夫嘗有服過丞
相蚡、從容曰

吾欲與仲孺過魏其侯會仲孺有服夫曰將軍乃肯幸臨況魏
其侯夫安敢以服為解請語魏其具將軍旦日蚤臨蚡許諾夫

以語嬰〻與夫人益市牛酒夜○○○○至旦平明令門下候司至日中蚡不來嬰謂夫曰丞相豈亡之哉夫不懌曰夫以服請不宜乃駕自往迎蚡〻特前戲許夫殊無意往夫至門蚡尚臥也於是夫見曰將軍昨日幸許過魏其魏其夫妻治具至今未敢嘗食蚡悟謝曰吾醉忘與仲孺言乃駕往〻又徐行夫愈益怒及飲酒酣夫起舞屬蚡〻不起夫徙坐語侵之嬰乃扶夫去謝蚡〻卒飲至夜極驩而去餘半膝席蚡取燕王女為夫人太后詔召列侯宗室皆往賀嬰過夫欲與俱夫謝曰夫數以酒失過丞相丞相今者又與夫有隙嬰曰事已解彊與俱酒酣蚡起為壽坐皆避席伏已嬰為壽獨故人避席○○○○夫行酒至蚡〻膝席曰不能滿觴夫怒因嘻笑曰將軍貴人也畢之時蚡不肯行酒次至臨汝侯灌賢〻方與程不識耳語又不避席夫無所發怒乃罵賢曰平生毀程不識不值一錢今日長者為壽乃效女曹兒呫囁耳語蚡謂夫曰程李俱東西宮衛尉今衆辱程將軍仲孺獨不為李將軍地乎夫曰今日斬頭穴胸何知程李罵坐不敬坐乃起更衣稍〻去嬰去麾夫〻出蚡遂怒曰此吾驕灌夫罪也乃令騎留夫〻不得出藉福起為謝案夫項令謝夫愈怒不肯順蚡乃麾騎縛夫置傳

舍名長史曰今日名宗室有詔劾灌夫○○○○繫居室遂其前事遣吏分曹逐捕諸灌氏支屬皆得棄市罪自我捐

之嬰愧為資使賓客請莫能解蚡吏皆為耳目諸灌氏皆亡匿夫繫遂不得告言蚡陰事嬰銳為救夫嬰夫人諫曰灌將軍

得罪丞相與太后家迕寧可救邪嬰曰侯自我得之○○○○無所恨且終不令灌仲孺獨死嬰獨生效轅下駒

上怒內史曰公平生數言魏其武安長短今日廷論局趣○○○○吾并斬若屬矣首鼠兩端蚡已罷朝出止車門

召御史大夫安國載怒曰與長孺共禿翁何為○○○○以上灌夫傳一然即溺之其後安國坐法抵罪蒙獄

吏田甲辱安國安國曰死灰獨不復然乎甲曰○○○○居無幾梁內史缺漢使ゝ者拜安國為梁內史起徙中為二千石田

甲亡安國曰甲不就官我滅而宗甲肉袒謝安國笑曰公等足與治乎卒善遇之為虎為狼語曰雖有親父安知

不○○雖有親兄安知不○○懷鳥獸心今匈奴負戎馬足○○○○還徙鳥集難得而制乘邊守塞

又遣子弟○○○○轉粟輓輸以為之備投輂如城臣聞高皇帝嘗圍於平城匈奴至者○○高○○者數所平城

之飢七日不食天下歌之去如收電且匈奴輕疾悍亟之兵也至如猋風○○○○彊弩之末衝風之衰不能起毛羽○○○○力不能入魯縞以為國器安國為人多大畧智足以當世取舍而出於忠厚貪耆財利然所推舉皆廉士賢於己者於梁舉壺遂臧固至他皆天下名士ミ亦以此稱慕之唯天子○○○○以上韓安國傳實事求是河間獻王德修學好古○○○○從民得善書必為好寫與之留其真加金帛賜以招之繇是四方道術之人不遠千里或有先祖舊書多奉以奏獻王者故得書多與漢朝等以上河間獻王德傳好治宮室恭王初○○○○壞孔子舊宅以廣其宮聞鐘磬琴瑟之聲遂不復壞於其壁中得古文經傳以上魯恭王餘傳敢作見乍沒江都王建游章臺宮令四女子乘小船建以足蹈覆其船四人皆溺二人死後游雷波天大風建使郎二人乘小船入波中船覆兩郎溺攀船○○○○建臨觀大笑令皆死羸立擊鼓宮人姬八子有過者輒令○○○○或置樹上久者三十日乃得衣或髡鉗以鉛杵舂不中程輒掠或縱狼令齧殺之建觀而大笑或閉不食令餓死凡殺不辜三十五人與禽

獸交建欲令人○○○○而生子彊令宮人臝而四據與羝羊及狗交以上江都易王非傳衆喣漂山○○
○○聚蚊成雷朋黨執虎十夫橈椎叢輕折軸○○○○羽翮飛肉紛鶩逢羅潛然出滯屋鼠不熏臣聞
社鼷不灌○○○○何則所託者然也以上中山靖王勝傳姬有所避長沙定王發母唐姬故程姬侍者景帝名
程姬○○○○不願進而飾侍者唐兒使夜進上醉不知以為程姬而幸之遂有身已乃覺非程姬也及生子因名曰發以
上長沙定王發傳復見畏我廣川王去有幸姬王昭平王地餘許以為后去嘗疾姬陽成昭信侍疾甚謹更愛之
去與地餘戲得褏中刀笞問狀服欲與昭平共殺昭信笞問昭平不服以鐵鍼鍼〻之彊服乃會諸姬去以劍自擊地餘令昭信
擊昭平皆死昭信曰兩姬婢且泄口復絞殺從婢三人後昭信病夢見昭平等以狀告去〻曰虜乃○○○○獨可燔燒耳掘
出尸皆燒為灰後去立昭信為后袒裼傳粉幸姬陶望卿為修靡夫人主繒帛崔修成為明貞夫人主永巷昭信
復譖望卿曰與我無禮衣服常鮮於我盡取善繒匄諸宮人去曰若數惡望卿不能減我愛設聞其淫我烹之矣後昭信謂去

曰前畫工畫望卿舍望卿○○○○其傍又數出入南戶窺郎吏疑有姦去曰善司之以故益不愛望卿後與昭信等飲諸姬皆侍去爲望卿作歌曰背尊章嫖以忽謀屈奇起自絕行周流自生患諒非望卿今誰怨使美人相和歌之去曰是中當有自知者昭信知去已怒即誣言望卿歷指郎吏臥處具知其主名又言郎中令錦被疑有姦去即與昭信從諸姬至望卿所贏其身更擊之令諸姬各持燒鐵共灼望卿望卿走自投井死昭信出之極杙其陰中割其鼻脣斷其舌謂去曰前殺昭平反來畏我今欲靡爛望卿使不能神與去共支解置大鑊中取桃灰毒藥并煮之召諸姬皆臨觀連日夜靡盡復共殺其女弟都**銷**

鋊灌口後去數召姬榮愛與飲昭信復譖之曰榮姬視瞻意態不善疑有私時愛爲去刺方領繡去取燒之愛恐自投井出之未死笞問愛自誣與醫姦去縛繫柱燒刀灼潰兩目生割兩股○○○其○中愛死支解以棘埋之諸幸於去者昭信輒譖殺之凡十四人皆埋太后所居長壽宮中宮人畏之莫敢復近**上籥於后**昭信欲擅愛曰王使貞明夫人主諸姬淫亂難禁請閉諸姬舍門無令見敖使其大婢爲僕射主永巷盡封閉諸舍○○○○非大置酒召不得見以上廣川惠

王越傳居勢使然漢興至於孝平諸侯王以百數率多驕淫失道何則沈溺放恣之中〇〇〇〇也自凡人猶繫於習俗而況哀公之倫乎夫惟大雅卓爾不羣河間獻王近之矣以上景十三王贊

以上本書第二十二卷至第二十三卷

注

郎署長布席盎引卻愼夫人坐蘇林曰郎署上林中直衞之署也師古曰卻謂退而卑之也從史適在守盎校為司馬師古曰為校中之司馬所領士卒正當守盎裝齎裝齎謂所齎衣物自隨者也刀決帳道從醉卒直出於醉卒之處決帳而開令通道得亡也分背一時各去也屐步行如淳曰著屐步行而逃亡不以親為解臣瓚曰凡人之於赴難濟厄多有以父母為解不以在亡為辭師古曰或實在家而辭云不在以上爰盎傳漸車之水漸謂

浸也音子廉反雚葦竹蕭雚亂也葦葭也蕭蒿也雚音完矛鋋鋋鐵杷短矛也什伍俱前五人為伍二伍為什材官騶發矢道同的騶謂矢之善者也春秋左氏傳作菆字其音同耳材官有材力者騶發發矢以射也手工矢善故中則同的的謂所射之準臬也革笥木薦孟康曰革笥以皮作如鎧者被之木薦以木板作如楯一箅之復師古曰復復除也具藺石布渠荅如淳曰藺石城上雷石也服虔曰可投人石也蘇林曰渠荅鐵蒺藜也調立城邑毋下千家師古曰調謂筭度之也揔計城邑之中令有千家以上也為中周虎落虎落者以竹篾相連遮落之也一堂二內張晏曰二內二房也充賦臣瓚曰云如賦調也除苛解嬈文穎曰嬈煩繞也音如紹反以上鼂錯傳以北山石為椁用紵絮斮陳漆其間師古曰美石出京師北山今宜州石是也故云以北山石為槨紵絮者可以紵衣之絮也斮而陳其間又從而漆之也紵音張呂反斮音側畧反長陵一抔土抔音

步侯反謂手掬之也其字從手不忍言毀徹故止云取土耳結韈結讀曰繫以上張釋之傳家人子
謂庶人之家子也尺籍伍符李奇曰尺籍所以書軍令伍符軍士五五相保之符信也以上馮唐傳具
器食師古曰猶今言一盤食也以上鄭當時傳赭衣犯罪者則衣赭衣以上賈山傳懸衛天下
應劭曰闗西為衛畫地不犯師古曰言法制之行也寒心銷志不明求衣臣瓚曰文
帝入闗而立以天下多難故乃寒心戰栗未明而起白頭如新孟康曰初相識至白頭不相知傾蓋如
故文穎曰傾蓋交蓋駐車也猶蟠木根柢輪囷離奇蘇林曰柢音蔕張晏曰柢根下本也輪囷
離奇委曲盤戾也以上鄒陽傳俳倡師古曰俳雜戲也倡樂人也俳音排以上枚乘傳上奏畏卻
卻退也畏上所卻退為漢厄三七張晏曰三七二百一十歲自漢初至哀帝元年二百一年也至平帝崩二
百一十年以上路溫舒傳以子姓師古曰姓生也言同子禮若已所生盤盂諸書孟康曰孔甲盤盂二

十六篇雜家書儒墨名法者也熏貌侵生貴甚服虔曰侵短小也師古曰生貴謂自尊高示貴寵也

曲旃總林曰禮大夫建旃曲柄上曲也亦欲倚夫引繩排根生平慕之後棄者師古曰言嬰與夫共相提挈有人生平慕嬰夫後見其失職而頗慢弛如此者共排退之不復與交譬如相對挽繩而根格之也膝席如淳曰以膝跪席上也居室師古曰署名也屬少府其後改名曰保宮局趣效轅下駒應劭曰駒者駕著轅下局趣蹴小之貌也首鼠服虔曰首鼠一前一卻也以上灌夫傳衝風師古曰疾風之衝突者也魯縞縞素也曲阜之地俗善作之尤為輕細知足以當時取舍言可取則取可止則止以上韓安國傳實事求是務得事實每求真是也以上河間獻王德傳宮人姬八子八子妾號江都易王非傳以上衆喣漂山應劭曰喣吹喣也師古曰漂動也十夫橈椎橈曲也叢輕折軸鳥翮飛肉言積載輕物物多至令車軸毀折而鳥之所以能飛翔者以羽

翻扇揚之敵也紛驚逢羅晋灼曰言皆驚亂遇法罔以上中山靖王勝傳復見畏我師古曰言
其見形令我畏忌也背尊章尊章猶言舅姑謀屈奇屈奇〻異也椽杙其陰中杙橜也杙
音弋刺方領繡晋灼曰今之婦人直領也繡為方領上刺作黼黻文以上廣川惠王越傳

前漢書隨筆録卷十

列傳

李廣　孫陵　蘇武
衛青　霍去病

廣不逢時廣世〻受射孝文十四年匈奴大入蕭關而廣以良
家子從軍擊胡用善射殺首虜多為郎騎常侍數從
射獵格殺猛獸文帝曰惜○○○匈奴射鵰上乃徙廣為上郡
○當高祖世萬户侯豈足道哉太守匈奴入上郡
上使中貴人從廣勒習兵擊匈奴中貴人者將數十騎從見匈
奴三人與戰射傷中貴人殺其騎且盡中貴人走廣〻曰是必
射鵰者也廣乃從百騎往馳三人〻〻無馬步行〻數十里廣
令其騎張左右翼而廣身自射彼三人者殺其二人生得一人
果○○○下馬解鞌已縛之上山望匈奴數千騎見廣以為誘
○者也騎驚上山陳廣之百騎皆大恐欲馳還走
廣曰我去大軍數十里今如此走匈奴追射我立盡今我留匈
奴必以我大軍之誘不我擊廣令曰前未到匈奴陳二里所止
令曰皆○○○○騎曰虜多如是解鞌即急柰何廣曰彼虜以
我為走今解鞌以示不去用堅其意有白馬將出護兵廣上馬

與十餘騎奔射殺白馬將而復還至其百騎中解鞍縱馬臥時會暮胡兵終怪之弗敢擊夜半胡兵以為漢有伏軍於傍欲夜取之即引去平旦廣乃歸其大營不擊刁斗武帝即位左右言廣名將也由是入為未央衛尉而程不識時亦為長樂衛尉程不識故與廣俱以邊太守將屯及出擊胡而廣行無部曲行陳就善水草頓舍人〻自便○○○○自衛莫府省文書然亦遠斥候未嘗遇害程不識正部曲行伍營陳擊刁斗吏治軍簿至明軍不得自便不識曰李將軍極簡易然虜卒犯之無以禁而其士亦佚樂為之死我軍雖煩擾虜亦不得犯是時漢邊郡李廣程不識為名將然匈奴畏廣士多樂從而苦程不識不識孝景時以數直諫太中大夫為人廉謹於文法為抱兒鞭馬廣以衛尉為將軍出鴈門擊匈奴匈奴兵多破廣廣軍生得廣單于素聞廣賢令曰得李廣必生致之胡騎得廣〻時傷置兩馬間絡而盛之臥行十餘里廣陽死睨其傍有一兒騎善馬暫騰而上胡兒馬因○○○○南馳數十里得其餘軍匈奴騎數百追之廣行取兒弓射殺追騎以故得脫贖為庶人屛居藍田與故頼陰侯○○○○南山中射獵嘗夜從一騎出從人田間飲還至亭灞陵尉醉呵止廣〻

騎曰故李將軍尉曰今將軍尚不得夜行何故也宿廣亭下居無何匈奴入遼西殺太守敗韓將軍韓將軍後徙居右北平死

於是上乃召拜廣為右北平太守廣請灞陵尉與俱至軍而斬之上書自陳謝罪

中石沒矢

廣在郡匈奴號曰漢飛將軍避之數歲不入界廣出獵見草中石以為虎而射之○○○○視之石也他日射之終不能入矣廣所居郡聞有虎常自射之及居右北平射虎虎騰傷廣〻亦射殺之

意氣自如

後三歲以郎中令將四千騎出右北平博望侯張騫將萬騎與廣俱異道行數百里匈奴左賢王將四萬騎圍廣〻軍士皆恐廣乃使其子敢往馳之敢從數十騎直貫胡騎出其左右而還報廣曰胡虜易與耳軍士乃安為圜陳外鄉胡急擊矢下如雨漢兵死者過半漢矢且盡廣乃令持滿毋發而廣身自以大黃射裨將殺數人胡虜益解會暮吏士無人色而廣○○○○益治軍〻中服其勇也明日復力戰而博望侯軍亦至匈奴乃解去漢軍罷弗能追是時廣軍幾沒罷歸漢法博望侯後期當死贖為庶人廣軍自當亡賞

豈嘗有恨

初廣與從弟李蔡俱為郎事文帝景帝時蔡積功至二千石武帝元朔中為輕軍將軍從大將軍擊右賢王有功中率封為樂安侯

元狩二年代公孫弘為丞相蔡為人在下中名聲出廣下遠甚然廣不得爵邑官不過九卿廣之軍吏及士卒或取封侯廣與望氣王朔語曰自漢擊匈奴廣未嘗不在其中而諸妄校尉以下財能不及中以軍功取侯者數十人廣不為後人然終無尺寸功以得封邑者何也豈吾相不當侯邪朔曰將軍自念〇〇〇〇者乎廣曰吾為隴西守羌嘗反吾誘降者八百餘人詐而同日殺之至今恨獨此耳朔曰禍莫大於殺已降此迺將軍所以不得侯者也

人以射為戲

廣歷七郡太守前後四十餘年得賞賜輒分其麾下飲食與士卒共之家無餘財終不言生產事為人長爰臂其善射亦天性雖子孫他人學者莫能及廣吶口少言與人居則畫地為軍陳射闊狹以飲專〇〇〇〇將兵乏絕處見水士卒不盡飲不近水不盡餐不嘗食寬緩不苛士以此愛樂為用其射見敵非在數十步之內度不中不發發即應弦而倒用此其將數困辱及射猛獸亦數為所傷云

李廣數奇

大將軍陰受上指以為〇〇〇〇毋令當單于恐不得所欲

大將軍長史急責廣之莫府上簿廣曰諸校尉亡罪乃我自失道吾今自上簿至莫府謂其麾下曰廣結髮與匈奴大小七十餘戰今幸從大將軍出接單于兵而大將

軍從廣部行回遠又迷失道豈非天哉且廣年六十餘終不能
復對刀筆之吏矣遂引刀自剄百姓聞之知與不知老壯皆為
垂泣
上李廣傳
以自當一隊
天漢二年貳師將三萬騎出酒泉擊右賢
王於天山名陵欲使為貳師將輜重陵名
見武臺叩頭自請曰臣所將屯邊者皆荊楚勇士奇材劍客也
力扼虎射命中願得○○○○到蘭干山南以分單于兵毋令
專鄉貳師軍上曰將惡相屬邪吾發軍多毋騎予女陵對無千
所事騎臣願以少擊衆步兵五千人涉單于庭上壯而許之
弩俱發
陵至浚稽山與單于相直騎可三萬圍陵軍〻居兩山
間以大車為營陵引士出營外為陳前行持戟盾後行
持弓弩令曰聞鼓聲而縱聞金聲而止虜見漢軍少直前就營
陵搏戰攻之○○○○應弦而倒虜還走上山漢軍追擊殺數
千人單于大驚召左右地兵八萬餘騎攻陵〻〻且戰且引南行
數日抵山谷中連戰士卒中矢傷三創者載輦兩創者將車一
創者
兵戰
持縱火自救
陵曰吾士氣少衰而鼓不起者何也軍中豈
有女子乎始軍出時關東羣盜妻子徙邊者
隨軍為卒妻婦大匿車中陵搜得皆劍斬之明日復戰斬首三
千餘級引兵南循故龍城道行四五日抵大澤葭葦中虜從上

風縱火陵亦令軍中○○以○○南行至山下單于在南山上使其子将騎擊陵：軍步闘樹木間復殺數千人因發連弩射單于單于下走得數十矢單于得敢大喜使騎並攻漢軍疾呼曰李陵韓延年趣降遂遮道急攻陵：居谷中虜在山上四面射矢如雨下漢軍南行未至鞮汗山一日五十萬矢皆盡即棄車去士尚三千餘人徒斬車輻而持之軍吏持尺刀抵山入陿谷單于遮其後乘隅下壘石士卒多死不得行昏後陵便衣獨步出營止左右毋隨我丈夫一取單于耳良久陵還太息曰兵敗死矣軍吏或曰将軍威震匈奴天命不遂後求道徑還歸如浞野侯為虜所得後亡還天子客遇之況於將軍乎陵曰公止吾不死非壯士也於是盡斬旌旗及珍寶埋地中陵嘆曰復○○○足以脫矣今無兵復戰天明坐受縛矣各鳥獸散猶有得脫歸報天子者令軍士人持二升糒一半冰期至遮虜障者相待夜半時擊鼓起士鼓不鳴陵與韓延年俱上馬壯士從者十餘人虜騎數千追之韓延年戰死陵曰無面目報陛下遂降軍人分散脫至塞者四百餘人循其刀環

昭帝立大将軍霍光左將軍上官桀輔政素與陵善遣陵故人隴西立政等三人俱至匈奴招陵立政等至單于置酒賜漢使

者李陵衛律皆侍坐立政等見陵未得私語即目視陵而数〻自○○○○握其足陰諭之言可還歸漢也不能再辱後陵律持牛酒勞漢使博飲兩人皆胡服椎結立政大言曰漢已大赦中國安樂主上富於春秋霍子孟上官少叔用事以此言微動之陵默不應孰視而自循其髮答曰吾已胡服矣有頃律起更衣立政曰咄少卿良苦霍子孟上官少叔謝汝陵曰霍與上官無恙乎立政曰請少卿來歸故鄉毋憂富貴陵字立政曰少公歸易耳恐再辱奈何語未卒衛律還頗聞餘語曰李少卿賢者不獨居一國范蠡徧遊天下由余去戎入秦今何語之親也因罷去立政隨謂陵曰亦有意乎陵曰大夫不能再辱以上陵傳置大窖中律知武終不可脅白單于單于愈益欲降之乃幽武○○○○絶不飲食天雨雪武臥齧雪與旃毛并咽之數日不死匈奴以為神乃徙武北海上無人處使牧羝〻乳乃得歸別其官屬常惠等各置他所武既至海上廩食不至掘野鼠去屮實而食之杖漢節牧羊臥起操持節旄盡落上通於天陵與武飲數日復曰子卿壹聽陵言武曰自分已死久矣王必欲降武請畢今日之驩效死於前陵見其至誠喟然嘆曰嗟乎義士陵與衛律之罪○○○○

因泣下霑巾與武訣去**揚名匈奴**於是李陵置酒賀武曰今足下還歸○於○○功顯於漢室雖古竹帛所載

丹青所畫何以過子卿陵雖駑怯令漢且貰陵罪全其老母使得奮大辱之積志庶幾乎曹柯之盟此陵宿昔之所不忘也收

族陵家爲世大戮陵尚何復顧乎已矣令子卿知吾心耳異域之人壹別長絶陵起舞歌曰徑萬里兮度沙幕爲君將兮奮匈

奴路窮絶兮矢刃摧士衆滅兮名已隤老母已死雖欲報恩將安歸陵泣下數行因與武決**號稱祭酒**武留匈奴

凡十九歲始以彊壯出及還須髮盡白宣帝名武待詔宦者署數進見復爲右曹典屬國以武著節老臣令朝朔望○○○

○甚優寵之**法其形貌**甘露三年單于始入朝上思股肱之美延圖畫其人於麒麟閣○○○○署其官爵姓名

皆有功德知名當世是以表而揚之明著中興輔佐列於方叔名虎仲山甫焉凡十一人皆有傳自丞相黃霸廷尉于定國大

司農朱邑京兆尹張敞右扶風尹翁歸及儒者夏侯勝等皆以善終著名宣帝之世然不得列於名臣之圖以此知其選矣

以上蘇武傳**人奴之生**青父鄭季河東平陽人以縣吏給事侯家平陽侯曹壽尚武帝姊陽信長公主季與主家

僮衛媼通生青々有同母兄衛長君及姊子夫子夫自平陽公主家得幸武帝故青冒姓為衛氏衛媼長女君孺次女少兒次女則子夫皆冒衛氏青為侯家人少時歸其父々使牧羊民母之子皆奴畜之不以為兄弟數青嘗從人至甘泉居室有一鉗徒相青曰貴人也官至封侯青笑曰○○○○得毋笞罵足矣安得封侯事乎青壯為侯家騎從平陽主立號而歸

青將三萬騎出高闕匈奴右賢王當青等兵以為漢兵不能至此飲醉漢兵夜至圍右賢王右賢王驚夜逃獨與其愛妾一人騎數百馳潰圍北去漢輕騎校尉郭成等追數百里弗得々右賢裨王十餘人衆男女萬五千餘人畜數十百萬於是引兵而還至塞天子使々者持大將軍印即軍中拜青為大將軍諸將皆以兵屬○○○○以上衛青傳斬捕過當

霍去病大將軍青姊少兒子也其父霍仲孺先與少兒通生去病及衛皇后尊少兒更為詹事陳掌妻去病以皇后姊子年十八為侍中善騎射再從大將軍大將受詔予壯士為票姚校尉與輕勇騎八百直棄大將軍數百里赴利○○首虜○○亦有天幸諸宿將所將士馬兵亦不如去病去病所將常選然亦敢深入常與壯騎先其大軍々○○○○未嘗困絕也

然而諸宿將常留落不耦由任安不去兩軍之出塞〻閱官及
此去病日以親貴比大將軍私馬凡十四萬匹而後
入塞者不滿三萬匹迺置大司馬位大將軍票騎將軍皆為大
司馬定令〻票騎將軍秩祿與大將軍等自是後青日衰而去
病日益貴青故人門下多去事去無以家為去病為人少言不
病輒得官爵唯獨○○○背○泄有氣敢往上嘗
欲教之吳孫兵法對曰顧方畧何如耳不至學古兵法上為
治第令視之對曰匈奴不滅○○○○也由此上益重愛之和
柔自媚然少而侍中貴不省士其從軍上為遣太官齎數十乘
既還重車餘棄梁肉而士有飢者其在塞外卒乏糧或
不能自振而去病尚穿域蹋鞠也事多此類青仁久不伐胡自
喜士退讓以○○○○於上然於天下未有稱也青
圍單于後十四歲而卒竟不復擊匈奴者以漢馬少又尊貴無
方南誅兩越東伐朝鮮擊羌西南夷以故○○○○
比初青既尊貴而平陽侯曹壽有惡疾就國長公主問列侯誰
賢者左右皆言大將軍主笑曰此出吾家常騎從我㮣何左
右曰於今○○○○於是長公主風白皇后皇后言之上迺詔
青尚平陽主與主合葬起冢象廬山云　以上霍去病傳

五侯奪國自衛氏興大将軍青首封其後支屬五人為侯九二十四歲而○○皆○○征和中戾太子敗衛氏遂滅而霍去病弟光貴盛自有傳 以上附衛霍傳

何與招士而蘓建嘗說青大将軍至尊重而天下之賢士大夫無稱焉願将軍觀古名将所招選者勉之哉青謝曰自魏其武安之厚賓客天子常切齒彼親待士大夫招賢黜不肖者人主之柄也人臣奉法遵職而已○○○○票騎亦方此意為将如此○以上衛霍贊

以上本書第二十四卷至第二十五卷

列傳

董仲舒 子安世　司馬相如 安世子延壽

公孫弘 杜周　卜式 子延年　兒寬 延年子欽　張湯

褎然舉首武帝即位舉賢良文學之士前後百數而仲舒以賢良對策焉制曰欲聞大道之要至論之極今子大夫

○○○○為金之在鎔夫上之化下〻之從上猶泥之在鈞唯甄者之所為猶○○○○唯冶者之所鑄

抱薪救火今漢繼秦之後如朽木糞牆矣雖欲善治之亡可奈何法出而姦生令行而詐起如以湯止沸○○○○愈甚

已益也竊譬之琴瑟不調甚者必解而更張之迺可鼓也為政而不行甚者必變而更化之迺可理也當更張而不更張雖有

良工不能善調也當更化而不更化雖有大賢不能善治也長日加益積善在身猶○○○○而人不知也積惡

在身猶火之銷膏而人不見也有所分予夫天亦○○○○予之齒者去其角傅其翼者兩其足求雨閉

陽仲舒治國以春秋災異之變推陰陽所以錯行故○○○諸○縱諸陰止雨反是行之一國未嘗不得所欲推明

孔氏仲舒在家朝廷如有大議使〻者及廷尉張湯就其家而問之其對皆有明法自武帝初立魏其武安侯為相而隆

儒矣及仲舒對冊○○○○抑黜百家立學校之官州郡舉茂材孝廉皆自仲舒發之年老以壽終於家〻徙茂林子及孫皆

以學至大官上董仲舒傳以師友淵原劉向稱董仲舒有王佐之材雖伊呂亾以加筦晏之屬伯者之佐殆

不及也至向子歆以為伊呂迺聖人之耦王者不得則不興故顏淵死孔子曰噫天喪余唯此一人為能當之自宰我子貢子

游子夏不與焉仲舒遭漢承秦滅學之後六經離析下帷發憤潛心大業令後學者有所統壹為羣儒首然考其心○○○○

所漸猶未及乎游夏而曰筦晏弗及伊呂不加過矣至以譽為向曾孫龔篤論君子也以歆之言為然　以上董贊

郎　少時好讀書學擊劍名犬子相如既學慕藺相如之為人更名相如○○○○事孝景帝為武騎常侍非其好也

琴心挑之　是時卓王孫有女文君新寡好音故相如繆與令心相重而以○○○○相如時從車騎雍容閒雅甚都及飲卓氏弄琴文君竊從戶窺心悅而好之恐不得當也

著犢鼻褌　相如與俱之臨邛盡賣車騎買酒舍迺令文君當盧相如身自○○○○與庸保雜作滌器於市中卓王孫恥之為杜門不出

割鮮染輪　王駕車千乘選徒萬騎田於海濱列卒滿澤罘罔彌山掩菟轔鹿射麋格麟鶩於監浦○○○○射中獲布矜而自功

日月敝虧　雲夢者方九百里其中有山焉其山則盤紆岪鬱隆崇嵂崒岑崟參差○○○○交錯糾紛上干青雲罷池陂陁下屬江河

洞胷達掖　弓不虛發中必決眥○○○○絕乎心繫獲若雨獸揜屮蔽地

吞若雲夢　○○○八九其於胸中曾不蔕芥

彌山跨谷　離宮別館○○○○高廊四注重坐曲閣華榱璧璫輦道纚屬步櫚周流長途中宿夷嵕築堂累臺增成

翠

葉紫莖揚○○抗○○○發紅華垂朱榮解脰陷腦箭不苟害○○○○弓不虛發應聲而倒青琴虙

妃若夫○○○○之徒絕殊離俗妖冶閑都靚莊刻飾便嬛綽約柔橈嬛嬛嫵媚孅弱曳獨繭之褕袘眇閻易以恤削便姍

嫳屑與世殊服芬芳漚鬱酷烈淑郁皓齒粲爛宜笑的皪長眉連娟微睇緜藐色授魂予心愉於側攝弓而馳夫邉

郡之士聞烽舉燧燔皆○○○○荷兵而走流汗相屬惟恐居後觸白刃冒流矢議不反顧計不旋踵人懷怒心如報私讎

負弩先驅廼拜相如為中郎將建節往使副使者王然于壺充國呂越人馳四乘之傳因巴蜀吏幣物以賂西南夷

至蜀太守以下郊迎縣令○○矢○○蜀人以為寵於是卓王孫臨邛諸公皆因門下獻牛酒以交驩卓王孫喟然而嘆自以

得使女尚司馬長卿晚厚分與其女財與男等乃鱗集仰流故北出師以討強胡南馳使以誚勁越四面風德○

○○○願得受號者以億計有消渴病相如口吃而善著書常○○○○與卓氏婚饒於財故其事官未嘗肯與

公卿國家之事常稱疾閒居不慕官爵奏大人賦上既美子虛之事相如見上好僊因曰上林之事未足美也尚

有靡者臣嘗為大人賦未就請具而奏之相如以為列僊之儒居山澤間形容甚臞此非帝王之僊意也乃遂○○○言

封禪事相如既奏大人賦天子大悅飄〻有陵雲氣游天地間意相如既病免家居茂陵天子曰司馬相如病甚可徃從悉取其書若後之矣使所忠徃而相如已死家無遺書問其妻對曰長卿未嘗有書也時〻著書人又取去長卿未死時為一卷書曰有使來求書奏之其遺札書○○○○所忠奏焉天子異之

旁魄四塞大漢之德逢涌源泉沕潏曼羨○○○雲布霧散上暢九垓下泝八埏懷生之類沾濡浸潤協氣橫流武節猋逝通陿游原迥闊泳末首惡鬱沒闇昧昭晰昆蟲闓懌回首面內

常為稱首俾萬世得激清流揚微波蜚英聲騰茂實前聖之所以永保鴻名而○○○○者用

此滋液滲漉自我天覆雲之油〻甘露時雨厥壤可游○○○○何生不育嘉穀六穗我穡曷蓄匪唯雨之又潤澤之匪唯偏我氾布護之

尤著公卿相如既卒五歲上始祭后土八年而遂禮中岳封於太山至梁甫禪肅然相如他所著若遺平陵侯書與五公子相難少木書篇不采〻其○○○○者云以上司馬相如傳

引於節儉相如

雖多虛辭濫說然要其歸○之○○○此亦詩之風諫何異揚雄以為靡麗之賦勸百而風一猶騁鄭衛之聲曲終而奏雅不已戲乎上司馬贊以

擢為第一元光五年復徵賢良文學菑川國復推上弘時對者百餘人太常奏弘第居下策奏天子○弘對○○○名入見容貌甚麗拜為博士待詔金馬門

緣飾儒術每朝會議開陳其端使人主自擇不肯面折庭爭於是上察其行慎厚辯論有餘習文法吏事○○以○○上悅之一歲中至左內史

不肯庭辯弘奏事有所不可○○○○○常與主爵都尉汲黯請間黯先發之弘推其後上常悅所言皆聽以此日益親貴嘗與公卿約議至上前皆背其約以順上指汲黯庭詰弘曰齊人多詐而無情始弘與臣等建此議今皆背之不忠上問弘弘謝曰夫知臣者以臣為忠不知臣者以臣為不忠上然弘言左右幸臣每毀弘上益厚遇之

後為故事元朔中代薛澤為丞相先是漢常以列侯為丞相唯弘無爵上於是下詔曰其以高成之平津鄉戶六百五十封丞相弘為平津侯其○以○○至丞相封自弘始也

東閤延賢時上方興功業屢舉賢良弘自見為舉首起徒步數年至宰相封侯於是起客館開

○○以○○人與參謀議

外寬內深 弘身食一肉脫粟飯故人賓客仰衣食奉祿皆以給之家無所餘然其性意忌○○○○諸常與弘有隙無近遠雖陽與善後竟報其過其殺主父偃徙董仲舒膠西皆弘力也

客館丘虛 凡為丞相御史六歲年八十終丞相位其後李蔡嚴青翟趙周石慶公孫賀劉屈氂繼踵為丞相自蔡至慶丞相府○○○○而已至賀屈氂時壞以為馬廄車庫奴婢室矣唯慶以惇謹復終相位其餘盡伏誅云

以上公孫弘傳

輸財助邊 時漢方事匈奴式上書願○家○半○○上使〻問式欲為官乎式曰自少牧羊不習仕宦不願也使者曰家豈有冤欲言乎式曰臣生與人亡所爭邑人貧者貸之不善者教之所居人皆從式〻何故見冤使者曰苟子何欲式曰天子誅匈奴愚以為賢者宜死節有財者宜輸之如此而匈奴可滅也使者以聞上以語丞相弘〻曰此非人情不軌之臣不可以為化而亂法願陛下勿許

毋令敗羣 初式不願為郎上曰吾有羊在上林中欲令子牧之式既為郎布衣屮蹻而牧羊歲餘羊肥息上過其羊所善之式曰非獨羊也治民亦猶是矣以時起居惡者輒去○○○○上奇其言欲試使治民〻拜式緱氏令緱氏便之遷成皋

令將漕最上卜式傳以帶經而鋤寬治尚書事歐陽生以郡國選詣博士受業孔安國貧無資用嘗為弟子

都養時行賃作○○○休息輒讀誦其精如此課吏以最遷左內史表奏開六輔渠定水令以廣溉田收租稅

時裁闊狹與民相假貸以故租多不入後有軍發左內史以負租課殿當免民聞當免皆恐失之大家牛車小家擔負輸租繈

屬不絕○○○○以上兒寬傳困於燕雀公孫弘卜式兒寬皆以鴻漸之翼○○○○遠迹羊豕之間非遇其

時焉能致此位乎坐公孫卜兒贊如老獄吏父為長安丞出湯為兒守舍還鼠盜肉父怒笞湯湯掘熏得鼠及餘

肉劾鼠掠治傳爰書訊鞫論報并取鼠與肉具獄磔堂下父見之視文辭○○○○大驚遂使書獄舞智御人遷太

中大夫與趙禹共定諸律令務在深文拘守職之吏已而禹至少府湯為廷尉兩人交驩兄事禹禹志在奉公孤立而湯○○

以○○始為小吏乾沒與長安富賈田甲魚翁叔之屬交私及列九卿收接天下名士大夫己心內雖不合然陽浮道與之

舞文巧詆所治即上意所欲罪予監吏深刻者即上意所欲釋予監吏輕平者所治即豪必○○○○即下戶羸弱

時口言雖文致法上裁察於是往〻釋湯所言丞相充位遷御史大夫會渾邪等降漢大興兵伐匈奴山東水旱貧

民流徙皆仰給縣官縣官空虛湯承上指請造白金及五銖錢籠天下監鐵排富商大賈出告緡令鉏豪彊并兼之家舞文巧

詆以輔法湯每朝奏事語國家用日旰天子忘食〇〇〇〇天下事皆決湯百姓不安其生騷動縣官所興未獲其利姦利並

侵漁於是痛繩以辠自公卿以下至於庶人咸指湯〻嘗病上自至舍視其隆貴如此被惡言死湯死家產

直不過五百金皆所得奉賜無他贏昆弟諸子欲厚葬湯〻母曰湯為天子大臣〇〇〇而〇何厚葬為載以牛車有棺而無

槨上聞之曰非此母不生此子乃盡按誅三長史丞相翟青自殺出田信上惜湯稍進其子安世以上張湯傳亡書

三篋安世以父任為郎上行幸河東嘗〇〇〇〇詔問莫能知唯安世識之具作其事後購求得書以相校無所遺失

莫知與議職典樞機以謹愼周密自著外內無間每定大政已決輒移病出聞有名令乃驚使吏之丞相府問焉自

朝廷大臣〇〇其〇〇也嘗有所薦其人來謝安世大恨以為舉賢達能豈有私謝耶絕勿復為通有郎功高不調自言安世

應曰君之功高明主所知人臣執事何長短而自言乎絕不許已而郎果遷莫府長史遷辭去之官安世問以過失長史曰將
軍為明主股肱而士無所進論者以為譏安世曰明主在上賢不肖較然臣下自修而已何知士而薦之其欲匿名迹遠權埶
如此隱人過失為光祿勳郎有醉小便殿上主事白行法安世曰何以知其不反水漿邪如何以小過成罪郎淫官
婢ゝ兄自言安世曰奴以恚怒誣汙衣冠自署適奴其○○○○皆此類也手技作事安世尊為公侯食邑萬户
然身衣弋綈夫人自紡績家僮七百人皆有○○○○內治產業累積纖微是以能殖其貨富於大將軍光天子甚尊憚大將
軍然內親安世心密於光焉以上安世傳畫地成圖初安世長子千秋與霍光子禹俱為中郎將ゝ兵隨度遼
將軍范明友擊烏桓還謁大將軍光問千秋戰鬬方畧山川形埶千秋口對兵事○○○○無所忘失光復問禹ヽ不能記曰
皆有文書光由是賢千秋以禹為不材歎曰霍氏世衰張氏興矣及禹誅滅而安世子孫相繼自宣元以來為侍中中常侍諸
曹散騎列校尉者凡十餘人功臣之世唯有金氏張氏親近寵貴比於外戚以上延壽傳推賢揚善漢興以來侯者

百數保國持寵未有若冨平者也湯雖酷烈及身蒙咎其〇〇〇〇固宜有後後安世履道滿而不溢賀之陰德亦有助云以

上張湯贊內深次骨與減宣更為中丞者十餘歲周少言重遲而〇〇〇〇宣為左內史周為廷尉其治大抵放張

湯而善候司上所欲擠者因而陷之上所欲釋久繫待問而微見其寃狀客有謂周曰君為天下決平不循三尺法專以人主

意指為獄〻者固如是乎周曰三尺安出哉前主所是著為律後主所是疏為令當時為是何古之法哉至周為廷尉詔獄亦

益多矣家訾累萬始周為廷史有一馬及久任事列三公而兩子夾河為郡守〇〇〇巨〇矣治皆酷暴唯少子

延年行寬厚云以上杜周傳輔之以寬延年本大將軍霍光吏首發大姦有忠節由是擢為太僕右曹給事中光

持刑罰嚴延年〇〇〇〇延年發之見國家承武帝奢侈師旅之後數為大將軍光言年歲比不登流民未盡還宜

修孝文時政示以儉約寬和順天心悅民意年歲宜應光納其言舉賢良罷酒榷鹽鐵皆自〇〇〇〇不當舊位

五鳳中徵入為御史大夫延年居父官府〇敢〇〇〇坐臥皆易其處以上延年傳小冠子夏欽字子夏好經

書家富而目偏盲故不好為吏茂陵杜鄴與欽同姓字俱以材能稱京師故衣冠謂欽為盲杜子夏以相別欽惡以疾見詆廼為小冠高廣財二寸由是京師更謂欽為○○杜○○而鄴為大冠杜子夏云稱達名士復以病免徵詣大將軍莫府國家政謀鳳嘗與欽慮之數○○○○王駿韋安世王延世等救解馮野王王尊胡常之罪過及繼功臣絕世塡撫四夷當世善政多出於欽者　欽子及昆弟支屬至二千石者且十人　以上欽傳俱有良子張湯杜周並起文墨小吏致位三公列於酷吏而○○○○德器自過爵位尊顯繼世立朝相與提衡至於建武杜氏爵廼獨絕其福祚元功儒林之後莫能及也　自謂唐杜苗裔豈其然乎　以上杜周贊

以上本書第二十六卷至第三十卷

注

無部曲行陳師古曰續漢書百官志云將軍領軍皆有部曲大將軍營五部部〻校尉一人部下有曲曲〻有軍

候一人今廣尚於簡易故行道之中而不立部曲也不擊刁斗孟康曰刁斗以銅作鐎受一斗晝炊飯食夜擊持行夜鐎音譙温器也莫府師古曰軍旅無常居止故以帳幕言之莫與幕同故穎陰侯灌嬰之孫名彊韓將軍韓安國大黃射將服虔曰黃肩弩也晉灼曰黃肩即黃間也大黃其大者也諸妄校尉張晏曰妄猶凡也爰臂如淳曰臂如猨臂通肩也數奇師古曰言廣命隻不耦合也莫府上簿簿謂文狀前行持戟盾後行持弓弩行並音胡剛反鼓不起擊鼓進士而士氣不起也軍中縱火以自救預自燒其旁草木令旁火不得延及也連弩張晏曰三十弩共一臂也秦音舂乘隅下壘石言放石以投人因山隅曲而下也便衣謂著短衣小袖也二升糒一半氷糒乾飯也半讀曰判大片也自循其刀環循謂摩順也椎結結讀曰髻一撮之髻其形如雄

以上李廣陵傳

掘野鼠去屮實而食之蘇林曰取鼠所弆草實而食之

弆謂藏之也音丘閭反號稱祭酒如淳曰祭祠時唯尊長者以酒沃酹以上蘓武傳民母之子師古曰言鄭季正妻本在綸戶之間以別於公主家也以上衛青傳斬捕首虜過當言計其所將人數則捕首虜為多過於所當也所將常選選取驍銳留落不耦留謂遲留落謂墜落不省士省視也不恤視也太官齎數十乘齎與資同穿域蹋鞠鞠以皮為之實以毛蹵蹋而戲也服虔曰穿地作鞠室也以上霍去病傳褏然為舉首師古曰褏然盛服貌也詩邶風旄丘之篇曰褏如充耳褏音弋授反長日加益長言身形之修短自幼及壯也予之齒者去其角謂牛無上齒則有角其餘無角者則有上齒傅其翼者兩其足也傳讀曰附〻著也言鳥不四足求雨閉諸陽縱諸陰其止雨反是謂若閉南門禁舉火及開北門水灑人之類以上董仲舒傳琴心挑之寄心於琴聲以挑動之也甚都都閑美之稱也恐不得當當謂對偶之犢鼻褌即今

之裕也形以犢鼻故以名云裕音之容反罘罔罘覆車也即今幡車罔也詩曰雉罹於罦亦罘字耳音浮轔
鹿轔謂車踐轢之也騖於鹽浦割鮮染輪張晏曰海水之涯多出鹽也李奇曰鮮生也染擩也
切生肉擩車輪鹽而食之也師古曰騖謂馳亂也擩搵也擩音如閣反搵音一頓反盤紆茀鬱隆崇律
崒郭璞曰詰屈竦起也茀音佛岑崟參差日月蔽虧張晏曰高山壅蔽日月虧缺半見也岑音
仕反崟音吟罷池陂陁下屬江河郭璞曰言旁穨也罷音疲陁音駝師古曰捴言山之廣大所連
者遠耳中必決眥師古曰決戰之目眥言射審也洞胷達掖絶乎心繫張揖曰自左射
之貫胸通右髃中心絶系也師古曰髃謂肩前骨也音五口反繫讀曰系高廊四注重坐曲閣師古
曰廊堂下四周屋也重坐謂增室也曲閣々之屈曲相連者也華榱璧璫輦道纚屬榱椽也華謂彫
畫之也璧璫以玉為椽頭當即所謂琁題玉題者也一曰以玉飾瓦之當也輦道謂閣道可以乘輦而行者也纚屬纚相

也連屬步櫚周流長途中宿步櫚言其下可行步即今之步廊也謂其塗長遠雖經日行之尚不能達故中道而宿也夷嵕築堂絫臺增成夷平也山之高聚者曰嵕言平山而築堂於其上為累臺也增重也一重為成也嵕音子公反一扤紫莖扤搖也音兀解脰陷腦張揖曰脰項也音豆青琴虙妃伏儼曰青琴古神女也文穎曰虙妃洛水之神女也靚莊刻飾便嬛綽約郭璞曰靚莊粉白黛黑也刻〻畫鬋鬢也便嬛輕麗也綽約婉約也嬛音翾靚音淨綽音綽柔橈嬛〻嫵媚孅弱師古曰橈動曲也嬛〻柔屈貌也孅細也細弱摠謂骨體也孅即纖字曳獨繭之褕袣眇閻易以恤削張揖曰褕襜褕也袣裦也郭璞曰獨繭一繭絲也閻易衣長貌也恤削言如刻畫作之也袣音曳便姍嫳屑與世殊服師古曰言其行步安詳容貌絕異也便音步千反姍音先嫳音步結反攝弓而馳謂張弓注矢而馳之也若後之矣若汝也言汝今去已在後人後也所忠使者姓名

逄涌原泉沕潏曼羨逄讀曰熢言如熢火之升泉源之流也沕潏曼羨盛大之意也沕音勿潏音聿羨音弋扇反上暢九垓下泝八埏服虔曰暢達也垓重也天有九重孟康曰泝流也埏地之八際也言德上達於九重之天下流於地之八際師古曰埏本音延合韻音弋戰反淮南子作八殥滋液滲漉師古曰滲漉謂潤澤下究滲音山禁反漉音鹿我穡曷蓄李奇曰我之稼穡何等不蓄積氾布護之師古曰氾普也布護言遍布也氾音敷劍反以上司馬相如傳開東閤以延賢人閤者小門也東向開之避當庭門而引賓客以別於掾史官屬也脫粟飯才脫粟而已不精鑿也以上公孫弘傳屮蹻蹻即今之鞋也音居略反將漕最為縣令而又使領漕課最上以上卜式傳其為弟子都養都凡眾也養主給烹炊者也貧無資用故供諸弟子烹炊也開六輔渠溝洫志云兒寬為左內史奏請穿六輔渠以益溉鄭國旁高卬之田此則於鄭國渠上流南岸更開六道小渠以輔助溉灌耳收租稅時裁闊狹與民相假

貧謂有貧弱及農要之時不即徵收也縕屬不絕縕索也言輸者接連不絕於道若繩索之相屬也以上兒寬傳遠迹羊豕之間遠竄其迹也以上公孫卜兒贊以傳爰書訊鞫論報傳謂傳逮若今之追送赴對也爰換也以文書代換其口辭也訊考問也鞫窮也謂窮覈之也論謂上論之而獲報也書獄如淳曰決獄之書謂律令也即下戶羸弱時口言雖文致法上裁察於是往〻釋湯所言師古曰此言下戶羸弱湯欲佐助雖具文奏之而又口奏言雖律令之文合致此罪聽上裁察蓋為此人希恩宥也於是上得湯言往〻釋其人罪非未奏之前口豫言也移病謂移書言病也以上張湯世傳安內深次骨李奇曰其用法深刻至骨以上杜周傳至於建武杜氏爵廼獨絕建武之後張氏尚有張純為侯故言杜氏獨絕也元功儒林元功蕭曹張陳之屬儒林貢薛韋匡之輩以上張杜贊

十卷止

前漢書隨筆錄卷十一

列傳

張騫 李廣利 戾太子據 昌邑王賀 嚴助 吾丘壽王 主父偃 徐樂 嚴安 終軍 王褒 賈捐之

持節不失 騫以郎應募使月氏與堂邑氏奴甘父俱出隴西經匈奴匈奴得之傳詣單于單于曰月氏在吾北漢何以得往使吾欲使越漢肯聽我乎留騫十餘歲予妻有子然騫○漢○○○

皆爭相效 自騫開外國道以尊貴其吏士爭上書言外國奇怪利害求使天子為其絕遠非人所樂聽其言予節募吏民無問所從來為具備人衆遣之以廣其道來還不能無侵盜幣物及失使指天子為其習之輒覆按致重罪以激怒令贖復求使使端無窮而輕犯法其吏卒亦輒復盛推外國所有言大者予節言小者為副故妄言無行之徒○○○○

河出昆侖 漢使窮河源其山多玉石采來天子案古圖書名○所○曰○○云以上張騫傳

取其善馬 是時康居候視漢兵尚盛不敢進貳師聞宛城中新得漢人知穿井而其內食尚多計以為來誅首惡者毋寡毋寡頭已至如此不許則堅守而康居候漢兵罷來救宛破漢軍必矣軍

吏皆以為然許究之約究乃出其馬今漢自擇之而多出食ミ漢軍漢軍○○○○數十匹中馬以下牝牡三千餘匹而立究

貴人之故時遇漢善者名昧蔡為究王與盟而罷兵終不得入中城罷而引歸不録其過軍還入玉門者萬餘人馬

千餘匹後行非乏食戰死不甚多而將吏貪不愛卒侵牟之以此物故者衆天子為萬里而伐○○○○以上李貳師傳

日月避隱禹本紀言河出昆侖昆侖高二千五百里餘○○所相○○為光明者也自張騫使大夏之後窮河源惡

覩所謂昆侖者乎故言九州山川尚書近之矣至禹本紀山經所有放哉以上張李贊

文成數萬撥亂世反之正

莫近於春秋春秋○○○○其指數千萬物之聚散皆在春秋有國者不可以不知春秋前有讒而不見後有賊而不知為人

臣者不可以不知春秋守經事而不知其宜遭變事而不知其權為人君父者而不通於春秋之義者必蒙首惡之名為人臣

子不通於春秋之義者必陷簒弒誅死之罪其實皆以善為之而不知其義被之空言不敢辭

藏之名山凡百三十

篇五十二萬六千五百字為太史公書序略以拾遺補藝成一家言協六經異傳齊百家雜語○○○○副在京師以竢後聖

君子垂餌虎口且李陵提步卒不滿五千深踐戎馬之地足歷王庭○○○○橫挑彊胡卬億萬之師與單于連戰
十餘日所殺過當虜救死扶傷不給旃裘之君長咸震怖廼悉徵左右賢王舉引弓之民一國共攻而圍之轉鬬千里矢盡道
窮救兵不至士卒死傷如積然李陵一呼勞軍士無不起躬流涕沫血飲泣張空弮冒白刃北首爭死敵得當報漢
以為李陵素與士大夫絕甘分少能得人之死力雖古名將不過也身雖陷敗彼觀其意且欲○其○而○○事已無可奈何
其所摧敗功亦足以暴於天下成一家言僕竊不遜近自託於無能之辭網羅天下放失舊聞考之行事稽其成敗
興壞之理凡百三十篇亦欲以究天人之際通古今之變○○○之○草創未就適會此禍惜其不成是以就極刑而無慍色
以上司馬遷傳采經摭傳至於○○○○分散數家之事甚多疏略或有抵梧亦其涉獵者廣博貫穿經傳馳
騁古今上下數千載間斯以勤矣又其是非頗繆於聖人論大道則先黃老而後六經序遊俠則退處士而進姦雄述貨殖則
崇勢利而羞賤貧此其所蔽也善序事理然自劉向揚雄博極羣書皆稱遷有良史之材服其○○○○辨而不華

質而不俚其文直其事核不虛美不隱惡故謂之實錄以上司馬贊
立博望苑戾太子據元狩元年立為皇太
子年七歲矣初上年二十九廼得太子甚喜為立禖使東方朔枚皋作禖祝少壯詔受公羊春秋又從瑕丘江公受穀梁及冠
就宮為○○○○使通賓客從其所好故多以異端進者
歸來望思上憐太子無辜乃作思子宮為○○○○之臺
於湖天下聞而悲之以上戾太子傳
清狂不惠宣帝即位心内忌賀元康二年遣使者賜山陽太守張敞璽書
曰制詔山陽太守其謹備盜賊察往來過客毋下所賜書敞於是條奏賀居處著其廢亾之效曰察故王衣服言語跪起○○
○○妻十六人子二十二人其十一人男十一人女眛死奏名籍及奴婢財物簿
資喜亂亾臣敞前書言昌邑哀
王歌舞者張修等十人無子又非姬但良人無官名王薨當罷歸太傅豹等擅留以為哀王園中人所不當得為請罷歸故王
聞之曰中人守園疾者當勿治相殺傷者當勿法欲令亟死太守柰何而欲罷之其天○○由○○終不見仁義如此以上
昌邑王賀傳
蚩尤竟天巫蠱之禍豈不哀哉此不唯一江充之辜亦有天時非人力所致焉建元六年○○之旗

見其長○○後遂命将出征略取河南建置朔方其春戾太子生自是之後師行三十年所誅屠夷滅死者不可勝数及巫蠱事起京師流血僵尸数萬太子〻父皆敗故太子生長於兵與之終始何獨一孽臣哉 以上武五子贊

篁竹之中

臣聞越非有城郭邑里也處谿谷之間○○○○習於水闘便於用舟地深昧而多水險中國之人不知其埶阻而入其地雖百不當其一得其地不可郡縣也攻之不可暴取也以地圖察其山川要塞相去不過寸数而間獨数百千里阻險林叢弗能盡著視之若易行之甚難

負約反覆

且越人愚戇輕薄○○○○其不可用天子之法度非一日之積也壹不奉詔舉兵誅之臣恐後兵革無時得息也

輿轎踰領

○今發兵行数千里資衣糧入越地○○而○○拕舟而入水行数百千里夾以深林叢竹水道上下擊石林中多蝮蛇猛獸夏月暑時歐泄霍亂之病相隨屬也曾未施兵接刃死傷者必衆矣

焚其積聚

臣竊聞之與中國異限以高山人迹所絶車道不通天地所以隔内外也其入中國必下領水領水之山峭峻漂石破舟不可以大船載食糧下也越人欲為變必先田餘於界中積食糧廼入伐材治船邊城守候誠謹越人有入伐

材者輙收捕〇〇〇〇雖百越奈邊城何不能水土且越人緜力薄材不能陸戰又無車騎弓弩之用然而不可入
者以保地險而中國之人〇〇其〇〇〇也臣聞越甲卒不下数十萬所以入之五倍乃足輓車奉饟者不在其中南方暑濕近
夏癉熱暴露水居蝮蛇蠚生疾癘多作兵未血刃病死者什二三雖舉越國而虜之不足以償所亡而丈二之組
臣聞道路言閩越王弟甲弑而殺之甲以誅死其民未有所屬陛下若欲來內處之中國使重臣臨存施德垂賞以招致之此
必携幼扶老以歸聖德若陛下無所用之則繼其絶世存其亡國建其王侯以為畜越此必委質為藩臣世共貢職陛下以方
寸之印〇〇〇〇〇填撫方外不勞一卒不頓一戟而威德並行蒙死徼幸臣聞天子之兵有征而無戰言莫敢校也
如使越人〇〇〇〇以逆執事之顔行厮輿之卒有一不備而歸者雖得越王之首臣猶竊為大漢羞之厭承明廬
助侍燕從容上問助居鄉里時助對曰家貧為友壻富人所辱上問所欲對願為會稽太守於是拜為會稽太守數年不聞問賜
書曰制名會稽太守君〇〇〇之〇勞侍從之事懷故土出為郡吏會稽東接於海南近諸越北枕大江間者濶焉久不聞問

具以春秋對毋以蘇秦從横助恐上書謝稱春秋天王出居於鄭不能事毋故絕之臣事君猶子事父母也臣助當伏誅陛下不忍加誅願奉三年計最詔許因留侍中以上嚴助傳

歌嘔道中

家貧好讀書不治產業常艾薪樵賣以給食擔束薪行且誦書其妻亦負戴相隨數止買臣毋○○○○買臣愈益疾歌妻羞之求去買臣笑曰我年五十當富貴今已四十餘矣汝苦日久待我富貴報汝功妻恚曰如公等終餓死溝中耳何能富貴買臣不能留即聽去其後買臣獨行歌道中負薪墓間故妻與夫家俱上冢見買臣飢寒呼飯飲之

少見其綬

初買臣免待詔常從會稽守邸者寄居飯食拜為太守買臣衣故衣懷其印綬步歸郡邸直上計時會稽吏方相與羣飲不視買臣買臣入室中守邸與共食〻且飽○○○○守邸怪之前引其綬視其印會稽太守章也守邸驚出語上計掾吏皆醉大呼曰妄誕耳守邸曰試來視之其故人素輕買臣者入視之還走疾呼曰實然坐中驚駭白守丞相推排陳列中庭拜謁買臣徐出戶有頃長安廏吏乘駟馬車來迎買臣遂乘傳去

妻夫治道

會稽聞太守且至發民除道縣吏並送迎車百餘乘入吳界見其故妻○○○○買臣駐車呼令後

車載其夫妻到太守舍置園中給食之居一月妻自縊死買臣乞其夫錢令葬悉名見故人與飲食諸嘗有恩者皆報復焉以上朱買臣傳

格五待詔壽王年少以善○○○○

任四千石會東郡盜賊起拜為東郡都尉上以壽王為都尉不復置太守是時軍旅數發年歲不孰多盜賊上賜壽王璽書曰子在朕前之時知畧輻湊以為天下少雙海内寡二及至連十餘城之守○○○之重職事並廢盜賊從横甚不稱在前時何也壽王謝罪因言其狀以上吾丘壽王傳

推恩子弟偃說上曰令諸侯子弟或十數而適嗣代立餘雖骨肉無尺地之封則仁孝之道不宣願陛下令諸侯得○○分○○以地侯之彼人人喜得所願上以德施實分其國必稍自銷弱矣於是上從其計

死五鼎烹大臣皆畏其口賂遺累千金或說偃曰大橫偃曰臣結髮游學四十餘年身不得遂親不以為子昆弟不收賓客棄我我阨日久矣大丈夫生不五鼎食○則○○○耳吾日暮故倒行逆施之以上主父偃傳

土崩瓦解徐樂上書曰臣聞天下之患在於○○不在○○何謂土崩秦之末是也由民困而主不恤下怨而上不知俗已亂而政不修此三者陳涉之所以為資也此之

謂土崩何謂瓦解吳楚齊趙之兵是也當是之時先帝之德未衰而安土樂俗之民衆故諸侯無境外之助此之謂瓦解

以上徐樂傳

僞采淫泰 夫佳麗珍怪固順於耳目故養失而泰樂失而淫禮失而采教失而僞○○○○非所以範民之道也是以天下人民逐利無已犯法者衆臣願為民制度以防其淫使貧富不相燿以和其心以上嚴安傳

前棄繻生 初軍從濟南當詣博士步入關〻吏予軍繻軍問以此何為吏曰為復傳還當以合符軍曰大丈夫西游終不復傳還棄繻而去軍為謁者使行郡國建節東出關〻吏識之曰此使者廼○○○○也

願受長纓 南越與漢和親廼遣軍使南越說其王欲令入朝比内諸侯軍自請○○○○必羈南越王而致之闕下軍遂往說越王越王聽許請舉國内屬天子大悅越相呂嘉不欲内傳發兵攻殺其王及漢使者皆死軍死時年二十餘故世謂之終童以上終軍傳

荷旃被毳 ○○○○者難與道純緜之麗密羨藜唅糗者不足與論太牢之滋味

工用相得 故工人之用鈍器也勞筋苦骨終日砣〻及至巧冶鑄干將之樸清水焠其鋒越砥斂其号水斷蛟龍陸剸犀革忽若彗氾畫塗如此則使離婁督繩公

輸削墨雖崇臺五增延袤丈而不涸者○○○○也百人馬相得庸人之御駕馬亦傷吻弊策而不進於行匈喘

屬汗人極馬倦及至駕齧膝驂乘旦王良執靶韓哀附輿縱馳騁鶩忽如景靡過都越國蹶如歷塊追奔電逐遺風周流八極

萬里壹息何其遼哉○○○○也離疏釋蹻去卑辱與濼而升本朝○○○○而享膏粱剖符錫壤而光祖考傳

之子孫資說士以呴噓呼吸遵游自然之埶恬淡無為之場休徵自至壽考無疆雍容垂拱永〻萬年何必偃卬

詘信若彭祖○○○○○僑松眇然絕俗離世哉如虞侍太子其後太子體不安苦忽〻善忘不樂詔使褒等皆之

太子宮○○○○○朝夕誦讀奇文及所自造作疾平復乃歸太子喜褒所為甘泉及洞簫頌令後宮貴人左右皆誦讀之以

上王褒傳飲泣巷哭當此之時寇賊並起軍旅數發父戰死於前子鬬傷於後女子乘亭鄣孤兒號於道老母寡婦

○○○○遙設虛祭想魂乎萬里之外相習鼻飲駱越之人父子同川而浴○○以○○與禽獸無異本不足郡

縣置也顓〻獨居一海之中霧露氣溼多毒草蟲蛇水土之害人未見虜戰士自死又非獨珠厓有珠犀瑇瑁也棄之不足惜

不擊不損威其民譬由魚鼈何足貪也罷珠厓郡遂下詔曰珠厓虜殺吏民背畔為逆今廷議者或言可擊或言可守或欲棄之其指各殊朕日夜惟思議者之言羞威不行則欲誅之孤疑辟害則守屯田通於時變則憂萬民夫萬民之飢餓與遠蠻之不討危孰大焉且宗廟之祭凶年不備況乎辟不嫌之辱哉今關東大困倉庫空虛無以相贍又以動兵非特勞民凶年隨之其○○○○民有慕義欲內屬便處之不欲勿彊珠厓由是罷○以上賈捐之傳深切著明漢興征伐胡越於是為盛究觀淮南捐之主父嚴安之義○○○○故備論其語以上嚴朱吾丘主父徐嚴終王賈贊

以上本書第三十一卷至第三十四卷

列傳東方朔 公孫賀 劉屈氂 車千秋 楊敞 蔡義 陳萬年 楊王孫 胡建 朱雲 梅福 云敞

待以不次武帝初即位徵天下舉方正賢良文學材力之士○○○○四方士多上書言得失自衒鬻者以千數其不足采者輒報聞罷索長安米朱儒長三尺餘奉一囊粟錢二百四十臣朔長九尺餘亦奉一囊粟錢二百四十朱

儒飽欲死臣朔飢欲死臣言可用幸異其禮不可用罷之毋令但○○○○上大笑因使待詔金馬門稍得親近射物

連中上甞使諸數家射覆置守宮盂下射之皆不能中朔自贊曰臣甞受易請射之廼别著布卦而對曰臣以為龍又無角謂之為虵又有足跂跂脈脈善緣壁是非守宮即蜥蜴上曰善賜帛十匹復使○他○○○輙賜帛歸遺細君

久之伏日詔賜從官肉大官丞日晏不來朔獨拔劍割肉謂其同官曰伏日當早歸請受賜即懷肉去大官奏之朔入上曰昨賜肉不待詔以劍割肉而去之何也朔免冠謝上曰先生起自責也朔再拜曰朔來朔來受賜不待詔何無禮也拔劍割肉壹何壯也割之不多又何廉也○○○○又何仁也上笑使先生自責乃反自譽復賜酒一石肉百斤歸遺細君曰天下

陸海夫南山天下之阻也南有江淮北有河渭其地從汧隴以東商雒以西厥壤肥饒漢興去三河之地止霸産以西都涇渭之南此所謂○○○○之秦之所以虜西戎兼山東者也地號為土膏其山出玉石金銀銅鐵豫章檀柘異類之物此百工所取給萬民所仰足也又有秔稲梨粟桑麻竹箭之饒土宜薑芋水多䵷魚貧者得以人給家足無飢寒之憂

故鄠鎬之間○○○其價畝一金○○號曰董君初帝姑館陶公主號竇太主堂邑侯陳午尚之午死主寡居年五十

餘矣近幸董偃始偃與母以賣珠為事偃年十三隨母出入主家左右言其姣好主召見曰吾為母養之因留第中教書計相

馬御射頗讀傳記至年十八而冠出則執轡入則侍内為人溫柔愛人以主故諸公接之名稱城中○○○○主因推令散財

交士令中府曰董君所發一日金滿百斤錢滿百萬帛滿千匹乃白之稱主人翁有頃主疾愈起謁上以錢千萬

從主飲後數日上臨山林主自執宰敝膝道入登階就坐坐未定上曰願謁主人翁主延下殿去簪珥徒跣頓首謝曰妾無狀

負陛下身當伏誅陛下不致之法頓首死罪有詔謝主簪履起之東箱自引董君董君綠幘傅韝隨主前伏殿下主延贊館陶

公主胞人臣偃昧死再拜謁因叩頭謝上為之起有詔賜衣冠上偃起走就衣冠主自奉食進觴當是時董君見尊不名○為

○○○飲大驩樂主延請賜將軍列侯從官金錢雜繒各有數於是董君貴寵天下莫不聞多踰禮制於是上為

竇太主置酒宣室使謁者引内董君是時朔陛戟殿下辟戟而前曰董偃有斬罪三安得入乎云云上曰善有詔止更置酒北

宮引董君從東司馬門東司馬門更名東交門賜朔黃金三十斤董君之寵由是日衰至年三十而終後數歲竇太主卒與董君會葬於霸陵是後公主貴人○○○○自董偃始

敖弄無屈

朔雖詼笑然時觀察顏色直言切諫上常用之自公卿在位朔皆○○○所為○以上東方朔傳

滑稽之雄

劉向言少時數問長老賢人通於事及朔時者皆曰朔口諧倡辯不能持論喜為庸人誦說故令後世多傳聞者而揚雄亦以為朔言不純師行不純德其流風遺書蔑如也然朔名過實者以其詼達多端不名一行應諧似優不窮似智正諫似直穢德似隱非夷齊而是柳下惠戒其子以上容首陽為拙柱下為工飽食安步以仕易農依隱玩世詭時不逢其○○○○乎朔之詼諧逢占射覆其事浮淺行於衆庶童兒牧豎莫不眩燿而後世好事者因取奇言怪語附著之故詳錄焉　以上東方朔贊

不受印綬

代石慶為丞相封葛繹侯時朝廷多事督責大臣自公孫弘後丞相李蔡嚴青翟趙周三人比坐事誅石慶雖以謹得終然數被譴初賀引拜為丞相○○○○頓首流涕曰臣本邊鄙以鞌馬騎射為官材誠不任宰相上與左右見賀悲哀感動下泣曰扶起丞相賀不肯起上廼起去賀不

得已拜出左右問其故賀曰主上賢明臣不足以稱恐負重責從是殆矣**巫蠱之禍**賀子敬聲代賀爲太僕父子並居公卿位敬聲以皇后姊子驕奢不奉法征和中擅用北軍錢千九百萬發覺下獄是時詔捕陽陵朱安世不能得上求之急賀自請逐捕安世以贖敬聲罪上許之後果得安世安世者京師大俠也聞賀欲以贖子笑曰丞相禍及宗矣南山之竹不足受我辭斜谷之木不足爲我械安世遂從獄中上書告敬聲與陽石公主私通及使人巫祭祠詛上且上甘泉當馳道埋偶人祝詛有惡言下有司案驗賀窮治所犯遂父子死獄中家族以○○○○起自朱安世成於江充遂及公主皇后太子皆敗上公孫賀傳**廚車以狗**是時治巫蠱獄急內者令郭穰告丞相夫人以丞相數有譴使巫祠社祝詛主上有惡言及與貳師共禱祠欲令昌邑王爲帝有司奏請案驗罪至大逆不道有詔載屈氂○○○○要斬東市妻子梟首華陽街貳師將軍妻子亦收貳師聞之降匈奴宗族遂滅　以上劉屈氂傳**子弄父兵**千秋爲高寢郎會衛太子爲江充所譖敗父之千秋上急變訟太子冤曰○○○○罪當笞天子之子過誤殺人當何罪哉臣嘗夢見一白頭翁教臣言是時上頗知太

子惶恐無他意乃大感寤名見千秋至前千秋長八尺餘體貌
甚麗武帝見而悅之謂曰父子之間人所難言也公獨明其不
然此高廟神靈使公教我公當遂為吾輔佐立拜
千秋為大鴻臚數月遂代屈氂為丞相封富民侯
一言寤意
千秋
無他材能術學又無伐閱功勞特以○○○○旬月取宰相封
侯世未嘗有也後漢使者至匈奴單于問曰聞漢新拜丞相何
用得之使者曰以上書言事故單于曰苟如是漢置丞相非用
賢也妄一男子上書即得之矣使者還道單于語武帝以為辱
命欲下之吏良久迺貰之然千秋為人
敦厚有智居位自稱踰於前後數公
小車入殿
千秋為相十
二年薨謚曰
定侯初千秋年老上優之朝見得乘○○○
宮○中故因號曰車丞相以上田千秋傳
參語許諾
昭帝崩
昌邑王
徵即位淫亂大將軍光與車騎將軍張安世謀欲廢王更立議
既定使大司農田延年報敞〻驚懼不知所言汗出洽背徒唯
唯而已延年起至更衣敞夫人遽從東箱謂敞曰此國大事今
大將軍議已定使九卿來報君侯君侯不疾應與大將軍同心
猶與無決先事誅矣延年從更衣還敞夫人與延年
○○○○請奉大將軍教令遂共廢昌邑王立宣帝
名曰山郎

郎官故事令郎出錢市財用給文書乃得出○○○○移病盡一日輒償一沐或至歲餘不得沐其豪富郎日出游戲或行錢
得善部貨賂流行轉相放效惲為中郎將罷山郎移長度大司農以給財用其疾病休謁洗沐皆以法令從事郎謁者有罪過
輒奏免薦舉其高第有行能者至郡守九卿郎官化之莫不自厲絕請謁貨賂之端令行禁止宮殿之內翕然同聲以上楊
敞傳

行步俛僂

義為丞相時年八十餘短小無須貌似老嫗○○○○常兩吏扶夾廼能行時大將軍光秉政議者
或言光置宰相不選賢苟用可顓制者以上蔡義傳

大要教讇

萬年嘗病名咸教戒於床下語至夜半咸睡頭
觸屏風萬年大怒欲杖之曰乃公教戒汝汝反睡不聽吾言何也咸叩頭謝曰具曉所言○○○咸○也萬年廼不復言以
上陳萬年傳

王孫羸葬

楊○○學黃老之術家業千金厚自奉養生亡所不致及病且終先令其子曰吾欲○○
以反吾真必毋易吾意死則為布囊盛尸入地七尺既下從足引脫其囊以身親土其子欲默而不從重廢父命欲從其心又
不忍乃往見王孫友人祁侯祁侯與王孫書

鬻為枯腊

王孫報曰且吾聞之精神者天之有也形骸者地之有

也精神離形各歸其真故謂之鬼鬼之為言歸也其尸塊然獨處豈有知哉裹以幣帛鬲以棺槨支體絡束口含金玉欲化不得○○○○千載之後棺槨朽腐迺得歸土就其真宅由是言之焉用久容祁侯曰善遂贏葬以上楊王孫傳言斬

則斬孝武天漢中守軍正丞貪無車馬常步與走卒起居所以尉薦走卒甚得其心時監軍御史為姦穿北軍壘垣以為賈區建欲誅之迺約其走卒曰我欲與公有所誅吾○取之則取○之○○於是當選士馬日監御史與護軍諸校列坐堂皇上建從走卒趨至堂皇下拜謁因上堂走卒皆上建指監御史曰取彼走卒前曳下堂皇建曰斬之遂斬御史護軍諸校皆愕驚不知所以建已有成奏在其懷中公穿軍垣遂上奏曰臣聞軍法立武以威眾誅惡以禁邪今監御史○○○○以求賈利私買賣以與士市不立剛毅之心勇猛之節無以帥先士大夫尤失理不公用文吏議不至重法黃帝李法曰壁壘已定穿窬不繇路是謂姦人姦人者殺臣謹按軍法曰正亡屬將軍將軍有罪以聞二千石以下行法焉丞於用法疑執事不諉上臣謹以斬昧死以聞繇是顯名制曰司馬法曰國容不入軍軍容不入國何文吏也三王或誓於軍中欲民先

成其慮也或誓於軍門之外欲民先意以待事也或將交刃而誓致民志也建又何疑焉建○○○○以上胡建傳連

拄五鹿是時少府五鹿充宗貴幸為梁丘易自宣帝時善梁丘氏說元帝好之欲考其異同令充宗與諸易家論充宗

乘貴辯口諸儒莫能與抗皆稱疾不敢會有薦雲者名入攝齋登堂抗首而請音動左右既論難○○○○君故諸儒為之語

曰五鹿嶽嶽朱雲折其角

廷辱師傅成帝時丞相故安昌侯張禹以帝師位特進甚尊重雲上書求見公卿在前雲

曰今朝廷大臣上不能匡主下亡以益民皆尸位素餐孔子所謂鄙夫不可與事君苟患失之亡所不至者也臣願賜尚方斬

馬劍斷佞臣一人以厲其餘○上問誰也對曰安昌侯張禹上大怒曰小臣居下訕上○○○罷死不赦御史將雲下雲攀

檻檻折雲呼曰臣得下從龍逢比干游於地下足矣未知聖朝何如耳及後當治檻上曰勿易因而輯之以旌直臣以上朱

雲傳

求假軺傳梅福為郡文學補南昌尉後去官歸壽春數因縣道上言變事○○○○請行在所條對急政輒罷

報以言為諱閭者愚民上疏多觸不急之法或下廷尉而死者衆自陽朔以來天下○○○○朝廷尤甚羣臣皆

承順上指莫有執正何以明其然也取民所上書陛下之所善試下之廷尉廷尉必曰非所宜言大不敬以此卜之一矣故京兆尹王章資質忠直敢面引廷争孝元皇帝擢之以厲具臣而矯曲朝及至陛下戮及妻子且惡惡止其身王章非有反畔之辜而殃及家折直士之節結諫臣之舌羣臣皆知其非然不敢争天下以言為戒最國家之大患也

户牖法坐

故願壹登文石之陛涉赤墀之塗當○○之○○盡平生之愚慮

殷紹嘉公

成帝時福復言宜封孔子後以奉湯祀綏和元年立二王後推迹古文以左氏穀梁世本禮記相明遂下詔封孔子世為○○○○

傳以為仙

福居家常以讀書養性為事至元始中王莽顓政福一朝棄妻子去九江至今○○○○其後人有見福於會稽者變名姓為吴門市卒云以上梅福傳

更名他師

云敞師事同縣吴章章治尚書經為博士平帝以中山王即帝位年幼莽秉政自號安漢公以平帝為成帝後不得顧私親帝母及外家衛氏皆留中山不得至京師莽長子宇非莽鬲絶衛氏恐帝長大後見怨與吴章謀夜以血塗莽門若鬼神之戒異以懼莽章欲因對其咎事發覺莽殺宇誅滅衛氏謀所聯及死者百餘人章坐要斬磔尸

東市門初章為當世名儒教授尤盛弟子千餘人莽以為惡人黨皆當禁固不得仕宦門人盡○○○○敞時為大司徒掾自劾吴章弟子收抱章尸歸棺斂葬之京師稱焉車騎將軍王舜高其志節比之欒布 以上云敞傳

以上本書第三十五卷至第三十七卷

注

月氏 師古曰月氏西域胡國也氏音支 堂邑氏奴甘父 堂邑氏之奴本胡人名甘父 非人所樂聽其言 凡人皆不樂去故有自請為使者即聽而遣之 予節募吏民無問所從來 不為限禁遠近雖家人私隷並許應募 天子為其習之輙覆按致重罪 言其串習不以為難必更求充使也 當以激怒令贖 令立功以贖罪 多玉石采來 臣瓚曰漢使采取持來至漢 以上張騫傳 毋寡 宛王名 侵牟 言如牟賦之食苗也 以上李廣利傳 文成數萬

張晏曰春秋萬八千字其實皆以善為之而不知其義師古曰其心雖善以不知義理
之故則陷於惡也被之空言不敢辭蘇林曰趙盾不知討賊而不敢辭弑君之罪士無不
起躬流涕沫血飲張空拳冒白刃孟康曰沫音靧李奇曰拳弩力也師古曰言流血如
盥靧面也拳音眷陵時矢盡故張弩之空弓非是手拳也以上司馬遷傳毋下所賜書師古曰寄令警
察不欲宣露也清狂不惠如今癡也曰天資喜由亂亡由從也昌邑哀王髆傳以上篁
竹服虔曰竹叢也弗能盡著師古曰不可盡載於圖籍也輿轎過領服虔曰轎音橋臣瓚曰今
竹輿車也江表作竹輿以行是也拕舟入水師古曰拕曳也蝮蛇蠚生蠚毒也音壑畜越
謂畜養之顏行文穎曰顏行猶鴈行在前行故曰顏也承明之廬張晏曰承明廬在石渠閣外直宿所
止曰廬諸越師古曰越種非一故言諸奉三年計最如淳曰舊法當使丞奉歲計今躬自欲入奉也

晋灼曰最凡要也以上嚴助傳 白守丞 張晏曰漢舊郡國丞長吏與計吏俱送計也以上朱買臣傳 格

五 劉德曰格五棊行簺法曰塞白乘五至五格不得行師古曰即今戲之簺也音先代反 四千石 師古曰郡

守都尉皆二千石以壽王為都尉不置太守兼搃二任故云四千石也 以上吾丘壽王傳 五畀食 張晏

曰五畀食牛羊豕魚麋也諸侯五卿大夫三 以上主父偃傳 繻 繻音須繻符也書帛裂而分之若券契矣 以上終

軍傳 彗汜畫塗 師古曰彗帚也汜汜灑地也塗泥也如以帚埽汜灑之地以刀畫泥中言其易 駕齧厀

驂乘旦 孟康曰良馬低頭口至厀故曰齧厀張晏曰駕則旦至暮乘旦 靶 晋灼曰靶音霸謂轡也 韓哀

附輿 應劭曰世本韓哀作御師古曰韓哀韓文侯也時已有御此復言作者加其精巧也 蹶如歷塊

如經歷一塊言其起疾之甚 卑辱奧渫 張晏曰奧幽也渫狎也汙也言敝奧渫汙不章顯也 離疏釋

蹻 應劭曰離此疏食釋此木蹻臣瓚曰以繩為蹻也 以上王褒傳 顓〻 師古曰與專同猶區〻也 以上賈

捐之傳輙報聞罷報云天子已聞其所上之書而罷之令歸射覆於覆器之下而置諸物令闇揆之

置守宮盂下守宮蟲名也術家云以器養之食以丹砂滿七斤擣治萬杵以點女人體終身不滅若有房室之事則滅矣言可以防閑淫逸故謂之守宮也盂食器也若盂而大今之所謂盋盂也跂跂脈脈善緣

壁是非守宮即蜥蜴跂跂行貌脈脈視貌也爾雅云蠑螈蜥蜴蜥蜴蝘蜓守宮是則一類耳揚雄方言曰其在澤中者謂之蜥蜴故朔曰是非守宮即蜥蜴也蜴音余赤反蝘音烏費反蜓音殄細君朔妻之名一說細小也朔自比於諸侯謂其妻曰小君竇太主如淳曰竇太后之女故曰竇太主也中府師古曰掌金帛之臧

者也執宰敝膝為賤者之服綠幘傅韝綠幘賤人之服也傅著也韝即今之臂韝也東交

門蘇林曰以偃從此門入交會於內故以名焉以上東方朔傳上容應劭曰容身避害也柱下為工

老子為周柱下史朝隱故終身無患逢占師古曰逢占逆占事猶云逆刺也以上東方朔贊斜谷之木

不足為戎械謂桎梏也偶人刻木為人象人之形謂之偶人並也對也以上公孫賀傳廚車以狗載食之車也狗行示也以上劉屈氂傳參語三人共言故云參語山郎張晏曰山財用之所出故取爲名移病盡一日輒償一沐師古曰言出財用者雖非休沐常得在外也貧者實病皆以沐假償之也行錢得善部郎官之職各有主部故行錢財而擇其善以招權也移長度大司農以給財用應劭曰長久也一歲之調度也師古曰言總計一歲所須財用及文書之調度而移大司農以官錢供給之更不取於郎也以上楊敞傳守軍正丞南北軍各有正〻又置丞而建未得真官兼守之穿北軍壘垣以為賈區賈音古坐賣曰賈為賣物之區也區者小室之名若今小庵屋之類御史與護軍諸校列坐堂皇上校者軍之諸部校也室無四壁曰皇李法蘇林曰獄官名也天文志左角李右角將師古曰李者法官之號也總主征伐刑戮之事故稱其書曰李法正亡屬將軍將

軍有罪以聞言軍正不屬將軍將軍有罪過得表奏之二千石以下行法孟康曰二千石謂軍中校尉都尉之屬丞於用法疑丞屬軍正斬御史於法有疑執事不諉上師古曰諉累也言執事者當見法即行不可以事累於上也欲民先意以待事謂先為之意也致民志欲致民勇志使不奔北以上胡建傳攝齋齋衣下之裳連拄五鹿君拄刺也距也嶽嶽長角之貌以上朱雲傳因縣道上言變事附縣道之使而封奏也求假軺傳小車之屬也軺音遙多觸不急之法以其所言為不急而罪之也赤墀應劭曰以丹淹泥塗殿上也戶牖之法坐師古曰戶牖之間謂之扆言負扆也法坐正坐也聽朝之處猶言法官法駕也以上梅福傳

前漢書隨筆録卷十二

列傳

霍光 趙充國 金日磾 辛慶忌

託命將軍

光字子孟票騎將軍去病弟也父中孺河東平陽人以縣吏給事平陽侯家與侍者衛少兒私通而生去病中孺吏畢歸家娶婦生光因絶不相聞久之少兒女弟子夫得幸於武帝立為皇后去病以皇后姊子貴幸既壯大廼自知父為霍中孺未及求問會為票騎將軍擊匈奴道出河東河東太守郊迎負弩矢先驅至平陽傳舍遣吏迎中孺中孺趨入拜謁將軍迎拜因跪曰去病不早自知為大人遺體也中孺扶服叩頭曰老臣得〇〇〇〇此天力也去病大人為中孺買田宅奴婢而去還復過為廼將 光西至長安時年十餘歲

可屬社稷

征和二年衛太子為江充所敗而燕王旦廣陵王胥皆多過失是時上年老寵姬鉤弋趙倢伃有男上心欲以為嗣命大臣輔之察羣臣唯光任大重〇〇〇〇上廼使黃門畫者畫周公負成王朝諸侯以賜光後元二年春上游五柞宮病篤光涕泣問曰如有不諱誰當嗣者上曰君未諭前畫意邪立少

子君行周公之事光頓首讓曰臣不如金日磾日磾亦曰臣外國人不如光沈靜詳審光為人○○○○長財七
尺三寸白晳疏眉目美須髯每出入下殿門止進有常處郎僕射竊識視之不失尺寸其資性端正如此詔增郎秩
初輔幼主政自己出天下想聞其風采殿中嘗有怪一夜羣臣相驚光名尚符璽郎々不肯授光々欲奪之郎按劍曰臣頭可
得璽不可得也光甚誼之明日○○此○○二等衆庶莫不多光會議未央光廼引延年給事中陰與車騎將軍
張安世圖計遂名丞相御史將軍列侯中二千石大夫博士○○○○宮光曰昌邑王行昏亂恐危社稷如何羣臣皆驚愕失
色但唯々而已田延年前離席按劍曰先帝屬將軍以幼孤寄將軍以天下以將軍忠賢能安劉氏也今羣下鼎沸社稷將傾
且漢之傳謚常為孝者以長有天下令宗廟血食也如令漢家絕祀將軍雖死何面目見先帝於地下乎今日之議不得旋踵
羣臣後應者臣請劍斬之光謝曰九卿責光是也天下匈々不安光當受難於是議者皆叩頭曰萬姓之命在於將軍唯大將
軍令敕謹宿衛光即與羣臣俱見白太后具陳昌邑王不可以承宗廟狀皇太后廼車駕幸未央承明殿詔諸禁門

毋内昌邑羣臣王入朝太后還乘輦欲歸温室中黄門宦者各持門扇王入門閉昌邑羣臣不得入王曰何為大將軍跪曰有皇太后詔毋内昌邑羣臣王曰徐之何廼驚人如是光使盡驅出昌邑羣臣置金馬門外車騎將軍安世將羽林騎收縛二百餘人皆送廷尉詔獄令故昭帝侍中中臣侍守王光○左右○○○卒有物故自裁令我負天下有殺主名王尚未自知當廢謂左右我故羣臣從官安得罪而大將軍盡繫之乎頃之太后有太后詔召王王〻聞召意恐廼曰我安得罪而召我哉

詔廢

太后被珠襦盛服坐武帳中侍御數百人皆持兵期門武士陛戟陳列殿下羣臣以次上殿名昌邑王伏前聽詔光與羣臣連名奏王尚書令讀奏周襄王不能事毋春秋曰天王出居于鄭由不孝出之絶之於天也宗廟重於君陛下未見命高廟不可以承天序奉祖宗廟子萬姓當廢臣請有司御史大夫臣誼宗正臣德太常臣昌與太祝以一太牢具告祠高廟臣敞等昧死以聞皇太后詔曰可光令王起拜受詔王曰聞天子有争臣七人雖無道不失天下光曰皇○○○○安得天子廼即持其手解脱其璽組奉上太后扶王下殿出金馬門羣臣隨送王西面拜曰愚戇不任漢事起就乘輿副車大將軍光送

至昌邑即光謝曰王行自絕於天臣等駑怯不能殺身報德臣寧負王不敢負社稷願王自愛臣長不復見左右光涕泣而去

乘輿制度光薨上及皇太后親臨光喪太中大夫任宣與侍御史五人持節護喪事中二千石治莫府冢上賜金錢繒絮繡被百領衣五十篋璧珠璣玉衣便房黃腸題湊各一具樅木外藏椁十五具東園溫明皆如○○○○載光尸柩以轀輬車黃屋左纛發材官輕車北軍五校士軍陳至茂陵以送其葬謚曰宣成侯發三河卒穿復土起冢祠堂置園邑三百家長丞奉守如舊法既葬封山為樂平侯以奉車都尉領尚書事

廣治第室禹既嗣為博陸侯太夫人顯改光時所自造塋制而侈大之起三出闕築神道北臨昭靈南出承恩盛飾祠室輦閣通屬永巷而幽良人婢妾守之○○○○作乘輿輦加畫繡絪馮黃金塗韋絮薦輪侍婢以五采絲輓顯游戲第中初光愛幸監奴馮子都常與計事及顯寡居與子都亂而禹山亦並繕治第宅走馬馳逐平樂館雲當朝請數稱病私出多從賓客張圍獵黃山苑中使蒼頭奴上朝謁莫敢譴者而顯及諸女晝夜出入長信宮殿中無期度

內不能善宣帝自在民間聞知霍氏尊盛日久○○○○光薨上始躬親朝政

御史大夫魏相給事中顯謂禹雲山汝曹不務奉大將軍餘業今大夫給事中他人一間汝能復自救邪後兩家奴爭道霍氏奴入御史府欲蹋大夫門御史爲叩頭謝廼去人以謂霍氏顯等始知憂

不關尚書

顯及禹山雲自見日侵削數相對啼泣自怨山曰今丞相用事縣官信之盡變易大將軍時法令以公田賦與貧民發揚大將軍過失又諸儒生多寠人子起遠客飢寒喜妄說狂言不避忌諱大將軍常讎之今陛下好與諸儒生語人人自使書對事多言我家者嘗有上書言大將軍時主弱臣强專制擅權今其子孫用事昆弟益驕恣恐危宗廟災異數見盡爲是也其言絶痛山屏不奏其書後上書者益黠盡奏封事輙使中書令出取之○○○○益不信人

始有邪謀

顯曰丞相數言我家獨無罪乎山曰丞相廉正安得罪我家昆弟諸壻多不謹又聞民間讙言霍氏毒殺許皇后寧有是邪顯恐急即具以實告山雲禹山雲禹驚曰如是何不早告禹等縣官離散斥逐諸壻用是故也此大事誅罰不小奈何於是○○○○矣

徙薪曲突

初霍氏奢侈茂陵徐生曰霍氏必亾夫奢則不遜不遜者必侮上侮上者逆道也在人之右衆必害之霍氏秉權日久害之者多矣天下害之而又

行以逆道不亾何待三廼上疏言霍氏泰甚陛下即愛厚之宜以時抑制無使至亾書三上輒報聞其後霍氏誅滅而告霍氏者以
皆封人為徐生上書曰鄉使福説得行則國無裂土出爵之費臣無逆亂誅滅之敗往事既已而福獨不蒙其功唯陛下察之
之貴○○○○之集使居焦髮灼爛之右上乃賜福帛十疋後以為郎 萌於驂乘 宣帝始立謁見高廟大將軍光
從驂乘上內嚴憚之若有芒刺在背後車騎將軍張安世代光驂乘天子從容肆體甚安近焉及光身死而宗族竟誅故俗傳
之曰威震主者不畜霍氏之禍○○○○至成帝時為光置守冢百家吏卒奉祠焉元始二年封光從父昆弟曾孫陽為博陸
侯千戶上霍光傳 以心敬日磾 日磾子二人皆愛為帝弄兒常在旁側弄兒或自後擁上項日磾在前而目之
弄兒走且啼曰翁怒上謂日磾何怒吾兒為其後弄兒壯大不謹自殿下與宮人戲日磾適見之惡其淫亂遂殺弄兒弄兒即
日磾長子也上聞之大怒日磾頓首謝具言所以殺弄兒狀上甚哀為之泣已而○○○○ 奏廁心動 初莽何羅
與江充相善及充敗衛太子何羅弟通用誅太子時力戰得封後上知太子冤廼夷滅充宗族黨與何羅兄弟懼及遂謀為逆

日磾視其志意有非常心疑之陰獨察其動靜與上下何羅亦覺日磾意以故久不得發是時上行幸林光宮日磾小疾臥廬何羅與通及小弟安成矯制夜出共殺使者發兵明旦上未起何羅亡何從外入日磾○○○○立入坐內戶下須臾何羅褏白刃從東箱上見日磾色變走趨臥內欲入行觸寶瑟僵日磾得抱何羅因傳曰莽何羅反上驚起左右拔刃欲格之上恐并中日磾止勿格日磾捽胡投何羅殿下得禽縛之窮治皆伏辜由是著忠孝節

目不忤視

日磾自在左右○○○○者數十年賜出宮女不敢近上欲內其女後宮不肯其篤慎如此上尤奇異之及上病屬霍光以輔少主光讓日磾日磾曰臣外國人且使匈奴輕漢於是遂為光副　以上金日磾傳

擁昭立宣

霍光以結髮內侍起於階闥之間確然秉志誼形於主受繈褓之託任漢室之寄當廟堂擁幼君摧燕王仆上官因權制敵以成其忠處廢置之際臨大節而不可奪遂匡國家安社稷○○○○光為師保雖周公阿衡何以加此

不學無術

然光○○○○闇於大理陰妻邪謀立女為后湛溺盈溢之欲以增顛覆之禍死財三年宗族誅夷哀哉昔霍叔封於晉〻即河東光豈其苗裔乎

七世內侍

金日

碑夷狄以國羈虜漢庭而以篤敬寤主忠信自著勒功上將傳
國後嗣世名忠孝○○○○何其盛也本以休屠作金人為祭
天主故因賜姓金
氏云竝霍金贊

先計後戰

充國常以遠斥候為務行必為戰
備止必堅營壁尤能持重愛士卒
○○而○○遂西至西部都尉府日饗
軍士士皆欲為用虜數挑戰充國堅守

全師保勝

故臣愚冊欲
捐罕开闇昧
之過隱而勿章先行先零之誅以震動之宜悔過反善因赦
其罪選擇良吏知其俗者揗循和輯此○○○○安邊之冊
候

便為寇

今先零羌楊玉此羌之首師名王將騎四千及煎鞏騎
五千阻石山木○○○○罕羌未有所犯今置先零先
擊罕釋有罪誅無辜起壹難
就兩害誠非陛下本計也

交堅黨合

先零羌虜欲為背畔故
與罕开解仇結約然其
私心不能亡恐漢兵至而罕开背之也臣愚以為其計常欲先
赴罕开之急以堅其約先擊罕羌先零必助之今虜馬肥糧食
方饒擊之恐不能傷害適使先零得施德於罕羌堅其約合其
黨虜○○○○精兵二萬餘人迫脅諸小種附著者稍衆莫須
之屬不輕得離也如是虜兵寖多誅之用力數
倍臣恐國家憂累繇十年數不二三歲而已

上屯田奏

遂○
○○

○曰且羌虜易以計破難用兵碎也故臣愚以爲擊之不便
計度臨羌東至浩亹羌虜故田及公田民所未墾可二千頃以
上其間郵亭多壞敗者臣前部士入山伐材木大小六萬餘枚
皆在水次願罷騎兵留弛刑應募及淮陽汝南步兵與吏士私
從者合凡萬二百八十一人用穀月二萬七千三百六十三斛
鹽三百八斛分屯要害處冰解漕下繕鄉亭浚溝渠治湟陿以
西道橋七十所令可至鮮水左右田事出賦人二十晦至四月
草生發郡騎及屬國胡騎伉健各千倅馬什二就草爲田者遊
兵以充入金城郡益積蓄省大費今大司農所轉
穀至者足支萬人一歲食謹上田處及器用簿
便宜十二
蠻夷
習俗雖殊於禮義之國然其欲避害就利愛親戚畏死亾一也
今虜亾其美地薦草愁於寄託遠遁骨月離心人有畔志而明
主班師罷兵萬人留田順天時因地利以待可勝之虜雖未即
伏辜兵決可碁月而望羌虜瓦解前後降者萬七百餘人及受
言去者凡七十輩此坐支解羌虜之具
也臣謹條不出兵留兵○○○○事
可日月蓂
臣聞兵以計
爲本故多筭
勝少筭先零羌精兵分餘不過七八千人失地遠客分散飢凍
罕开莫須又頗暴略其羸弱畜產畔還者不絕皆聞天子明令

相捕斬之賞臣愚以為虜破壞○○○○遠在來春故曰兵決可朞月而望

高山遠望

竊見北邊自敦煌至遼東萬一千五百餘里乘塞列隧有吏卒數千人虜數大衆攻之而不能害今留步士萬人屯田地埶平易多○○○○之便部曲相保為壍壘木樵校聯不絕便兵弩飭鬬具烽火幸通埶及并力以逸待勞兵之利者也

不戰自破

臣愚以為屯田內有亡費之利外有守禦之備騎兵雖罷虜見萬人留田為必禽之具其土崩歸德宜不久矣從今盡三月虜馬羸瘦必不敢捐其妻子於他種中遠涉河山而來為寇又見屯田之士精兵萬人終不敢復將其累重還歸故地是臣之愚計所以度虜且必瓦解其處○○而○○之冊也

當為後法

充國奏言羌本可五萬人軍凡斬首七千六百級降者三萬一千二百人溺河湟飢餓死者五六千人定計遺脫與煎鞏黃羝俱亡者不過四千人羌靡忘等自詭必得請罷屯兵奏可充國振旅而還所善浩星賜迎說充國曰衆人皆以破羌強弩出擊多斬首獲降虜以破壞然有識者以為虜埶困窮兵雖不出必自服矣將軍即見宜歸功於二將軍出擊非愚臣所及如此將軍計未失也充國曰吾年老矣爵位已極豈嫌伐一時事以欺明主

哉兵執國之大事○○○○老臣不以餘命壹為陛下明言兵之利害卒死誰當復言之者卒以其意對

持橐簪筆

初破羌將軍武賢在軍中時與中郎將卬宴語卬道車騎將軍張安世始嘗不快上上欲誅之卬家將軍以為安世本○○○○事孝武帝數十年見謂忠謹宜全度之安世用是得免及充國還言兵事武賢罷歸故官深恨上書告卬泄省中語卬坐禁止而入至充國莫府司馬中亂屯兵下吏自殺充國乞骸骨賜安車駟馬黃金六十斤罷就第朝廷每有四夷大議常與參兵謀問籌策焉

料敵制勝

初充國以功德與霍光等列畫未央宮成帝時西羌嘗有警上思將帥之臣追美充國廼召黃門郎揚雄即充國圖畫而頌之○營平守節屢奏封章○○○○威謀靡亢遂克西戎還師於京鬼方賓服罔有不庭

以上趙充國傳

為國虎臣

慶忌居處恭儉食飲被服尤節約然性好輿馬號為鮮明唯是為奢○○○○遭世承平匈奴西域親附敬其威信

以上辛慶忌傳

以上本書第三十八卷至第三十九卷

列傳 傅介子 雋不疑 常惠 疏廣 鄭吉 于定國 甘延壽 薛廣德 陳湯 平當 段會宗 彭宣

斬樓蘭王 先是龜茲樓蘭皆嘗殺漢使者至元鳳中介子以駿馬監求使大宛因詔令責樓蘭龜茲國還奏事詔拜介子為中郎遷平樂監介子謂大將軍霍光曰樓蘭龜茲數反覆而不誅無所懲艾介子過龜茲時其王近就人易得也願往刺之以威示諸國大將軍曰龜茲道遠且驗之於樓蘭於是白遣之介子與士卒俱齎金幣揚言以賜外國為名至樓蘭樓蘭王意不親介子介子陽引去至其西界使譯謂曰漢使者持黃金錦繡行賜諸國王不來受我去之西國矣即出金幣以示譯〻〻還報王〻〻貪漢物來見使者介子與坐飲陳物示之飲酒皆醉介子謂王曰天子使我私報王〻〻起隨介子入帳中屏語壯士二人從後刺之刃交匈立死其貴人左右皆散走介子告諭以王負漢罪天子遣我來誅王當更立前太子質在漢者漢兵方至毋敢動〻〻滅國矣遂持王首還詣闕公卿將軍議者咸嘉其功上廼下詔曰 平樂監傅介子持節使誅○○○○安歸首縣之北闕以直報怨不煩士衆其封介子為義陽侯食邑七百戶 以上傅介子傳

縛姑翼來 惠因奏請

龜茲國嘗殺校尉賴丹未伏誅請便道擊之宣帝不許大將軍霍光風惠以便宜從事惠與吏士五百人俱至烏孫還過發西國兵二萬人令副使發龜茲東國二萬人烏孫兵七千人從三面攻龜茲兵未合先遣人責其王以前殺漢使狀王謝曰廼我先王時為貴人姑翼所誤耳我無罪惠曰即如此○○○○吾置王〻執姑翼詣惠〻斬之而還以上常惠傳

都護之置 吉既破車師降日逐威震西域遂并護車師以西北道故號都護○○○○自吉始焉

西域莫府 於是中○○而立○○治烏壘城鎮撫諸國誅伐懷集之漢之號令班西域矣始自張騫而成於鄭吉以上鄭吉傳

投石拔距 延壽少以良家子善騎射為羽林○○○○絕於等倫常超踰羽林亭樓由是遷為郎試弁為期門以上甘延壽傳

矯制發兵 建昭三年湯與延壽出西域湯為人沈勇有大慮多策謀喜奇功每過城邑山川常登望既領外國與延壽謀曰夷狄畏服大種其天性也西域本屬匈奴今郅支單于威名遠聞侵陵烏孫大宛常為康居畫計欲降服之如得此二國北擊伊列西取安息南排月氏山離烏弋數年之間城郭諸國危矣且其人剽悍好戰伐數取勝久畜之必為西

域恵郅支單于雖所在絶遠蠻夷無金城强弩之守如發屯田吏士敺從烏孫衆兵直指其城下彼亾則無所之守則不足自
保千載之功可一朝而成也延壽亦以為然欲奏請之湯曰國家與公卿議大策非凡所見事必不從延壽猶與不聽會其久
病湯獨○○○城郭諸國●車師戊己校尉屯田吏士延壽聞之驚起欲止焉湯怒按劔叱延壽曰大衆已集會豎子欲沮衆
邪延壽遂從之部勒行陳益揚威白虎合騎之校漢兵胡兵合四萬餘人延壽湯上疏自劾奏矯制陳言兵狀即日引軍分行
別為六校縣頭槀街單于男女百餘人走入大內漢兵縱火吏士爭入單于被創死軍候假丞杜勳斬單于首得漢
使節二及谷吉等所齎帛書諸鹵獲以畀得者凡斬閼氏太子名王以下千五百一十八級生虜百四十五人降虜千餘人賦
予城郭諸國所發十五王於是延壽湯上疏曰匈奴呼韓邪單于已稱北藩唯郅支單于叛逆未伏其辜大夏之西以為彊
漢不能臣也郅支單于慘毒行於民大惡通於天臣延壽臣湯將義兵行天誅賴陛下神靈陰陽並應天氣精明陷陳克敵斬
郅支首及名王以下宜○○○○蠻夷邸間以示萬里明犯彊漢者雖遠必誅生事蠻夷既至論功石顯匡衡以為

延壽湯擅興師矯制幸得不誅如復加爵土則後奉使者爭欲乘危徼幸○○於○○為國招難漸不可開元帝內嘉延壽湯功而重違衡顯之議々久不決**萬夷慴伏**故宗正劉向上疏曰郅支單于囚殺使者吏士以百数事暴揚外國傷威毀重羣臣皆閔焉陛下赫然欲誅之意未嘗有匹西域都護延壽副校尉湯承聖指倚神靈總百蠻之君攬城郭之兵出百死入絶域遂蹈康居屠五重城搴歙侯之旗斬郅支之首縣旌萬里之外揚威昆山之西埽谷吉之恥立昭明之功○○○○莫不震懼呼韓邪單于見郅支已誅且喜且懼鄉風馳義稽首來賓願守北藩累世稱臣立千載之功建萬世之安羣臣之勲莫大焉**挫於刀筆**司馬法曰軍賞不踰月欲民速得為善之利也蓋急武功重用人也吉甫之歸周厚賜之其詩曰吉甫燕喜既多受祉來歸自鎬我行永久千里之鎬猶以為遠況萬里之外其勤至矣延壽湯既未獲受祉之報反屈捐命之功久○○○之前非所以勸有功厲戎士也**武暢西海**太中大夫谷永上疏訟湯曰竊見關內侯陳湯前使副西域都護忿郅支之無道閔王誅之不加策慮愊億義勇奮發卒興師奔逝橫厲烏孫踰集都賴屠三重城斬郅支首報十年之

逋誅雪邊吏之宿恥威震百蠻○○○○漢元以來征伐方外之將未嘗有也○**喋血萬里**今湯親秉鉞席卷○○○○之外薦功祖廟告類上帝介冑之士靡不慕義以言事為罪無赫赫之惡周書曰記人之功忘人之過宜為君者也夫犬馬有勞於人尚加帷蓋之報況國之功臣哉**趣立其功**議郎耿育上書言便宜因訟湯曰延壽湯為聖漢揚鉤深致遠之威雪國家累年之恥討絕域不羈之君係萬里難制之虜豈有比哉先帝加之仍下明詔宣著其功改年垂歷傳之無窮應是南郡獻白虎邊垂無警備會先帝寢疾然猶垂意不忘數使尚書責問丞相○○○○獨丞相匡衡排而不予封延壽湯數百戶此功臣戰士所以失望也**排妬有功**孝成皇帝承建業之基乘征伐之威兵革不動國家無事而大臣傾邪讒佞在朝曾不深惟本末之難以防未然之戒欲專主威○○○○使湯塊然被冤拘囚不能自明卒以無罪老棄敦煌正當西域通道令威名折衝之臣旋踵及身復為郅支遺虜所笑誠可悲也至今奉使外蠻者未嘗不陳郅支之誅以揚漢國之盛夫援人之功以懼敵棄人之身以快讒豈不痛哉**制於脣舌**遠覽之士莫不計度以為湯功累世不可及而

湯過人情所有湯尚如此雖復破絕筋骨暴露形骸猶復○○
○○為嫉妬之臣所係虜耳此臣所以為國家尤戚戚也書奏

天子還湯卒於長安以上陳湯傳毋求奇功西域諸國上書願得會宗陽朔中復為都護會宗為人好大節矜功

名與谷永相友善谷永閔其老復遠出予書曰足下以柔遠之令德復典都護之重職甚休甚休若子之材可優游都城而取

卿相何必勒功昆山之仄總領百蠻懷柔殊俗子之所長愚無以喻雖然朋友以言贈行敢不略意方今漢德隆盛遠人賓服

傅鄭甘陳之功没齒不可復見願因循舊貫○○○○終更亟還亦足以復鴈門之踦萬里之外以身為本願詳思愚言以

上段會宗傳嚴而不殘不疑擢為京兆尹京師吏民敬其威信每行縣錄囚徒還其毋輒問不疑有所平反活幾

何人即不疑多有所平反毋喜笑為飲食語言異於他時或無所出毋怒為之不食故不疑為吏○○○○當用經

術始元五年有一男子乘黃犢車建黃旐衣黃襜褕著黃冒詣北闕自謂衛太子公車以聞詔使公卿將軍中二千石雜識

視長安中吏民聚觀者數萬人右將軍勒兵闕下以備非常丞相御史中二千石至者立莫敢發言京兆尹不疑後到叱從吏

收縛或曰是非未可知且安之不疑曰諸君何患於衛太子昔蒯聵違命出奔輒拒而不納春秋是之衛太子得罪先帝亡不即死今來自詣此罪人也遂送詔獄天子與大將軍霍光聞而嘉之曰公卿大臣○○○○明於大誼由是名聲重於朝廷在位者皆自以不及也

心利其言

廷尉驗治何人竟得姦詐本夏陽人姓成方名遂居湖以卜筮為事有故太子舍人嘗從方遂卜謂曰子狀貌甚似衛太子方遂○○○○幾得以富貴即詐自稱詣闕廷尉逮名鄉里識知者張宗祿等方遂坐誣罔不道要斬東市一姓張名延年以上雋不疑傳

歸老故鄉

廣徙為太傅廣兄子受亦以賢良舉為太子家令太子每朝因進見太傅在前少傅在後父子並為師傅朝廷以為榮在位五歲皇太子年十二通論語孝經廣謂受曰吾聞知足不辱知止不殆功遂身退天之道也今仕官至二千石宦成名立如此不去懼有後悔豈如父子相隨出關○○○○以壽命終不亦善乎受叩頭曰從大人議即日父子俱移病滿三月賜告廣遂稱篤上疏乞骸骨上以其年篤老皆許之加賜黃金二十斤皇太子贈以五十斤公卿大夫故人邑子設祖道供張東都門外送者車數百兩辭決而去及道路觀者皆曰賢

哉二大夫或歎息為之下泣趣賣共具廣既歸鄉里日令家共具設酒食請族人故舊賓客相娛樂數問其家金
餘尚有幾所〇〇以〇〇廣曰我豈老誖不念子孫哉顧自有舊田廬令子孫勤力其中足以共衣食今復增益之以為贏餘
但教子孫怠墯耳賢而多財則損其志愚而多財則益其過且夫富者衆人之怨也吾既無以教化子孫不欲益其過而生怨
又此金者聖主所以惠養老臣也故樂與鄉黨宗族共饗其賜以盡吾餘日不亦可乎於是族人悅服皆以壽終以上疏廣
傳號于公祠其父于公為縣獄史郡決曹決曹平羅文法者于公所決皆不恨郡中為之生立祠〇曰〇〇〇
執經北面遷水衡都尉超為廷尉定國乃迎師學春秋身〇〇〇〇備弟子禮為人謙恭尤重經術士雖卑賤徒步
徃過定國皆與鈞禮恩敬甚備學士咸稱焉自以不寃其決疑平法務在哀鰥寡罪疑從輕加審慎之心朝廷稱
之曰張釋之為廷尉天下無寃民于定國為廷尉民〇〇〇〇上書自劾代黃霸為丞相封西平侯永光元年春
霜夏寒日青亡光上復以詔條責曰郎有從東方來者言民父子相棄丞相御史案事之吏匿不言邪將從東方來者加增之

也何以錯繆至是欲知其實方今年歲未可預知也即有水旱其憂不細公卿有可以防其未然救其已然者不各以誠對毋

有所諱定國惶恐○○○○歸侯印乞骸骨高大閭門始定國父于公其閭門壞父老方共治之于公謂曰少○

○○○令容駟馬高蓋車我治獄多陰德未嘗有所寃子孫必有興者至定國為丞相永為御史大夫封侯傳世云以上于

定國傳温雅醞藉廣德為人○○有○○及為三公直言諫争曉人如是其秋上酎祭宗廟出便門

欲御樓船廣德當乘輿車免冠頓首曰宜從橋詔曰大夫冠廣德曰陛下不聽臣〻自刎以血汙車輪陛下不得入廟矣上不

悦先歐光祿大夫張猛進曰臣聞主聖臣直乘船危就橋安聖主不乘危御史大夫言可聽上曰○○不當○○邪乃從橋

縣其安車廣德為御史大夫凡十月免東歸沛太守迎之界上沛以為榮○○○○傳子孫以上薛廣德傳奉

使為最使行流民幽州舉奏刺史二千石勞倈有意者言勃海監池可且勿禁以救民急所過見稱○○者十一人○

○經明禹貢當以○○○○使行為騎都尉領河隄父子宰相復為光祿勳御史大夫至丞相以冬

月賜爵關內侯明年春上使〻者名欲封當〻病篤不應名室家或謂當不可強起受侯印為子孫邪當曰吾居大位已負素餐之責矣起受侯印還臥而死〻有餘罪今不起者所以為子孫也遂上書乞骸骨子晏以明經歷位大司徒封防鄉侯漢興唯韋平○○至○○以上平當傳

鼎足承君會哀帝崩新都侯王莽為大司馬秉政專權宣上書言三公○○○○一足不任則覆亂美實臣資性淺薄年齒老眊數伏疾病昏亂遺忘願上大司空長平侯印綬乞骸骨歸鄉里俟寘溝壑以上彭宣傳

以上本書第四十卷至第四十一卷

注

扶服師古曰扶音蒲北反

黃門畫者黃門之署職任親近以供天子百物在焉故亦有畫工

白皙皙潔白也

光名尚符璽郎恐有變難故欲收其璽

珠襦晉灼曰貫珠以為襦形若今革襦矣

治莫府冢上如淳曰為冢者典

璧珠璣玉衣師古曰漢儀注以玉為襦如鎧狀連綴之以黃金為

縷要以下玉為札長尺廣二寸半為甲下至足亦綴以黃金縷梓宮以梓木為之為天子制故稱梓宮便房黃腸題湊服虔曰便房藏中便坐也蘇林曰以柏木黃心致累棺外故曰黃腸木頭皆向內故曰題湊師古曰便房小曲室也樅木外臧椁服虔曰在正臧外婢妾臧也或曰廚廄之屬也師古曰爾雅及毛詩傳並云樅木松葉柏身東園溫明服虔曰東園處此器形如方漆桶開一面漆畫之以鏡置其中以懸屍上大斂并蓋之師古曰東園署名也屬少府其署主作此器也轀輬車師古曰轀輬車本安車也可以臥息後因載喪飾以柳翣故遂為喪車耳轀者密閉輬者旁開窻牖各別一乘隨事為名後人既專以載喪又去其一總為藩飾而合二名呼之耳黃屋左纛李斐曰天子車以黃繒為蓋裏纛毛羽幢也在乘輿車衡左方上注之蔡邕曰以犛牛尾為之如斗或在騑頭或在衡纛徒到反北臨昭靈南出承恩服虔曰昭靈承恩皆館名也輦閣通屬永巷師古曰此亦其冢上作輦閣之道及永巷也非謂掖庭之永巷也加畫繡絪馮黃

金塗如淳曰細亦茵馮所謂馮者也以黄金塗飾之師古曰茵褥也以繡為茵馮而黄金塗輿輦也韋絮薦

輪晋灼曰御輦以韋緣輪著之以絮師古曰取其行安不摇動也著音張吕反○以上霍光傳捽胡投何

羅殿下胡頸也捽其頸而投殿下也捽音才乞反以上金日磾傳先零豪鄭氏曰零音憐豪師長也

罕开蘓林曰罕开在金城南師古曰罕开羌之別種也氷解漕下師古曰漕下以水運木而下也

田事出賦人二十晦田事出謂至春人出營田也賦謂班與之也倅馬什二倅副也什

二者千騎則與副馬二百匹也薦草薦稠草受言去者謂羌受充國之言歸相告喻者也塹壘

木樵樵與譙同謂為高樓以望敵也校聯不絕謂用木自相貫穿以為固者周禮校人掌王馬之政六廐

成校蓋用闌械闌養馬也說文解字云校木囚也亦謂以木相貫遮闌禽獸也今云校聯不絕言營壘相持橐簪

筆張晏曰橐契囊也近臣負橐簪筆從備顧問或有所紀也卬坐禁止而入至充國莫府

司馬中亂屯兵如淳曰方見禁止而入至充國莫府司馬中司馬中律所謂營軍司馬中也以上趙充國傳都護師古曰並護南北二道故謂之都中西域而立莫府言最處諸國之中近遠均也以上鄭吉傳投石拔距法應劭曰投石以石投入也張晏曰范蠡兵飛石重十二斤為機發行二百步延壽有力能以手投之拔距超距也師古曰拔距者有入連坐相把據地距以為堅而能拔取之皆言其有手掣之力今人猶言拔爪之戲蓋拔距之遺法試弁孟康曰弁手搏以上甘延壽傳南排月氏山離烏弋数年之間城郭諸國危矣服虔曰山離烏弋不在二十六國中去中國二萬里師古曰謂西域國為城郭者言不隨畜牧遷徙以別於匈奴也揚威白虎合騎之校師古曰一校則別為一部軍故稱校揚特新置此等諸校名以為威聲也賦予城郭諸國所發十五王賦謂班與之也所發十五王謂所發諸國之兵共圍郅支王者也縣頭槀街蠻夷邸間槀街〻名蠻夷邸在此街也邸若今

鴻臚客館也棄慮悀億悀億憤怒之貌也踰集都賴如淳曰踰遠也遠集郅支都賴水上也

改年垂歷師古曰謂改年為竟寧也不以此事蓋當其年上書者附著耳以上陳湯傳復鴈門之踦應劭曰踦隻也會宗從沛郡下為鴈門文坐法免法為踦隻不偶也以上段會宗傳錄囚徒師古曰省錄之知其情狀有寃滯與不也今云慮囚本錄聲之去者耳音力具反而近俗不曉其意訛其文遂為思慮之慮失其源矣

黃旄旄旌旗之屬畫龜蛇曰旄衣黃襜褕著黃冒襜褕直裾禪衣冒覆冒其首公車公車主受章奏者雜識視雜共也有素識之者令視知其是非也蒯聵違命出奔輒距而不納春秋是之蒯聵衛靈公太子輒蒯聵子也蒯聵得罪於靈公而出奔晉及靈公卒使輒嗣位而晉趙鞅納蒯聵於戚欲求入衛魯哀公三年春齊國夏衛石曼姑帥師圍戚公羊傳曰曼姑受命於靈公而立輒曼姑之義固可以距蒯聵也輒之義可以立乎曰可奈何不以父命辭王父命也以上雋不疑傳

幾旴猶言幾許也

以上䟽廣傳民自以不寃言知其寛平皆無寃枉之處以上于定國傳温雅有醞藉醞言如醞釀也藉有所薦藉也不得入廟言死傷犯于齋絜不得入廟祠也以上薛廣德傳美實美實謂鼎中之食也易鼎卦九四爻辭曰鼎折足覆公餗餗食也覆音芳目反以上彭宣傳

前漢書隨筆録卷十三

列傳王吉 貢禹 龔勝 龔舍 鮑宣 韋賢 子玄成

閉肆下簾其後谷口有鄭子真蜀有嚴君平皆脩身自保非其服弗服非其食弗食成帝時元舅大將軍王鳳以禮聘子真子真遂不詘而終君平卜筮於成都市以為卜筮者賤業而可以惠衆人有邪惡非正之問則依著龜為言利害與人子言依於孝與人弟言依於順與人臣言依於忠各因埶導之以善從吾言者已過半矣裁日閱數人得百錢足自養則○○○○而授老子博覽亡不通依老子嚴周之指著書十餘萬言

激貪厲俗自園公綺里季夏黃公甪里先生鄭子真嚴君平皆未嘗仕然其風聲足以○○○○近古之逸民也若王吉貢禹兩龔之屬皆以禮讓進退云　以上王貢兩龔鮑傳

前篇口倦叱咤吉舉賢良為昌邑中尉而王好游獵驅馳國中動作亾節吉上疏諫　大王不好書術而樂逸游馮式撙銜馳騁不止○○乎○○手苦於箠轡身勞乎車輿朝則冐霧露晝則被塵埃夏則為大暑之所暴炙冬則為風寒之所

匽薄數以爽脆之王體犯勤勞之煩毒非所以全壽命之宗也又非所以進仁義之隆也銜橛之間夫廣夏之下細旃之上明師居前勸誦在後上論唐虞之際下及殷周之盛考仁聖之風習治國之道訢訢焉發憤忘食日新厥德其樂豈徒○○○○哉喬松之壽休則俛仰詘信以利形進退步趨以實下吸新吐故以練臧專意積精以適神於以養生豈不長哉大王誠留意如此則心有堯舜之志體有○○○○萬世長策是時宣帝頗脩武帝故事宮宣車服盛於昭帝時外戚許史王氏貴寵而上躬親政事任用能吏吉上疏言得失欲治之主不世出公卿幸得遭遇其時言聽諫從然未有建○○之○○舉明主於三代之隆者也其務在於期會簿書斷獄聽訟而已此非太平之基也以意穿鑿今俗吏所以牧民者非有禮義科指可世世通行者也獨設刑法以守之其欲治者不知所繇○○○○各取一切權譎自在故一變之後不可復脩也是以百里不同風千里不同俗戶異政人殊服詐偽萌生刑罰亾極質樸日銷恩愛寖薄仁壽之域臣願陛下承天心發大業與公卿大臣延及儒生述舊禮明王制敺一世之民濟之○○○○去婦復還始吉

少時學問居長安東家有大棗樹垂吉庭中吉婦取棗以啖吉吉後知之乃去婦東家聞而欲伐其樹鄰里共止之因固請吉

令還婦里中為之語曰東家有樹王陽婦去東家棗完○○○○其厲志如此

貢公彈冠吉與貢禹為友世稱王陽

在位○○○○言其取舍同也

後有三王先是京兆有趙廣漢張敞王尊王章至駿皆有能名故京師稱曰前有趙

張○○○○○

德非曾參駿為少府時妻死因不復娶或問之駿曰○○○○子非華元亦何敢娶

能作黃

金自吉至崇世名清廉然材器名稱稍不能父而祿位彌隆皆好車馬衣服其自奉養極為鮮明而亡金銀錦繡之物及

遷徙去處所載不過囊衣不畜積餘財去位家居亦布衣疏食天下服其廉而怪其奢故俗傳王陽○○○○以上王吉傳

盡可減損禹奏言方今宮室已定亡可奈何矣其餘○○○○故時齊三服官輸物不過十笥方今齊三服官作

工各數千人一歲費數鉅萬蜀廣漢主金銀器歲各用五百萬三工官〻費五千萬東西織室亦然廄馬食粟將萬匹臣禹嘗

從之東宮見賜杯案盡文畫金銀飾非當所以賜臣下也東宮之費亦不可勝計天下之民所為大飢餓死者是也今民大飢

而死又不葬為犬豬所食人至相食而廄馬食粟苦其大肥氣盛怒至乃日步作之王者受命於天為民父母固當若此乎天不見邪

不知禮正武帝時又多娶好女至數千人以填後宮及弃天下昭帝幼弱霍光專事〇〇〇〇妄多臧金錢財物鳥獸魚鼈牛馬虎豹生禽凡百九十物盡瘞臧之又皆以後宮女置於園陵大失禮逆天心又未必稱武帝意也昭帝晏駕光復行之至孝宣皇帝時陛下烏有所言羣臣亦隨故事甚可痛也故使天下承化取女皆大過度諸侯妻妾或至數百人豪富吏民畜歌者至數十人是以內多怨女外多曠夫及衆庶葬埋皆虛地上以實地下其過自上生皆在大臣循故事之皐也

二十迺算自禹在位數言得失書數十上禹以為古民亡賦算口錢起武帝征伐四夷重賦於民〻產子三歲則出口錢故民重困至於生子輒殺甚可悲痛宜令兒七歲去齒乃出口錢年〇〇〇〇

地臧恐虛又言古者不以金錢為幣專意於農故一夫不耕必有受其飢者今漢家鑄錢及諸鐵官皆置吏卒徒攻山取銅鐵一歲功十萬人已上中農食七人是七人萬人常受其飢也鑿地數百丈銷陰氣之精〇〇〇〇不能含氣出雲斬伐林木亡有時禁水旱之災未必不

由此也上貢禹傳以並著名節兩龔皆楚人也勝字君賓舍字君倩二人〇〇〇〇故世謂之楚兩龔不
復飲食莽既篡國後二年莽復遣使者奉璽書太子師友祭酒印綬安車駟馬迎勝即拜秩上卿先賜六月祿直以
辦裝使者要說至以印綬就加勝身勝輒推不受使者即上言方盛夏暑熱勝病少氣可須秋涼迺發有詔許使者五日壹
與太守俱問起居為勝兩子及門人高暉等言朝廷虛心待君以茅土之封雖疾病宜移動至傳舍示有行意必為子孫遺大
業暉等白使者語勝自知不見聽即謂暉等吾受漢家厚恩亡以報今年老矣旦暮入地誼豈以一身事二姓下見故主哉勝
因敕以棺斂喪事衣周於身棺周於衣勿隨俗動吾冢種柏作祠堂語畢遂〇〇開口〇〇積十四日死〃時年七十九矣使
者太守臨斂賜複衾祭祀如法門人衰絰治喪者百數以香自燒有老父來弔哭甚哀既而曰嗟乎薰〇〇〇〇
嘗以明自銷龔生竟夭天年非吾徒也遂趨而出莫知其誰以上兩龔傳白首者艾是時帝祖毋傅太后欲與
成帝毋俱稱尊號封爵親屬丞相孔光大司空師丹何武大司馬傅喜始執正議失傅太后指皆免官丁傅子弟並進董賢貴

幸宣以諫大夫從其後上書諫朝廷亡有大儒骨鯁○○○○魁壘之士論議通古今喟然動衆心憂國如飢渴者臣未見

也敦外親小童及幸臣董賢等在公門省户下陛下欲與此共承天地安海内甚難民有七亡凡○○○○陰陽不

和水旱為災一亡也縣官重責更賦租税二亡也貪吏並公受取不已三亡也豪強大姓蠶食無厭四亡也苛吏繇役失農桑

時五亡也部落鼓鳴男女遮迣也盗賊劫畧取民財物七亡也六亡又有七死七亡尚可○○○○酷吏毆殺

一死也治獄深刻二死也寃陷無辜三死也盗賊横發四死也怨讎相殘五死也歲惡飢餓六死也時氣疾疫七死也漿

酒霍肉今貧民菜食不厭衣又穿空父子夫婦不能相保誠可為酸鼻陛下不救將安所歸命乎柰何獨私養外親與

幸臣董賢多賞賜以大萬數使奴從賓客○○○○蒼頭廬兒皆用致富非天意也舉幡太學拜宣為司隷時哀帝

改司隷校尉但為司隷官比司直丞相孔光四時行園陵官屬以令行馳道中宣出逢之使吏鉤止丞相掾史沒入其車馬摧

辱宰相事下御史中丞侍御史至司隷官欲捕從事閉門不肯内宣坐距閉使者亡人臣禮大不敬不道下廷尉獄博士弟子

齊南王咸○○○○下曰欲救鮑司隸者會此下諸生會者千
餘人朝日遮丞相孔光自言丞相車不得行又守闕上書上遂
抵宣罪減死
一等髡鉗
箕山之節
薛方嘗為郡掾祭酒嘗徵不至及莽以
安車迎方方因使者辭謝曰堯舜在上
下有巢由今明主方隆唐虞之德小臣欲守○○○
○也使者以聞莽悅其言不強致以上鮑宣傳
各有所短
山林之士往而不能反朝廷之士入而不能出二者○○○○
春秋列國卿大夫及至漢興將相名臣懷祿躭寵以失其世者
多矣是故清節之士於是為貴然大率多能自治而不能治人
王貢之材優於龔鮑守死善道勝實蹈焉貞而不諒薛方近之
郭欽蔣詡好遯不污絕紀唐
矣以上王貢兩龔鮑贊
丞相致仕
本始三年代蔡義為丞
相封扶陽侯食邑七百
戶時賢七十餘為相五歲地節三年以老病乞骸骨
賜黃金百斤罷歸加賜第一區○○○○自賢始
不如一經
少子玄成復以明經歷位至丞相故鄒魯諺
曰遺子黃金滿籯○○○○以上韋賢傳
讓爵避兄
既葬當
襲爵以
病狂不應詔大鴻臚奏狀章下丞相御史案驗玄成素有名聲
士大夫多疑其○○○○者案事丞相史廼與玄成書曰古之

辭讓必有文義可觀故能垂榮於後今子獨壞容貌蒙恥辱爲狂癡光曜揜而不宣微哉子之所託名也僕素愚陋過爲宰相執事顧少聞風聲不然恐子傷高而僕爲小人也玄成不得已受爵宣帝高其節以玄成爲河南太守玄

斥地遠境光祿勳彭宣詹事滿昌博士左咸等五十三人皆以爲繼祖宗以下五廟而迭毀後雖有賢君猶不得與祖宗並列子孫雖欲褒大顯揚而立之鬼神不饗也孝武皇帝雖有功烈親盡宜毀太僕王舜中壘校尉劉歆議曰 孝武皇帝愍中國罷勞無安寧之時廼遣大將軍驃騎伏波樓船之屬南滅百粵起七郡北攘匈奴降昆邪十萬之衆置五屬國起朔方以奪其肥饒之地東伐朝鮮起玄菟樂浪以斷匈奴之左臂西伐大宛并三十六國結烏孫起敦煌酒泉張掖以鬲婼羌裂匈奴之右肩單于孤特遠遁于幕北四垂無事○○○○起十餘郡功業既定迺封丞相爲富民侯以大安天下富實百姓其規橅可見

功德則宗其文曰天子三昭三穆與太祖之廟而七諸侯二昭二穆與太祖之廟而五故德厚者流光德薄者流卑春秋左氏傳曰名位不同禮亦異數自上以下降殺以兩禮也七者其正法數可常數者也宗不在此數中宗變也苟有○○○○之不可

預為設數故於殷太甲為太宗太戊曰中宗武丁曰高宗周公為無逸之戒舉殷三宗以勸成王由是言之宗無數也然則所
以勸帝者之功德博矣以七廟言之孝武皇帝未宜毀以所宗言之則不可謂無功德疑文虛說迭毀之禮自有
常法無殊功異德固以親疏相推及至祖宗之序多少之數經傳無明文至尊至重難以○○○○定也孝宣皇帝舉公卿之
議用衆儒之謀既以為世宗之廟建之萬世宣布天下臣愚以為孝武皇帝功烈如彼孝宣皇帝崇立之如此不宜毀上覽其
議而從之兩統貳父歆又以為至平帝元始中大司馬王莽奏本始元年丞相義等議謚孝宣皇帝親曰悼園置
邑三百家至元康元年丞相相等奏父為士子為天子祭以天子悼園宜稱尊號曰皇考立廟益故奉園民滿千六百家以為
縣臣愚以為皇考廟本不當立累世奉之非是又孝文太后南陵孝昭太后雲陵園雖前以禮不復修陵名未正謹與大司徒
晏等百四十七人議皆曰孝宣皇帝以兄孫繼統為孝昭皇帝後以數故孝元世以孝景皇帝及皇考廟親未盡不毀此○○
○○違於禮制案義奏親謚曰悼裁制奉邑皆應經義相奏悼園稱皇考立廟益民為縣違離祖統乖繆本義父為士子為天

子祭以天子者廼謂若虞舜夏禹殷湯周文漢之高祖受命而王者也非謂繼祖統為後者也臣請皇高祖考廟奉明園毀勿脩罷南陵雲陵為縣奏可以上玄成傳歆博而篤司徒掾班彪曰漢承亡秦絕學之後祖宗之制因時施宜自元成後學者畨滋貢禹毀宗廟匡衡改郊兆何武定三公後皆數復故紛紛不定何者禮文缺微古今異制各為一家未易可偏定也考觀諸儒之議劉○○○○矣以上韋賢贊

以上本書第四十二卷至第四十三卷

列傳 魏相丙吉京房翼奉夏侯勝李尋

弱翁行治遷揚州刺史考案郡國守相多所貶退相與丙吉相善時吉為光祿大夫與相書曰朝廷已深知○○○○方且大用矣願少慎事自重臧器於身相心善其言為霽威嚴政繇冢宰大將軍霍光薨上思其功德以其子禹為右將軍兄子樂平侯山復領尚書事相因平恩侯許伯奏封事言春秋譏世卿惡宋三世為大夫及魯季孫之專權皆危

亂國家自後元以來祿去王室○○○○今光死子復為大將
軍兄子秉樞機昆弟諸壻據執在兵官光夫人顯及諸女皆通
籍長信宮或夜詔門出入驕奢放縱恐寖不制宜有
以損奪其權破散陰謀以固萬世之基全功臣之世
白去副封
又故事諸上書者皆為二封署其一曰副領尚書者先發副
封所言不善屏去不奏相復因許伯○○○○以防壅蔽
此
兵何名
元康中匈奴遣兵擊漢屯田車師者不能下上與後將
軍趙充國等議欲因匈奴衰弱出兵擊其右地使不敢
復擾西域相上書諫臣聞之救亂誅暴謂之義兵兵義者王
敵加於已不得已而起者謂之應兵兵應者勝爭恨小故不忍
憤怒者謂之忿兵兵忿者敗利人土地貨寶者謂之貪兵兵貪
者破恃國家之大矜民人之衆欲見威於敵者謂之驕兵兵驕
者滅此五者非但人事廼天道也間者匈奴嘗有善意所得漢
民輒奉歸之未有犯於邊境雖爭屯田車師不足致意中今聞
諸將軍欲興兵入其地臣
愚不知○○○○者也
纖介之忿
今諸國守相多不實選風
俗尤薄水旱不時案今年
計子弟殺父兄妻殺夫者凡二百二十二人臣愚以為此非小
變也今左右不憂此廼欲發兵報○○○○於遠夷殆孔子所

謂吾恐季孫之憂不在顓臾而在蕭墻之內也上從其言而止
奉行故事相明易經有師法好觀漢故事及便宜章
奏以為古今異制方今務在○○○○而已數條漢興以來國家便宜行事及賢臣賈誼鼂錯董仲舒等所言奏請施行之曰
臣相不能悉陳昧死奏故事詔書凡二十三事
五帝所司又數表采易陰陽及明堂月令奏之東方之神太昊乘
震執規司春南方之神炎帝乘離執衡司夏西方之神少昊乘兌執矩司秋北方之神顓頊乘坎執權司冬中央之神黃帝乘
坤艮執繩司下土茲○○○○各有時也
各主一時願陛下選明經通知陰陽者四人○○○○時至明言所職以
和陰陽天下幸甚
四方異聞相敕掾史案事郡國及休告從家還至府輒白○○○○或有逆賊風雨災變郡不
上相輒奏言之時丙吉為御史大夫同心輔政上皆重之相為人嚴毅不如吉寬視事九歲神爵三年薨謚曰憲侯　以上魏
相傳
恩及四海武帝末巫蠱事起吉以故廷尉監徵詔治巫蠱郡邸獄時宣帝生數月以皇曾孫坐衛太子事繫吉
見而憐之又心知太子無事實重哀曾孫無辜吉擇謹厚女徒令保養曾孫置閒燥處吉治巫蠱事連歲不決後元二年武帝

武帝疾往來長楊五祚宮望氣者言長安獄中有天子氣於是上遣使者分條中都官詔獄繫者亡輕重一切皆殺之內謁者令郭穰夜到郡邸獄吉閉門拒使者不納曰皇曾孫在他人亡辜死者猶不可況親曾孫乎相守至天明不得入穰還以聞因劾奏吉武帝亦寤曰天使之也因赦天下郡邸獄繫者獨賴吉得生○○○○矣

不道前恩

吉為人深厚不伐善自曾孫遭遇吉絶口○○○故朝廷莫能明其功也是時掖庭宮婢則令民夫上書自陳嘗有阿保之功章下掖庭令考問則辭引使者丙吉知狀掖庭令將則詣御史府以視吉吉識謂則曰汝嘗坐養皇曾孫不謹督笞汝安得有功獨渭城胡組淮陽郭徵卿有恩耳分別奏組等共養勞苦狀詔吉求組徵卿已死有子孫皆受厚賞詔免則為庶人賜錢十萬上親見問然後知吉有舊恩而終不言上大賢之

非其死疾

臨當封吉疾病上將使人加紼而封之及其生存也上憂吉疾不起太子太傅夏侯勝曰此未死也臣聞有陰德者必饗其樂以及子孫今吉未獲報而疾甚○○○○也後病果瘉

無所案驗

代魏相為丞相吉本起獄法小吏後學詩禮皆通大義及居相位上寬大好禮讓掾吏有罪臧不稱職輒予長休告

終○○○○客或謂吉曰君侯為漢相姦吏成其私然無所懲艾吉曰夫以三公之府有案吏之名吾竊陋焉後人代吉因以為故事公府不案吏自吉始犇命警備吉馭吏耆酒數逋蕩嘗從吉出醉歐丞相車上西曹主吏白欲斥之吉曰以醉飽之失去士使此人將復何所容西曹地忍之此不過汙丞相車茵耳遂不去也此馭吏邊郡人習知邊塞發○○○○事嘗出適見驛騎持赤白囊邊郡發犇命書馳來至馭吏因隨驛騎至公車刺取知虜入雲中代郡遽歸府見吉白狀囙曰恐虜所入邊郡二千石長吏有老病不任兵馬者宜可豫視吉善其言名東曹案邊長吏瑣科條其人未已詔召丞相御史問以虜所入郡吏吉具對御史大夫卒遽不能詳知以得譴讓而吉見謂憂邊思職馭吏力也吉乃嘆曰士亾不可容能各有所長嚮使丞相不先聞馭吏言何見勞勉之有掾史由是益賢吉吉知大體吉又嘗出逢清道羣鬬者死傷橫道吉過之不問掾史獨怪之吉前行逢人逐牛牛喘吐舌吉止駐使騎吏問逐牛行幾里矣掾史謂丞相前後失問或以譏吉吉曰民鬬相殺傷長安令京兆尹職所當禁備逐捕歲竟丞相課其殿最奏行賞罰而已宰相不親小事非所當於道路問也方春少

陽用事未可大熱恐牛近行用暑故喘此時氣失節恐有所傷害也三公典調和陰陽職所當憂是以問之掾史乃服以○○

○○以上丙吉傳

丙魏有聲

近觀漢相高祖開基蕭曹為冠孝宣中興○○○○是以黜陟有序衆職修理公卿多稱其位海內興於禮讓覽其行事豈虛乎哉　以上魏丙贊

重經術士

昭帝崩昌邑王嗣立數出勝當乘輿前諫曰天久陰而不雨臣下有謀上者陛下出欲何之王怒謂勝為祆言縛以屬吏吏白大將軍霍光光不舉法是時光與車騎將軍張安世謀欲廢昌邑王光讓安世以為泄語安世實不言乃召問勝勝對言在洪範傳曰皇之不極決罰常陰時則下人有伐上者惡察察言故云臣下有謀光安世大驚以此益○○○○後十餘日光卒與安世共白太后廢昌邑王尊立宣帝先以為羣臣奏事東宮太后省政宜知經術白令勝用尚書授太后

非議詔書

宣帝初即位欲褒先帝詔丞相御史曰功德茂盛不能盡宣而廟樂未稱朕甚悼焉其與列侯二千石博士議於是羣臣大議廷中皆曰宜如詔書長信少府勝獨曰武帝雖有攘四夷廣土斥境之功然多殺士衆竭民財力奢泰亡度天下虛耗百姓流離物故者過半蝗蟲大起赤地數千里

或人民相食畜積至今未復亾德澤於民不宜為立廟樂於是丞相義御史大夫廣明劾奏勝○○○○毀先帝不道及丞相長史黃霸阿縱勝不舉劾俱下獄有司遂請尊孝武帝廟為世宗廟奏盛德文始五行之舞天下世〻獻納以明盛德武帝巡狩所幸郡國凡四十九皆立廟如高祖太宗焉繫再更冬勝霸既久繫霸欲從勝受經勝辭以罪死霸曰朝聞道夕死可矣勝賢其言遂授之○○○○講論不怠相字於前勝為人質樸守正簡易亾威儀見時謂上為君誤○○○○上亦以是親信之嘗見出道上語上聞而讓勝〻曰陛下所言善臣故揚之堯言布於天下至今見誦臣以為可傳故傳耳朝廷每有大議知勝素直謂曰先生通正言無懲前事報師傅恩受詔撰尚書論語說賜黃金百斤年九十卒官賜冢塋葬平陵太后賜錢二百萬為勝素服五日以○○○○之○儒者以為榮俛拾地芥始勝每講授常謂諸生曰士病不明經術經術苟明其取青紫如○○○○耳學經不明不如歸耕顓門名經勝從父子建字長卿自師事勝及歐陽高左右采獲又從五經諸儒問與尚書相出入者牽引以次章句具文飾說勝非之曰建所謂章句小儒破碎大

道建亦非勝為學疏畧難以應敵建卒自○○○○為議即博士至太子少傅以上夏侯勝傳

長於災變治易

事梁人焦延壽延壽字贛〻常曰得我道以亾身者必京生也其說○○○○分六十四卦更直日用事以風雨寒暑為候各有占驗房用之尤精好鍾律知音聲

考功課吏

房奏○○○法上令公卿朝臣與房會議溫室皆以房言煩碎令上下相司不可許上意卿之時部刺史奏事京師上名見諸刺史令房曉以課事刺史復以為不可行唯御史大夫鄭弘光祿大夫周堪初言不可後善之以上京房傳

陰氣之盛

古者朝廷必有同姓以明親親必有異姓以明賢〻此聖王之所以大通天下也同姓親而易進異姓疏而難通故同姓一而異姓五廼為平均今左右亾同姓獨以舅后之家為親異姓之臣又疏二后之黨滿朝非特處位執尤奢僭過度呂霍上官足以卜之甚非愛人之道又非後嗣之長策也○○○○不亦宜乎

極陰生陽

臣又聞未央建章甘泉宮才人各以百數皆不得天性若杜陵園其已御見者臣子不敢有言雖然太皇太后之事也及諸侯王園與其後宮宜為設員出其過制者此損陰氣應天救邪之道也今異至不應災將隨之其

法大水○○○○反為大旱甚則有火災春秋宋伯姬是矣唯
陛下財察明年夏四月乙未孝武園白鶴館災奉自以為中

定迭毀禮
上復延問以得失奉以為祭天地於雲陽汾陰及諸
寢廟不以親疏迭毀皆煩費違古制又宮室苑囿奢
泰難供以故民困國虛亡累年之畜所由來久不改其本難以
末正其後貢禹亦言當○○○○上遂從之及匡衡為丞相
奏徙南北郊其議皆自
奉發之以上翼奉傳

賢友彊輔
帝舅曲陽侯王根為大司馬
票騎將軍厚遇尋是時多災
異根輔政數虛己問尋延說根夫士者國家之大寶功名之
本也將軍一門九侯二十朱輪漢興以來臣子貴盛未嘗至此
夫物盛必衰自然之理唯有○○○
○庶幾可以保身命全子孫安國家

日失其光
哀帝初即位召
尋待詔黃門使
侍中衛尉傅喜問尋曰間者水出地動日月失度星辰亂行災
異仍重極言毋有所諱尋對曰間者日尤不精光明侵奪失
色邪氣珥蜺數作本起於晨相連至昏其日出後至日中間差
瘉小臣不知內事竊以日視陛下志操衰於始初多矣其咎恐
有以守正直言而得罪者傷嗣害世不可不慎也唯陛下執乾
剛之德彊志守度毋聽女謁邪臣之態諸保阿乳母甘言悲辭

之訖齗而勿聽勉强大誼絶小不忍良有不得已可賜以貨財不可私以官位誠皇天之禁也○○○則星辰放流陽不能制陰〻禁得作間者太白正晝經天宜隆德克躬以執不軌

屋大柱小

間者月數以春夏與日同道過軒轅上后受氣入太微帝廷揚光煇犯上將近臣列星皆失色厭〻如滅此為母后與政亂朝陰陽俱傷兩不相便外臣不知朝事竊信天文即如此近臣已不足杖矣○○○可為寒心唯陛下親求賢士無彊所惡以崇社稷尊彊本朝

川水漂涌

五行以水為本其星玄武婺女天地所紀終始所生水為準平王道公正脩明則百川理落脉通偏黨失綱則踊溢為敗書云水曰潤下陰動而卑不失其道天下有道則河出圖洛出書故河洛決溢所為最大今汝潁畎澮皆○○○與雨水並為民害此詩所謂爗〻震電不寧不令百川沸騰者也其咎在於皇甫卿士之屬唯陛下留意詩人之言少抑外親大臣

尋對

屢中

是時哀帝初立成帝外家王氏未甚抑黜而帝外家丁傅新貴祖母傅太后尤驕恣欲稱尊號丞相孔光大司空師丹執政諫爭久之上不得已遂免光丹而尊傅太后上雖不從尋言然采其語每有非常輒問尋○○○○遷黃門侍郎以

上李尋傳依託象類幽贊神明通合天人之道者莫著乎易春秋然子貢猶云夫子之文章可得而聞夫子之言性與天道不可得而聞已矣漢興推陰陽言災異者孝武時有董仲舒夏侯始昌昭宣則眭孟夏侯勝元成則京房翼奉劉向谷永哀平則李尋田終術此其納說時君著明者也察其所言仿佛一端假經設誼○○○○或不免乎億則屢中仲舒下吏夏侯囚執眭孟誅戮李尋流放此學者之大戒也京房區區不量淺深危言刺譏構怨彊臣罪辜不旋踵亦不密以失身悲夫以上夏侯京翼李贊

以上本書第四十四卷至第四十五卷

注

鄭子真嚴君平師古曰地理志謂君平為嚴遵三輔決錄云子真名樸君平名遵則君平子真皆其字也

園公綺里季夏黃公角里先生四皓稱號本起於此更無姓名可稱知此蓋隱居之人匿跡遠害不自標顯祕其氏族故史傳無得而詳至於後代皇甫謐圈稱之徒及諸地理書說竟為四人施安姓字自相錯

互語又不經班氏不載於書諸家皆臆説今並弃畧一無取焉以上王貢兩龔鮑傳前篇衡檿之間衡馬衡也
檿車鉤心也喬松喬松仙人伯喬及赤松子也子非華元如淳曰華與元曾参之二子也韓詩外傳
曰曾参喪妻不更娶人問故曾子曰以華元善人也其囊衣師古曰一囊之衣也以上王吉傳齊三服
官三服官主作天子之服在齊地笥盛衣竹器三工官謂少府之屬官考工室也右工室也東園匠也以
上貢禹傳勿隨俗動吾冢種柏作祠堂若藥多設器備則恐被掘故云動吾冢也亦不得種
柏又作祠堂皆不隨俗以上兩龔傳漿酒霍肉劉德曰視酒如漿視肉如霍也師古曰霍豆葉也貧人茹
之也蒼頭廬兒孟康曰漢名奴為蒼頭諸給殿中者所居為廬蒼頭侍從因呼為廬兒官屬以令
行馳道中如淳曰令諸使有制得行馳道中者行旁道無得行中央三丈也鉤止丞相掾史
師古曰鉤留也侍御史至司隸官欲捕從事閉門不肯內御史欲捕從事而司

隸閉門不得入也以上鮑宣傳黄金滿籯許慎説文解字云籯答也揚雄方言云陳楚宋衛之間謂筲為籯然則筐籠之屬是也婼羌婼音而遮反以上韋賢傳執規司春張晏曰木為仁〻者生〻者圜故為規執衡司夏火為禮〻者齊〻者平故為衡執矩司秋金為義〻者成〻者方故為矩執權司冬水為智〻者謀〻者重故為權執繩司下土土為信〻者誠〻者直故為繩以上魏相傳置閒燥處師古曰閒寬淨之處掖庭宮婢則令民夫上書謂未為宮婢時有舊夫見在俗間者西曹地忍之李奇曰猶第也地犇命警備師古曰犇古奔字有命則奔赴之言應速也刺取刺謂探候之也案邊長吏瑣科條其人張晏曰瑣錄也欲科條其人老少及所經歷知其本以文武進也以上丙吉傳惡察〻言師古曰惡謂忌諱也察謂計謀不敢明顯言之也左右采獲言於勝及高兩處處采問疑義而得之以上夏侯勝傳分六十四卦更直日用事孟康曰分

卦直日之法一爻主一日六十四卦爲三百六十日餘四卦震離兌坎爲方伯監司之官所以用震離兌坎者是二至二分用事之日又是四時各專王之氣各卦主時其占法各以日觀其善惡也考功課吏治晉灼曰令丞尉治一縣崇教化無犯法者輒遷有盜賊滿三日不覺者則尉事也令覺之自除二尉負其二率相准如此法以上京房傳

春秋宋伯姬師古曰伯姬魯成公女宋恭公之夫人也幽居守寡既久而遇火災極陰生陽也以上翼奉傳

日失其光則星辰放流張晏曰日夜食則失光晝立六尺木不見其景也日陽失光明陰得施也月數以春夏與日同道孟康曰房有四星其間有三道春夏南行南頭第一星裏道也秋冬北行北頭第一星裏道也與日同道者謂中央道也此三道者日月五星之所由也過軒轅上后受氣軒轅南星爲后大猒[illegible]始滅猒音[illegible]點反烏無彊所惡師古曰邪佞之人誠可賊惡勿得寵異令其盛彊也其星玄武婺女天地所紀終始所生孟康曰婺女須女也北方天地之統

陰陽之終始也以上李尋傳

前漢書隨筆録卷十四

列傳 趙廣漢 尹翁歸 韓延壽 張敞 王尊 王章

教為銗筩 遷潁川太守先是潁川豪桀大姓相與為婚姻吏俗朋黨廣漢患之厲使其中可用者受記出有案問既得罪名行法罰之廣漢故漏泄其語令相怨咎又○吏○○○及得投書削其主名而託以為豪桀大姓子弟所言其後彊宗大族家々結為仇讎姦黨散落風俗大改吏民相告訐廣漢得以為耳目盜賊以故不發々又輒得壹切治理威名流聞及匈奴降者言匈奴中皆聞廣漢

輸寫心腹 復用守京兆尹滿歲為真廣漢為二千石以和顏接士其慰薦待遇吏殷勤甚備事推功善歸之於下曰某掾卿所為非二千石所及行之發於至誠吏見者皆○○○○無所隱匿咸願為用僵仆無所避廣漢聰明皆知其能之所宜盡力與否其或負者輒先聞知風諭不改乃收捕之無所逃按之罪立具即時伏辜

善為鉤距 廣漢為人彊力天性精於吏職見吏民或夜不寢至旦尤○○○○以得事情鉤距者設欲知馬價則先問狗

已問羊又問牛然後及馬參伍其賈以類相準則知馬之貴賤不失實矣唯廣漢至精能行之它人效者莫能及也根株窟穴郡中盜賊閭里輕俠其○○○所在及吏受取請求銖兩之姦皆知之長安少年數人會窮里空舍謀共劫人坐語未訖廣漢使吏捕治具服富人蘇回為郎二人劫之有頃廣漢將吏到家自立庭下使長安丞龔奢叩堂戶曉賊解脫二人驚懼又素聞廣漢名即開戶出下堂叩頭廣漢跪謝曰幸全活郎甚厚送獄敕吏謹遇給酒肉至冬當出死豫為調棺給斂葬具告語之皆曰死無所恨發姦擿伏廣漢嘗記名湖都亭長湖都亭長西至界上界上亭長戲曰至府為我多謝問趙君亭長既至廣漢與語問事畢謂曰界上亭長寄聲謝我何以不為致問亭長叩頭服實有之廣漢因曰還為吾謝界上亭長勉思職事有以自效京兆不忘卿厚意也其○○○○如神皆此類也吏差自重廣漢奏請令長安游徼獄吏秩百石其後百石○皆○○○不敢枉法妄繫留人京兆政清吏民稱之不容口長老傳以為自漢興以來治京兆尹者莫能及左馮翊右扶風皆治長安中犯法者從迹喜過京兆界廣漢歎曰亂吾治者常二輔也誠令廣漢得兼治之直差易耳心知

徵指初大將軍霍光秉政廣漢事光及光薨後廣漢○○○○發長安吏自將與俱至光子博陸侯禹第直突入其門廋索私屠酤推破盧罌斧斬其門關而去時光女為皇后聞之對帝涕泣帝心善之以名問廣漢廣漢由是侵犯貴戚大臣所居好用世吏子孫新進年少者專厲彊壯蠭氣見事風生無所回避率多果敢之計莫為持難廣漢終以此敗摧辱大

臣蘇賢父上書訟罪告廣漢廣漢疑其邑子榮畜教令後以他法論殺畜人上書言之事下丞相御史案驗甚急廣漢使所親信長安人為丞相府門卒令微司丞相門內不法事地節三年七月中丞相傅婢有過自絞死廣漢聞之疑丞相夫人妒殺之府舍而丞相奉齋酎入府祠廣漢得此使中郎趙奉壽風曉丞相欲以脅之毋令窮正己事丞相不聽按驗愈急廣漢欲告之先問太史知星氣者言今年當有戮死大臣廣漢即上書告丞相罪制曰下京兆尹治廣漢知事迫切遂自將吏卒突入丞相府召其夫人跪庭下受辭收奴婢十餘人去責以殺婢事丞相魏相上書自陳妻實不殺婢廣漢素犯罪法不伏辜以詐巧迫脅臣相幸臣相寬不奏願下明使者治廣漢所驗臣相家事〻下廷尉治罪實丞相自以過譴笞傅婢出至外第乃死

不如廣漢言司直蕭望之劾奏廣漢○○○○以劫持奉公逆節傷化不道宣帝惡之廣漢竟坐要斬以上趙廣漢傳各

有記籍翁歸治東海明察郡中吏民賢不肖及姦邪罪名盡知之縣〻○○○自聽其政有急名則少緩之吏民小

解輒披籍縣〻收取黠吏豪民案致其罪高至於死收取人必於秋冬課吏大會中及出行縣不以無事時其有所取也以一

警百吏民皆服恐懼改行自新緩於小弱以高第入守右扶風滿歲為真治如在東海故迹姦邪罪名亦縣〻有

名籍盜賊發其比伍中翁歸輒名其縣長吏曉告以姦黠主名教使用類推迹盜賊所過抵類常如翁歸言無有遺訖○○○

○急於豪彊豪彊有論罪輸掌畜官使斫莝責以員程不得取代不中程輒笞督極者至以鈇自到而死京師畏其威嚴扶風

大治盜賊課常為三輔最溫良嗛退翁歸為政雖任刑其在公卿之間清絜自守取不及私然○○○○不以行能

驕人甚得名譽於朝廷視事數歲卒家無餘財天子賢之以上尹翁歸傳銷除怨咎遷淮陽太守治甚有名徙

頴川頴川多豪彊難治國家常為選良二千石先是趙廣漢為太守患其俗多朋黨故構會吏民令相告訐一切以為聰明頴

川由是以為俗民多怨讐延壽欲更改之教以禮讓恐百姓不從乃歷名郡中長老為鄉里所信向者數十人設酒具食親與

相對接以禮意人人問以謠俗民所疾苦為陳和睦親愛○○○○之路長老皆以為便可施行因與議定嫁娶喪祭儀品畧

依古禮不得過法延壽於是令文學校官諸生皮弁執俎豆為吏民行喪嫁娶禮百姓遵用其教賣偶車馬下里偽物者棄之

數年徙為東郡太守黃霸代延壽居潁川霸因其迹而大治**民無箠楚**治城郭收賦稅先明布告其日以期會為

大事吏民敬畏趨鄉之又置正五長相率以孝弟不得舍姦人閭里仟佰有非常吏輒聞知姦人莫敢入界其始若煩後吏無

追捕之苦○○○○之憂皆便安之**痛自刻責**接待下吏恩施甚厚而約誓明或欺負之者延壽○○○○豈其負

之何以至此吏聞者自傷悔其縣尉至自刺死及門下掾自刭人救不殊因瘖不能言延壽聞之對掾史涕泣遣吏醫治視厚

復家**其閉閤思過**入守左馮翊滿歲稱職為真　行縣至高陵民有昆弟相與訟田自言延壽大傷之曰幸得備

位為郡表率不能宣明教化至令民有骨肉爭訟既傷風化重使賢長吏嗇夫三老孝弟受其恥咎在馮翊當先退是日移病

不聽事因入臥傳舍○○○○一縣莫知所為令丞三老嗇夫
亦皆自繫待罪於是訟者宗族傳相責讓此兩昆弟深自悔皆
自髡肉袒謝願以田相移終死不敢復爭延壽大喜開閤延見
內酒肉與相對飲食厲勉以意告鄉部有以表勸悔過從善之
民延壽乃起聽事勞謝令丞以下引見上僭不道望之遣御史
尉薦郡中歙然莫不傳相敕厲不敢犯案東郡具得
其事延壽在東郡時試騎士治飾兵車畫龍虎朱爵延壽衣黃
紈方領駕四馬傅總建幢棨植羽葆鼓車歌車功曹引車皆駕
四馬載棨戟五騎為伍分左右部軍假司馬千人持幢旁轂歌
者先居射室望見延壽車噭咷楚歌延壽坐射室騎吏持戟
夾陛列立騎士從者帶弓鞬羅後令騎士兵車四面營陳被甲
鞮鞪居馬上抱弩負蘭又使騎士戲車弄馬盜驂延壽又取官
銅候月蝕鑄作刀劍鉤鐔放效尚方事及取官錢帛私假繇使
吏及治飾車甲三百萬以上於是望之劾奏延壽○○○○天
子惡之延壽竟坐棄甚善其計大將軍霍光薨宣帝始親政事
市　以上韓延壽傳　封光兄孫山雲皆為列侯以光
子禹為大司馬頃之山雲以過歸第霍氏諸壻親屬頗出補吏
敞聞之上封事曰迺者大將軍決大計安宗廟定天下功亦

不細矣夫周公七年耳而大將軍二十歲海內之命斷於掌握方其隆時感動天地侵迫陰陽月朓日蝕晝冥宵光地大震裂火生地中天文失度祅祥變怪不可勝紀皆陰類盛長臣下顓制之所生也朝臣宜有明言曰陛下褒寵故大將軍以報功德足矣間者輔臣顓政貴戚大盛君臣之分不明請罷霍氏三侯皆就第及衛將軍張安世宜賜几杖歸休時存問召見以列侯為天子師明詔以恩不聽羣臣以義固爭而後許天下必以陛下為不忘功德而朝臣為知禮霍氏世世無所患苦今朝廷不聞直聲而令明詔自親其文非策之得者也今兩侯以出人情不相遠以臣心度之大司馬及其枝屬必有畏懼之心夫近臣自危非完計也臣敞願於廣朝白發其端直守遠郡其路無由夫心之精微口不能言也言之微眇書不能文也故伊尹五就桀五就湯蕭相國薦淮陰累歲乃得通況乎千里之外因書文論事指哉唯陛下省察上○○○○然不徵也

把其宿負

敞守京兆尹自趙廣漢誅後比更守尹如霸等數人皆不稱職京師寖廢長安市偷盜尤多百賈苦之上以問敞敞以為可禁敞既視事求問長安父老偷盜酋長數人居皆溫厚出從童騎閭里以為長者敞皆召見責問因貰其罪○○○○令致

諸偷以自贖偷長曰今一旦召詣府恐諸偷驚駭願一切受署敞皆以為吏遣歸休置酒小偷悉來賀且飲醉偷長以赭汙其衣裾吏坐里閭閱出者汙赭輒收縛之一日捕得數百人窮治所犯或一人百餘發盡行法罰由是枹鼓稀鳴市無偷盜天子嘉之

頗雜儒雅敞為人敏疾賞罰分明見惡輒取時時越法縱舍有足大者其治京兆略循趙廣漢之迹方略耳目發伏禁姦不如廣漢然敞本治春秋以經術自輔其政○○○○往往表賢顯善不純用誅罰以此能自全竟免於刑戮

毀傷失名京兆典京師長安中浩穰於三輔尤為劇郡國二千石以高第入守及為真久者不過二三年近者數月一歲輒○○○○以罪過罷唯廣漢及敞為久任職

京兆眉憮敞為京兆朝廷每有大議引古今處便宜公卿皆服天子數從之然敞無威儀時罷朝會過走馬章臺街使御史驅自以便面拊馬又為婦畫眉長安中傳○○○○有司以奏敞上問之對曰臣聞閨房之內夫婦之私有過於眉者上愛其能弗備責也然終不得大位

畫五日京兆為京兆九歲坐與光祿勳楊惲厚善後惲坐大逆誅公卿奏惲黨友不宜處位等比皆免而敞奏獨寢不下敞使賊捕掾絮舜有所案驗舜以

敞劾奏當免不肯為敞竟事私歸其家人或諫舜〻曰吾為是公盡力多矣今○○○○耳安能復案事敞聞舜語即部吏收舜繫獄是時冬月未盡數日案事吏晝夜驗治舜竟致其死事舜當出死敞使主簿持教告舜曰五日京兆竟何如冬月已盡延命乎遂棄舜市會立春行寃獄使者出舜家載尸并編敞教自言使者使者奏敞賊殺不辜天子薄其罪欲令敞得自便利即下先敞前坐楊惲不宜處位奏免為庶人敞免奏既下詔闕上印綬便從闕下亡命為之囊橐敞拜為冀州刺史敞起亡命復奉使典州既到部而廣川王國羣輩不道賊連發不得敞以耳目發起賊主名區處誅其渠帥廣川王姬昆弟及王同族宗室劉調等通行○○○○吏逐捕窮窘蹤迹皆入王宮敞自將郡國吏車數百兩圍守王宮搜索調等果得之殿屋重轑中敞傅吏皆捕格斷頭縣其頭宮門外因劾奏廣川王天子不忍致法削其戶柱後惠文初敞為京兆尹而敞弟武拜為梁相是時梁王驕貴民多豪彊號為難治敞問武欲何以治梁武憚兄謙不肯言敞使吏送至關戒吏自問武武應曰馭黠馬者利其銜策梁國大都吏民凋敝且當以○○○○彈治之耳秦時獄法吏冠柱後惠文武意欲以刑法治梁

吏還道之敵矣曰審如掾言 武必辦治梁矣 武既到官其治有迹亦能吏也 以上張敞傳

王尊忠臣

遷益州刺史先是瑯邪王陽為益州刺史行部至邛郲九折阪歎曰奉先人遺體柰何數乘此險後以病去及尊為刺史至其阪問吏曰此非王陽所畏道邪吏對曰是尊叱其馭曰驅之王陽為孝子○○為○○

布鼓雷門

遷為東平相是時東平王以至親驕奢不奉法度傅相連坐及尊視事奉璽書至庭中王未及出受詔尊持璽書歸舍食已乃還致詔後謁見王太傅在前說相鼠之詩尊曰毋持○○過○○王怒起入後宮尊亦直趨出就舍

身填金隄

遷東郡太守久之河水盛溢泛浸瓠子金隄老弱奔走恐水大決為害尊躬率吏民投沈白馬祀水神河伯尊親執圭璧使巫策祝請以○○○○因止宿廬居隄上吏民數千萬人爭叩頭救止尊〻終不肯去及水盛隄壞吏民皆奔走唯一主簿泣在尊旁立不動而水波稍却迴還吏民嘉壯尊之勇節白馬三老朱英等奏其狀下有司考皆如言於是制詔御史東郡河水盛長毀壞金隄未決三尺百姓惶恐奔走太守身當水衝履咫尺之難不避危殆以安衆心吏民復還就作水不為災朕甚嘉之秩尊中二千石加賜黃金二十

斤數歲卒官吏民紀之　以上王尊傳

牛衣涕泣　初章為諸生學長安獨與妻居章疾病無被臥牛衣中與妻決涕泣其妻呵怒之曰仲卿京師尊貴在朝廷人誰踰仲卿者今疾病困戹不自激卬乃反涕泣何鄙也後章仕官歷位及為京兆欲上封事妻又止之曰人當知足獨不念○○中○○時邪章曰非女子所知也書遂上果下廷尉獄妻子皆收繫章小女年可十二夜起號哭曰平生獄上呼囚數常至九今八而止我君素剛先死者必君明日問之章果死妻子皆徙合浦以上王章傳

以上本書第四十六卷

列傳　蓋寬饒　諸葛豐　劉輔　鄭崇　孫寶　毋將隆　何並　蕭望之　子育

復留共更　寬饒初拜為司馬未出殿門斷其禪衣令短離地冠大冠帶長劍躬案行士卒廬室視其飲食居處有疾病者身自撫循臨問加致醫藥遇之甚有恩及歲盡交代上臨饗罷衛卒數千人皆叩頭自請願○○○○一年以報寬饒厚德

次公醒狂　擢為司隸校尉　平恩侯許伯入第丞相御史將軍中二千石皆賀寬饒不行許伯請之迺往從西

階上東鄉特坐許伯自酌曰蓋公後至寬饒曰無多酌我〻乃酒狂丞相魏侯笑曰○○○而○何必酒也坐者皆屬目卑下之酒酣樂作長信少府檀長卿起舞為沐猴與狗鬭坐皆大笑寬饒不悅卬視屋而歎曰美哉然富貴無常忽則易人此如傳舍所閱多矣唯謹慎為得久君侯可不戒哉因起趨出劾奏長信少府以列卿而沐猴舞失禮不敬上欲罪少府許伯為謝良久上乃解

喜陷害人寬饒為人剛直高節志在奉公家貧奉錢月數千半以給吏民為耳目言事者身為司隸子常步行自戍北邊公廉如此然深刻○○○○在位反貴戚人與為怨又好言事刺議奸犯上意上以其儒者優容之然亦不得遷同列後進或至九卿寬饒自以行清能高有益於國而為凡庸所越愈失意不快數上書諫爭

摩切左右太子庶子王生高寬饒節而非其如此予書曰自古之治三王之術各有制度今君不務循職而已廼欲以太古久遠之事匡拂天子數盡不用難聽之語以○○○○非所以揚令名全壽命者也方今用事之人皆明習法令言足以飾君之辭文足以成君之過君不惟蘧氏之高蹤而慕子胥之末行用不訾之軀臨不測之險竊為君痛之寬饒不納其言

多仇少與

是時上方用刑法信任中尚書宦官寬饒奏封事曰方今聖道寖廢儒術不行以刑餘為周召以法律為詩書又引韓氏易傳言五帝官天下三王家天下家以傳子國以傳賢若四時之運功成者去不得其人則不居其位書奏上以寬饒怨謗終不改下其書中二千石時執金吾議以為寬饒指意欲求禪大逆不道諫大夫鄭昌上書頌寬饒曰司隷校尉寬饒居不求安食不求飽進有憂國之心退有死節之義上無許史之屬下無金張之託職在司察直道而行〇〇〇〇上書陳國事有司劾以大辟臣幸得從大夫之後官以諫為名不敢不言上不聽遂下寬饒吏寬饒引佩刀自剄北闕下衆莫不憐之 以上蓋寬饒傳

司隷去節

元帝擢為司隷校尉剌舉無所避京師為之語曰間何瀏逢諸葛上嘉其節加豐秩光祿大夫時侍中許章以外屬貴幸奢淫不奉法度賓客犯事與章相連豐案劾章欲奏其事適逢許侍中私出豐駐車舉節詔章曰下欲收之章迫窘馳車去豐追之許侍中因得入宮門自歸上豐亦上奏於是收豐節〇〇〇〇自豐始

告案無證

豐以春夏繫治人在位多言其短上徙豐為城門校尉豐上書告光祿周堪光祿大夫張猛上不直豐廼制詔御史 豐前為司隷

校尉不順四時修法度專作苛暴以獲虛威朕不忍下吏以為
城門校尉不内[illegible]諸己而反怨堪猛以求報舉○○○之辭
暴揚難驗之罪毁譽恣意不顧前言不信之大者也朕憐豊
考
之耆老不忍加刑其免為庶人終於家 以上諸葛豊傳
卜窈窕
擢為諫大夫會成帝欲立趙倢伃為皇后先下詔封倢
伃父臨為列侯輔上書言昔武王周公承順天地以
饗魚烏之瑞然猶君臣祗懼動色相戒況於季世不蒙繼嗣之
福屢受威怒之異者乎雖夙夜自責改過易行畏天命念祖業
妙選有德之世○○○之女以承宗廟順神祇心塞天下望
子孫之祥猶恐晚暮今乃觸情縱欲傾於卑賤之女欲以母天
下不畏於天不媿
於人惑莫大焉
精鋭銷耎
上使侍御史收縛輔繫掖庭秘獄
羣臣莫知其故於是中朝左將軍
辛慶忌右將軍廉褒光禄勳師丹太中大夫谷永俱上書曰
今天心未豫災異屢降水旱迭臻方當隆寛廣問褒直盡下之
時也而行慘急之誅於諫爭之臣震驚羣下失忠直心假令輔
不坐直言所坐不著天下不可户曉同姓近臣本以言顯其於
治親養忠之義誠不宜幽囚於掖庭獄公卿以下見陛下進用
輔亟而折傷之暴人有懼心○○○○莫敢盡節正言非所以

昭有虞之聽廣德美之風也上廼徙繫輔共工獄減死罪一等論為鬼薪終於家以上劉輔傳

尚書履聲 哀帝擢為尚書僕射數求見諫爭上初納用之每見曳革履上笑曰我識鄭○○○○

臣心如水 上責崇曰君門如市人何以欲禁切主上崇對曰臣門如市○○○○願得考覆上怒下崇獄窮治死獄中以上鄭崇傳

不為主簿 以明經為郡吏御史大夫張忠辟寶為屬欲令授子經更為除舍設儲偫寶自劾去忠固還之心內不平後署寶主簿徙入舍祭竈請比隣忠陰察怪之使所親問寶前大夫為君設除大舍子自劾去者欲為高節也今兩府高士俗○○○○子既為之徙舍甚悅何前後不相副也寶曰高士不為主簿而大夫君以寶為可一府莫言非士安得獨自高前日君男欲學文而移寶自近禮有來學義無往教道不可詘身詘何傷且不遵者可無不為况主簿乎忠聞之甚慙上書薦寶經明質直宜備近臣為議郎遷諫大夫

豺狼橫道 徵為京兆尹故吏侯文以剛直不苟合常稱疾不肯仕寶以恩禮請文欲為布衣友日設酒食妻子相對文求受署為掾進見如賓禮數月以立秋日署文東部督郵入見敕曰今日鷹隼始擊當順天氣取姦惡以成嚴霜

之誅掾部渠有其人乎文仰曰無其人不敢空受職寶曰誰也文曰霸陵杜稺季寶曰其次文曰○○○○不宜復問狐貍寶默然稺季者大俠與衛尉淳于長大鴻臚蕭育等皆厚善寶前失車騎將軍與紅陽侯有郤自恐見危時淳于長方貴幸友寶寶亦欲附之始視事而長以稺季託寶故寶窮無以復應文文怪寶氣索知其有故因曰明府素著威名今不敢取稺季當且闔閤勿有所問如此竟歲吏民未敢誣明府也即度稺季而譴他事衆口讙譁終身自墮寶曰受教稺季耳目長聞知之杜門不通水火穿舍後牆為小戶但持鉏自治園因文所厚自陳如此文曰我與稺季幸同土壤素無睚眥顧受將命分當相直誠能自改嚴將不治前事即不更心但更門戶適趣禍耳稺季遂不敢犯法寶亦竟歲無所譴明年稺季病死寶為京兆尹三歲京師稱之

羣臣同聲

平帝立寶為大司農會越巂郡上黃龍游江中太師孔光大司徒馬宮等咸稱莽功德比周公宜告祠宗廟寶曰周公上聖召公大賢尚猶有不相悅著於經典兩不相損今風雨未時百姓不足每有一事○○○○得無非其美者時大臣皆失色侍中奉車都尉甄邯即時承制罷議者以上孫寶傳

私恩徼妄

哀帝即位以高第入

為京兆尹還執金吾時侍中董賢方貴上使中黃門發武庫兵前後十輩送董賢及上乳母王阿舍隆奏言武庫兵器天下公用國家武備繕治造作皆度大司農錢大司農錢自乘輿不以給共養共養勞賜壹出少府今賢等便嬖弄臣○○○○而以以天下公用給其私門契國威器共其家備民力分於弄臣武兵設於微妾建立非宜以廣驕奢非所以示四方也以上毋將隆傳

剝其建鼓

舉能治劇為長陵令道不拾遺初邛成太后外家王氏貴而侍中王林卿通輕俠京師後坐法免賓客愈甚歸長陵上冢因留飲連日並恐其犯法自造門上謁謂林卿曰冢間單外宜以時歸林卿曰諾先是林卿殺婢壻埋冢舍並具知之以非已時又見其新免故不發舉欲無令留界中而已即且遣吏奉謁傳送林卿素驕慙於賓客並度其為變儲兵馬以待之林卿既去北渡涇橋令騎奴還至寺門拔刀○○○○並自從吏兵追林卿行數十里林卿迫窘乃令奴冠其冠被其襜褕自代乘車從童騎身變服從間徑馳去會日暮追及收縛冠奴〻曰我非侍中奴耳並心自知已失林卿乃曰王君困自稱奴得脫死邪叱吏斷頭持還縣所剝鼓置都亭下署曰故侍中王林卿坐殺人埋冢舍使奴剝寺門鼓吏民驚駭

林卿因亾命衆庶讙譁以為實死成帝太后以卯成太后愛林
卿故聞之涕泣為言哀帝ゝ問狀而善之遷並隴西太守 以
上何不肯録録是時大将軍霍光秉政長史丙吉薦儒生王仲
並傳不肯録録翁與望之等数人皆名見先是左将軍上官桀
與蓋主謀殺光ゝ既誅桀等後出入自倫吏民當見者露索去
刀兵兩吏扶持望之獨不肯聽自引出閤曰不願見吏牽持匈
匈光聞之告吏勿持望之既至前説光曰将軍以功德輔幼主
将以流大化致於洽平是以天下之士延頸企踵争願自効以
輔高明今士見者皆先露索挾持恐非周公相成王躬吐握之
禮致白屋之意於是光獨不除用望之而仲翁等皆補大将軍
史三歲間仲翁至光禄大夫給事中望之以射策甲科為郎署
小苑東門候仲翁出入從倉頭廬兒下車趨門傳呼甚寵顧謂
望之曰○○○○反抱材任宰相徵入守少府宣帝察望之經
闗為望之曰各從其志明持重論議有餘○○○○
欲詳試其政事復以為左馮翊望之從少府出為左遷恐有不
合意即移病上聞之使侍中成都侯金安上諭意曰所用皆更
治民以考功君前為平原太守日淺故復
試之於三輔非有所聞也望之即視事
量粟贖罪
是歲西羌
反漢遣後

將軍征之京兆尹張敞上書言 願令諸有罪非盜受財殺人及犯法不得赦者皆得以差入穀此八郡贖罪務益致穀以備百姓之急事下有司望之與少府李彊議今欲令民○○以○○如此則富者得生貧者獨死是貧富異刑而法不一也人情貧窮父兄囚執聞出財得以生活為人子弟者將不顧死亡之患敗亂之行以赴財利求救親戚一人得生十人以喪如此伯夷之行壞公綽之名滅政教一傾雖有周召之佐恐不能復 不施敞議 於是天子復下其議兩府丞相御史以難問張敞〻曰今羌虜一隅小夷跳梁於山谷間漢但令罪人出財減罪以誅之其名賢於煩擾良民橫興賦斂也又諸盜及殺人犯不道者百姓所疾苦也皆不得贖首匿見知縱所不當得為之屬議者或頗言其法可蠲除今因此令贖其便明甚何化之所亂甫刑之罰小過赦薄罪贖有金選之品所從來久矣何賊之所生敞備皁衣二十餘年嘗聞罪人贖矣未聞盜賊起也望之彊復對曰 聞天漢四年常使死罪人入五十萬錢減死罪一等豪彊吏民請奪假貸至為盜賊以贖罪其後姦邪橫暴羣盜並起至攻城邑殺郡守充滿山谷吏不能禁明詔遣繡衣使者以興兵擊之誅者過半然後衰止愚以為使死罪贖

之敗也故曰不便時丞相魏相御史丙吉亦以為羌虜且破轉輸罷足相給遂○○○○乘亂幸災代丙吉為御史大夫五鳳中匈奴大亂議者多曰匈奴為害日久可因其壞亂舉兵滅之詔問望之計策望之對曰春秋晉士匄帥師侵齊聞齊侯卒引師而還君子大其不伐喪以為恩足以服孝子誼足以動諸侯前單于慕化鄉善稱弟遣使請求和親海內欣然夷狄莫不聞未終奉約不幸為賊臣所殺今而伐之是○○而○○也彼必奔走遠遁不以義動兵恐勞而無功宜遣使者弔問輔其微弱救其災患四夷聞之咸貴中國之仁義如遂蒙恩得復其位必稱臣服從此德之盛也上從其議後竟遣兵護輔呼韓邪單于定其國待以不臣初匈奴呼韓邪單于來朝詔公卿議其儀丞相霸御史大夫定國議曰聖王之制施德行禮先京師而後諸夏先諸夏而後夷狄詩云率禮不越遂視既發相土烈〻海外有截陛下聖德充塞天地光被四表匈奴單于鄉風慕化奉珍朝賀自古未之有也其禮儀宜如諸侯王位次在下望之以為單于非正朔所加故稱敵宜○○○○之禮位在諸侯王上外夷稽首稱藩中國讓而不臣此則羈縻之誼謙亨之福也書曰戎狄荒服言其來荒忽亡常如使匈奴

後嗣卒有烏竄鼠伏闕於朝享不為畔臣信讓行乎蠻夷福祚流
於亾窮萬世之長策也天子采之　令單于位在諸侯王上贊
謁稱臣
而不名
不近刑人
初宣帝不甚從儒術任用法律而中書宦官
用事中書令弘恭石顯久典樞機明習文法
亦與車騎將軍高為表裏論議常獨持故事不從望之等恭顯
又時傾仄見詘望之以為中書政本宜以賢明之選自武帝游
宴後庭故用宦者非國舊制又違古○○○之義白欲更置
士人由是大與高恭顯忤上初即位謙讓重改作議久不定
郤食涕泣
弘恭石顯等知望之素高節不詘辱建白望之前為
將軍輔政欲排退許史專權擅朝幸得不坐復賜爵
邑與聞政事不悔過服罪深懷怨望教子上書歸罪於上自以
託師傅懷終不坐非頗詘望之於牢獄塞其怏怏心則聖朝無
以施恩厚上曰蕭太傅素剛安肯就吏顯等曰人命至重望之
所坐語言薄罪必亾所憂上乃可其奏顯等封以付謁者敕令
名望之手付因令太常急發執金吾車騎馳圍其第使者至名
望之望之欲自殺其夫人止之以為非天子意望之以問門下
生朱雲雲者好節士勸望之自裁於是望之仰天歎曰吾常備
位將相年踰六十矣老入牢獄苟求生活不亦鄙乎字謂雲曰

游趣和藥來無久留我死竟飲鴆自殺天子聞之驚拊手曰曩固疑其不就牢獄果然殺吾賢傅是時太官方上晝食上乃○○為之○○哀慟左右於是召顯等責問以議不詳皆免冠謝良久然後已望之有罪死有司請絶其爵邑有詔加恩長子伋嗣為關内侯天子追念望之不忘每歲時遣使者祠祭望之冢終元帝世望之八子至大官者育咸由　以上蕭望之傳

蕭朱結綬育為人嚴猛尚威居官数免稀遷少與陳咸朱博為友著聞當世往者有王陽貢公故長安語曰○○○○王貢彈冠言其相薦達也始育與陳咸俱以公卿子顯名咸最先進年十八為左曹二十餘御史中丞時朱博尚為杜陵亭長為咸育所攀援入王氏後遂並列刺史郡守相及為九卿而博先至將軍上卿歷位多於咸育遂至丞相育與博後有隙不能終故世以交為難　以上育傳

折而不挠蕭望之歷位將相藉師傅之恩可謂親昵亾間及至謀泄隙開讒邪搆之卒為便嬖宦豎所圖哀哉望之堂：○○○○身為儒宗有輔佐之能近古社稷臣也　以上蕭望之贊

以上本書第四十七卷至第四十八卷

注

鉐篇師古曰鉐若今盛錢臧瓶為小孔可入而不可出或鉐或篇皆為此制而用受書令投於其中鉐嚼篇音同

僵仆僵音薑仆音赴鉤距晋灼曰鉤致也距閉也使對者無疑若不問而自知衆莫覺所由以閉其術為距也

廋索廋讀與搜同盧罌盧所以居罌ゝ所以盛酒也罌音於耕反蠭氣蠭與鋒同言鋒銳之氣奉

齋酎入府祠也將酎祭宗廟而先絜齋以上趙廣漢傳盜賊發其比伍中比謂左右

相次者也五家為伍若今五保也比音頻寐反盜賊所過抵抵歸也所經過及所歸投也有論罪

輸掌畜官論罪決罪也扶風畜牧所在有苑師之屬故曰掌畜官也斫莝莝斬芻責以負程

負數也計其入及日數為功程以鈇自剄鈇斫莝刀音夫以上尹翁歸傳賣偶車馬下里偽

物者弃之市道張晏曰下里地下蒿里偽物也師古曰偶謂土木為之象真車馬之形也偶對也弃其物

於市之道上也置正五長師古曰正若今之鄉正里正也五長同伍之中置一人為長也人救不殊
殊絕也以人救之故身首不相絕也試騎士每歲試也大黃紈方領晉灼曰以黃色素作直領也
傳總建幢棨傳著也總以緹繒飾鑣鎋也建立也師古曰幢麾也棨有衣之戟也其衣以赤黑繒為之
植羽葆師古曰植亦立也羽葆聚翟尾為之亦今纛之類也鼓車歌車孟康曰如今郊駕時車上鼓吹
也師古曰郊駕郊祀時備法駕也旁轂旁音步郎反射室李奇曰都試射堂也噭咷噭音叫呼之叫
咷音滌濯之滌弓韇師古曰韇弓衣也鞮鞪即兜鞪也抱弩負籣籣盛弩矢者也其形如木桶
鉤鐔鉤亦兵器也似劒而曲所以鉤殺人也鐔劒喉也又曰鐔似劒而小脰鐔音淫又音尋以上韓延壽傳
酋長應劭曰酋長帥帥受署師古曰自言願權補吏職也赭赤土也有足大者晉灼曰越
法縱舍即足大者也便面拊馬師古曰便面所以障面蓋車之類也不欲見人以此自障面則得其便故曰便

面亦曰屏面今之沙門所持竹扇上褎平而下圜即古之便面也眉憮音嫵以好媚為稱賊捕掾主捕賊者也為之囊橐言容止盜賊若囊橐之盛物也殿屋重轑中蘓林曰轑椽也重轑重棼中師古曰重棼即今之廊舍也邊屋為兩夏者也轑音老一敞傳吏傳讀曰附言敞自監護吏而捕之柱後惠文晉灼曰漢注法冠也一號柱後惠文以纚裹鐵柱卷秦制執法服今御史服之謂之解廌一角今冠兩角以解廌為名耳師古曰纚即今方目紗也纚音山爾反卷音去權反以上張敞傳卬郲九折阪應劭曰在蜀郡嚴道縣臣瓚曰郲山名也郲音來布鼓過雷門師古曰雷門會稽城門也有大鼓越擊此鼓聲聞洛陽故尊引之也布鼓謂以布為鼓故無聲以上王尊傳牛衣編亂麻為之即今俗呼為龍具者激卬如淳曰激厲抗揚之意也以上王章傳司馬蘓林曰如今衛士令也臣瓚曰漢注有衛屯司馬禪衣師古曰禪音單其字從衣臨饗罷衛卒得代當歸者也共更更猶今言上番也音工衡反不訾之軀訾與

賞同言無賞量可以比之責重之極也以上蓋寬饒傳魚烏之瑞謂伐紂時有白魚赤烏之瑞也掖庭

秘獄漢書舊儀掖庭詔獄令丞官者為之主理婦人女官也共工獄蘓林曰考工也師古曰少府之屬官

也亦有詔獄共讀與龔同以上劉輔傳革履師古曰孰曰韋生曰革以上鄭崇傳除舍謂脩飾掃除也

設儲峙謂豫備器物也掾部渠有其人乎渠讀曰詎詎豈也言掾即所部內豈有其人乎

度稱季而譴它事李奇曰過度不治罪終身自墮師古曰墮毀也音大規反不通水

次謂雖鄰伍亦不往來也以上孫寶傳契國威器李奇曰契缺也以上毋將隆傳婢壻師古曰婢

壻外人與其婢姦者也冢舍守冢之舍也至寺門剎其建鼓諸官曹之所通呼為寺建鼓一

名植鼓建立也謂植木而旁懸鼓焉縣有此鼓者所以名集號令為開閉之時以上何並傳露索露形體而搜也

射策甲科為郎射策者謂為難問疑義書之於策量其大小署為甲乙之科列而置之不使彰顯有欲射

者隨其所取得而釋之以知優劣射之言投射也對策門候者顯問以政事經義令各對之而觀其人辭定高下也

門候主候時而開閉也金選之品應劭曰選音刷金銖兩名也師古曰刷音是也字本作鋝鋝即鍰也其重

十一銖二十五分銖之十三一曰重六兩皁衣如淳曰雖有五時服至朝皆著皁衣傾仄見詘師古曰言

其不能持正故議論大事見詘於天子也不近刑人禮曰刑人不在君側懷終不坐言恃舊恩自謂

終無罪坐懷此心以上蕭望之傳

前漢書隨筆録卷十五

列傳

馮奉世 子野王 淮陽憲王欽 東平思王宇 定陶共王康 中山孝王興 匡衡 張禹 孔光

進擊莎車 先是時漢數出使西域多辱命不稱或貪汙為外國所苦是時烏孫大有擊匈奴之功而西域諸國新輯漢方善遇欲以安之選可使外國者前將軍增舉奉世以衛侯使持節送大宛諸國客至伊脩城都尉宋將言莎車與旁國共攻殺漢所置莎車王萬年幷殺漢使者奚充國時匈奴又發兵攻車師城不能下而去莎車遣使揚言北道諸國已屬匈奴矣於是攻刼南道與歃盟畔漢從鄯善以西皆絕不通都護鄭吉校尉司馬意皆在北道諸國間奉世與其副嚴昌計以為不亟擊之則莎車日彊其埶難制必危西域遂以節諭告諸國王因發其兵南北道合萬五千人○○○○攻拔其城莎車王自殺傳其首詣長安諸國悉平威振西域奉世乃罷兵以聞

要功萬里 下議封奉世丞相將軍皆曰春秋之義大夫出彊有可以安國家則顓之可也奉世功效尤著宜加爵土之賞少府蕭望之獨以奉世奉使有指而擅矯制違命發諸國兵雖

有功效不可以為後世法即封奉世開後奉使者利以奉世為比爭逐發兵○○○○之外為國家生事於夷狄漸不可長奉世不宜受封上善望之議以奉世為光祿大夫水衡都尉折衝宿將居爪牙官前後十年為○○○○功名次趙充國追訟前功奉世死後二年西域都護甘延壽以誅郅支單于封為列侯時丞相匡衡亦用延壽矯制生事據蕭望之前議以為不當封而議者咸美其功上從眾而侯之於是杜欽上疏○○奉世○○以為比罪則郅支薄量敵則莎車眾用師則奉世寡計勝則奉世為功於邊境安慮敗則延壽為禍於國家深其違命而擅生事同延壽割地封而奉世獨不錄臣聞功同賞異則勞臣疑罪鈞刑殊則百姓惑願下有司議上以先帝時事不復錄奉世長子譚為校尉隨父從軍有功未拜病死至大官譚弟野王逡立參以上馮奉世傳一律两科野王復以故二千石使行河隄回拜為琅邪太守時數有灾異京兆王章譏鳳顓權不可任用薦野王代鳳上初納其言而後誅章於是野王懼不自安遂病滿三月賜告與妻子歸杜陵就醫大將軍鳳風御史中丞劾奏野王賜告養病而私自便持虎符出界歸家奉詔不敬杜欽時在大將軍莫府欽素

高野王父子行能奏記於鳳為野王言曰竊見令曰吏二千石告過長安謁不分別予賜今有司以為予告得歸賜告不得是○○○○失省刑之意夫三最予告令也病滿三月賜告詔恩也令告則得詔恩則不得失輕重之差又二千石病賜告得歸有故事得去郡無著令傳曰賞疑從予所以廣恩勸功也罰疑從去所以慎刑闕難知也今釋令與故事而假不敬之法甚違闕疑從去之意即以二千石守千里之地任兵馬之重不宜去郡將以制刑為後法者則野王之罪在未制令前也刑賞大信不可不信鳳不聽竟免野王郡國二千石病賜告不得歸家自此始

兄弟繼踵

竟寧中立以王舅出為五原屬國都尉數年遷五原太守徙西河上郡居職公廉治行略與野王相似而多智有恩貸好為教條吏民嘉美野王立相代為太守歌之曰大馮君小馮君○○○○相因循聰明賢治惠吏民政如魯衛德化鈞周公康叔猶二君

物禁太甚

參昭儀少弟五侯皆敬憚之丞相翟方進亦甚重焉數謂參○○○○君侯以王舅見廢不得在公卿位今五侯至尊貴也與之並列宜少詘節卑體視有所宗而君侯盛修容貌以威嚴加之此非所以下五侯而自益者也參性好禮儀終不改其恒操頃之哀

帝即位帝祖母傅太后用事追怨參姊中山太后參陷以祝詛大逆之罪參以同産當相坐謁者承制召參詣廷尉自殺且死仰天歎曰參父子兄弟皆備大位身至封侯今被惡名而死姊弟不敢自惜傷無以見先人於地下死者十七人衆莫不憐之野王傳以上擇地而行詩稱抑抑威儀惟德之隅宜鄉侯參鞠躬履方○○○○可謂淑人君子然卒死於非罪不能自免哀哉讒邪交亂貞良被害自古而然故伯奇放流孟子宮刑申生雉經屈原赴湘小弁之詩作離騷之辭興經曰心之憂矣涕既隕之馮參姊弟亦云悲矣以上馮奉世贊嗟歎憲王霍皇后廢後上欲立張倢伃為后久之懲艾霍氏欲害皇太子廼更選後宮無子而謹慎者廼立長陵王倢伃為后令母養太子后無寵希御見唯張倢伃最幸而憲王壯大好經書法律聰達有材帝甚愛之太子寬仁喜儒術上數○○○○曰真我子也常有意欲立張倢伃與憲王然用太子起於微細少依倚許氏及即位而許后以殺死太子蚤失母故弗忍也久之上以故丞相韋賢子玄成陽狂讓侯兄經明行高稱於朝廷乃名拜玄成為淮陽中尉欲感諭憲王輔以推讓之臣由是太子遂安以上淮陽憲王欽傳從横權譎後年

來朝上疏求諸子及太史公書上以問大將軍王鳳對曰臣聞諸侯朝聘考文章正法度非禮不言今東平王幸得來朝不思制節謹度以防危失而求諸書非朝聘之義也諸子書或反經術非聖人或明鬼神信物怪太史公書有戰國○○○○之謀漢興之初謀臣奇策天官災異地形阨塞皆不宜在諸侯王不可予不許之辭宜曰五經聖人所制萬事靡不畢載王審樂道傅相皆儒者旦夕講論足以正身虞意夫小辯破義小道不通致遠恐泥皆不足以留意諸益於經術者不愛於王對奏天子如鳳言遂不與○上東平思王宇傳

以奉大宗後

王少而愛長多材藝習知音聲上奇器之母昭儀又幸幾代皇后太子成帝即位緣先帝意厚遇異於他王十九年薨子欣嗣十五年成帝無子徵入為皇太子以太子○○○○不得顧私親乃立楚思王子景為定陶王奉共王後成帝崩太子即位是為孝哀帝即位二年追尊共王為共皇置寢廟京師序昭穆儀如孝都王云元帝徙定陶王景為信以上定陶共王康傳

不相入廟

成帝之議立太子也御史大夫孔光以為尚書有殷及王兄終弟及中山王元帝之子宜為後成帝以中山王不材又兄弟○得○○○外家王氏與趙昭儀皆欲用哀

帝為太子故遂立焉上乃封孝王舅馮參為宜鄉侯而益封孝王萬户以慰其意三十年薨子衎嗣七年哀帝崩無子徵中山王衎即位是為平帝太皇太后以帝為成帝後故立東平思王孫桃鄉頃侯子成都為中山王奉孝王後王莽時絶以上中山孝王興傳世絶於孫孝元之後徧有天下然而○○○○豈非天哉淮陽憲王於時諸侯為聰察矣張博誘之幾陷無道詩云貪人敗類古今一也　以上宣元六王贊說詩解頤父世農夫至衡好學家貧庸作以供資用尤精力過絶人諸儒為之語曰無說詩匡鼎來匡○○○人○隨牒遠方長安令楊興說高曰平原文學匡衡材智有餘經學絶倫但以無階朝廷故○○在○○將軍誠名置莫府學士歙然歸仁與參事議觀其所有貢之朝廷必為國器以此顯示衆庶名流於世高然其言辟衡為議曹史薦衡於上更相是非時上好儒術文辭頗改宣帝之政又傅昭儀及子定陶王愛幸寵於皇后太子衡復上疏曰陛下聖德天覆子愛海內然陰陽未和姦邪未禁者殆論議者未丕揚先帝之盛功爭言制度不可用也務變更之所更或不可行而復〻之是以羣下○○○○吏民無所信臣竊恨國家釋樂成之業而

虛為此紛：也願陛下詳覽統業之
事留神於遵制揚功以定羣下之心
強所不足
治性之道必審
已之所有餘而
〇其〇〇〇蓋聰明疏通者戒於太察寡聞少見者戒於雍蔽
勇猛剛彊者戒於太暴仁愛溫良者戒於無斷湛靜安舒者戒
於後時廣心浩大者戒於遺忘必審已之所當戒而齊之以義
然後中和之化應而巧偽之徒不敢比周而望進唯陛下戒所
以崇
聖德
綱紀之首
成帝即位衡上疏戒妃匹勸經學威儀之則曰
后夫人之行不侔乎天地則無以奉神靈之統
而理萬物之宜故詩曰窈窕淑女君子好仇言能致其貞淑不
貳其操情欲之感無介乎容儀宴私之意不形乎動靜夫然後
可以配至尊而為宗廟主此
〇〇〇〇王教之端也
阿諛曲從
初元帝時中書令石顯
用事自前相韋玄成及
衡皆畏顯不敢失其意至成帝初即位衡乃與御史大夫甄譚
共奏顯追條其舊惡并及黨與於是司隸校尉王尊劾奏衡譚
居大臣位知顯等專權埶作威福為海內患害不以時白奏行
罰而〇〇〇〇附下罔上無大臣輔政之義既奏顯等不自陳
不忠之罪而反揚著先帝任用傾覆之徒罪至不道有詔勿劾
衡慙懼上疏謝罪因稱病乞骸骨上丞相樂安侯印綬上以

新即位褒優大臣然羣下多是王尊者衡嘿嘿不自安每有水旱風雨不時連乞骸骨讓位上輒以詔書慰撫不許以上匡衡傳

涇渭溉灌

河平四年禹代王商為丞相封安昌侯為相六歲鴻嘉元年以老病乞骸骨上加優再三乃聽許賜安車駟馬黃金百斤罷就第以列侯朝朔望位特進見禮如丞相置從事五人益封四百戶天子數加賞賜前後數千萬禹為人謹厚內殖貨財家以田為業及富貴多買田至四百頃○○○○極膏腴上賈它財物稱是

絲竹管絃

禹性習知音聲內奢淫身居大第後堂理○○○○禹成就弟子尤著者淮陽彭宣至大司空沛郡戴崇至少府九卿宣為人恭儉有法度而崇愷弟多智二人異行禹心親愛崇敬宣而疏之崇每候禹常責師宜置酒設樂與弟子相娛禹將崇入後堂飲食婦女相對優人筦弦鏗鏘極樂昏夜乃罷而宣之來也禹見之於便坐講論經義日晏賜食不過一肉卮酒相對宣未嘗得至後堂及兩人皆聞知各自得也

親拜牀下

禹每病輒以起居聞車駕自臨問之上○○禹○○禹頓首謝恩歸誠言老臣有四男一女愛女甚於男遠嫁為張掖太守蕭咸妻不勝父子私情思與相近上即時徙咸為弘農太守又禹小子未有

官上臨候禹〻數視其小子上
即禹牀下拜為黃門郎給事中不疑王氏禹雖以家居特進為
天子師國家每有大
政必與定議永始元延之間日蝕地震尤數吏民多上書言災
異之應譏切王氏專政所致上懼變異數見意頗然之未有以
明見延車駕至禹第辟左右親問禹以天變因用吏民所言王
氏事示禹〻自見年老子孫弱又與曲陽侯不平恐為所怨禹
則謂上曰春秋二百四十二年間日蝕三十餘地震五十六或
為諸侯相殺或夷狄侵中國災變之意深遠難見故聖人罕言
命不語神怪性與天道自子貢之屬不得聞何況淺見鄙儒之
所言陛下宜脩政事以善應之與下同其福喜此經義意也新
學小生亂道誤人宜無信用以經術斷之上雅信愛禹由此〇
〇〇〇後曲陽侯根及諸王子弟聞知禹言皆喜悅遂親就禹

論語章句初禹為師以上難數對己問經為〇〇〇〇獻之始
魯扶卿及夏侯勝王陽蕭望之韋玄成皆說論語篇
第或異禹先事王陽後從庸生采獲所安最後出而尊貴諸儒
為之語曰欲為論念張文由是學者多從張氏餘家寖微以

上張
禹傳輒削草藁光凡典樞機十餘年守法度脩故事上有所問
據經法以心所安而對不希指苟合如或不從

不敢强諫爭以是久而安時有所言○○○○以為章主之過以奸忠直人臣大罪也有所薦舉唯恐其人之聞知沐日歸休兄弟妻子燕語終不及朝省政事或問光溫室省中樹皆何木也光嘿不應更答以他語其不泄如是光帝師傅子少以經行自著進官蚤成不結黨友養游說有求於人既性自守亦其埶然也

法時律令光久典尚書練法令號稱詳平時定陵侯淳于長坐大逆誅長小妻迺始等六人皆以長事未發覺時棄去或更嫁及長事發丞相方進大司空武議以為令犯法者各以○○○○論之明有所訖也長犯大逆時迺始等見為長妻已有當坐之罪與身犯法無異後乃弃去於法無以解請論光議以為大逆無道父母妻子同產無少長皆弃市欲懲後犯法者也夫婦之道有義則合無義則離長未自知當坐大逆之法而弃去迺始等或更嫁義已絕而欲以為長妻論殺之名不正不當坐有詔光議是

猗違連歲又傅太后欲與成帝母俱稱尊號羣下多順指言母以子貴宜立尊號以厚孝道唯師丹與光持不可上重違大臣正議又內迫傅太后○○者○○丹以罪免而朱博代為大司空光自先帝時議繼嗣有持異之隙矣又重忤傅太后指由是傅氏在位者與朱博為表

襄共毀諸光後數月遂策免光光厓背誅傷會哀帝崩太皇太后以新都侯王莽為大司馬徵立中山王是為平帝ゝ年幼太后稱制委政於莽初哀帝罷黜王氏故太后與莽怨丁傅董賢之黨莽以光為舊相名儒天下所信太后敬之備禮事光所欲搏擊輒為草以太后指風光〇〇莫不〇〇莽權日盛光憂懼不知所出上書乞骸骨莽白太后帝幼少宜置師傅從光為帝太傅位四輔給事中領宿衛供養行內署門戶省服御食物明年徙為太師而莽為太傅光常稱疾不敢與莽並有詔朝朔望領城門兵莽又風羣臣奏莽功德稱宰衡位在諸侯王上百官統焉光愈恐固稱疾辭位

賜靈壽杖

太后詔曰國之將興尊師而重傅其令太師毋朝十日一賜餐〇太師〇〇〇黃門令為太師省中坐置几太師入省中用杖賜餐十七物然後歸老於第官屬按職如故光凡為御史大夫丞相各再一為大司徒太傅太師歷三世居公輔位前後十七年以上孔光傳

持祿保位

自孝武興學公孫弘以儒相其後蔡義韋賢玄成匡衡張禹翟方進孔光平當馬宮及當子晏咸以儒宗居宰相位服儒衣冠然皆〇〇〇〇被阿諛之譏彼以古人之迹見繩烏能勝其任乎以上匡張孔馬

贊 以上本書第四十九卷至第五十一卷

列傳 王商史丹 薛宣朱博 傅喜

不宜上城 建始二年秋京師民無故相驚言大水至百姓奔走相蹂躪長安中大亂天子親御前殿召公卿議大將軍鳳以為太后與上及後宮可御船令吏民上長安城以避水羣臣皆從鳳議左將軍商獨曰自古無道之國水猶不冒城郭今政治和平世無兵革上下相安何因當有大水一日暴至此必訛言也○○○○重驚百姓上乃止有頃長安中稍定問之果訛言上於是美壯商之固守數稱其議而鳳大慙自恨失言明年代匡衡為丞相 此真漢相 為人多質有威重長八尺餘身體鴻大容貌甚過絕人河平四年單于來朝引見白虎殿丞相商坐未央廷中單于前拜謁商商起離席與言單于仰視商貌大畏之還延卻退天子聞而歎曰○○○○矣 以上王商傳 聲中嚴鼓 自元帝為太子時丹以父高任為郎中侍從十餘年元帝即位為駙馬都尉侍中出常驂乘甚有寵上以丹舊臣皇考外屬親信之詔丹護太子家是時

傅昭儀子定陶共王有材藝子母俱愛幸而太子頗有酒色之失母王皇后無寵建昭之間元帝被疾不親政事留好音樂或置鼙鼓殿下天子自臨檻上隤銅丸以擿鼓○○○○之節後宮及左右習知者莫能為而定陶王亦能之上數稱其材丹進曰凡所謂材者敏而好學温故知新皇太子是也若迺器人於絲竹鼓鼙之間則是陳惠李微高於匡衡可相國也於是上嘿然而咲

屬毋涕泣

其後中山哀王薨太子前弔哀王者帝之少弟與太子游學相長大上望見太子感念哀王悲不能自止太子既至前不哀上大恨曰安有人不慈仁而可奉宗廟為民父母者乎上以責謂丹〻免冠謝上曰臣誠見陛下哀痛中山王至以感損向者太子當進見臣竊戒○○○○感傷陛下罪廼在臣當死上以為然意廼解丹之輔相皆此類也

伏青蒲上

竟寧元年上寢疾傅昭儀及定陶王常在左右而皇后太子希得進見上疾稍侵意忽〻不平數問尚書以景帝時立膠東王故事是時太子長舅平陽侯王鳳為衛尉侍中與皇后太子皆憂不知所出丹以親密臣得侍視疾候上間獨寢時丹直入卧內頓首○○○○涕泣言曰皇太子以適長立積十餘年名號繫於百姓天下莫不歸心臣子見定陶王

雅素愛幸今者道路流言為國生意以為太子有動搖之議審若此公卿以下必以死爭不奉詔臣願先賜死以示羣臣天子素仁不忍見丹涕泣言又切至上意大感喟然歎息曰吾日困劣而太子兩王幼少意中戀〻亦何不念乎然無有此議且皇后謹慎先帝又愛太子吾豈可違指駙馬都尉安所受此語丹即却頓首曰愚臣安聞罪當死上因納謂丹曰吾病寖加恐不能自還善輔道太子毋違我意丹噓唏而起太子由是遂為嗣矣以上史丹傳

共執正議

拜喜為大司馬封高武侯丁傅驕奢皆嫉喜之恭儉又傅太后欲求稱號與成帝毋齊尊喜與丞相孔光大司空師丹○○○○傅太后大怒上不得已先免師丹以感動喜〻終不順後數月遂策免喜以上傳喜傳

曠貴最久

自宣元成哀外戚興者許史三王丁傅之家皆重侯累將窮貴極富見其位矣未見其人也陽平之王多有材能好事慕名其執尤盛○○○○然至於莽亦以覆國王商有剛毅節廢黜以憂死非其罪也

轉移大謀

史丹父子相繼高以重厚位至三公丹之輔道副主掩惡揚美傳曾善意雖宿儒達士無以加焉及其歷房闥入臥內推至誠犯顏色動寤萬乘○○○○卒成太子安毋后之位無言

不讎終獲忠貞之報傅喜守節不傾亦蒙後凋不忍暴章入守之賞哀平際會禍福速哉 以上王史傅贊 左馮翊滿歲稱職為真始高陵令陽湛櫟陽令謝游皆貪猾不遜持郡短長前二千石數案不能竟及宣視事詣府謁宣設酒飯與相對接待甚備已而陰求其罪臧具得所受取宣察湛有改節敬宣之效廼手自牒書條其姦臧封與湛曰吏民條言君如牒或議以為疑於主守盜馮翊敬重令又念十金法重○○相○○故密以手書相曉欲君自圖進退可復申眉於後即無其事復封還記得為君分明之湛自知罪臧皆應記而宣辭溫潤無傷害意湛即時解印綬付吏為記謝宣終無怨言而櫟陽令游自以大儒有名輕宣宣獨移書顯責之曰告櫟陽令吏民言令治行煩苛適罰作使千人以上賊取錢財數十萬給為非法賣買聽任富吏賈數不可知證驗以明白欲遣吏考案恐負舉者恥辱儒士故使掾平鐫令孔子曰陳力就列不能者止令詳思之方調守游得令奏換縣又頻陽北當上郡西河為數郡湊多檄亦解印綬去盜賊其令平陵薛恭本縣孝者功次稍遷未嘗治民職不辦而粟邑縣小辟在山中民謹樸易治令鉅鹿尹賞久郡用事吏為樓煩長舉茂材遷在粟宣即以○○

賞與恭○○二人視事數月而兩縣皆治宣因移書勞勉之曰昔孟公綽優於趙魏而不宜滕薛故或以德顯或以功舉君子之道焉可憮也屬縣各有賢君　馮翊垂拱蒙成願勉所職卒功業

書柩顯䰟

掾池陽令舉廉吏獄王立府未及台聞立受因家錢宣責讓縣〻案驗獄掾廼其妻獨受繫者錢萬六千受之再宿獄掾實不知掾慙恐自殺宣聞之移書池陽曰縣所舉廉吏獄掾王立家私受賕而立不知殺身以自明立誠廉士甚可閔恤其以府決曹掾○立之○以○其○府掾史素與立相知者皆予送葬及日至休吏賊曹掾張扶獨不肯休坐曹治事宣出教曰蓋禮貴和人道尚通日至吏以令休所由來久曹雖有公職事家亦望私恩意掾宜從衆歸對妻子設酒殽請鄰里壹笑相樂斯亦可矣扶慙愧官屬善之

寗靜有恩

宣為人好威儀進止雍容甚可觀也性○○○○思省吏職求其便安下至財用筆研皆為設方畧利用而省費吏民稱之郡中清靜

譏其煩碎

代張禹為丞相封高陽侯　宣為相府辭訟例不滿萬錢不為移書後皆遵用薛侯故事然官屬○○○○無大體不稱賢也

法令為師

宣子惠亦至二千石始惠為彭城令宣從臨淮遷至陳留過其縣橋

梁鄧亭不脩宣心知惠不能留彭城數日案行舍中處置什器觀視園菜終不問惠以吏事惠自知治縣不稱宣意遣門下掾送宣至陳留令掾進見自從其所問宣不教戒惠吏職之意宣笑曰吏道以○○○○可問而知及能與不能自有資材何可學也衆人傳稱以宣言為然　以上薛宣傳

駐車決遣遷冀州刺史博本武吏不更文法及為刺史行部吏民數百人遮道自言官寺盡滿從事白請且留此縣錄見諸自言者事畢乃發欲以觀試博：心知之告外趣駕既白駕辦博出就車見自言者使從事明敕告吏民欲言縣丞尉者刺史不察黃綬各自詣郡欲言二千石墨綬長吏者使者行部還詣治所其民為吏所冤及言盜賊辭訟事各使屬其部從事博○○○○四五百人皆罷去如神吏民大驚不意博應事變迺至於此後博徐問果老從事教民聚會博敎此吏州郡畏博威嚴

奮髯抵几遷琅邪太守齊部舒緩養名博新視事右曹掾史皆移病臥博問其故對言惶恐故事二千石新到輒遣吏存問致意迺敢起職博○○○○曰觀齊兒欲以此為俗邪迺白見諸曹史書佐及縣大吏選試其可用者出教置之皆斥罷諸病吏白巾走出府門郡中大驚

大改其俗頃之門下

掾贛遂者老大儒教授數百人拜起舒遲博出教主簿贛老生不習吏禮主簿且教拜起閑習廼至又敕功曹官屬多褒衣大袑不中節度自今掾史衣皆令去地三寸博尤不愛諸生所至郡輒罷去議曹曰豈可復置謀曹耶文學儒吏時有奏記稱說云云博見謂曰如太守漢吏奉三尺律令以從事耳亡奈生所言聖人道何也且持此道歸堯舜君出為陳說之其折逆人如此視事數年掾史禮節如楚趙吏○○○

網羅張設

其治左馮翊文理聰明殊不及薛宣而多武譎○○○○少愛利敢誅殺然亦縱舍時有大貸下吏以此為盡力

不敢蹉跌

長陵大姓尚方禁少時常盜人妻見斫創著其頰府功曹受賂白除禁調守尉博聞知以他事召見視其面果有瘢博辟左右問禁是何等創也禁自知情得叩頭服狀博笑曰大丈夫固時有是馮翊欲洒卿恥拔拭用禁能自效不禁且喜且懼對曰必死博因敕禁毋得泄語有便宜輒記言因親信之以為耳目禁晨夜發起部中盜賊及它伏姦有功效博擢禁連守縣令久之召見功曹閉閤數責以禁等事與筆札使自記積受取一錢以上無得有所匿欺謾半言斷頭矣功曹惶怖具自疏姦臧大小不敢隱博知其對以實廼令就席受敕自改而

已拔刀使削所記遣出就職功曹後常戰栗○○○○博遂成就之

平處輕重

遷廷尉職典決疑當讞平天下獄博恐為官屬所誣視事名見正監典法掾史謂曰廷尉本起於武吏不通法律幸有衆賢亦何憂然廷尉治郡斷獄以來且二十年亦獨耳剽日久三尺律令人事出其中掾史試與正監共撰前世決事吏議難知者數十事持以問廷尉得諸君覆意之正監以為博苟強意未必能然即共條白焉博皆召掾史並坐而問為○○其○○十中八九官屬咸服博之疏略材過人也每遷徙易官所到輒出奇譎如此以明示下為不可欺者

號朝夕烏

起為大司空初漢興襲秦官置丞相御史大夫太尉至武帝罷太尉始置大司馬以冠將軍之號非有印綬官屬也及成帝時何武為九卿建言古者民樸事約國之輔佐必得賢聖然猶則天三光備三公官各有分職今末俗文弊政事煩多宰相之材不能及古而丞相獨兼三公之事所以久廢而不治也宜建三公官定卿大夫之任分職授政以考功效其後上以問師安昌侯張禹禹以為然時曲陽侯王根為大司馬票騎將軍而何武為御史大夫於是上賜曲陽侯根大司馬印綬置官屬罷票騎將軍官以御史大夫何武為大司空封列侯皆

增奉如丞相以備三公官焉議者多以為古今異制漢自天子
之號下至佐史皆不同於古而獨改三公職事難分明無益於
治亂是時御史府吏舍百餘區井水皆竭又其府中列柏樹常
有野烏数千棲宿其上晨去暮來○曰○○○烏去不來者数
月長老
異之
位次丞相
後二歳餘朱博為大司空奏言帝王之道不
必相襲各由時務高皇帝以聖德受命建立
鴻業置御史大夫○○○典正法度以職相叅總領百官上
下相監臨二百年來天下安寧今更為大司空與丞相同位未
獲嘉祐故事選郡國守相高第為中二千石選中二千石為御
史大夫任職者為丞相位次有序所以尊聖德重國相也今中
二千石未更御史大夫而為丞相權輕非所以重國政也臣愚
以為大司空官可罷復置御史大夫遵奉舊制臣願盡力以御
史大夫為百僚率哀帝從之廼更拜博為御史大夫會大司馬
喜免以陽安侯丁明為大司馬衛將軍置官屬大司馬冠號如
故事後四歳哀帝遂改丞相為
大司徒復置大司空大司馬焉
刺史如故
初何武為大司空又
與丞相方進共奏言
古選諸侯賢者以為州伯書曰咨十有二牧所以廣聰明燭幽
隱也今部刺史居牧伯之位秉一州之統選第大吏所薦位高

至九卿所惡立退任重職大春秋之義用貴治賤不以卑臨尊刺史位下大夫而臨二千石輕重不相準失位次之序臣請罷刺史更置州牧以應古制奏可反博奏復御史官又奏言漢家至德溥大宇内萬里立置郡縣部刺史奉使典州督察郡國吏民安寧故事居部九歲舉為守相其有異材功效著者輙登擢秩卑而賞厚咸勸功樂進前丞相方進奏罷刺史更置州牧秩真二千石位次九卿九卿缺以高第補其中材則苟自守而已恐功效陵夷姦軌不禁臣請罷州牧置○○○○以上朱博傳　以上本書第五十二卷至第五十三卷

注

伊修城師古曰伊修城在鄯善國漢於其中置也田吏士也莎車王萬年莎車國名萬年其名王也

莎音素和反奉使有指本為送諸國客吏二千石告過長安謁者如淳曰謁自白得告也律吏二千石以上告歸ゝ寧道不過行在所者便道之官無辭不分別賜予予ゝ告也賜ゝ告也三

最予告令也師古曰在官連有三最則得予告也得去郡亡著令如淳曰律施行無不得去
郡之文也以上馮奉世野王傳序昭穆儀如孝元帝蔡王元帝子也為廟京師列昭穆之次如
元帝言如天子之儀徙定陶王景為信都王不復為定陶王立後者哀帝自以已為後故以上
定陶共王康傳有殷及王師古曰謂兄死以弟代立非父子相繼故言及以上中山孝王興傳臣昂
來服虔曰昂猶言當也若言臣且來也應劭曰昂方也解人頤如淳曰使人笑不能止也隨牒在遠
方師古曰謂隨選補之恒牒被超擢者以上匡衡傳不理絲竹管弦如淳曰今樂家五日一習樂為
理樂辟左右辟讀曰闢以上張禹傳以溫室省中晉灼曰長樂宮中有溫室殿法時律
令師古曰此其引令條之文也法時謂始犯法之時也明有所訖訖止也行內行在所之內中猶言
禁中也署門戶省服御食物省視也靈壽杖孟康曰扶老杖也服虔曰靈壽木名師古

曰木似竹有枝節長不過八九尺圍三四寸自然有合杖制不須削治也賜餐十七物師古曰食具有十七
種物然後歸老於第官屬按職如故言十日一入朝受此寵禮他日則常在家自養而其
屬官依常各行職務以上孔光傳留好音樂孟康曰留意於音樂鞞鼓師古曰本騎上之鼓音步
迷反檻軒闌版也隤銅丸以擿鼓隤下也擿投也隤音頽一曰擿槌也嚴鼓之節李奇曰莊
嚴之節也鼓陳惠李微服虔曰二人皆黃門鼓吹也青蒲應劭曰以青規地曰青蒲自非皇后不得
至此不能自還師古曰言當遂至崩亡也還讀曰旋以上史丹傳曠貴言居非其位是為曠官故云曠
貴以上王史傳贊牒書謂書於簡牒也伸眉於後伸眉言無憂也且令自去職不廢其後更為官
適罰適讀曰謫賊取錢財數十萬給為非法言斂取錢財以供給與造非法之用賣
買聽任富吏賈數不可知賈讀曰價使掾平鐫令平掾之名鐫謂琢鑿也音子全

反方調守言欲選人且代游守令職以令奏賞與恭換縣時令條有材不稱職得改之日至日休吏冬夏至之日不省官事故休吏郵亭郵行書之舍亦如今之驛及行道館舍也以上薛宣傳黃綬丞尉職卑皆黃綬治所刺史所止理事處右曹掾史右曹上曹也出教置之皆新補置代移病者以大祫祫音給謂大袴也拔拭摩也耳剽剽劫也猶言行聽也音頻妙反得諸君覆意之但欲用意覆之不近法律事故也以上朱博傳

十三(上)

前漢書隨筆録卷十六

列傳 翟方進 谷永 何武 王嘉 師丹 揚雄

辜權為姦是時起昌陵營作陵邑貴戚近臣子弟賓客多○少○○○利者方進部掾史覆案發大姦贓數千萬

弛威嚴方進為京兆尹博擊豪强京師畏之時胡常為青州刺史與進書曰竊聞政令甚明為京兆能則恐有所不宜進心知所謂其後○○○○不敢踰制擢為丞相封高陵侯食邑千户身既冨貴而後母尚在方進內行修飾供養甚備及後母終既葬三十六日除服起視事以為身備漢相○○○國家之制特立後起持法刻深舉奏牧守九卿峻文深詆中傷者尤多如陳咸朱博蕭育逢信孫閎之屬皆京師世家以材能少歷牧守列卿知名當世而方進○○○○十餘年間至宰相據法以彈咸等皆罷退之柱檻衣素為相九歲綏和二年春熒惑守心李尋奏記云〻方進憂之不知所出會郎賁麗善為星言大臣宜當之上廼名見方進還歸未及引決上遂賜冊云〻使尚書令賜君上尊酒十石養

牛一君審處焉方進即日自殺上秘之遣九卿冊贈以丞相高陵侯印綬賜乘輿秘器少府供張○○皆○○天子親臨弔者數至禮賜異於它相故事謚曰恭侯長子宣嗣

死國埋名

少子曰義徙為東郡太守數歲平帝崩王莽居攝義心惡之廼謂姊子上蔡陳豐曰新都侯攝天子位號令天下故擇宗室之幼稺者以為孺子依託周公輔成王之義且以觀望必代漢家其漸可見方今宗室衰弱外無彊蕃天下傾首服從莫能亢扞國難吾幸得備宰相子身守大郡父子受漢厚恩當為國討賊以安社稷欲舉兵西誅不當攝者選宗室子孫輔而立之設令時命不成○○○○猶可以不慙於先帝今欲發之乃肯從我乎豐年十八勇壯許諾

莽作大誥

莽日抱孺子謂羣臣而稱曰昔成王幼周公攝政而管蔡挾祿父以畔今翟義亦挾劉信而作亂自古大聖猶懼此況臣莽之斗筲羣臣皆曰不遭此變不章聖德○於是依周書○○○

火見未央

初三輔聞翟義起自茂陵以西至汧二十三縣盜賊並發趙明霍鴻等自稱將軍攻燒官寺殺右輔都尉及斄令刼畧吏民衆十餘萬○○○○宮前殿莽晝夜抱孺子禱宗廟

决去陂水

初汝南舊有鴻隙大陂郡以為饒成帝時關東

數水陂溢為害方進為相與御史大夫孔光共遣掾行事以為○○○○其地肥美省隄防費而無水憂遂奏罷之及翟氏滅
鄉里歸惡言方進請陂下良田不得而奏罷陂云王莽時常枯旱郡中追怨方進童謠曰壞陂誰翟子威飯我豆食羹芋魁反
手覆陂當復誰云者兩黃鵠以上翟方進傳懷忠憤發司徒掾班彪曰丞相方進以孤童攜老母羈旅入京師身
為儒宗致位宰相盛矣當莽之起蓋乘天威雖有賁育奚益於敵義不量力○○○○以隕其宗悲夫以上翟方進傳烏
集雜會谷永諫曰數離深宮之固挺身晨夜與羣小相隨○○○○飲醉吏民之家亂服共坐流湎媟嫚溷淆無別閔
免適樂晝夜在路典門戶奉宿衛之臣執干戈而守空宮公卿百僚不知陛下所在積數年矣徵法如雨又曰重增
賦斂○○○○役百乾谿費擬驪山知有內應成帝性寬而好文辭又久無繼嗣數為微行多近幸小臣趙李從微
賤專寵皆皇太后與諸舅夙夜所常憂至親難數言故推永等使因天變而切諫勸上納用之永自○○○○展意無所依違
每言事輒見荅禮至上此對上大怒衛將軍商擿永令發去上使侍御史收永敕過交道廐者勿追御史不及永還上意亦解

自悔專政上身永於經書汎為疏達與杜欽杜鄴畧等不能浹洽如劉向父子及揚雄也其於天官京氏易最密故
善言災異前後所上四十餘事畧相反覆○○○○與後宮而已黨於王氏上亦知之不甚親信也以上谷永傳敢議
丁傅孝成之世委政外家諸舅持權重於丁傅在孝哀時故杜鄴○○○○而欽永不敢言王氏其埶然也及欽欲挹損
鳳權而鄴附會音商永陳三七之戒斯為忠焉至其引申伯以阿鳳隙平阿於車騎指金火以求合可謂諒不足而談有餘者
孔子稱友多聞三人之矣以上谷杜贊近平心決之武遷揚州刺史所舉奏二千石長吏必先露章服罪者為
虧除免之而已不服極法奏之抵罪或至死九江太守戴聖禮經號小戴者也行治多不法前刺史以其大儒優容之及武為
刺史行部錄囚徒有所舉以屬郡聖曰後進生何知廼欲亂人治皆無所決武使從事廉得其罪聖懼自免後為博士毀武於
朝廷武聞之終不揚其惡而聖子賓客為羣盜得繫廬江聖自以子必死武○○○○卒得不死自是後聖慙服武每奏事至
京師聖未嘗不造門謝恩五穀美惡武為刺史二千石有罪應時舉奏其餘賢與不肖敬之如一是以郡國各重其

守相州中清平行部必先即學宮見諸生試其誦論問以得失然後入傳舍出記問墾田頃畝○○○○已洒見二千石以為

常進士獎善武為人仁厚好○○○稱人之○為楚內史厚兩龔在沛郡厚兩唐及為公卿薦之朝廷此人顯於

世者何侯力也世以此多焉先為科例然疾朋黨問文吏必於儒者問儒者必於文吏以相參檢欲除吏○○○

○以防請託其所居亦無赫赫名去後常見思親疏相錯哀帝崩太后即日引莽入收大司馬董賢印綬詔有司舉

可大司馬者自大司徒孔光以下皆舉莽何武為前將軍素與左將軍公孫祿相善二人獨謀以為往時孝惠孝昭少主之世

外戚呂霍上官持權幾危社稷今孝成孝哀比世無嗣方當選立親近輔幼主不宜令異姓大臣持權○○○○為國計便於

是武舉公孫祿可大司馬而祿亦舉武太后竟自用莽為大司馬以上何武傳以官為氏哀帝初立欲匡成帝

之政多所變更嘉上疏曰孝文時吏居官者或長子孫○○○○倉氏庫氏則倉庫吏之後也其二千石長吏亦安官樂職然

後上下相望莫有苟且之意懷危內顧吏或居官數月而退送故新迎交錯道路中材苟容求全下材○○○○

使者護作嘉復奏封事曰○○○○又為賢治大第開門鄉北闕引王渠灌園池○○○○賞賜吏卒甚於治宗廟賢母病
長安廚給祠具道中過者皆飲食為賢治器〻成奏御乃行或物好特賜其工自貢獻宗廟三宮猶不至此賢家有賓婚及見
親諸官並共賜及蒼頭奴婢人十萬錢使者護視發取市物百賈震動道路讙譁羣臣惶惑千人所指今賢散公
賦以施私惠一家至千金往古以來貴臣未嘗有此流聞四方皆同怨之里諺曰○○○○無病而死臣常為之寒心原
心定罪永信少府猛等十人以為聖王斷獄必先○○○○探意立情故死者不抱恨而入地生者不銜怨而纍括
髮關械大臣○○○○裸躬就笞非所以重國褒宗廟也引杯擊地有詔假謁者節召丞相詣廷尉詔獄
使者既到府掾史涕泣共和藥進嘉〻不肯服主簿曰將相不對理陳冤相踵以為故事君侯宜引決使者危坐府門上主簿
復前進藥嘉○藥○以○○謂官屬曰丞相幸得備位三公奉職負國當伏刑都市以示萬眾丞相豈兒女子邪何謂咀藥而
死嘉遂裝出見使者再拜受詔乘吏小車去蓋不冠隨使者詣廷尉廷尉收嘉丞相新甫侯印綬嘉載致都船詔獄上聞嘉生

自詰吏大怒使將軍以下與五二千石雜治　以上王嘉傳

卒暴無漸

丹上書言詔書比下變動政事○○○○

博取廣求

臣伏惟人情無子雖六七十猶○○而○○孝成皇帝深見天命燭知至德以壯年克立〻陛下為嗣先帝暴棄天下而陛下繼體四海安寧百姓不懼此先帝聖德當合天人之功也臣聞天威不違顏咫尺願陛下深思先帝所以建立陛下之意且克己躬行以觀羣下之從化

持重大宗

郎中令泠褒黃門郎段猶等復奏言定陶共皇太后共皇后皆不宜復引定陶蕃國之名以冠大號車馬衣服宜皆稱皇之意置二千石以下各供厥職又宜為共皇立廟京師上復下其議有司皆以為宜如褒猶言丹議獨曰以定陶共為號者母從子妻從夫之義也欲立官置吏車服與太皇太后並非所以明尊卑無二上之義也定陶共皇號謚已前定議不得復改孝成皇帝聖恩深遠故為共王立後奉承祭祀令共皇長為一國太祖萬世不毀恩義已備陛下既繼體先帝○○○○承宗廟天地社稷之祀義不得復奉定陶共皇祭入其廟今欲立廟於京師而使臣下祭之是無主也又親盡當毀空去一國太祖不墮之祀而就無主當毀不正之禮非所以尊厚共皇也　以上

師丹傳簡佚佚蕩為人○○○○口吃不能劇談默而好深湛之思清靜無為少耆欲何必湛身先是
時蜀有司馬相如作賦甚宏麗溫雅雄心壯之每作賦常擬之以為式又怪屈原文過相如至不容作離騷自投江而死悲其
文讀之未嘗不流涕也以為君子得時則大行不得時則龍蛇遇不遇命也○○○○哉乃作書往往摭離騷文而反之自岷
山投諸江流以弔屈原名曰反離騷又旁離騷作重一篇名曰廣騷又旁惜誦以下至懷沙一卷名曰畔牢愁屈奇瑰
瑋孝成時客有薦雄文似相如者上方郊祠甘泉泰畤汾陰后土以求繼嗣召雄待詔承明之庭正月從上甘泉還奏甘泉
賦以風甘泉本因秦離宮既奢泰而武帝復增通天高光迎風宮外近則洪厓旁皇儲胥弩陆遠則石關封巒枝鵲露寒棠
梨師得遊觀○○○○非木摩而不雕牆塗而不畫周宣所考般庚所遷夏卑宮室唐虞採椽三等之制也且其為已久矣非
成帝所造欲諫則非時欲默則不能已故遂推而隆之上比於帝室紫宮若曰此非人力之所能黨鬼神可也迺屬車
豹尾又是時趙昭儀方大幸每上甘泉常法從○○閒○○中故雄聊盛言車騎之衆參麗之駕非所以感動天地逆

釐三神又言屏玉女卻虙妃以微戒齋肅之事賦成奏之天子異焉上河東賦其三月將祭后土上迺帥羣臣橫大河湊汾陰既祭行游介山回安邑顧龍門覽鹽池登歷觀陟西岳以望八荒迹殷周之虛眇然以思唐虞之風雄以為臨川羨魚不如歸而結網還○○○○以勸瀛洲蓬萊武帝廣開上林南至宜春鼎湖御宿昆吾旁南山而西至長楊五柞北繞黃山瀕渭而東周袤數百里穿昆明池象滇河營建章鳳闕神明馺娑象海水周流方丈○○○○游觀侈靡窮妙極麗雖頗割其三垂以贍齊民然至羽獵甲車戎馬器械儲偫禁禦所營尚泰奢麗誇詡非堯舜成湯文王三驅之意也又恐後世復修前好不折中以泉臺故聊因校獵賦以風垂天竟壄其餘荷○○之畢張○○之罘靡日月之朱竿曳彗星之飛旗子墨客卿雄從至射熊館還上長楊賦聊因筆墨之成文章故藉翰林以為主人○○為○○以風窫窳其民昔有強秦封豕其士○○○○鑿齒之徒相與磨牙而爭之豪俊麋沸雲擾羣黎為之不康鞮鍪蟣蝨頭蓬不暇疏飢不及餐○○生○○介冑被霑汗以為萬姓請命乎皇天車不安軔是以○○○○日未靡旃號

曰解嘲哀帝時丁傅董賢用事諸附離之者或起家至二千石時雄方草太玄有以自守泊如也或嘲雄以玄尚白而

雄解之○○○○支葉扶疎頤而作太玄五千文○○○○獨說十餘萬言深者入黃泉高者出蒼天大者含元

氣纖者入無倫窕舌固聲言奇者見疑行殊者得辟是以欲談者○○而○○欲行者擬足而投迹鬼瞰其

室炎炎者滅隆隆者絕觀雷觀火為盈為實天收其實地藏其熱高明之家○○○○縹縹陵雲雄以為賦者將

以風也必推類而言極麗靡之辭閎侈鉅衍競於使人不能加也既乃歸之於正然覽者已過矣往時武帝好神仙相如上大

人賦欲以風帝反○○有○○之志由是言之賦勸而不止明矣又頗似俳優淳于髡優孟之徒非法度所存賢人君子詩賦

之正也於是輟不復為而大潭思渾天學作奇字莽誅豐父子投棻四裔辭所連及便收不請時雄校書天祿閣

上治獄使者來欲收雄雄恐不能自免乃從閣上自投下幾死莽聞之曰雄素不與事何故在此間請問其故乃劉棻嘗從雄

○○○○雄不知情有詔勿問然京師為之語曰惟寂寞自投閣爰清靜作符命用覆醬瓿鉅鹿侯芭嘗從雄居

受其太玄法言焉劉歆亦嘗觀之謂雄曰空自苦今學者有祿
利然尚不能明易又如玄何吾恐後人○○○○也雄笑而不

應
揚雄傳 以上度越諸子 年七十一天鳳五年卒侯芭為起墳喪之
三年時大司空王邑納言嚴尤聞雄死謂

桓譚曰子嘗稱揚雄書豈能傳於後世乎譚曰必傳顧君與譚
不及見也凡人賤近而貴遠親見揚子雲祿位容貌不能動人

故輕其書昔老聃著虛無之言兩篇薄仁義非禮學然後世好
之者尚以為過於五經自漢文景之君及司馬遷皆有是言今

揚子之書文義至深而論不詭於聖人若使遭遇時君
更閱賢知為所稱善則必○○○○矣 以上揚雄贊

以上本書第五十四卷至第五十七卷

儒林傳 施讎 梁丘賀 伏生 申公 王式
轅固 韓嬰 孟卿 瑕丘江公

秦禁其業 陳涉之王也魯諸儒持孔氏禮器而歸之於是孔甲
為涉博士卒與俱死陳涉起匹夫敺適戍以立號不

滿歲而滅亡其事至微淺然而搢紳先生負禮器往
質為臣者何也以○○○○積怨而發憤於陳王也

未皇庠序

於是諸儒始得修其經學講習大射鄉飲之禮叔孫通作漢禮儀因為奉常諸弟子共定者咸為選首然後喟然興於學然尚有干戈平定四海亦○○○○之事也常與計偕古者政教未洽不備其禮請因舊官而興焉為博士官置弟子五十人復其身太常擇民年十八以上儀狀端正者補博士弟子郡國縣官有好文學敬長上肅政教順鄉里出入不悖所聞令相長丞上屬所二千石二千石謹察可者○○○○詣太常得受業如弟子一歲皆輒課能通一藝以上補文學掌故缺其高第可以為郎中太常籍奏即有秀才異等輒以名聞其不事學若下材及不能通一藝輒罷之而請諸能稱者臣謹案詔書律令下者明天人分際通古今之誼文章爾雅訓辭深厚恩施甚美小吏淺聞弗能究宣亡以明布諭下以治禮掌故以文學禮義為官遷留滯請選擇其職比二百石以上及吏百石通一藝以上補左右內史大行卒史比百石以下補郡太守卒史皆各二人邊郡一人先用誦多者不足擇掌故以補中二千石屬文學掌故補郡屬備員請著功令它如律令制曰可自此以來公卿大夫士吏彬彬多文學之士矣增弟子員昭帝時舉賢良文學○博士○○○滿百人宣帝末倍增之元帝好

儒能通一經者皆復數年以用度不足更為設員千人郡國置五經百石卒史成帝末或言孔子布衣養徒三千人今天子太學少於是增弟子員三千人歲餘復如故平帝時王莽秉政增元士之子得受業如弟子勿以為員歲課甲科四十人乙科二十人為太子舍人丙科四十人補文學掌故云以上儒林傳

雜論同異詔拜讎為博士甘露中與五經諸儒○○○○於石渠閣以上施讎傳

以筮有應宣帝時聞京房為易明求其門人得賀以賀為郎會八月飲酎行祠孝昭廟先敺旄頭劍挺墮墜首垂泥中刃向乘輿車馬驚於是召賀筮之有兵謀不吉上還使有司侍祠是時霍氏外孫代郡太守任宣坐謀反誅宣子章為公車丞亡在渭城界中夜玄服入廟居郎間執戟立廟門待上至欲為逆發覺伏誅故事上常夜入廟其後待明而入自此始也幸為太中大夫給事中至少府賀○○○由是近以上梁丘賀傳

二十九篇伏生故為秦博士孝文時求能治尚書者天下亡有聞伏生治之欲名時伏生年九十餘老不能行於是詔太常使掌故朝錯往受之秦時禁書伏生壁藏之其後大兵起流亡漢定伏生求其書亡數十篇獨得○○○○即以教於齊魯之間齊學者由

此頗能言尚書山東大師亾不涉尚書以教以上伏生傳安車蒲輪於是上使々束帛加璧○○以○裹○駕駟迎

申公弟子二人乘軺傳從至見上々問治亂之事申公時已八十餘對曰為治者不至多言顧力行々何如耳是時上方好文辭

見申公對默然以上申公傳

責問諫書

式為昌邑王師昌邑王嗣立以行淫亂廢羣臣皆下獄誅唯中尉王吉郎中令龔遂以數諫減死論式繫獄當死治事使者○○曰師何以亾○○式對曰臣以詩三百五篇朝夕授王至於忠臣孝子之篇未嘗不為王反復誦之也至於危亾失道之君未嘗不流涕為王深陳之也臣以三百五篇諫是以亾諫書使者以聞亦得減死論

豎子旴辱

詔除下為博士式徵來衣博士衣而不冠曰刑餘之人何宜復充禮官既至止舍中會諸大夫博士共持酒肉勞式皆注意高仰之博士江公世為魯詩宗至江公著孝經說心嫉式謂歌吹諸生曰歌驪駒式曰聞之於師客歌驪駒主人歌客毋庸歸今日諸君為主人日尚早未可也江翁曰經何以言之式曰在曲禮江翁曰何狗曲也式恥之陽醉遏墜式客罷讓諸生曰我本不欲來諸生彊勸我竟為○○○○遂謝病免歸以上王式傳

司空城旦

實太

后好老子書召問轅固：曰此家人言耳太后怒曰安得○○○○書予武帝初即位復以賢良徵諸儒多嫉毀曰固老罷歸之時固已九十餘矣公孫弘亦徵仄目而事固：曰公孫子務正學以言毋曲學以阿世諸齊以詩顯貴皆固之弟子也以上轅固傳

作内外傳韓嬰孝文時為博士景帝時至常山太傅嬰推詩人之意而○○○○數萬言其語頗與齊魯間殊然歸一也淮南賁生受之燕趙間言詩者由韓生韓生亦以易授人推易意而為之傳燕趙間好詩故其易微唯韓氏自傳之以上韓嬰傳

性善為頌漢興魯高堂生傳士禮十七篇而魯徐生善公為頌孝文時徐生以頌為禮官大夫傳子至孫延襄：其資○○○○不能通經延頗能善也襄亦以頌為大夫至廣陵内史延及徐氏弟子公戶滿意桓生單次皆為禮官大夫而瑕丘蕭奮以禮至淮陽太守諸言禮為頌者由徐氏

大戴小戴孟卿事蕭奮以授后蒼魯閭丘卿倉說禮數萬言號曰后氏曲臺記授沛聞人通漢子方梁戴德延君戴聖次君沛慶普孝公孝公為東平王太傅德號大戴為信都太傅聖號小戴以博士論石渠至九江太守由是禮有○○○○慶氏之學以上孟卿傳

公羊大興瑕丘江公

受穀梁春秋及詩於魯申公傳子至孫為博士武帝時江公與
董仲舒並仲舒通五經能持論善屬文江公吶於口上使與仲
舒不如仲舒而丞相公孫弘本為公羊學比輯其議卒用董生
於是上因尊公羊家詔太子受公羊春秋由是○○○○太子
既通復私問穀梁而善之其後寖微穀梁大盛延名五經名儒太子太傅蕭望之等大議殿中平公羊穀梁同異各
以經處是非時公羊博士嚴彭祖侍郎申輓伊推宋顯穀梁議郎尹更始待詔劉向周慶丁姓並論公羊家多不見從願請內
侍郎許廣使者亦並內穀梁家中郎王亥各五人議三十餘事望之等十一人各以經義對多從穀梁由是○○之學○○
左氏可立房鳳以射策乙科為太史掌故擢為光祿大夫遷五官中郎將時光祿勳王龔以外屬內卿與奉車都尉
劉歆共校書三人皆侍中歆白○○春秋○○哀帝納之以上瑕丘江公傳祿利之路自武帝立五經博士開弟
子員設科射策勸以官祿迄於元始百有餘年傳業者寖盛支葉蕃滋一經說至百餘萬言大師衆至千餘人蓋○○○○然
也以上儒林贊

以上本書第五十八卷

注

辜榷為姦利師古曰榷專也辜榷者言己自專之它人取者輒有辜罪不敢踰國家之制漢制自文帝遺詔之後國家遵以為常大功十五日小功十四日緦麻七日方進自以大臣故云不敢踰制

賁麗賁姓肥名也賁音肥方進即日自殺如淳曰漢儀注有天地大變天下大過皇帝使侍中持節乘四白馬賜上尊酒十斛牛一頭策告殃咎使者去半道丞相即上病使者還未白事尚書以丞相不起病聞柱檻皆衣素師古曰柱屋柱也檻軒闌版也皆以白素衣之前異於他相故事漢舊儀云丞相有疾皇帝法駕親至問疾從西門入即薨移居第中車駕往弔贈棺斂具賜錢葬地葬日公卿以下會葬焉死國埋名謂身埋而名立飯我豆食羹芋魁言田無溉灌不生杭稻又無黍稷但有豆及芋也豆食者豆為飯也羹芋魁者以芋根為羹也飯音扶晚反反乎覆陂當復事之反覆無常言禍兮福所倚誰云

者兩黃鵠託言有神來告之以上翟方進傳烏集雜會言聚散不恒如烏鳥之集閔免遁樂閔免猶黽勉也遁流遁也展意展申也交道廐晉灼曰交道廐去長安六十里近延陵以上谷永傳隙平鳳於車騎師古曰謂勸王譚不受城門之職指金火以求合謂陳金火之變說音云蕩蕩之德未純異音親已忘舊怨也以上谷永贊為羣盜得聚為羣盜吏捕得也而即學官見諸生即就也學官學舍也以上何武傳王渠晉灼曰王渠渠名也在城東覆盎門外使者護作師古曰護監視也長安廚給祠具長安有廚官主為官食道中過者皆飲食如淳曰禱於道中故行人皆得飲食三宮師古曰三宮天子太后皇后也賢家有賓婚及見親諸官並供見親親戚相見也並共言百官各以所掌事及財物就供之共讀曰供括髮關械括結也關貫也以上王嘉傳簡易佚蕩張晏曰佚音鐵蕩音讜晉灼曰佚蕩緩也不得時則龍

蛇應劭曰易曰龍蛇之蟄以存身也摭離騷而反之師古曰摭拾也音之亦反取旁惜誦以下至懷沙一卷名曰畔牢愁李奇曰畔離也牢聊也與君離愁而無聊也師古曰旁依也音步浪反惜誦懷沙皆屈原所作九章中之名也棌椽三等之制棌柞木也三等上增三等言不過也棌音采又音菜其字從木常法從法從者以言法當從禮也一曰從法駕也耳非屬車間豹尾中服虔曰大駕屬車八十一乘作三行尚書御史乘之最後一乘縣豹尾豹尾以前皆為省中參麗之駕參三神也麗偶也橫大河湊汾陰橫度也湊趣也歷觀歷山上有觀也晉灼曰在河東蒲阪縣不折中以泉臺服虔曰魯莊公作泉臺非禮也至文公毀之公羊譏云先祖為之而毀之勿居而已今揚雄以宮觀之盛非成帝所造勿備而已當以泉臺折中也荷垂天之畢張竟壄之罘師古曰畢田罔也罘幡車罔也封豕其士窫窳其民鑿齒之徒應劭曰淮南子云堯之時窫窳

封豨鑿齒皆為民害窫窳類貙虎爪食人服虔曰鑿齒長五寸似鑿亦食人李奇曰以喻秦貪婪殘食其民也師古曰封大也窫音於黠反窳音愈鞮鍪即兜鍪也鞮音丁奚反鍪音牟車不安軔日未靡旃車不安軔未及止也日未靡旃不移景也以玄尚白玄黑色也言雄作之不成其色猶白故無祿位也頤而作太玄五千文顧反也宛舌而固聲宛屈也固閉也炎炎者滅隆隆者絕觀雷觀火為盈為實天收其聲地藏其熱炎炎火光也隆隆雷聲也人之觀火聽雷謂其盈實終以天收雷聲地藏火熱則為虛無言極盛者亦滅亾也高明之家鬼瞰其室李奇曰鬼神害盈而福謙也攫拏師古曰攫拏妄有搏執牽引也大潭思渾天潭深也渾天天象也渾音胡昆反奇字古文之異者醬瓿瓿音部小罌也以上揚雄傳所聞令相長丞上屬二千石聞謂聞其部屬有此人也令縣令相侯相長縣長丞縣丞也二千石謂郡守及諸王相也常與

計偕隨上計吏俱至京師太常籍奏為名籍而奏請諸能稱者謂列其能通蓺業而相稱其任者奏請補用之也詔書律令下者下謂行也班文章爾雅詁辭深厚爾雅近正也言詔辭雅正而深原也以治禮掌故以文學禮義為官遷留滯言治禮掌故之官本以有文學習禮義而為之又所以遷擢留滯之人左右內史大行卒史左右內史後為左馮翊右扶風而大行後為大鴻臚也大能通一經者皆復蠲其徭賦也入廟居郎間郎皆皁衣故玄服以廁也章魯詩宗為魯詩者所宗師也驪駒服虔曰逸詩篇名也見大戴禮客欲去歌之其辭云驪駒在門僕夫具存驪駒在路僕夫整駕遏墬遏失據而倒也音徒浪反墬古地字家人言言僮隸之屬司空城旦書服虔曰道家以儒法為急比之於律令也善為頌蘓林曰漢舊儀有二郎為此頌貌威儀事有徐氏徐氏後有張氏不知經但能盤辟為禮容天下郡國有容史皆詣魯學之師古曰頌讀與容同

曲臺記服虔曰在曲臺校書著記因以為名師古曰曲臺殿在未央宮聞人通漢子方曰如淳人姓也名通漢字子方通願請内侍郎許廣使者亦並内穀梁家中郎王亥各五人師古曰使者謂當時詔遣監議者也内外引入議昕也公羊家既請内許廣而使者因並内王亥也

前漢書隨筆録卷十七

循吏傳 文翁 朱邑 王成 龔遂 黃霸 召信臣

通於世務江都相董仲舒内史公孫弘兒寬居官可紀三人皆儒者○○○○明習文法以經術飾吏事

政平訟理及至孝宣由仄陋而登至尊興於閭閻知民事之艱難自霍光薨後始躬萬機厲精為治五日一聽事自丞相以下各奉職而進及拜刺史守相輒親見問觀其所繇退而考察所行以質其言有名實不相應必知其所以然常稱曰庶民所以安其田里而亡歎息愁恨之心者○○○○也與我共此者其唯良二千石乎○○

增秩賜金二千石有治理效輒以璽書勉厲○○○或爵至關内侯公卿缺則選諸所表以次用之

廩廩德讓王成黃霸朱邑龔遂鄭弘名信成等所居民富所去皆思生有榮號死見奉祀此○○庶幾○○君子之遺風矣以上循吏傳序

刀布蜀物文翁為蜀郡守見蜀地辟陋有蠻夷風乃選郡縣小吏開敏有材者張叔等十餘人親自飭厲遣詣京師受業博士或學律令減省少府

用度買○○○齋計吏以遺博士數歲蜀生皆成就還歸文翁以為右職用次察舉官有至郡守刺史者以上文翁傳

流民自占王成為膠東相下詔曰膠東相成勞來不怠○○○八萬餘口治有異等之效其賜成爵關內侯或言

成偽自增加以蒙顯賞是後俗吏多為虛名云以上王成傳**車蓋特高**上擢黃霸為揚州刺史三歲宣帝下詔曰

制詔御史其以賢良高第揚州刺史霸為潁川太守秩比二千石居官賜○○○○一文別駕主簿車緹油屏泥於軾前以章

有德**米鹽靡密**務耕桑節用殖財種樹畜養去食穀馬○○○○初若煩碎然霸精力能推行之**屬令周**

密吏民見者語次尋繹問他陰伏以相參考嘗欲有所司察擇長年廉吏遣行○○○○**烏攫其肉**吏出不敢舍郵

亭食於道旁○○○○民有欲詣府口言事者適見之霸與語道此後日吏還謁霸〻見迎勞之曰甚苦食於道旁乃為烏所

盜肉吏大驚以霸具知其起居所問豪氂不敢有所隱**識事聰明**鰥寡孤獨有死無以葬者鄉部書言霸具為區

處其所大木可以為棺某亭豬子可以祭吏往皆如言其○○○○如此吏民不知所出咸稱神明姦人去入它郡盜賊日少

緣絶薄書許丞老病聾督郵白欲逐之霸曰許丞廉吏雖老尚能拜起送迎正頗重聽何傷且善助之毋失賢者意或問其故霸曰數易長吏送故迎新之費及姦吏○○○盜財物公私費耗甚多皆當出於民所易新吏又未必賢或不如其故徒相益為亂凡治道去其泰甚者耳損於治郡霸材長於治民及為丞相總綱紀號令風采不及丙魏于定國功名○○○○時○微信奇怪京兆尹張敞奏霸曰竊見丞相請與中二千石博士雜問郡國上計吏守丞為民興利除害成大化條其對有耕者讓畔男女異路道不拾遺及舉孝子弟弟貞婦者為一輩先上殿舉而不知其人數者次之不為條教者在後叩頭謝丞相雖口不言而心欲其為之也長吏守丞對時臣敞舍有鶡雀飛止丞相府屋上丞相以下見者數百人邊吏多知鶡雀者問之皆陽不知丞相圖議上奏曰臣聞上計吏守丞以興化條皇天報下神雀後知從臣敞舍來乃止郡國吏竊笑丞相仁厚有知畧○○○○也澆淳散樸臣敞非敢毁丞相也誠恐羣臣莫白而長吏守丞畏丞相指歸舍法令各為私教務相增加○○○○並行偽貌有名亾實傾摇解怠甚者為妖假令京師先行讓畔異路道不拾遺其

實無益廉貪貞淫之行而以僞先天下固未可也即諸侯先行之僞聲軼于京師非細事也

擅爲條教漢家承敝

通變造起律令所以勸善禁姦條貫備具不可復加宜令貴臣明飭長吏守丞歸告二千石舉三老孝弟力田孝廉廉吏務得

其人郡事皆以義法令撿式毋得○○○○敢挾詐僞以奸名譽者必先受戮以正明好惡天子嘉納敞言黃霸傳

葬

我桐鄉朱邑病且死屬其子曰我故爲桐鄉鄉吏其民愛我必○○○○後世子孫奉嘗我不如桐鄉民及其死其子葬

之桐鄉西郭外民果然共爲邑起冢立祠歲時祠祭至今不絕以上朱邑傳

蹇蹇亡已龔遂爲昌邑郎中令內諫

爭於王外責傅相引經義陳禍福至於涕泣○○○○面刺王過王至掩耳起走曰郎中令善媿人及國中皆畏憚焉

弄

兵潢池上以遂爲渤海太守遂曰海瀕遐遠不霑聖化其民困於飢寒而吏不恤故使陛下赤子盜○陛下之○於○

○中耳臣聞治亂民猶治亂繩不可急也唯緩之然後可治願丞相御史且無拘臣以文法得一切便宜從事上許焉

鉏

鉤田器乘傳至渤海界郡聞新太守至發兵以迎遂皆遣還移書敕屬縣悉罷逐捕盜賊吏諸持○○○○者皆爲良

民吏無得問持兵者乃為盗賊

帶牛佩犢 躬率以儉約勸民務農桑令口種一樹榆百本薤五十本葱一畦韭家二卅歲五雞民有帶持刀劍者使賣劍買牛賣刀買犢曰何為○○○○以上龔遂傳

均水約束 名信臣為南陽太守時行視郡中水泉開通溝瀆起水門提閼凡數十處以廣溉灌歲歲增加多至三萬頃民得其利畜積有餘信臣為民作○○○○刻石立於田畔以防分爭吏民親愛號曰召父

蘊火待温 徵為少府列於九卿奏請上林諸離遠宮館稀幸御者勿復繕治共張又奏省樂府黃門倡優諸戲及宮館兵弩什器減過泰半大官園種冬生葱韭菜茹覆以屋廡晝夜爇○○○○氣乃生信臣以為此皆不時之物有傷於人不宜以奉供養及他非法食物悉奏罷省費歲數千萬

行禮奉祠 元始四年詔書祀百辟卿士有益於民者蜀郡以文翁九江以召父應詔歲時郡二千石率官屬○○○○信臣冡而南陽亦為立祠以上名信臣傳

酷吏傳

郅都 甯成 趙禹 義縱 王温舒 咸宣 嚴延年 尹賞

救火揚沸昔天下之罔嘗密矣然不規愈起其極也上下相遁至於不振當是之時若○○○○非武健嚴酷惡能勝其任而愉快乎言道德者溺於職矣

破觚為圜漢興○○而○○斲琱而為樸號為罔漏吞舟之魚而吏治烝烝不至於姦黎民艾安以上酷吏傳序

畏如大府景帝拜郅都為濟南守至則誅瞯氏首惡餘皆股栗月餘郡中不拾遺旁十餘郡守○都○○○

號曰蒼鷹是時民樸畏罪自重而都獨先嚴酷行法不避貴戚列侯宗室見都側目而視○○○○

為偶人象都為鴈門太守匈奴素聞都節槩邊為引去竟都死不近鴈門匈奴至○○○○都令騎馳射莫能中其見憚如此○以上郅都傳

急如束溼甯成以郎謁者事景帝好氣為少吏必陵其長吏為人上操下○○○○猾賊任威

持吏長短歸家致產數千萬為任俠○○○○出從數十騎其使民威重於郡守

梡

法治之周陽由為郡守武帝即位吏治尚修謹然由居二千石中最為暴酷驕恣所愛者○○○所憎者曲法滅之所居郡必夷其豪為守視都尉如令為都尉陵奪之治汲黯為忮司馬安之文惡俱在二千石列同車未嘗敢均茵馮以上

甯成傳無害文深趙禹為丞相史府中皆稱其廉平然亞夫弗不任曰極知禹○○然○○不可以居大府

行報謝禹為人廉裾為吏以來舍無食客公卿相造請禹終○○○○然務在絕知友賓客之請孤立行一意而已

以上趙禹傳如狼牧羊甯成家居上欲以為郡守御史大夫弘曰臣居山東為小吏時甯成為濟南都尉其治○

○○○不可令治民上延拜成為關都尉歲餘關吏稅肄郡國出入關者號曰寧見乳虎無直甯成之怒其暴如此義縱自河

內遷為南陽太守聞成家居南陽及至關甯成側行送迎然縱氣盛弗為禮至郡遂按甯氏破碎其家吏民重足一迹鷹

擊毛摯縱為定襄太守郡中不寒而栗猾民佐吏為治是時趙禹張湯為九卿矣然其治尚寬輔法而行縱以○○

○○為治上義縱傳以把其重罪王溫舒遷至廣平都尉擇郡中豪敢徙吏十餘人為爪牙皆○○陰○○

而縱使督盜賊快其意所欲得此人雖有百罪弗法即有避回夷之亦滅宗以故齊趙之間盜不敢近廣平益展一

月遷為河內太守素居廣平時皆知河內豪姦之家及徙以九月至令郡具私馬五十疋為驛自河內至長安捕郡中豪猾

相連坐千餘家上書請大者至族小者乃死家盡沒入償臧奏行不過三日得可事論報至流血十餘里河內皆怪其奏以為
神速盡十二月郡中無犬吠之盜其頗不得失之旁郡追求會春溫舒頓足歎曰嗟乎令冬月○○○足吾事矣其好殺行
威不愛人如此中尉心開溫舒復為中尉為人少文居他惛〻不辯至於○○○則○○○吏虎而冠姦猾
窮治大抵盡靡爛獄中行論無出者其爪牙○○○○同時五族會宛軍發詔徵豪吏溫舒匿其吏華成及人有
變告溫舒受員騎錢他姦利事罪至族自殺其時兩弟及兩婚家亦各自坐他罪而族光祿勳徐自為曰悲夫古有三族而王
溫舒罪至○○而○○○乎溫舒死家累千金○以上王溫舒傳作沈命法於是○○○○曰羣盜起不發覺發覺而
弗捕滿品者二千石以下至小吏主者皆死其後小吏畏誅雖有盜弗敢發恐不能得坐課累府〻亦使不言故盜賊寖多上
下相為匿以避文法焉以上咸宣傳吏皆股弁嚴延年為涿郡太守時郡比得不能太守涿人畢野白等由是
廢亂大姓西高氏東高氏自郡吏以下皆畏避之莫敢與牾咸曰寧負二千石無負豪大家賓客放為盜賊發輒入高氏吏不

敢追浸:日多道路張弓拔刃然後敢行其亂如此延年至遣掾蠡吾趙繡按高氏得其死罪繡見延年新將心內懼即為兩
劾欲先白其輕者觀延年意𢌞出其重劾延年已知其如此矣趙掾至果白其輕者延年索懷中得重劾即收送獄夜入晨將
至市論殺之先所按者死○○○○更遣吏分考兩高窮竟其姦誅殺各數十人郡中震恐道不拾遺
奄忽如神
尤巧為獄文善史書所欲誅殺奏成於手中主簿親近史不得聞知奏可論死○○○○冬月傳屬縣囚會論府上流血數里
號曰屠伯
萬石嚴
嫗
初延年初從東海來謂延年天道神明人不可獨殺我不意當老見壯子被刑戮也行矣去汝東歸埽除墓地耳遂去歸郡歲餘果敗東海莫不賢智其母延年兄弟五人皆有吏材至大官東海號曰○○○○以上嚴延年傳
探丸為彈
長安中姦猾浸多閭里少年羣輩殺吏受賕報仇相與○○○○得赤丸者斫武吏得黑者斫文吏白者主治喪城中薄暮塵起勦劫行者死喪橫道枹鼓不絕
名為虎穴
尹賞以三輔高第選守長安令得一切便宜從事賞至修治長安獄穿地方深各數丈致令辟為郭以大石覆其口○○○○乃部戶曹掾史與鄉吏亭長里正父

老伍人雜舉長安中輕薄少年惡子無市籍商販作務而鮮衣凶服被鎧扞持刀兵者悉籍記之得數百人賞一朝會長安吏車數百兩分行收捕皆劾以為通行飲食羣盜賞親閱見十置一其餘盡以次內虎穴中百人為輩覆以大石數日壹發視皆相枕籍死便輿出瘞寺門桓東揭著其姓名百日後廼令死者家各自發取其尸親屬號哭道路皆歔欷長安歌之曰安所求子死桓東少年場生時諒不謹枯骨後何葬

追捕甚精 賞所置皆其魁宿或故吏善家子失計隨輕黠願自改者財數十百人皆貰其罪詭令立功以自贖盡力有效者因親用之為爪牙○○○○甘者姦惡甚於凡吏 以上尹賞傳

酷烈為聲 自郅都以下皆以○○○○

質有文武 其廉者足以為儀表其汙者方略教道壹切禁姦亦○○○○焉雖酷稱其位矣 以上酷吏贊

貨殖傳 白圭 程鄭 猗頓 宛孔氏 烏氏𧴕 丙氏 刀間 巴寡婦清 師史 蜀卓氏 宣曲任氏

鴟夷子皮 范蠡乘扁舟浮江湖變姓名適齊為○○○○之陶為朱公以為陶天下之中諸侯四通貨物所交易也

廼治產積居與時逐而不責於人故善治產者能擇人而任時十九年之中三致千金而再散分與貧交昆弟發貯鬻才子貢仕衛〇〇〇〇曹魯財之間七十子之徒賜最為饒猛獸摯鳥白圭樂觀時變故人棄我取人取我予能薄飲食忍嗜欲節衣服與用事僮僕同苦樂趨時若〇〇〇〇以上白圭傳王者埒富猗頓用鹽盬起邯鄲郭縱以鑄冶成業與〇〇〇〇以上猗頓傳谷量牛馬烏氏羸畜牧及衆斥賣求奇繒物間獻戎王戎王十倍其償予畜〻至用〇〇〇〇以上烏氏羸傳女懷清臺巴寡婦清其先得丹穴而擅其利數毋家亦不訾清寡婦能守其業用財自衛人不敢犯始皇以為貞婦而客之為築〇〇〇〇以上巴寡婦清傳千戶侯等陸地牧馬二百蹏牛千蹏角千足羊澤中千足彘水居千石魚波山居千章之萩安邑千樹棗燕秦千樹栗蜀漢江陵千樹橘淮北滎南河濟之間千樹萩陳夏千畝桼齊魯千畝桑麻渭川千畝竹及名國萬家之城帶郭千畝〻鍾之田若千畝卮茜千畦薑韭此其人皆與〇〇〇〇比千乘家諺曰以貧求富農不如工〻不如商刺繡文不如倚市門此言末業貧者之資也通邑大都酤一歲

千釀醯醬千瓨漿千儋屠牛羊彘千皮穀羅千鍾薪藁千車船長千丈木千章竹竿萬个軺車百乘牛車千兩木器桼者千枚
銅器千鈞素木鐵器若卮茜千石馬蹏躈千牛千足羊彘千雙僮手指千筋角丹沙千斤其帛絮細布千鈞文采千匹苔布皮
革千石桼千大斗蘗麴鹽豉千合鮐鮆千斤鯫鮑千鈞棗栗千石者三之狐鼦裘千皮羔羊裘千石旃席千具他果采千種子
貸金錢千貫節駔儈貪賈三之廉賈五之亦○○○之○此其大率也
下有蹲鴟
卓氏曰吾聞岷山之下沃野○
○○○至死不飢富至童八百人以上蜀卓氏
擅鹽井利
成都羅裒貲至鉅萬裒舉其半賂遺曲陽定陵侯依
其權力賒貸郡國人莫敢負○○○之○期年所得自倍遂殖其貨以上程鄭
游閒公子
宛孔氏通商賈之利
有○○○○之名然其贏得過當瘉於孅嗇家至數千金以上宛孔氏
頫拾仰取
魯人俗儉嗇而丙氏尤甚以鐵
冶起富至鉅萬然家自父兄子弟約○有○○有○貰貸行賈徧郡國鄒魯以其故多去文學而趨利以上丙氏
寧爵
無刀
齊俗賤奴虜而刀閒獨愛貴之桀黠奴人之所患唯刀閒收取使之逐魚鹽商賈之利終得其力起數千萬故曰○

○○○言能使豪奴自饒而盡其力也以上刁間
轉轂百数
周人既纎而師史尤甚○○○○賈郡國無所不至
雒陽街居在齊秦楚趙之中冨家相矜以久賈過邑不入門設用此等故師史能致十千萬以上師史
獨窖倉粟
秦之敗也豪桀爭取金玉任氏○○○○
善冨数世
富人奢侈而任氏折節為力田畜人爭取賤賈任氏獨取貴○
○者○○○然任公家約非田畜所生不衣食公事不畢則不得飲酒食肉以此為閭里率故富而主上重之以上任氏傳
其息十之
吳楚兵之起長安中列侯封君行從軍旅齎貸子錢家子錢家以為關東成敗未決莫肯去唯毋監氏出
捐千金貸○○○○三月吳楚平一歲之中則毋監氏息十倍用此冨關中
馬醫擊鐘
秦楊以田農而甲一州翁伯以販脂而傾縣邑張氏以賣醬而隃侈質氏以洒削而鼎食濁氏以胃脯而連騎張里以○○而○○皆越法矣

游俠傳

朱家 樓護 劇孟 陳遵 郭解 原涉

背公死黨
搤腕而游談者以四豪為稱首於是○○○○之議成守職奉上之義廢矣
觀其溫良泛愛振窮周急

謙退不伐亦皆有絶異之姿惜乎不入於道德苟放縱於末流殺身亡宗非不幸也以上游俠傳序趨人之急

朱家專○○○○甚於已私既陰脱季布之厄及布尊貴終身不見自關以東莫不延頸願交以上朱家傳若一敵

國吳楚反時條侯為太尉乘傳東將至河南得劇孟喜曰吳楚舉大事而不求劇孟吾知其無能為已天下騷動大將軍得

之○○○○云以上劇孟傳權使將軍徙豪茂陵也郭解貧不中訾吏恐不敢不徙衛將軍為言郭解家貧不中

徙上曰解布衣○至○○○此其家不貧睚眦殺人軹有儒生侍使者坐客譽郭解生曰解專以姦犯公法何謂賢

解客聞之殺此生斷舌吏以責解解實不知殺者殺者亦竟不知為誰吏奏解無罪御史大夫公孫弘議曰解布衣為任俠行

權以○○○○解不知此罪甚於解知殺之當大逆無道遂族解以上郭解傳君卿唇舌樓護為人短短小精

辯議論常依名節聽之者皆竦與谷永俱為五侯上客長安號曰谷子雲筆札樓○○○○以上樓護傳可償博進

陳遵祖父遂宣帝微時與有故相隨博奕數負進及宣帝即位用遂稍遷至太原太守廼賜璽書曰制詔太原太守官尊祿厚

○以○○○矣妻君寧時在旁知狀遂於是辭
謝因曰事在元平元年赦令前其見厚如此車轄投井遵者
酒每
大飲賓客滿堂輒關門取客○○○○中雖有急終不得去有
部刺史奏事過遵值其方飲刺史大窮候遵霑醉時突入見遵
母叩頭自白當對尚書有期
會狀母乃令從後閤出去鴟夷滑稽遵少孤與張竦伯松俱
為京兆史遵凡三為
二千石而張竦亦至丹陽太守封淑德侯後俱免官以列侯歸
長安竦居貧無賓客時〻好事者從之質疑問事論道經書而
已先是黃門郎揚雄作酒箴以諷諫成帝其文為酒客難法度
士譬之於物曰子猶瓶矣觀瓶之居〻井之眉處高臨深動常
近危酒醪不入口臧水滿懷不得左右牽於纆徽一旦叀礙為
寘所轠身提黃泉骨肉為泥自用如此不如鴟夷○○○○腹
大如壺盡日盛酒人復借酤常為國器託於屬車出入兩宮經
營公家由是言之酒何過乎遵大喜之常謂張竦吾與爾猶是
矣足下諷誦經書苦身自約不敢差跌而我放意自恣浮湛俗
間官爵功名不減於子而差獨樂顧不優邪竦曰人各有性長
短自裁子欲為我亦不能吾而效子亦敗矣雖然學
我者易持效子者難將吾常道也以上陳遵傳署南陽阡

初武帝時京兆尹曹氏葬茂陵民謂其道為京兆阡原涉慕之迺買地開道立表○曰○○○人不肯從謂之原氏阡以上

原涉傳　以上本書第五十九卷至第六十二卷

注

選諸所表師古曰所表謂增秩賜金爵也少府少府郡掌財物之府以供太守者也刀布蜀物刀凡蜀刀有環者也布蜀布細密環也二者蜀人作皆善右職郡中高職也緣絕簿書緣因也因交代之際而弃匿簿書以盜官物也鶡雀音芬字或作鳻此通用耳鳻雀大而色青出羌中非武賁所著也武賁鶡者色黑出上黨以其鬬死不止故用其尾飾武臣首云今時俗人所謂鶡雀者也音曷非此鳻雀也先上殿丞相所坐屋也古者屋之高嚴通呼為殿不必宮中也難蘊火爇古然字蘊火蓄也○以上循吏傳破觚而為圜斲琱而為樸去嚴刑而從簡易抑巧偽而務敦厚也東濕言其急之盛也濕物則易束汲

顯為忮司馬安之文惡惡忮意堅也孟康曰文法傷害人也均茵馮師古曰茵車中蓐也馮車中所馮者也言此二人皆下讓由故同車之時自處其偏側不均敵也無害無害言無人能勝之者

廉裾裾亦傲也與倨同關吏稅肄郡國出入關者李奇曰肄閱也音弋二反鷹擊毛摯師古曰言如鷹隼之擊奮毛羽執取飛鳥也避回避回謂不盡意捕擊也家盡沒入償臧以臧致罪者既沒入之又令出倍臧或收入官或還其主也益展一月立春之後不復行刑故云然

沈命法應劭曰沈沒也敢蔽匿盜賊者沒其命也滿品師古曰品率也以人數為率也新將新為郡將也謂郡守為郡將者以其兼領武事也股弁股戰若弁謂撫手也萬石嚴嫗一門之中五二千石故總云萬石探丸為彈為彈丸作赤黑白三色而共探取之也彈音徒旦反白者主治喪其黨與有為吏及它人所殺者則主其喪事也枹鼓枹擊鼓椎也音孚致令辟為郭致謂積累之也

令辟甋甎也郭謂四周之內也令音零辟音避歷反鎧扞鎧甲也扞臂衣也寺門栢東即華表也楬

著其姓名楬杙也椓杙於瘞處而書死者名也楬音竭枯骨後何葬葬合韻音子郎反魁

宿魁根本也宿久舊也貫其罪貫綫也以上酷吏傳鴟夷子皮自號鴟夷者言若盛酒之鴟夷

多所容受而可卷懷與時張弛也鴟夷皮之所為故言子皮治產積居與時逐言豫居貨物隨時而

逐利發財鬻財多有積貯趣時而發鬻賣之也用鹽鹽起鹽鹽池也於鹽造盬故曰盬盬烏氏

蠃畜牧氏音支烏氏姓也蠃名也其人為畜牧之業也及衆斥賣畜牧蕃盛其數多則出而賣之也

用谷量牛馬言其數饒不可計算故以山谷多少言之巴寡婦清以其行潔故號曰清丹穴

丹丹砂也穴者山谷之穴出丹也不訾言資財衆多無限數馬二百蹏孟康曰五十匹也蹏古蹄字

牛千蹏角百六十七頭也馬貴而牛賤以此為率也師古曰百六十七頭則為蹄與角凡一千二也言千者舉

成數也千足羊者師古曰凡言千足者二百五十頭也水居千石魚波波讀曰陂言有大陂養魚
一歲收千石魚也說者不曉乃改其波字為皮又讀為披皆失之矣山居千章之萩大材曰章萩即楸樹
也下並同陳夏千畝桼陳、縣夏、縣皆屬淮陽種桼樹而取其汁千畝、鐘之田孟康
曰一鐘受六斛四斗師古曰一畝收鐘者凡千畝也巵茜孟康曰茜草巵子可用染也茜音千反末業貧
者之資師古者言其易以得利也酤一歲千釀千瓮以釀酒瓨長頸甖也受十升音胡雙反
儋儋人儋之也一儋兩甖音丁濫反榖糴千鐘謂常糴取而居之舩長千丈總積舩之丈數
也竹竿萬个个讀曰箇箇枚也軺車輕小之車也音弋昭反牛車千兩車一乘曰一兩
謂之兩者言其轅輛兩、而耦鈞三十斤為一鈞石二十斤為石素木素器也馬蹏噭千噭口
也蹄與口共千則為馬一百也噭音江釣反又音口釣反童手指千手指謂有巧技者指千則人百荅布

皮革千石荅布麤厚之布也其價賤故與皮革同其量耳荅者重厚之貌而讀者妄為榻音非也

桼千大斗大斗者異於量米粟之斗也今俗猶有大量

蘗麴鹽豉千合麴蘗以斤石稱之輕重齎則為合鹽豉則以斗斛量之多少等亦為合合者相配偶之言耳說者不曉乃讀為升合之合又改作台競為解說失之遠矣

鮐鮆鮐海魚也鮆刀魚也飲而不食者鮐音胎又音落鮆音薺又音才爾反而說者妄讀鮐為夷非唯失於訓物亦不知音矣

鮿鮑鮿膊魚也即今不著鹽而乾者也鮑今之鮑魚也鮿音輒膊音普各反鮑音於業反而說者乃讀鮑為鮠魚之鮠音五回反失義遠矣鄭康成以為鮑於煏室乾之亦非也煏室乾之即鮿耳今巴荆人所呼鰎魚者是也音居偃反秦始皇載鮑亂臭則是鮑魚耳而煏室乾者本不臭也煏音蒲北反

棗栗千石者三之三千石

狐貂裘千皮羔羊裘千石狐貂貴故計其數羊賤故稱其量也

羔它果采謂於山野采取果實也

子貸金錢千貫節駔儈孟康曰節節物貴賤也謂除估儈其餘利比於千乘

之家也師古曰儈合會二家交易者也駔者其首率也駔音子朗反儈音工外反貪賈三之廉賈五
之孟康曰貪賈未當賣而賣未當買而買故得利少而十得其三廉賈貴乃賣賤乃買故十得五也下有踆
鴟踆鴟謂芋也其根可食以充糧故無飢耳華陽國志曰汶山郡都安縣有大芋如蹲鴟也踆音蹲曲陽定
陵侯謂王根淳于長也游閒公子閒讀曰閑言其志寬大不在急促公子者公侯貴人之子也言其舉
動性行有似之也若今言諸郎矣贏得過當瘉於孅嗇瘉讀為愈愈勝也孅細也嗇愛恡也言其
於利雖不汲汲苟得然其所獲贏餘多於細恡者也孅與纖同頫有拾卬有取頫古俯字俯仰必有所取
拾無釺細好惡也寧爵無刁孟康曰奴自謂寧欲免去作民有爵邪無將止為刁氏作奴乎無發聲助也
轉轂師古曰轉轂謂以行車載物而逐利者從軍旅齎貣子錢家行者須齎糧而出於子錢
家貣之也貣謂求假之也音吐得反出捐千金貸貸謂假與之音吐戴反洒削洒濯也削謂刀劍室

也謂人有刀劍削故惡者主為洒刷之去其垢穢更飾令新也洒音先禮反削音先名反冒晡晉灼曰今大官常以十月作沸湯燖羊胃以末椒薑坋之暴使燥是也燖音似廉反坋音蒲頓反

以上貨殖傳

乘傳東將師古曰乘傳車而東為大將也出貧不中訾言訾財不充合從之數也數負進進者會禮之財也謂博所賭也一說進勝也帝博而勝故遂有所負妻君寧時在旁知狀君寧遂妻名也云妻知負博之狀者著舊息之深也居井之眉眉井邊也若人目上之有眉牽於纆徽一旦叀礙為瓽所轠纆徽井索也叀縣也瓽井以甎為甃者也轠擊也言瓶忽縣礙不得下而為井瓽所擊則破碎也叀音上絹反瓽音丁浪反轠音甃音側救反雷鴟夷滑稽鴟夷韋囊以盛酒即今鴟夷縢也滑稽圜轉縱捨無窮之狀滑音骨

以上游俠傳

前漢書隨筆録卷十八

佞幸傳

鄧通 李延年 石顯 董賢

駿鸃貝帶漢興佞幸寵臣高祖時則有籍孺孝惠有閎孺此兩人非有材能但以婉媚貴幸與上臥起公卿皆因關說故孝惠時郎侍中皆冠○○○○傳脂粉化閎籍之屬也以上佞幸傳序

錢布天下鄧通無他伎能不能有所薦達獨自謹身以媚上而已上使善相人者相通曰當貧餓死上曰能富通者在我何說貧於是賜通蜀嚴道銅山得自鑄錢鄧氏錢布天下其富如此

不名一錢景帝立人有告通盜出徼外鑄錢下吏驗問頗有遂竟案盡沒入之通家尚負責數鉅萬長公主賜鄧通吏輒隨沒入之一簪不得著身於是長公主乃令假衣食竟○得○○○寄死人家以上鄧通傳

功能自進衛青霍去病皆愛幸然亦以○○○○以上李延年傳

探主微指石顯為人巧慧習事能○得人○○口內深賊持詭辨以中傷人忤恨睚眦輒被以危法

纍々若々顯與中書僕射牢梁少府五鹿充宗結為

黨友諸附倚者皆得寵位民歌之曰牢邪石邪五鹿客邪印何○○綬○○邪言其兼官據執也深自結納初顯
聞衆人匈匈言已殺前將軍蕭望之望之當世名儒顯恐天下學士姍已病之是時明經著節士瑯邪貢禹為諫大夫顯使人
致意○○○○顯因薦禹天子歷位九卿至御史大夫禮事之甚備議者於是稱顯以為不妬譖望之矣顯之設變詐以自解
免取信人主者皆此類也以上石顯傳斷褏而起賢寵愛日甚常與上卧起晝寢偏藉上褏上欲起賢未覺不欲
動賢乃○○○○名為椒風詔令賢妻得通引籍殿中止賢廬若吏妻子居官寺舍又詔賢女弟以為昭儀位次
更○其舍○○○以配椒房云昭儀及賢與妻旦夕上下並侍左右賞賜昭儀及賢妻亦各千萬數送迎甚謹初丞
相孔光為御史大夫時賢父恭為御史事光及賢為大司馬與光並為三公上故令賢私過光光雅恭敬知上欲尊寵賢及聞
賢當來也光警戒衣冠出門待望見賢車廼却入賢至中門光入閤既下車廼出拜謁○○○○不敢以賓客鈞敵之禮賢歸
上聞之喜立拜光兩兄子為諫大夫常侍賢由是權與人主侔矣以上董賢傳柔曼傾意○○之○○非獨女

德蓋亦有男色焉
以上佞幸贊

匈奴傳

善爲誘兵匈奴舉事常隨月盛壯以攻戰月虧則退兵其攻戰斬首虜賜一卮酒而所得虜獲因以予之得人以爲奴婢故其戰人〻自爲趨利○○○○以包敵故其逐利如鳥之集其困敗瓦解雲散矣見其羸弱漢兵逐擊冒頓冒頓匿其精兵○○○○於是漢悉兵多步兵三十二萬北逐之高帝先至平城步兵未盡到冒頓縱精兵三十餘萬騎圍高帝於白登七日中國禮義孝惠高后時冒頓寖驕迺爲書使〻遺高后曰孤僨之君生於沮澤之中長於平野牛馬之域數至邊境願游中國陛下獨立孤僨獨居兩主不樂無以自虞願以所有易其所無高后大怒召丞相平及樊噲季布等議斬其使者發兵而擊之季布曰夷狄譬如禽獸得其善言不足喜惡言不足怒也高后曰善令大謁者張澤報書曰單于不忘弊邑賜之以書弊邑恐懼退日自圖年老氣衰髮齒墮落行步失度單于過聽不足以自汙弊邑無罪宜在見赦竊有御

車二乘馬二駟以奉常駕冒頓得書復使〻來謝曰未嘗聞○○○○陛下幸而赦之因獻馬遂和親

旃裘堅善

宦者燕人中行說降單于單于愛幸之初單于好漢繒絮食物中行說曰匈奴人衆不能當漢之一郡然所以彊之者以衣食異無仰於漢單于變俗好漢物漢物不過什二則匈奴盡歸於漢矣其得漢絮繒以馳草棘中衣袴皆裂弊以視不如○○○○也得漢食物皆去之以視不如重酪之便美也

請罷邊塞

時單于自言願壻漢氏以自親元帝以後宮良家子王牆字昭君賜單于單于驩喜上書願保塞上谷以西至敦煌傳之無窮○○○備○吏卒以休天子人民天子令下有司議議者皆以為便郎中侯應習邊事以為不可許對奏天子有詔勿議罷邊塞事使車騎將軍口諭單于曰單于上書願罷北邊吏士屯戍子孫世〻保塞單于鄉慕禮義所以為民計者甚厚此長久之策也朕甚嘉之中國四方皆有關梁障塞非獨以備塞外也亦以防中國姦邪放縱出為寇害故明法度以專衆心也敬諭單于之意朕無疑焉為單于怪其不罷故使大司馬車騎將軍嘉曉單于單于謝曰愚不知大計天子幸使大臣告語甚厚

虧德沮善

河平元年單于遣右皋林王伊邪莫

演等奉獻朝正月既罷遣使者送至蒲反伊邪莫演言欲降即不受我〻自殺終不敢還歸使者以聞下公卿議〻者或言宜如故事受其降光禄大夫谷永議郎杜欽以為漢興匈奴數為邊害故設金爵之賞以待降者今單于詘體稱臣列為北藩遣使朝賀無有二心漢家接之宜異於往時今既享單于聘貢之質而更受其逋逃之臣是貪一夫之得而失一國之心擁有罪之臣而絶慕義之君也假令單于初立欲委身中國未知利害私使伊邪莫演詐降以卜吉凶受之○○○○今單于自蹶不親邊吏或者設為反間欲因而生隙受之適合其策使得曲而責直此誠邊境安危之原師旅動靜之首不可不詳也不如不受以昭日月之明抑詐諼之謀懷附親之心便天子從之遣中郎將王舜往問降狀伊邪莫演曰我病狂妄言耳遣去歸到官位如故不肯令見漢使

中國堅敵

建平四年單于上書願朝五年時哀帝被疾或言匈奴從上游來厭人自黃龍竟寧時單于朝中國輒有大故上由是難之以問公卿亦以為虛費府帑可且勿許單于使辭去未發黃門郎揚雄上書諫往時嘗屠大宛之城蹈烏桓之壘探姑繒之壁籍蕩姐之場艾朝鮮之旃拔兩越之旗近不過旬月之役遠不離二時之勞固

已犁其庭掃其閭郡縣而置之雲徹席卷後無餘災唯北狄為不然真○○之○○也三垂比之懸矣前世重之茲甚未易可輕也

費十愛一

今單于歸義懷款誠之心欲離其庭陳見於前此乃上世之遺策神靈之所想望國家雖費不得已者也柰何距以來厭之辭踈以無日之期消往昔之恩開將來之隙夫款而隙之使有恨心負前言緣往辭歸怨於漢因以自絶終無北面之心威之不可諭之不能焉得不為大憂乎且往者圖西域制車師置城郭都護三十六國費歲以大萬計者豈為康居烏孫能踰白龍堆而寇西邊哉廼以制匈奴也夫百年勞之一日失之○○而○○臣竊為國不安也書奏天子寤焉召還匈奴使者更報單于書而許之賜雄帛五十匹黃金十斤

椎破故印

王莽之篡位也建五威將率王駿等諭以受命代漢狀因易單于故印故印文曰匈奴單于璽莽更曰新匈奴單于章陳饒謂諸將率曰鄉者姑夕侯疑印文幾令單于不與人如令視印見其變改必求故印此非辭說所能距也既得而復失之辱命莫大焉不如○○○○以絶禍根將率猶與莫有應者饒燕士果悍即引斧椎壞之明日單于果遣右骨都侯當白將率曰漢賜單于印言璽不言章又無漢字諸王

以下乃有漢言章今即去璽加新與臣下無別願得故印將率示以故印謂曰新室順天制作故印隨將率所自為破壞單于宜承天命奉新室之制當還白單于知已無可奈何又多得賂遺即遣弟右賢王輿奉馬牛隨將率入謝因上書求故印精

十八斛莽將嚴尤諫曰計一人三百日食用○○○非牛力不能勝牛又當自齎食加二十斛重矣胡地沙鹵多乏水草以往事揆之軍出未滿百日牛必物故且盡餘糧尚多人不能負此三難也銜尾相隨輜重自隨則輕銳者少不得疾行虜徐遁逃勢不能及幸而逢虜又累輜嘉遇險阻○○○虜要遮前後危殆不測此五難也焚如之刑莽作○○○燒殺陳良等二世稱藩孝宣之世承武帝奮擊之威直匈奴百年之運因其壞亂幾亡之阸權事施宜覆以威德然後單于稽首臣服遣子入侍○○○是時邊城晏閉牛馬布野三世無犬吠之警黎庶無干戈之役後六十餘載之間遭王莽篡位始開邊隙單于由是歸怨自絕莽遂斬其侍子邊境之禍構矣遠見識微孝元時議罷守塞之備侯應以為不可可謂盛不忘衰安必思危○○○○之明矣

以上匈奴傳贊

西南夷兩粵朝鮮傳

制粵一奇唐蒙上書曰南粵王黄屋左纛地東西萬餘里名為外臣實一州主今以長沙豫章往水道多絶難行竊
聞夜郎所有精兵可得十萬浮船牂柯出不意此○○○○也誠以漢之彊巴蜀之饒通夜郎道為置吏甚易上許之不
知漢大滇王與漢使言漢孰與我大及夜郎侯各自以一州王○○○廣○以上西南夷傳側室之子
上使賜佗書曰皇帝謹問南粵王甚苦心勞意朕高皇帝○○○○兩帝並立吏曰得王之地不足以為大得王之
財不足以為富服領以南王自治之雖然王之號為帝○○○○無一乘之使以通其道是争也争而不讓仁者不為也願與
王分棄前怨終今以來通使如故祭祀不修高皇帝幸賜臣佗璽以為南粵王使為外臣時內貢職孝惠皇帝即
位義不忍絶所以賜老夫者甚厚高后自臨用事近細士信讒臣別異蠻夷出令曰毋予蠻夷外粵金鐵田器馬牛羊即予：
牡毋予牝老夫處僻馬牛羊齒已長自以○○○○有死罪使內史藩中尉高御史平凡三輩上書謝過皆不反聊以

自娱且南方卑濕蠻夷中西有西甌其衆半贏南面稱王東有閩粵其衆數千人亦稱王北有長沙其半蠻夷亦稱王老

夫故敢妄竊號○○○○佗王五世南粵已平遂以其地為儋耳珠崖南海蒼梧鬱林合浦交阯九真日南九郡自

尉○○凡○○九十三歲而亡以上南粵王傳東粵遂虛天子曰東粵陿多阻閩粵悍數反覆詔軍吏皆將徙

處江淮之間○○地○○以上閩粵王傳置吏築障朝鮮王滿燕人自始燕時嘗畧屬真番朝鮮為○○○○

秦滅燕屬遼東外徼漢興為遠難守復脩遼東故塞至浿水為界屬燕〻王盧綰反入匈奴滿亡命聚黨千餘人椎結蠻夷服

而東走出塞度浿水居秦故空地上下障稍役屬真番朝鮮蠻夷及故燕齊亡在者王之都王險會孝惠高后天下初定遼東

太守即約滿為外臣保塞外蠻夷毋使盗邊蠻夷君長欲入見天子勿得禁止以聞上許之以故滿得以兵威財物侵降其旁

小邑真番臨屯皆來服屬方數千里傳子至孫右渠所誘漢亡人滋多又未嘗入見真番辰國欲上書見天子又雍閼弗通

元封三年遂定朝鮮為真番臨屯樂浪玄菟四郡以上朝鮮王傳好事之臣三方之開皆自○○○○故西南夷

發於唐蒙司馬相如兩粵起嚴助朱買臣朝鮮由涉何遭世富盛能成功然亦勤矣追觀太宗填撫尉佗豈古所謂招攜以禮懷遠以德者哉以上
西南夷兩粵朝鮮贊

西域傳

始開西域自周衰戎狄錯居涇渭之北及秦始皇攘卻戎狄築長城界中國然西不過臨洮漢興至於孝武征四夷廣威德而張騫○○○○之迹其後驃騎將軍擊破匈奴右地降渾邪休屠王遂空其地始築令居以西初置酒泉郡後稍發徙民充實之分置武威張掖敦煌列四郡據兩關焉自貳師將軍伐大宛之後西域震懼多遣使來貢獻漢使西域者益得職於是自敦煌西至鹽澤往往起亭而輪臺渠犁皆有田卒數百人置使者校尉領護以給使外國者亭障玉門初武帝感張騫之言甘心欲通大宛諸國使者相望於道一歲中多至十餘輩樓蘭姑師當道苦之攻劫漢使王恢等又數為匈奴耳目令其兵遮漢使漢使多言其國有城邑兵弱易擊於是武帝遣從票侯趙破奴將屬國騎及郡兵數萬擊姑師王恢數為樓蘭

所苦上令恢佐破奴将兵破奴與輕騎七百人先至虜樓蘭王遂破姑師因暴兵威以動烏孫大宛之屬還封破奴為浞野侯恢為浩侯於是漢列○○至○○矣樓蘭既降服貢獻以上西域傳

出小步馬 烏秅國去長安九千九百五十里山居田石間有白草累石為室民接手飲○○○○有驢無牛其西則有懸度去陽關五千八百八十八里去都護治所五千二百里懸度者石山也谿谷不通以繩索相引而度云 以上烏秅國傳

失實見欺 杜欽說大将軍王鳳曰罽賓王前親逆節惡暴西域故絕而不通今悔過來而無親屬貴人奉獻者皆行賈賤人欲通貨市買以獻為名故煩使者送至懸度恐○○○○

崢嶸不測 又歷大頭痛小頭痛之山赤土身熱之阪令人身熱無色頭痛嘔吐驢畜盡然又有三池盤石阪道陿者尺六七寸長者徑三十里臨○○○○之深行者騎步相持繩索相引二千餘里乃到懸度畜隊未半阬谷盡靡碎人墮勢不得相收視險阻危害不可勝言

金銀為錢 以○○○○文為騎馬幕為人面 以上罽賓王傳

金銀飾杖 烏七俗重妄殺其錢獨文為人頭幕為騎馬以○○○○絕遠漢使希至自玉門楊關出南道歷鄯善而

南行至烏弋山離南道極矣轉北而東得安息以上烏弋山離國王傳

頭為飲器

大月氏本行國也隨畜移徙與匈奴同俗控弦十餘萬故强輕匈奴本居敦煌祁連間至冒頓單于攻破月氏而老上單于殺月氏以其○○○○月氏乃遠去過大宛西擊大夏而臣之都嬀水北為王庭其餘小衆不能去者保南山羌號小月氏以上大月氏國傳

康居驕黠

都護郭舜上言○○○○訖不肯拜使者都護吏至其國坐之烏孫諸使下王及貴人先飲食已乃飲啖都護吏故為無所省以夸旁國以此度之何故遣子入侍其欲賈市為好辭之詐也以上康居國王傳

蒲陶為酒

大宛左右以○○○○富人藏酒至萬餘石久者至數十歲不敗俗耆酒馬耆目宿

善馬汗血

宛別邑七十餘城多○○馬○○言其先天馬子也張騫始為武帝言之上遣使者持千金及金馬以請宛善馬宛王以漢絕遠大兵不能至愛其寶馬不肯與漢使妄言宛遂攻殺漢使取其財物於是天子遣貳師將軍李廣利將兵前後十餘萬人伐宛連四年宛人斬其王毋寡首獻馬三千匹漢軍乃還

後咸尊漢

自烏孫以西至安息近匈奴匈奴嘗困月氏故匈奴使持單于一信到國〻傳送食不敢

留若及至漢使非出幣物不得食不市畜不得騎所以然者以遠漢而漢多財物故必市乃得所欲及呼韓邪單于朝漢○○
○○矣以上大宛國王傳

公主悲傷

烏孫使〻獻馬願得尚漢公主為昆弟天子問羣臣議許曰必先內聘然後遣女烏孫以馬千匹聘漢元封中遣江都王建女細君為公女以妻焉烏孫昆莫以為右夫人匈奴亦遣女妻昆莫昆莫以為左夫人公主至其國自治宮室居歲時一再與昆莫會置酒飲食以幣帛賜王左右貴人昆莫年老語言不通○○○○自為作歌曰吾家嫁我兮天一方遠託異國兮烏孫王穹廬為室兮旃為墻以肉為食兮酪為漿居常土思兮心內傷願為黃鵠兮歸故鄉天子聞而憐之

錦車持節

初楚主侍者馮嫽能史書習事嘗持漢節為公主使行賞賜於城郭諸國敬信之號曰馮夫人為烏孫右大將妻右大將與烏就屠相愛都護鄭吉使馮夫人說烏就屠以漢兵方出必見滅不如降烏就屠恐曰願得小號宣帝徵馮夫人自問狀遣謁者竺次期門甘延壽為副送馮夫人馮夫人○○○○詔焉烏就屠詣長羅侯赤谷城立元貴靡為大昆彌烏就屠為小昆彌皆賜印綬 以上烏孫國傳

遠田輪臺

上乃下詔深陳陳既往之悔

曰匈奴常言漢極大然不能飢渴失一狼走千羊乃者貳師敗軍士死畧離散悲痛常在朕心今請○○○○欲起亭隧是擾勞天下非所以優民也今朕不忍聞由是不復出軍而封丞相田千秋為富民侯以明休息思富養民也非驢非馬龜茲王數來朝賀樂漢衣服制度歸其國治宮室作徼道周衛出入傳呼撞鐘鼓如漢家儀外國胡人皆曰驢○馬○○若龜茲王所謂驘也以上渠犂城傳士馬彊盛遭值文景玄默養民五世天下殷富財力有餘○○○○故能睹犀布瑇瑁則建珠崖七郡感枸醬竹杖則開牂柯越嶲聞天馬蒲陶則通大宛安息[illegible]面而至自是之後明珠文甲通犀翠羽之珍盈於後宮蒲梢龍文魚目汗血之馬充於黃門鉅象師子猛犬大雀之羣食於外囿殊方異物○○○○筭至車船至於用度不足乃榷酒酤筦鹽鐵鑄白金造皮幣○○○○租及六畜民力屈財用竭因之以凶年寇盜並起道路不通直指之使始出衣繡杖斧斷斬於郡國然後勝之是以末年遂棄輪臺之地而下哀痛之詔豈非仁聖之所悔哉遠覽古今自建武以來西域思漢威德咸樂內屬唯其小邑鄯善車師界迫匈奴尚為所拘而其大國莎車于闐之

屬敎遣使置質於漢願請屬都護聖上○○○○因時之宜羈縻不絕辭而未許雖大禹之序西戎周公之讓白雉太宗之卻走馬義兼之矣亦何以以尚茲以上西域贊

以上本書第六十三卷至第六十六卷

注

冠鵔鸃貝帶師古曰以鵔鸃毛羽飾冠海貝飾帶鵔鸃卽鷩鳥也鵔音峻鸃音儀蜀嚴道嚴道屬蜀郡縣有蠻夷曰道盜出徼外鑄錢徼猶塞也東北謂之塞西南謂之徼塞者以鄣塞為名徼者取徼遮之義也徼音工鈞反●頗有遂遂成其罪狀也成尚負責數鉅萬積其前後所犯合沒官者數多除其現在財物以外尚有負官數鉅萬故云吏輒隨沒入之耳長公主卽館陶長公主文帝之女也乃令假衣食公主給其衣食也而號云假借之耳非通也恐吏沒入故託云然此所謂不得名一錢自有印何

纍〻綏若〻邪纍〻重積也姍古訕若〻長貌字偏籍上褎籍謂身臥其上也椒風皇后殿稱椒房欲配其名故曰椒風柔曼之傾意曼澤也言其質柔而色理光澤也以上倿幸傳

白登在平城東南去平城十餘里重酪重乳汁也重音竹用反字本作湩其音則同上游上游亦總謂地形耳不必係於河水也厭音一涉也姑繒謂西南夷種也在益州湯姐劉德曰羌屬也銜尾相隨銜馬銜也尾馬尾也言前後單行不得並驅焚如之刑應劭曰易有焚如死如棄如之言荞依此作刑名也以上匈奴傳

服領以南如淳曰長沙南界也嘗略屬真番朝鮮師古曰戰國時燕國畧得此地築障障所以自障蔽也浿水在樂浪縣音普蓋反辰國辰韓之國也以上西南夷兩粵朝鮮傳

渾邪休屠王屠音除令居令音鈴益得職賞其勤勞皆得拜職也置使者校尉領護統領保護營田之事也以給使外國者收其所種五穀以供之烏秅國

烏音一加反秺音直加反惡言之聲如鷃拏耳非正音也接手飲自高山下溪澗中飲水故接連其手如猨之為

小步馬小細也細步能蹀足即今所謂百步千跡者也縣度懸繩而度也縣古懸字錢文為騎

馬幕為人面幕即漫今所謂幕皮亦謂其平而無文也者不敢留苦不敢留連及困苦之也

不能飢渴能音耐死略離散言死及被虜并自離散也畧枸醬枸音矩周公之

讓白雉太宗之卻走馬昔周公相成王越裳氏重九譯而獻白雉王問周公公曰德不加焉則君

子不饗其質政不施焉則君子不臣其遠吾何以獲此物也譯曰吾受命國之黃耇曰久矣天之無烈風雨雷也意中國

有聖人乎盍往朝之王稱先王之神所致以薦宗廟太宗漢文帝也卻走馬謂有人獻千里不受還之賜道路費也老子

曰天下有道卻走馬以糞故贊引也以上西域贊

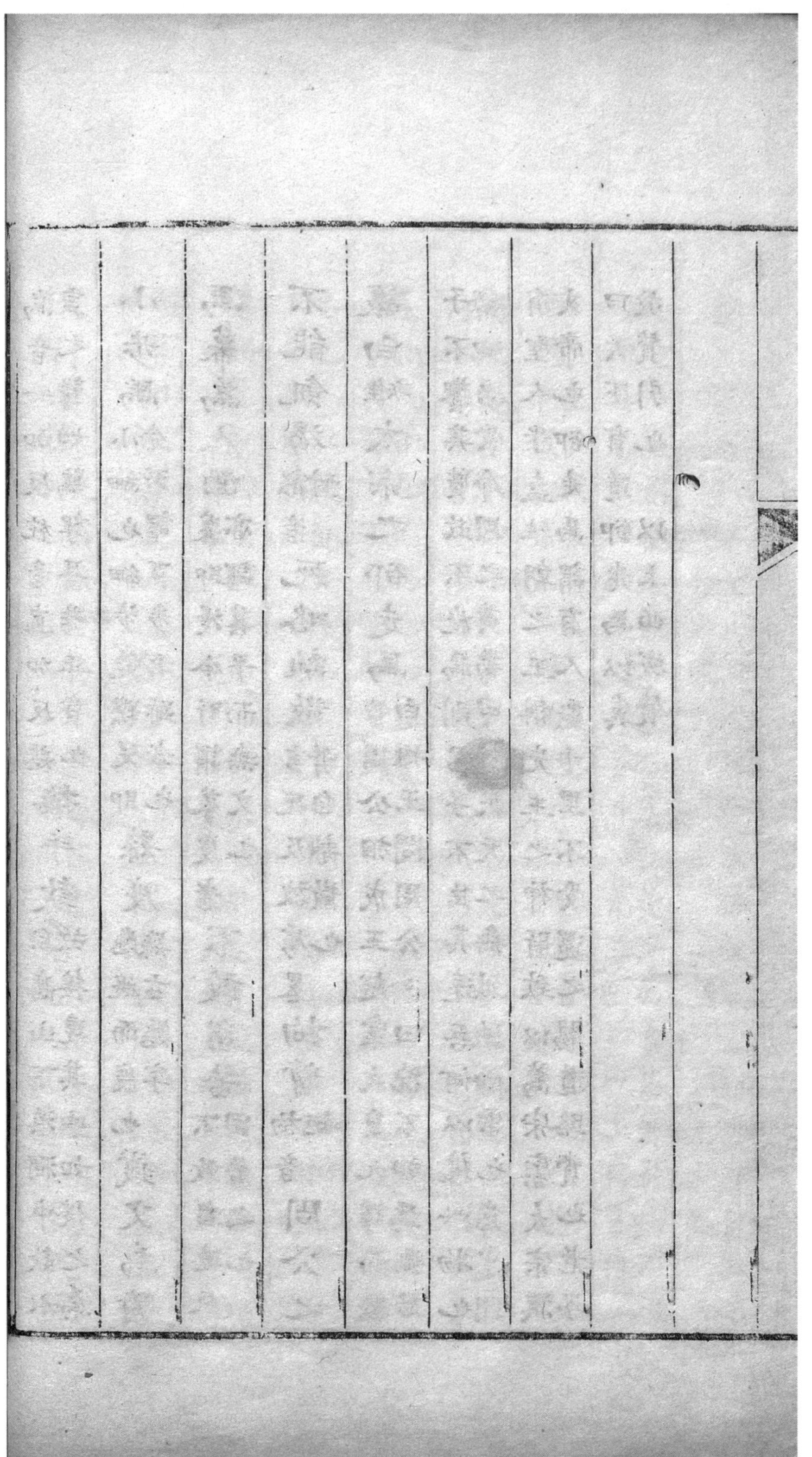

前漢書隨筆錄卷十九

外戚傳上

孝惠張后　孝武鉤弋趙倢伃　高祖薄姬　孝昭上官后　孝文竇后　孝宣許后　孝景王后　孝宣霍后　孝武李夫人

凡十四等 漢興因秦之稱號帝母稱皇太后祖母稱太皇太后適稱皇后妾皆稱夫人又有美人良人八子七子長使少使之號焉至武帝制倢伃娙娥傛華充依各有爵位而元帝加昭儀之號○○○○云 以上外戚傳序

生子萬方 孝惠張皇后宣平侯敖尚帝姊魯元公主有女惠帝即位呂太后欲為重親以公主女配帝為皇后欲其○○○○終無子乃使陽為有身 取後宮美人子名之殺其母立所名子為太子 以上孝惠張皇后傳

夢龍據胸 始姬少時與管夫人趙子兒相愛約曰先貴毋相忘已而管夫人趙子兒先幸漢王漢王四年坐河南成皐靈臺此兩美人侍相與笑薄姬初時約漢王問其故兩人俱以實告漢王心悽然憐薄姬是日名欲幸之對曰昨暮○○○妾○上曰是貴徵也吾為汝成之遂幸有身歲中生文帝 以上高祖薄姬傳

誤置代伍 呂太后出宮人以賜諸王各五人也竇姬與在行中家在

清河願如趙近家請其主遣宦者吏必置我籍趙之伍中宦者忘之○○籍○中籍奏詔可當行竇姬涕泣怨其宦者不欲

往相彊乃肯行至代〻王獨幸竇姬生女嫖孝惠七年生景帝用為符信竇后兄長君弟廣國字少君年四五歲時

家貧為人所略賣其家不知處傳十餘家至宜陽為其主人入山作炭莫臥岸下百餘人岸崩盡厭殺臥者少君獨脫不死卜

数日當為侯從其家之長安聞長安皇后新立家在觀津姓竇氏廣國去時雖少識其縣名及姓又嘗與其姊采桑墮○○○

○上書自陳皇后言帝名見問之具言其故果是復問其所識曰姊去我西時與我決傳舍中匄沐〻我已飯我乃去於是竇

皇后持之而泣侍御左右皆悲乃厚賜之家於長安

以上孝文竇皇后傳

何藏之深

孝景王皇后武帝母也父

王仲母臧兒仲死臧兒更嫁為長陵田氏婦生男蚡勝臧兒長女嫁為金王孫婦生一女矣而臧兒卜筮曰兩女當貴欲倚兩

女奪金氏金氏怒不肯與決乃內太子宮太子幸愛之初皇太后微時所謂金王孫生女俗在民間蓋諱之也武帝始立韓

嫣白之帝曰何為不蚤言乃車駕自往迎之其家在長陵小市直至其門使左右入求之家人驚恐女逃匿扶將出拜帝下車

立曰大姊○○○○也戴至長樂宮與俱謁太后太后垂涕女亦悲泣帝奉酒前為壽錢千萬奴婢三百人公田百頃甲第以賜姊太后謝曰為帝費因賜湯沐邑號修成君

傾城傾國

孝武李夫人本以倡進初夫人兄延年性知音善歌舞武帝愛之每為新聲變曲聞者莫不感動延年侍上起舞歌曰北方有佳人絕世而獨立一顧○人○再顧○人○寧不知傾城與傾國佳人難再得上嘆息曰善世豈有此人乎平陽主因言延年有女弟上乃召見之實妙麗善舞由是得幸生一男是為昌邑哀王

深託兄弟

初李夫人病篤上自臨候之夫人蒙被謝曰妾久寢病形貌毀壞不可以見帝願以王及兄弟為託上曰夫人病甚殆將不起一見我屬託王及兄弟豈不快哉夫人曰婦人貌不修飾不見君父妾不敢以燕媠見帝上曰夫人第一見我將加賜千金而予兄弟尊官夫人曰尊官在帝不在一見上復言欲必見之夫人遂轉鄉歔欷而不復言於是上不悅而起夫人姊妹讓之曰貴人獨不可一見上屬託兄弟邪何為恨上如此夫人曰所以不欲見帝者乃欲以○○○○也我以容貌之好得從微賤愛幸於上夫以色事人者色衰而愛弛愛弛則恩絕上所以戀戀顧念我者乃以平生容貌也今

見我毀壞顔色非故必畏惡吐棄豈尚肯復追思閔録其兄弟哉姍〻來遲上思念李夫人不已方士齊人少翁
言能致其神乃夜張燈燭設帷帳陳酒肉而令上居他帳遙望見好女如李夫人之貌還幄坐而步又不得就視上愈益相思
悲感為作詩曰是邪非邪立而望之偏何○○其○○令樂府諸音家絃歌之上又自為作賦以傷悼夫人 以上孝武李夫
人傳號拳夫人孝武鉤弋趙倢伃昭帝母也家在河間武帝巡狩過河間望氣者言此有奇女天子亟使〻名之既
至女兩手皆拳上自披之手即時伸由是得幸○曰○○○拳夫人進為倢伃居鉤弋宮大有寵元始三年生昭帝號鉤弋
任身十四月乃生上曰聞昔堯十四月而生今鉤弋亦然乃命其所門曰堯母門 以上孝武鉤弋趙倢伃傳欲自燒
物安以后父封桑樂侯日以驕淫受賜殿中出對賓客言與我壻飲大樂見其服飾使人歸○○○○安醉則裸行內與後
母及父諸良人侍御皆亂子病死仰而罵天宮人窮絝禁安宗族既滅皇后以年少不與謀亦光外孫故得不廢
光欲皇后擅寵有子帝時體不安左右及醫皆阿意言宜禁內雖○○使令皆為○○多其帶後宮莫有進者 以上孝昭上

宫皇后傳**微時故劒**是時霍將軍有小女與皇太后有親公卿議更立皇后皆心儀霍將軍女亦未有言上乃詔求○○○○大臣知指白立許倢伃為皇后**侍疾無狀**霍光夫人顯欲貴其小女道無從明年許皇后當娠病女醫淳于衍者霍氏所愛嘗入宫侍皇后疾衍夫賞為掖庭戶衛謂衍可過辭霍夫人行為我求安池監衍如言報顯顯因生心辟左右謂衍少夫幸報我以事我亦欲報少夫可乎衍曰夫人所言何等不可者顯曰將軍素愛女成君欲奇貴之願以累少夫衍曰何謂邪顯曰婦人免乳大故十死一生今皇后當免身可因投毒藥去也成君即得為皇后矣如蒙力事成富貴與少夫共之衍曰藥雜治當先嘗安可顯曰在少夫為之耳將軍領天下誰敢言者緩急相護但恐少夫無意耳衍良久曰願盡力即擣附子齎入長定宫皇后免身後衍取附子并合大醫大九以飲皇后有頃曰我頭岑岑也藥中得毋有毒對曰無有遂加煩懣崩衍出過見顯相勞問亦未敢重謝衍後人有上書告諸醫○○○○者皆收繫詔獄劾不道顯恐事急即以狀具語光因曰既失計為之無令吏急衍光驚鄂默然不應其後奏上署衍勿論

以上孝宣許皇后傳

寵顓房燕初許后起微賤

登至尊日淺從官車服甚節儉五日一朝皇太后於長樂宮親
奉案上食以婦道共養及霍后立亦修許后故事而皇太后親
霍后之姊子故常竦懼敬而禮之皇后輦駕侍從甚盛賞賜官
屬以千萬計與許后時懸絕矣上亦〇之〇〇〇以上孝宣

霍皇后傳

外戚傳下

孝成許后　孝元馮昭儀　孝成班倢伃　孝平王后　孝成趙后　孝元王后

捲手不得

孝成許皇后聰慧善史書自為妃至即位常寵於上
後宮希得進見皇太后及帝諸舅憂上無繼嗣時又
數有災異劉向谷永等皆陳其咎在於後宮上然其言於是省
減椒房掖庭用皇后乃上疏曰妾伏自念入椒房以來遺賜
外家未嘗踰故事每輒決上可覆問也今誠時世異制長短相
補不出漢制而已纖微之間未必可同若竟寧前與黃龍前豈
相放哉家吏不曉今一受繩以詔書今言無得發取諸官殆謂
詔如此使妾〇〇〇〇未央宮不屬妾不宜獨取
也言妾家府亦不當得妾竊惑焉幸得賜湯沐邑以自奉養亦
少發取其中何害於誼而不可哉又詔書言服御所造皆如竟

寧前吏誠不能撥其意即且令妾被服所爲不得不如前設妾欲作某屏風張於某所曰故事無有或不能得則必○不如前○妾○矣以上孝成許皇后傳

倢伃同輦

孝成班倢伃居增成舍再就館有男數月失之成帝遊於後庭常欲與○○○○載倢伃辭曰觀古圖畫賢聖之君皆有名臣在側三代末主乃有嬖女今欲同輦得毋近似之乎上善其言而止太后聞之曰古有樊姬今有班倢伃

共養長信

鴻嘉三年趙飛燕譖告許皇后班婕伃挾媚道祝詛後宮詈及主上許皇后坐廢考問班倢伃對曰妾聞死生有命富貴在天修正尚未蒙福爲邪欲以何望使鬼神有知不受不臣之愬如其無知愬之何益故不爲也上善其對憐憫之賜黃金百斤趙氏姊弟驕妬倢伃恐久見危求○○太后○○宮上許焉以上孝成班倢伃傳

貴傾後宮

孝成趙皇后本長安宮人初生時父母不舉三日不死乃收養之及壯屬陽阿主家學歌舞號曰飛燕成帝嘗微行出過陽阿主作樂上見飛燕而悅之名入宮大幸有女弟復名入俱爲倢伃○○○○

明珠翠羽

皇后既立後寵少衰而弟絕幸爲昭儀居昭陽舍其中庭彤朱而殿上髹漆切皆銅沓冒黃金塗白玉階壁帶往往

為黄金釦函藍田璧○○○○飾之自後宫未嘗有焉昞弟顔寵十餘年卒皆無子

子隱不見

司隸解光奏言臣聞許美人及故中宫史曹宫皆御幸孝成皇帝產子○○○○臣遣從事掾業史望驗問知狀者掖庭獄丞籍武故中黄門王舜吳恭靳嚴官婢曹曉道房張棄故趙昭儀御者于客子王偏臧兼等皆曰宫即曉子女前屬中宫為學事史通詩授皇后與宫對食元延元年中宫語房曰陛下幸宫後數月曉入殿中見宫腹大問宫〻曰御幸有身其十月中宫乳掖庭牛官令舍有婢六人中黄門田客持詔記盛緑綈方底封御史中丞印予武曰取牛官令舍婦人新産兒婢六人盡置暴室獄毋問兒男女誰兒也武迎置獄宫曰善臧我兒胞丞知是何等兒也

子無貴賤

後三日客持詔記與武問兒死未手書對牘背武即書對兒見在未死有頃客出曰上與昭儀大怒奈何不殺武叩頭涕曰不殺兒自知當死殺之亦死即因客奏封事曰陛下未有繼嗣○○○○唯留意奏入客復持詔記予武曰今夜漏上五刻持兒與舜會東交掖門武因問客陛下得武書意何如曰憆也武以兒付舜〻受詔内兒殿中為擇乳母告善養兒且有賞毋令漏泄舜擇棄為乳母時兒生八九日

裹藥

二枚後三日客復持詔記封如前予武中有封小綠篋記曰告武以篋中物書予獄中婦人武自臨飲之武發篋中有○
○○○赫蹏書曰告偉能努力飲此藥不可復入汝自知之偉能即宮：讀書已曰果也欲姊弟擅天下我兒男也額上有壯
髮類孝元皇帝今兒安在危殺之矣奈何令長信得聞之宮飲藥死後宮婢六人名入出語武曰昭儀言汝無過寧自殺邪若
外家也我曹言願自殺即自繆死武皆表奏狀棄養兒十一日宮長李南以詔書取兒去不知所置所美人有子
許美人前在上林涿沐館数召入飾室中若舍壹歲再三召留数月或半歲御幸元延二年懷子其十一月乳詔使嚴持乳醫及
五種和藥丸三送美人所後客子偏兼聞昭儀謂成帝曰常給我言從宮中來即從中宮來許美人兒何從生中許氏竟當復
立耶懟以手自擣以頭擊壁户柱從牀上自投地啼泣不肯食帝曰今當安置我欲歸耳帝曰今故告之反怒為殊不可曉也帝
亦不食昭儀曰陛下自知是不食為何陛下常自言約不負汝今○○○○竟負約謂何帝曰約以趙不立許氏使天下無出
趙氏上者毋憂也持綠囊書後詔使嚴○○○○予許美人告嚴曰美人當有以予汝受來置飾室中簾南美人

以葦篋一合盛所生兒緘封及綠囊報書予嚴〻持篋書置飾室簾南去帝與昭儀坐使客子解篋緘未已帝使客子偏兼皆

出自閉戶獨與昭儀在須臾開戶嘑客子偏兼使緘封篋及綠綈方底推置屏風東恭受詔持篋方底予武皆封以御史中丞

印曰告武篋中有死兒埋屏處勿令人知武穿獄樓垣下為坎埋其中飲藥傷墮元延二年五月故掖庭令吾丘

遵謂武曰掖庭丞吏以下皆與昭儀合通無可與語者獨欲與武有所言我無子武有子是家輕族人得無不敢乎掖庭中御

幸生子者輒死又○○○○者無數欲與武共言之大臣票騎將軍貪耆錢不足計事奈何令長信得聞之遵後病困謂武今

我已死前所語事武不能獨為也慎語皆在今年四月丙辰赦令前燕啄皇孫先是有童謠曰燕〻飛涎〻張

公子時相見木門倉琅根○飛來○○○皇孫死燕啄矢成帝每微行出常與張放俱而稱富平侯家故曰張公子倉琅根宮

門銅鍰也孝成趙皇后傳以上非用女寵孝元馮昭儀平帝祖母也時父奉世為右將軍光祿勳奉世長男野

王為左馮翊父子並居朝廷議○○○○者以為器能當其位當熊而立建昭中上幸虎圈鬬獸後宮皆坐熊佚出

圈攀檻欲上殿左右貴人傅昭儀等皆驚走馮倢伃直前○○○○左右格殺熊上問人情驚懼何故前當熊倢伃對曰猛獸
得人而止妾恐熊至帝坐故以身當之帝嗟嘆以此倍敬重焉傅昭儀等皆慙 元 中語前事 中謁者令史立等劾
奏祝詛謀反大逆責問馮太后無服辭立曰熊之上殿何其勇今何怯也太后還謂左右此乃○○○世○吏何用知之是欲
陷我效也乃飲藥自殺以上孝元馮昭儀傳 黃皇室主 孝平王皇后安漢公太傅大司馬莽女也后立歲餘平
帝崩莽立孝宣帝玄孫嬰為孺子莽攝帝位尊皇后為皇太后三年莽即真以嬰為定安公改皇太后號為定安公太后太后
時年十八矣為人婉瘱有節操自劉氏廢常稱疾不朝會莽敬憚傷哀欲嫁之乃更號為○○○○令立國將軍成新公孫建
世子橑飾將醫往問疾后大怒笞鞭其旁侍御因發病不肯起莽遂不復強也及漢兵誅莽燔燒未央宮后曰何面目以見漢
家自投火中而死上孝平王皇后傳 以 虞侍太子 孝元皇后王莽之姑也名政君宣帝聞太子恨過諸娣
妾欲順適其意乃令皇后擇後宮家人子可以○○○○者政君與在其中及太子朝皇后乃見政君等五人微令旁長御問

知太子所欲太子殊無意於五人者不得已於皇后彊應曰此中一人可是時政君坐近太子又獨衣絳緣諸于長御即以為是皇后使侍中杜輔掖庭令濁賢送政君太子宮見丙殿得御幸有身先是者太子後宮娣妾以十數御幸久者七八年莫有子及王妃一幸而有身甘露三年生成帝於甲館畫堂為世適皇孫

關大將軍

大將軍鳳用事上遂謙讓無所顓左右常薦光祿大夫劉向少子歆通達有奇異材上名見歆誦讀詩賦甚悅之欲以為中常侍名取衣冠臨當拜左右皆曰未曉大將軍上曰此小事何須○○○○左右叩頭爭之上於是語鳳〻以為不可乃止其見憚如此

共王辭去

上即位數年無繼嗣體常不平定陶共王來朝太后與上承先帝意遇共王甚厚賞賜十倍於他王不以往事為纖介共王之來朝也天子留不遣歸國上謂共王我未有子人命不諱一朝有他且不復相見爾長留侍我矣其後天子疾益有瘳共王因留國邸旦夕侍上〻甚親重大將軍鳳心不便共王在京師會日蝕鳳因言食蝕陰盛之象為非常異定陶王雖親於禮當奉藩在國今留侍京師詭正非常故天見戒宜遣王之國上不得已於鳳而許之○○○○上與相對泣而決

曲陽最怒

公卿見鳳側目而視郡國守相刺史皆出其門又以侍中太僕音為御史大夫列於三公而五侯羣弟爭為奢侈賂遺珍寶四面而至後庭姬妾各數十人僮奴以千百數羅鍾磬舞鄭女作倡優狗馬馳逐大治第室起土山漸臺洞門高廊閣道連屬彌望百姓歌之曰五侯初起○○○○壞決高都連竟外杜土山漸臺西白虎其奢僭如此然皆通敵人事好士養賢傾財施予以相高尚鳳輔政凡十一歲

穿城引水

初成都侯商嘗病欲避暑從上借明光宮後又穿長安城引內灃水注第中大陂以行船立羽蓋張周帷輯濯越歌上幸商第見○○○○意恨內銜之未言後微行出過曲陽侯第又見園中土山漸臺似類白虎殿於是上怒以讓車騎將軍音商根兄弟欲自黥劓謝太后上聞之大怒乃使尚書責問司隸校尉京兆尹知成都侯商擅穿帝城決引灃水曲陽侯根驕奢僭上赤墀青瑣紅陽侯立父子藏匿姦猾亡命賓客為羣盜司隸京兆皆阿縱不舉奏正法二人頓首省戶下又賜車騎將軍音策書曰外家何甘樂禍敗而欲自黥劓相戮辱於太后前傷慈母之心以危亂國外家宗族強上一身寖弱日久今將一施之君其名諸侯令待府舍是日詔尚書奏文帝時誅將軍薄昭故事車騎將軍音

藉蒙請罪商立根皆負斧質謝上不忍誅然後得已**厭居深宮**莽又知太后婦人○○○○中莽欲虞樂以市其權
乃令太后四時車駕巡狩四郊存見孤寡貞婦春幸繭館率皇后列侯夫人桑遵霸水而祓除夏遊籞宿鄠杜之間秋歷東館
望昆明集黃山宮冬饗飲飛羽校獵上蘭登長平館臨涇水而覽焉太后所至屬縣輒施恩惠賜民錢帛歲以為常**為莽**
求璽初漢高祖入咸陽至霸上秦王子嬰降於軹道奉上始皇璽及高祖誅項籍即天子位因御服其璽世〻傳受號曰
漢傳國璽以孺子未立璽藏長樂宮及莽即位請璽太后不肯授莽〻使安陽侯舜諭指舜素謹敕太后雅愛信之舜既見太
后知其○○○○怒罵之曰而屬父子宗族蒙漢家力富貴累世既無以報受人孤寄乘便利時奪取其國不復顧恩義人如
此者狗豬不食其餘天下豈有而兄弟邪且若自以金匱符命為新皇帝變更正朔服制亦當自更作璽傳之萬世何用此亡
國不祥璽為而欲求之我漢家老寡婦旦暮且死欲與此璽俱葬終不可得太后因涕泣而言旁側長御以下皆垂涕舜亦悲
不能自止良久乃仰謂太后臣等已無可言者莽必欲得傳國璽太后寧能終不與邪太后聞舜語切恐莽欲脅之乃出漢傳

國璽投之地以授舜曰我老已死知而兄弟今族滅也官屬黑貂莽以太后好出游觀乃車駕置酒長壽宮請太后既至見孝元廟廢徹塗地太后驚泣曰此漢家宗廟皆有神靈與何治而壞之且使鬼神無知又何用廟為如令有知我乃人之妃妾豈宜辱帝之堂以陳饋食哉私謂左右曰此人嫚神多矣能久得祐乎飲酒不樂而罷自莽簒位後知太后怨恨求眄以媚太后無不為然愈不悅莽更漢家黑貂著黃貂又改漢正朔伏臘日太后令其○○○○至漢家正臘日獨與其左右相對飲酒食太后年八十四崩以上孝元王皇后傳卒成新都王莽之興由孝元后歷漢四世為天下母饗國六十餘載羣弟世權更持國柄五將十侯○○○○位號已移於天下而元后卷卷猶握一璽不欲以授莽婦人之仁悲夫以上元后贊

以上本書第六十七卷至第六十八卷

注

美人良人八子七子長使少使師古曰良善也八七祿秩之差也長使少使主供使者

倢伃娙娥傛華充依倢言接幸於上也伃美稱也娙娥皆美貌也傛〻猶言奕〻也便習之意也充
依言充後庭而依秩序也倢音接伃音予或從女其字同耳昭儀昭顯其儀示隆重也凡十四等除皇
后自昭儀以至姍〻行秩百石十四等貌窮綺服虔曰窮綺有前後當不得交通也綺古袴字心儀晉灼
曰儀向也免乳大故師古曰免乳為也大故大事也產每輒決上每事皆奏決於天子乃敢行也
竟寧黃龍晉灼曰竟寧元帝也黃龍宣帝時也時家吏師古曰家吏皇后之官屬長安宮人
本宮人以賜陽阿主家也宮人者省中侍使官婢名曰宮人非天子掖庭中也事見漢舊儀言長安者以別甘泉等諸宮
省也髹漆以漆〻物謂之髹音許求反又許昭反今關東俗器物一再著漆者謂之捎漆捎即髹聲之轉重耳切
皆銅沓冒黃金塗切門限也音千結反沓冒其頭也塗以金塗銅上也白玉階階所由升殿陛
也壁帶往〻為黃金釭函藍田壁明珠翠羽飾之壁帶壁之橫木露出

如帶者也於壁帶之中往往以金為釭若車釭之形也其釭中著玉璧明珠翠羽耳藍田山名出美玉釭音工從事
掾業史望業者掾之名望者史之名皆不言其姓對食應劭曰宮人自相與為夫婦名對食甚相妒忌
也綠綈方底師古曰綈厚繒也綠其色也方底盛書囊形若今之筭幐耳手書對牘背牘木
簡也時以為語記問之故今於背上書對辭憆也服虔曰憆直視貌也師古曰音丑庚反字或作瞠赫蹏
書鄧展曰赫音兄弟鬩牆之鬩應劭曰赫蹏薄小紙也師古曰今本書赫字或作擊壯髮師古曰壯髮當額前
侵下而生今俗呼為圭頭者是也危殺之矣危險也猶今人言險不殺耳長信聞之謂太后
寧自殺邪若外家也晉灼曰寧便自殺出至外舍死也自繆死師古曰繆絞也音居虯反
棄所養兒棄謂張棄也宮長晉灼曰漢儀注有女長御比侍中宮長豈此邪名入飾室中
若舍師古曰或暫入或留止也從宮中來中宮皇后所居何從生中言美人在內中何從得兒

［而生也故言何從生中］鮮箴緘［緘束箴之繩也］是家［蘊林曰謂成帝也不敢斥言故言是家］不泚、［師古曰光澤之貌也音徒見反］銅鍰［鍰讀與環同］中謁者令史立［官為中謁者令姓史名立］婉嫕［婉順也嫕靜也音烏計反］黃皇室主［莽自謂土德故云黃皇室主者若漢之稱公主］襐飾［襐飾盛飾］［也音丈又音象以上外戚傳］絳緣諸于［諸于大掖衣即袿衣之類也］獨賢［獨姓也］交送［謂侍］［中掖庭令雜為使］壞決高都連竟外杜［李奇曰長安有高都水杜里既壞決高都作殿復衍及外］［杜里］輯濯越歌［師古曰輯與楫同濯與櫂同皆所以行船也令執楫櫂人為越歌也輯為櫂之短者也今吳越之人呼為橈音饒越歌為越之歌］赤墀青瑣［青瑣者刻為連環文而青塗之也　以上元后傳］

前漢書隨筆録卷二十

王莽傳

厓譽隆洽宿衛謹敕爵位益重節操愈謙散輿馬衣裘振施賓客家無所餘收贍名士交結将相卿大夫甚衆故在位更推薦之游者為之談說○○○○傾其諸父矣

匿情求名敢為激發之行處之不慚恧莽兄永為諸曹蚤死有子光莽使學博士門下莽休沐出振車騎奉羊酒勞遺其師恩施下竟同學諸生縱觀長老嘆息光年小於莽子宇莽使同日内婦賓客滿堂須臾一人言太夫人苦某痛當飲某藥比客罷者數起焉為私買侍婢昆弟或頗聞知莽因曰後将軍朱子元無子莽聞此兒種宜子為買之即日以婢奉子元其○○○○如此

美王滅瘢始莽就國南陽太守以莽貴重選門下掾宛孔休守新都相休謁見莽莽盡禮自納休亦聞其名與相答後莽疾休候之莽緣恩意進其玉具寶劍欲以為好休不肯受莽因曰誠見君面有瘢○○可以○○欲獻其瑑耳休色復辭讓莽曰君嫌其賈邪遂椎碎之自裹以進休休乃受

厲言方莽○○而○○欲有所為微見風采黨與承其指意而顯奏之莽稽首涕泣固推讓焉上以惑太后下用示信
於衆庶為西海郡莽既致太平北伐匈奴東致海外南懷黃支唯西方未有加遣中郎將平憲等多持金幣誘
塞外羌使獻地願內屬憲等奏言羌豪良願等種人口可萬二千人願為內臣獻鮮水海允谷鹽池平地美草皆予漢民自居
險阻處為藩蔽莽復奏曰今謹案已有東海南海北海郡未有西海郡請受良願等所獻地○○○○鴟目虎吻
莽為人侈口蹷顄露眼赤精大聲而嘶長七尺五寸好厚履高冠以氂裝衣反膺高視瞰臨左右是時有用方技待詔黃門者
或問以莽形貌待詔曰莽所謂○○○○豺狼之聲者也故能食人亦當為人所食名曰橫摻莽每當出輒先摻索
城中○○○○口中蚤蝨校尉韓威曰以新室之威而吞胡虜無異○○○○專念稽古莽志方盛以為
四夷不足吞滅○○○○之事莽意以為制定則天下自平故銳思於地里制禮作樂講合六經之說公卿旦入暮出論議
連年不決不暇省獄訟冤結民之急務縣宰缺者數年守兼一切貪殘日甚冠蓋相望中郎將繡衣執法在郡國

者並秉權勢傳相舉奏又十一公士分布勸農桑班時令案諸章○○○○交錯道路名會吏民逮捕證左郡縣賦斂遞相賕賂白黑紛然守闕告訴者多

畏備臣下

莽自見前顓權以得漢政故務自攬眾事有司受成苟免諸寶物名帑藏錢穀官皆官者領之吏民上封事書官官左右開發尚書不得知其○○○○如此

政令煩多

又好變改制度○○○○當奏行者輒質問乃以從事前後相乘憒眊不渫莽常御燈火至明猶不能勝尚書因是為姦寢事上書待報者連年不得去拘繫郡縣者待赦而後出衛卒不交代三年矣穀常貴邊兵二十餘萬人仰衣食縣官愁苦五原代郡尤被其毒起為盜賊數千人為莽轉入旁郡

量度五藏

翟義黨王孫慶捕得莽使太醫尚方與巧屠共刳剝之○○○○以竹筳導其脉知所終始云可以治病

法禁煩苛

使者還言盜賊解輒復合問其故皆曰愁○○○○不得舉手力作所得不足以給貢稅閉門自守又坐鄰伍鑄錢挾銅姦吏因以愁民民窮悉起為盜賊莽大怒免之其或順指言民驕黠當誅及言時運適然且滅不久莽悅輒遣之

鑄作威斗

是歲八月莽親之南郊○○○○威斗者以五石銅為之若北斗長二尺

五寸欲以厭勝衆兵既成令司命負之莽出在前入在御旁鑄斗日大寒百官人馬有凍死者博募奇技○○有○

○術可以攻匈奴者將待以不次之位言便宜者以萬數或言能度水不用舟楫連馬接騎濟百萬師或言不持斗糧服食藥

物三軍不飢或言能飛一日千里可窺匈奴莽輙試之取大鳥翮為兩翼頸與身皆著毛通引環紐飛數百步墮莽知其不可

用苟欲獲其名皆拜理軍賜以車馬待發為更姓巨毋夙夜連率韓博上言有奇士長丈大十圍來至臣府曰欲

奮擊胡虜自謂巨毋霸出於蓬萊東南五城西北昭如海瀕軺車不能載三馬不能勝即日以大車四馬建虎旗載霸詣闕霸

臥則枕鼓以鐵箸食此皇天所以輔新室也願陛下作大甲高車賁育之衣遣大將一人與虎賁百人迎之於道京師門户不容

者開高大之以視百蠻鎮安天下博意欲以風莽〻聞惡之留在所新豐○其○曰○○氏謂因文毋太后而霸王符也徵博

下獄以非所宜言弃市鐵瑣琅當民犯鑄錢伍人相坐沒入為官奴婢其男子檻車兒女子步以○○○○其頸

傳詣鍾官以十萬數到者易其夫婦愁苦死者什六七傳相監趣翼平連率田況自請出界擊賊所鄉皆破莽以璽書

令況領青徐二州牧事況上言盜賊始發其原甚微非部吏伍
人所能禽也咎在長吏不爲意縣欺其郡郡欺朝廷實百言十
實千言百朝廷忽略不輒督責遂至延曼連州乃遣將率多發
使者〇〇〇〇郡縣力事上官應塞詰對共酒食具資用以救
斷斬不給復憂盜賊治官事將率又不能
躬率吏士戰則爲賊所破吏氣寖傷徒費百姓

恐見詐滅

前幸蒙赦
今賊欲解
散或反遮擊恐入山谷轉相告語故郡縣降賊皆更驚駭〇〇
〇〇因飢饉易動旬日之間更十餘萬人此盜賊所以多之故
也

道上空竭

今雒陽以東米石二千竊見詔書欲遣更始將軍
二人爪牙重臣多從人衆〇〇〇〇少則無以威
視遠方宜急選牧尹以下明其賞罰收合離鄉小國無城郭者
徙其老弱置大城中積藏穀食幷力固守賊來攻城則不能下
所過無食勢不得羣聚如
此招之必降擊之則滅

休息郡縣

今空復多出將率郡縣苦
之反甚於賊宜盡徵還乘
傳諸使者以〇〇〇〇委任
臣況以二州盜賊必平定之

粱飯肉羹

莽聞城中飢饉以問王
業：曰皆流民也乃市
所賣〇〇〇〇持入視莽
曰居民食咸如此莽信之

不逢太師

太師更始合將銳士十餘
萬人所過放縱東方爲之

語曰寧逢赤眉○○○○太師尚可更始殺我卒如田况之言外視自安初世祖族兄聖公先在平林兵中三月辛
巳朔平林新市下江兵將王常朱鮪等共立聖公為帝改年為更始元年拜置百官莽聞之愈恐欲○○○○廼染其須髮進
所徵天下淑女杜陵史氏女為皇后天風蜚瓦世祖悉發郾定陵兵數千人來救昆陽尋邑易之自將萬餘人行陳
勑諸營皆按部無得動獨迎與漢兵戰不利大軍不敢擅相救漢兵乘勝殺尋昆陽中兵出並戰邑走軍亂○○○○雨如注
水大衆崩壞號呼虎豹股栗士卒奔走各還歸其郡邑獨與所將長安勇敢數千人還雒陽關中聞之震恐盜賊並起不
復就枕莽憂懣不能食亶飲酒啖鰒魚讀軍書倦因馮几寐○○○○矣搏心大哭莽自知敗乃率羣臣
至南郊陳其符命本末仰天曰皇天既命授臣莽何不殄滅衆賊即令臣莽非是願下雷霆誅臣莽因○○○○氣盡伏而叩
頭又作告天策自陳功勞千餘言諸生小民會旦夕哭為設飧粥甚悲哀及能誦策文者除以為郎至五千餘人以上王莽
傳國統三絕莽既不仁而有邪佞之材又乘四父歷世之權遭漢中微○○○○而太后壽考為之宗主故得肆

其姦慝以成篡盜之禍紫色鼃聲昔秦燔詩書以立私議莽誦六藝以文姦言同歸殊塗俱用滅亡皆亢龍絕氣

非命之運○○○○餘分閏位聖人王之驅除云爾以上王莽贊以上本書第六十九卷

叙傳上

綺襦紈絝況生三子伯斿稺時上方鄉學鄭寬中張禹朝夕入說尚書論語於金華殿中詔伯受焉既通大義又

講異同於許商遷奉車都尉數年金華之義絕出與王許子弟為羣在於○○○○之間非其好也賓禮名豪會定

襄大姓石李羣輩報怨殺追捕吏伯上狀自請願試守期月即拜伯為定襄太守定襄聞伯素貴年少自請治劇畏其下車

作威吏民竦息伯至請問耆老父祖故人有舊恩者迎延滿堂日為供具執子孫禮郡中益弛諸所○○皆○○懷恩醉酒共

諫伯宜頗攝錄盜賊具言本謀亡匿處伯曰是所望於父師矣乃名屬縣長吏選進掾史分部收捕及他隱伏旬日盡得郡中

震栗咸稱神明過郡上冢歲餘上徵伯〻上書願○故○○祖父○有詔太守都尉以下會因名宗族各以親疏加

恩施散数百金北州以為榮長老紀焉復聞讜言自大将軍薨後富平定陵侯張放淳于長等始愛幸出為微行
行則同輿執轡入侍禁中設宴飲之會及趙李諸侍中皆引滿舉白談笑大噱時乘輿幄坐張畫屏風畫紂醉踞妲己作長夜
之樂上以伯新起数目禮之因顧指畫而問伯紂為無道至於是乎伯對曰書云乃用婦人之言何有踞肆於朝所謂衆惡歸
之不如是之甚者也上曰苟不若此〻圖何戒伯曰沈湎于酒微子所以告去也式號式謼大雅所以流連也詩書淫亂之戒
其原皆在於酒上乃喟然歎曰吾久不見班生今日○○○○放等不懌稍自引起更衣因罷出顔色瘦黑後上
朝東宮太后泣曰帝間○○○○班侍中本大将軍所舉宜寵異之益求其比以輔聖德宜遣富平侯且就國上曰諾上乃
出放為邊都尉後復徵入太后與上書曰前所道未效富平侯反復來其能默乎上謝曰請今奉詔尚被文傷詆
初成帝性寛進入直言是以王音翟方進等繩法舉過而劉向杜鄴王章朱雲之徒肆意犯上故自帝師安昌侯諸舅大将軍
兄弟及公卿大夫後宮外屬史許之家有貴寵者莫不○○○○唯谷永嘗言建始河平之際許班之貴傾動前朝熏灼四方

賞賜無量空虛內藏女寵至極不可尚矣今之後起天所不饗什倍於前永指以駮譏趙李亦無間云家有賜書

穉生彪〻字叔皮幼與從兄嗣共游學○○○○內足於財好古之士自遠方至父黨揚子雲以下莫不造門聲名韁

鎖嗣雖脩儒學然貴老嚴之術桓生欲借其書嗣報曰嚴子者絕聖棄智脩生保真清虛澹泊歸之自然獨師友造化而不

為世俗所役者也漁釣於一壑則萬物不奸其志栖遲於一丘則天下不易其樂不絓聖人之罔不齅驕君之餌蕩然肆志談

者不得而名焉故可貴也今吾子已貫仁義之羈絆繫○○之○○伏周孔之軌躅馳顏閔之絕摯既繫攣於世教矣何用大

道為自眩曜昔有學步於邯鄲者曾未得其髣髴又復失其故步遂匍匐而歸耳恐似此類故不進嗣之行己持論如此著

王命論叔皮唯聖人之道然後盡心焉年二十遭王莽敗世祖即位於冀州時隗囂據隴擁眾招輯英俊而公孫述稱

帝於蜀漢天下雲擾大者連州郡小者據縣邑感囂言又愍狂狡之不息迺○○○○以救時難既言不為華

知隗囂終不寤乃避地於河西河西大將軍竇融嘉其美德訪問焉○後數應三公之名仕不為祿所如不合學不為人博而

不俗○○○○○述而不作幽通之賦有子曰固弱冠而孤作○○○○以致命遂志

叙傳下

探篹前記漢紹堯運以建帝業至於六世史臣乃追述功德私作本紀編於百王之末厠於秦項之列太初以後闕
而不錄故○○○○綴緝所聞以述漢書起元高祖終於孝平王莽之誅十有二世二百三十年綜其行事旁貫五經上下洽
通為春秋考紀表志傳凡百篇神母告符皇矣漢祖纂堯之緒實天生德聰明神武秦人不綱罔漏於楚爰茲發迹
斷蛇奮旅○○○○朱旗乃舉粵蹈秦郊嬰來稽首革命創制三章是紀應天順民五星同晷項氏畔換黜我巴漢西土宅心
戰士憤怨乘釁而運席卷三秦割據河山保此懷民股肱蕭曹社稷是經爪牙信布腹心良平龔行天罰赫々明々以上述
高紀宮不新館農不供貢皐不收孥○○○○陵不崇墓以上述文紀燀燿威靈柔遠能邇○○○○
龍荒幕朔莫不來庭以上述宣紀穢我明德離宮不衛山陵不邑閻尹之呰○○○○以上述元紀壺闈

恣趙○○○○朝政在王炎炎燎火亦允不陽以上述成紀克攬威神孝哀彬彬○○○○彫落洪支底剭鼎臣
婉孌董公惟亮天功大過之困實橈實凶以上述哀紀不周不伊孝平不造新都作宰○○○○喪我四海以
上述平紀宰割諸夏上嫚下暴惟盜是伐勝廣熛起梁籍扇烈赫赫炎炎遂焚咸陽○○○○命立侯王誅嬰放懷
詐虐以亡以上述陳勝項籍傳斿如父子張陳之交○○○○攜手遯秦拊翼俱起據國爭權還為豺虎耳謀
甘公作漢藩輔以上述張耳陳餘傳三枿之起○○○○本根既朽枯楊生華曷惟其舊橫雖雄材伏於海隝
沐浴尸鄉北面奉首旅人暮殉義過黃鳥以上述魏豹田儋韓信傳化為侯王信惟餓隸布實黥徒越亦狗盜
芮尹江湖雲起龍襄○○○○割有齊楚跨制淮梁綰自同閈鎮我北疆德薄位尊非胙惟殃吳克忠信胤嗣乃長以上述
韓彭英盧吳傳並乘天衢舞陽鼓刀滕公廄騶潁陰商販曲周庸夫攀龍附鳳○○○○以上述樊酈滕灌傅靳
周傳三雄是敗蒯通一說○○○○覆酈驕韓田橫顛沛被之拘係乃成患害充躬罔極交亂弘大以上述蒯伍

江息夫傳屢抗其疏賈生嬌々弱冠登朝遭文叡聖○○○○暴奏之戒三代是據建設藩屛以强守圉吳楚合從
賴誼之慮以上述賈誼傳禍如發機子絲慷慨激辭納說檻轡正席顯陳成敗錯之瑣材智小謀大○○○○
先寇受害以上述爰盎朝錯傳好節慕聲魏其翩々○○○○灌夫矜勇武安驕盈凶德相挻既敗用成安國
壯趾王恢兵首彼若天命此近人咎以上述竇田灌韓傳飲馬翰海○○○○封狼居山西規大河列郡初連
以上述衛青霍去病傳每生作既博望杖節收功大夏貳師秉鉞身釁胡社致死爲福○○○○以上述張騫
李廣利傳廼思廼精烏呼史遷薰胥以刑幽而發憤○○○○錯綜羣言古今是經勤成一家大略孔明以上述
司馬遷傳其欲淑々六世耽々○○○○文武方作是膚四克助偃淮南數子之德不忠其身善謀於國以上述
嚴朱吾丘主父徐嚴終王賈傳配忠阿衡博陸堂々受遺武皇擁毓孝昭末命導揚遭家不造立帝廢王權定社稷
○○○○慓祿耽寵漸化不詳陰妻之逆至子而亾秺侯狄人拏虔恭忠信奕世載德貽於子孫以上述霍光金日磾傳以

不濟可兵家之策惟在不戰營平睹々立功立論○○○○上諭其信武賢父子虎臣之俊以上述趙充國辛慶忌

傳散金娛老不疑雋敏應變當理辭霍不婚迨遁致仕疏克有終○○○○定國之祚于其仁考廣德當宣近於

知恥以上述雋疏于薛平彭傳學微術昧占往知來幽賛神明苟非其人道不虛行○○○○或見彷佛疑殆

匪關違衆近世淺為尤悔深作敦害以上述眭兩夏侯京翼李傳見蹟石許長倩懊々覲霍不舉過宣乃拔傳元

作輔不圖不慮○○○○以上述蕭望之傳斟酌六經淵哉若人實好斯文初擬相如獻賦黃門輟而覃思草法

蹇玄○○○○放易象論潛於篇籍以章厥身以上述揚雄傳五世來服於惟帝典戎夷猾夏周宣攘之亦列

風雅宗幽既昏淫於襃女戎敗我驪遂亡鄷鄗大漢初定匈奴強盛圍我平城寇侵邊境至於孝武爰赫斯怒王師雷起霆擊

朔野宣承其末廼施洪德震我威靈○○○○王莽竊命是傾是覆備其變理為世典式以上述匈奴傳乍臣乍

驕西南外夷種別域殊南越尉佗自王番禺攸々外寓閩越東甌爰洎朝鮮燕之外區漢興柔遠與爾剖符皆恃其岨○○

〇〇孝武行師誅滅海隅　以廼女烏孫西戎即序夏后是表

上述西南夷兩越朝鮮傳　周穆觀兵荒服不旅

漢武勞神圖遠甚勤王師驒驒致誅大宛姼姼公主〇〇〇

使命乃通條支之瀕昭宣承業都護是立總督城郭三十有六

脩奉朝貢各以其職　以上本書第七十卷

以上述西域傳

注

朱子元師古曰瑑瑑字本作瓛從王瓛聲後轉寫者訛也瑑謂朱博自雕瑑字耳音篆也蘇林曰劍鼻也

侈口蹷顄侈大也蹷短也顄頤也蹷音其月反顄音胡感反大聲而嘶嘶聲破也以音先奚反以

氂裝衣毛之强曲曰氂以裝褚衣中令其張起也氂音刀之反字或作斄音義同前後相乘憒眊

不渫乘積也登也憒眊不明也渫散也徹也竹筳筳竹挺也音庭五石銅李奇曰以五色藥石及銅

為之昭如海瀕昭如海名也瀕涯也音頻又音賓博意欲以風莽晉灼曰諷言毋得篡盜而

霸巨毋氏（師古曰莽字巨君若言文毋出此人使我致霸王）琅當（長鏁也）鍾官（主鑄錢之官也）

不給復憂盜賊治官事（給暇也）鰒魚（海魚也音雹）炕龍絕氣非命之運（服虔曰易曰亢龍有悔謂無德而居高位也蘓林曰非命非天命也）紫色鼃聲餘分閏位（應劭曰紫間色鼃邪音也服虔曰言莽不得正王之命如歲月之餘分為閏也師古曰鼃者樂之淫聲非正曲近之學者便謂鼃之鳴已失其義以上王莽傳）

綺襦紈袴（師古曰紈素也綺今細綾也）引滿舉白（謂引取滿觴而飲飲訖舉觴告白盡不也一說白者罰爵之名也飲有不盡者者則以此爵罰之魏文侯與大夫飲酒令曰不釂者浮以大白於是公乘不仁舉白浮君是也）談笑大噱（笑古笑字也噱笑聲也音其略反）讜言（善言也音黨）永指以駮譏趙李亦無間云（謂雖谷永嘗有此言而意專在趙李耳自餘劉向之徒又皆不論班氏也間非也）

桓生（桓譚）絓（讀與挂同）鼰（古嗅字）春秋考紀（謂帝紀也俗之學者

不詳此文乃云漢書一名春秋考㡋盖失之矣圈漏於楚謂項羽雖有害虐之心終免於患也一說楚王陳涉
初起後破滅也又畔換强恣之貌猶言跋扈也詩大雅皇矣篇曰無畔換龍荒幕朔龍匈奴祭天龍
城非謂白龍堆也朔北方也呰與疵同彫落洪支底劉昂臣服虔曰彫落洪支廢退王氏也
底致也易曰昂折足覆公餗其形渥凶謂誅朱博王嘉之屬也師古曰劉者厚刑謂重誅也音握逯古遯字柎
翼俱起以雞為喻言知將旦則鼓擊其翼而鳴也三柎劉德曰詩云包有三柎爾雅曰烈柎餘也謂木研髡
而復柎生也喻魏齊韓皆滅而復起若髡木更生也音五葛反枯楊生華曷惟其舊應劭曰易曰枯
楊生華暫貴之意也惟其舊言不能久也曷凶德相挻挻謂柔挻也音式延反安國壯趾壯于
趾大壯初九爻辭也壯傷也趾足也直謂壚車蹇耳不言不宜征行也列郡祁連張晏曰置郡至祁連山
致死為福每生作旣封師古曰每貪也張騫致死侯李廣利求生而死也六世耽耽其

欲湫〻六者謂武帝也易頤卦六四爻辭曰虎視眈〻其欲湫〻眈〻威視之貌也湫〻欲利之貌也湫音滌今易湫字作逐貤于子孫貤延也音弋豉反以不濟可春秋左氏傳晏子對齊景公曰君所謂可而有不焉臣獻其不以成其可此敘言宣帝令擊西羌充國不從固上屯田之策也廣德當宣近於知恥當謂平當也宣彭宣也言廣德平當彭宣三人不苟於祿位並為知恥也五世來服自宣至平凡五世荒服不旅張晏曰旅陳也荒服不陳於廷也媞〻師古曰音上支反媞〻好貌也以上叙傳

二十卷終

貽令堂家告

本書選用中國國家圖書館藏本影印

四明叢書

鑕與鐔同擬易稿再定

貽令堂家告序

乙丑冬末余感風寒忽患失音喉鎖舌僵至不能道一字養痾樓居屏棄百事夙性好動一日不攤書親筆硯覺索然無復生趣念著他書必獺祭群籍講體裁酌詞句鉤心鬬角非病體所宜惟述家訓以示子孫語不嫌朴文不求工無慮耗蝕其精氣況年踰知命垂垂老矣兒姪輩多晚出微特高曾矩矱懵未聞知即余少壯所親歷恐亦無能道其詳者於是追溯舊聞縷述身世日撰數則拉雜寫懷紙筆琴瑟常與藥鑪鬻鐺沸聲相應和至明年正月望後聲音漸開而是書則成帙矣乃名

諸子而告之曰先世遺事先型錄而外吾所及知者僅
僅此而已先型錄而二卷專記先公言行前已刊板吾生平所閱歷功過夫
得亦約畧見於是矣　先人制行完粹余則瑕瑜互見
若曹文取我之瑜而棄其瑕於我為懲蓋於　先人為
繼美是賢子姪也蹈吾之瑕而并無尺寸之瑜以自見
是所謂公漸卿卿漸長一輩不如一輩是不肖子姪也
若曹將奚擇焉夫為聖賢為豪傑間世一出豈能概責
之人人至於高爵厚祿天焉者司之吾亦不以之奢望
於後起但使涵沐先訓模數軌範忠厚謙謹篤內行而
勵貞操撐柱儒門弗使失墜俾鄉里稱之者皆曰是不

媿迎鳳橋陳氏子孫也余或藉是差告無罪於先人並有以貽我兄若弟於冥冥中矣北齊顏黃門嘗云禁童子之暴謔則師友之訓不如傅婢之指揮夫祖宗家誥視傅婢之指揮其輕重為何如而若曹年皆及壯則既忝科名育兒女或且出而為親民之官當亦非蚩然一童子比亦思余病榻墨墨刻畧成編搜括腸肚苦語連牘雖由性嗜筆研录舍此無可遣日耶覩堂構之將頹撫楹書而欷歔前望惴惴後顧茫茫若曹至吾年其庶有以知吾心也夫上章攝提格二月初吉康祺自叙

余治縣八年民間以生傷請驗者凡數百起其受傷極重亦不下一二十起從無於保辜限內殞命擬抵者固亦會逢其適余深幸之顧余嘗閱紀文達公五種筆載呂太常含暉刊有秘方云以荊芥黃臘魚鰾三味魚鰾炒黃色各五錢艾葉三斤入無灰酒一椀重湯煮一炷香熱飲之汗出立愈惟百日內不得食雞肉耳梁撫部章鉅歸田瑣記述姚伯昂總憲竹葉亭雜記所載止血補傷方謂以之治刀箭馬踢跌傷無不驗其方用白附子十二兩白芷天麻生南星防風羌活各一兩各研極細末就破處敷上傷重者用黃酒浸服數錢青腫者水調敷

一切破爛皆可敷之即愈又一方亦得之説部書一時忘却此三方者余到任即預儲隨案酌給用罄復製余不敢詡是葯之果靈向經驗重傷數十案或竟藉以保全一二亦未可知兒姪輩他日墨綬臨民萬勿吝此小費吾親戚門人中出宰百里亦須以此方抄示之

道光已來朝殿廷試閲卷諸臣多重書法鮮究文義同治癸亥南皮張鄉濤師以對策淵雅切合時務得鼎甲顧南皮書書法本精亦不僅條對之力也余鄉舉後從未摹寫大卷（殿試卷世稱大卷）既成進士自知楷法不工於策對頗極

意經營詳明篤雅徵引各省近事亦尚精切不浮臚傳列二甲前茅讀卷大臣全以全圈為上卷半圈為中卷一點為下卷各以意標識卷後標識既畢乃於人人全圈者數十卷中再精選十卷進呈餘皆置二甲前半余卷亦居然在全圈之列惜字學生疏竟不能再向上也時侯官黃君貽楫方官内閣侍讀卷發閣中君見余卷而愛之録其策文次科甲戌策題與辛未大同小異君遂襲用余文得一甲第三時群稱其諳曉時務學問淹通而不知其有藍本也余非以此自多惟念讀書人應制工夫竟是闕一不可余幼不學書薄為小技玉堂殿

尺無福廻翔蹭蹬終身實肇於此後人果賢當有我之憾也憶余年十七入縣學時督學長沙周侍郎師謂余文筆縱橫必能芥拾科第亟宜專心學字勉成全才凡閱卷批詩點名叅謁無不諄諄及此余偶爾臨池輒復作輟仰負期望思之恧然

吾三歲種荳適遇拙醫痘毒未清遽服寒涼之劑致蘊熱客於臟腑每歲二三月春陽外洩輒發瘡痏似疥非疥蔓延周身識有如梁元章帝所云少時病瘡肘膝爛盡手不得奉膝不得屈者秋末冬初陽氣斂藏始痂脫而愈年十六始不復發幸余天性好學每見諸兄入塾

讀書嬉笑無痛苦心輒自憐　先君亦憐之曰今人抱持卧木榻上一童子擁書坐余前閲竟一版爲余翻揭過難字疑義告童子轉質之塾師塾師時就余榻爲之解釋以故日夕所誦不後於諸兄惟執筆學書則一歲祇寒冬三月成童後始立書課而手腕生硬僅能勻整而已今世士人通籍其一生仕途之菀枯即判於一日書法之優劣廝猥之人多以能書拔擢波磔小技亦有何難若余者所謂限於天者也

吾宗憲東来其初人丁無多未排行第及月湖建祠後始編排三十字作爲祠宇楹聯俾後世遵用以免族遠

無稽誠憾意也聯語云守祖宗鴻業讀樂詩書自可永為世法傳子孫義方忠孝廉節斯能丕振家聲自余輩守字起今三世矣其下一字則自余父輩皆從金旁立字余輩從水旁立字後一輩從木旁再後一輩從火旁土旁蓋取五行相生之義也余謂行第當遵用而下一字則不能概遵蓋五行有限從土之下勢不能還相為宮轉犯祖諱況族大丁繁或先已命名而後夭折或人已命名而吾不知若必令偏旁相同勢必先產一二人擇冠冕吉祥之字以名之後產者至無名可命余意或聽各房自擇凡親房人丁不多以字典同部之字聯合

之猶可行也余諸孫輩應從火字旁已不能從余皆令從力字名綸兒長子曰宗劼次子曰宗勳崇兒長子曰宗勛侯孫輩舉子則從心字旁再後則任兒輩自擇耳又余曾孫輩遵祠聯行第應用鴻字而此字適余譜名凡余嫡派曾孫應改洪字

咸同以來部曹薪積新進士分部有淹滯至二三十年始補一缺升一階者惟保送軍機通商兩衙門章京及

派充

玉牒

實錄

吉地

陵工諸差方獲優叙即真或遂躐顯要以故躍冶脫穎之輩多匄私書営差遣關囑請謁風骨靡然余仕西曹幾十年從未曳裾侯門即鄉衮座師素侍几席亦不敢以此事相溷又部郎俸薄月藉印結銀以佽薪米凡為異途出身者出一識認結即宋人所謂京朝官保識也大者可得百金秩遞卑則遞減人多百計招徠之余亦從不為此衙門公事奉派則不辭不派亦不妄攙越

穆宗皇帝親政後兩次親舉郊禮各部例派司員數人陪祀此世所謂辛苦差也規避者衆余獨連年奉堂官點派獲觀典禮深為慶幸故余都門襍詩有云十載冷

官無才報而陪
先帝諭
郊壇即紀此也以上數事余以幼熟家教義命自安取與不苟尚不致為時俗陶染故為汝輩約畧告焉

余浮湛中外況應群倫悠悠之口頗有謂余盛氣傲物者自問實無此心非怙過也蒙
先人遺澤產僅中人不得謂之富京官五品外官七品不得謂之貴涉獵經史絕無心得看作允散不成片段文詩更未成家不得謂之才與學凡傲人者必有所挾余一無可挾自知極明此一傲字正不知何處生根況余雖真處富貴真負才學謂

守此方才遽爾滿溢生平志量似不至福涉至斯蓋余少叨蔭芘杜門寡交相與過從不过二三非角知己兄事弟畜挽手拍肩坐不推為上下行不讓後先來往不知迎送一旦馳逐宦海雖復刻意矜持而本色之嬾散疏狂卒難洗盪此人言之雖由來也汝曹二十歲前亦未與世人酬接今後宜學禮貌謹默謙和凡曲禮玉藻所載大綱小節及大學所惡於左一段切須心體力行即世俗所尚贈荅施報揖拜送迎亦不可稍涉脫畧蓋今人慣以此等處疏密勤惰為毀譽也禮節要周到詞色更要和平語云大海湯湯水所歸高賢愉愉民所懷

詞色之間常不忘愉愉兩字則彼往咸宜矣

出門擇友當擇光明磊落不肯茍同之人雖一時剛梗難耐緩急究有可恃譬如長松古柏固自礧砢多節一旦風霜凜冽天地晦冥決不如蒲柳之望秋而凋隨風而靡

擇友又當觀其根本凡其人孝於親友於兄弟或善事繼母寡嫂恩撫弱弟及兄弟之子者與之深交他日必不負我若其人內行抱歉而與我反煦煦焉有骨肉之愛即非附勢覬利他日稍有齟齬必致凶終隙末惟淡焉漠焉漸與疏遠亦不必責其薄德加以惡聲則慎交

而又遠怨矣

先祖母性儉約自祺有知識至年二十餘未嘗見　祖

母御一新衣享一珍味　先公侍側每說言曰阿母太

自苦則曰吾非惜財爲惜福耳告家人外戚尤以暴殄

爲戒寸絲粒粟不肯輕棄晚年以藥餌度日凡裹藥之

紙必手熨之束紙之綫必手績之積一二月還之藥肆

他多類此

世俗有重喪之說蓋據陰陽家言忌爲水墓又爲土墓

故不得哭王充論衡有云辰日不哭哭則重喪蓋其源

亦甚古矣　先太淑人疾革時　季父檢憲書次日重

喪因傳語余兄弟爲一明日捐幃不得哭泣時 先太淑人方弥留余兄弟忍涕伺側及既瞑目則諸孤稚搶地呼天號啼竟日此豈復能顧忌諱哉卒亦無他始吾 季父屢絀於小試兩世壽毋望之綦篤 先義行公以 季父未嘗輟學又不敢加苛篤每試期先後公輒焚香影堂叩頭默禱或問之則曰吾豈爲子弟孰中至此吾祖父兩世績學未遇重慈又年高吾憾不能分身助攻耳吾 季父每報罷數月不欲下書樓凡季父應試文歷年學使評語 先公皆能覆述閱久不道忘一字後道光丙午 季父入學重闈幸健存比乙

丑中鄉書則并　先公亦不及見矣畧見先型錄

鸞凰亦禽也以其有異采如人之有才故人見而瑞之騏驥亦獸也以其有健力如人之有用故人見而奇之今試語人曰此人中鸞凰也人中騏驥也人必笑而謝之又試語人曰此人中禽獸也則必操戈而起矣同一以禽獸喻人而喜怒若是其相反者何也蓋有才有用與無才無用之判也然則靦然人面而既無才又無用其與蠢然無知之禽獸其有別也耶其無別也耶夫才不必經天緯地也農圃工商醫卜書畫擅一長以蔽身挾一藝以糊口即才之見端也用不必輔世長民也

勞我五官勤我四體外有裨於鄉黨内有益於家庭即用之見端也此即自異於禽獸者也早作夜息温衣飽食猛省斯言各盡心力

余劉祁歸潛志云吾在南方從父母宦家資頗温而吾則專心於學生事一不問食未嘗不肉也寢未嘗不帷也出遊未嘗無車馬也役使未嘗無僮僕也然不知温飽安逸之味也今遭亂歸故山四壁蕭然日惟生事之見廹食或旬日無鹽醯及一得之則覺其甘寢或終夜無衾裯及一得之則覺其暖出或徒行無驢及一得之則覺其便居或汲爨無人及一得之則覺其泰乃知

夫溫飽安逸者世之人未易得向既得之而猶若不足也惑矣此言極可醒世然祁生長紈綺中猶幸專心於學故得以清貧度老長其子孫者學問一無可恃倏遭患難摧折其吾當百倍於祁矣清門子弟其急省諸

余嘗蓄一願蹉跎至今未能遂試為家人言之距城數十里距支江大數里近依街市左右皆農家擇地結宅華山中亂石高砌宅基門庭棟宇堅樸不華屋後買山二三十畝連接田園松檟桐梓十年五年而成材排年斫伐隨伐隨補以擬吉凶急速不時之需榆柳雜木以之易穰秉製什器枯枝落葉山徑之毛歲充柴薪桑柘

麻綿以爲衣，稻粱麥菽以爲食，蔬筍芋茄之屬以爲羹，葱蒜薑椒以佐之，秫黍以爲酒，麥𩞁豆粒以爲醬，桐柏綠子以爲膏油，嘉果成林，四時遞熟，先薦祖堂，次散童稚，餘則賣以易錢。葛艾芎藭山藥黃精收以爲藥，茯苓野朮時或得焉。曰蒲可扇，曰棕可拂，曰席草可席，曰楮曰可紙，曰菸笋可煙可茶。歲有流庸攜具代製，造山中皆然，蓋不出戶庭而生計足焉。凡榛栗桐棗之實之產於山，菱芡芹蒓芡白茨菇之類之生於水，其可以入饌充食者，猶更僕數之不能盡。牛羊牧於野，豚豕育於圈，鵞鴨雞鶩豢於塒，魚鼈蝦蟹網諸溪頭，供祭祀賓客亦充然有餘一老嫗司爨村童兩三司灑洒掃樵汲農佃五六人田圃之暇畜牧培壅巡山治地有常職子弟皆諸種植耕耘值閑暇即躬親其事藏書數卷經史百家畧備自丱角至弱冠父以教子兄以課弟不甚名他師經傳而外兼習醫學文章既成始出應郡縣試既為秀才始應鄉試或三科或五科禮闈僅一試成名與否皆不復出畜一驢製一山兜春秋佳日則命二童舁以行攜壺榼看藪迤邐至山麓遇風景佳處藉草小飲閒徃江頭溪畔看捕魚知己遠來則以山兜讓客主人騎驢隨之行傭工多擇樸謹者歷年不知更易待之厚且恕

久且忘其非己家秋收後間率子弟農工及鄉鄰年少者練習材武比試膂力冬雪滿山設窩阱陷虎豹鹿豕挾農器殛之分噉其肉以培補氣血毛革齒角咸得所用婦女輪值庖廚桑時育蠶餘日紡織衣袴襪履均手製家不蓄金銀古玩亦不蓄多釵婦女簪珥無華好珍貴之品一家疏食布衣熙熙相安樂婚姻多在鄰近村落無一豪門歲用有餘以之佽給鄉里施惠孤寡子孫丁多分析仍擇近地衡宇相望隨時增山田闢治園圃一切守舊宅成規老死則葬於近山不墳不樹世世分昭穆族葬此人生之至樂萬户侯所不及即論家法亦

最可長久者也　吾年踰五十徒有虛願倘志在必踐亦竟非大難事也　姑誌於此後人或有真享此樂者此種幽閑之境他處或不易逢吾邑西南二鄉及鄰縣奉化慈溪之鄉間則隨處有之但欲治斯業當先於近地擇一二誠樸諳練之友與之暱密爲我嚮導則得之矣十年心力數世箕裘視世之求名求利學佛學仙似較有把握且得此則名利不必言仙佛亦何以異哉

吾斯願既不酬當令畫工高手作一圖如吾前所云云位置山水林木點綴丹青即書是則於下如方名曰買

山舊夢圖懸之書齋譬如身為圖中人聊慰癡想兒輩能養志亟為我成之若徃歲作壽屏則徒費多貲何所取悦吾生平不喜繁文也

東坡先生居儋耳叔黨隨侍東坡飲食服用凡生理晝夜寒暑之所須一身百為而不知其難翁版則兒築之翁樵則兒薪之翁賦詩著書則兒更端起拜之此事既見宋說部余每覽之以謂坡一生阨際而得朝雲為之妾叔黨為之子憂患有以自愉晚暮有以自遣起居百凡有以自適其亦造物之所私厚也今余雖罷官羈旅不至如東坡儋耳之苦兒輩亦不必為叔黨之服勞但

但能得 叔黨遺意一二分 吾復何慮

先妣盛太淑人爲慈谿庚午科舉人刑部安徽司員外郎外祖竹士公女外祖諱炳漢第三女外祖母周氏繼洪氏 太淑人洪出也 幼遭毋喪未十歲竹士公卒於官輿機南返 太淑人從諸兄後迓諸越之曹娥江自聞訃至窆穴 太淑人啜粥餐蔬哭不絕響者累月親族咸謂過於成人 舅氏幼安先生爲祺云然

外家鼎盛時歲設內外塾男女分塾讀書內塾則聘宗族中老輩爲師長所肄皆女誡閨箴 先太淑人幼入內塾每對書默坐不甚出聲而異日背誦往往鮮遺忘諸

奪毋姨適張氏者爲祺云然

先太淑人有兩姊長適慈東章橋葛氏先兄元配即毋姨女也次適郡中張氏襁褓即受聘以張毋亦洪出與外祖母女兄弟也張氏子稍長患顛癇蓬跣歌哭饑飽寒暑不自知寒家人雖父毋亦不識張毋以例未退婚諸舅氏將從之毋姨以死誓張憐之年二十姑備禮迎歸謁祖堂見翁姑令三五人掖其子同拜起次日仍送歸毋家自後每歲除毋姨輒至郡叩謁翁姑居三四日即返翁姑卒皆往視歛成服後張氏子歿毋姨年四十矣聞之不往亦不易素服先太淑人適歸省兄嫂

與姨同居勸之曰姊苦守數十年今日功行滿矣翁姑由夫推服翁姑不服夫何義毋姨性素褊頓觸舊憾遽立起拍桌頸赤手顫淚淋漓下厲声曰吾不易服何干汝事彼何人而强我爲之衰麻汝將與諸兄謀逐我死於張耶　太淑人亦起立默不一荅假他事避入舅姑房踰頃會食仍與語如常時此康祺所親見者

外曾祖在郊公諱　　起家百萬義声震遠近性仁慈寬厚外貌若騃不觧事人或欺之不與校雖百受欺無悔也祖居駱駝橋後卜宅於三里外之苏江橋廣宇高牆千柱𪛋𪛋潭潭深半里許旁從分居之家政以公總

其成晨起必入市凡魚肉蝦菜列攤以求售者視其貌憔悴衣單薄罄其攤買之不論價愈餒敗者愈多給焉或以爲疑則曰是必連日無售主一家枵腹久矣聞人爭詬哭泣声必詢其所苦予以貲有作僞者公亦陽不省數十里内外振窮衰病之家踵門告急無不應歲散錢亡訾算而公家日饒鄉里無稱其名者衣冠尊之曰先生村農負販則曰叔至今俗諺聞人有豪舉猶曰汝豈在郊叔耶公與鄞邵侍郎洪爲親家侍郎陛對

仁宗嘗垂問公姓名云祺少時聞老輩所傳公逸事甚夥惜日久遺闕他日終當採掇而銓次之爲志乘底稿

四明叢書

約園刊本

昔淵時明嘗作外祖孟嘉傳東坡亦嘗記外曾祖程公逸
事以遺程氏子孫祺也不天慈顔緬邈景行前哲獨無
凱風寒泉之思乎
自　先太淑人來歸盛氏漸中落迄諸舅氏　先後徂謝而
外家之零替不可復問矣　外祖祀僅薄田數畝不足
以供祭饗芳江橋宅外有臨街屋十餘間歲可得租錢
數十千本盛氏產已屬他人太淑人思出貲贖之俾
祀產稍贍給乃召不肖兄弟詢以可否不等謂昔　楊
太恭人以千金助外家祀　先府君力贊成焉今所費
僅區區　毋何必問及兒輩　太淑人曰　楊太恭人

若搘門戶五六十年大有造於家吾敢豈比例況新遭離亂汝家亦豈前日比乎不肖輩謹諾始徃贖屋歸中表兄弟輪年值祀收租不肖嘗見世俗婦人夫亡年老坐擁肥饒徃徃篤信僧尼撒手布施或私厚婿家外氏分金割宅一任所為我 太淑人平日自奉極儉薄時吾家尚叨先蔭衣食而外有贏餘以如此微貲如此正用乃必堅守三從從子之義可不謂賢明知禮師表閨幃者與

先太淑人髫齔失恃育於 外祖之庶母某太宜人食息起居依之以長閨門禮法亦某太宜人教之某太宜

人敦厚慈和不類為大家遣室者康祺幼時猶及見
太淑人呼之為婆及其卒也　太淑人為之服
先太淑人事祖姑十餘年事君姑幾三十年不肖之所
覩諸姑從母之所傳述無甚奇節異行惟晨夕服勞承
教令無稍違異迨重闈遞謝親主內政亦無稍改其規
模存則奉養竭其敬沒則喪葬盡其哀而已　康祺年
二十九為鄞氏奉侍慈寢僅多於趨庭者七載天乎酷
矣竊見吾　太淑人凡訓教兒女子輩婦及使令傭媼
僮婢從無疾言遽色詈責苛纚偶面色微青俛首默不
語則極怒時矣年少倣昧意以吾　母　素量寬厚憐愛

諸兒兒輩或遠教妄為不甚貽吾　毋憂慮及　太淑人五十外患瘰癧始悚然悔懼蓋凡憂怒之氣惟不發洩於辭色其鬱結也愈深故百計醫治而瘰癧時癒時發卒不能剗致大年言念及此真覺　毋恩天高兒罪山積孽由自作痛復何起世之幸依膝下者慎勿恃親心仁慈而使隱微之間時抱戚戚致釀此終身莫贖之愆如不肖今日也

先太淑人第三兄季芳先生以諸生幕游湖楚值粵西兵事起道途荊棘音信久斷　太淑人商之諸舅氏命舊僕攜貲往尋訪復兩年無消息後忽得書知得之於

黔之中某縣一主一僕展轉兵間紆回繞道而還先抵
郡城來吾家適歲暮臘祭叩門入 太淑人大喜康祺
亟入拜問舅出門久已得子未 太淑人曰吾政忘之
三哥在外曾納妾乎舅氏答以未有
太淑人曰三哥此切身事毋再遲新春吾為相擇何如
曰姑緩之後因循未舉舅氏亦没卒無子以大房表兄
冬生嗣焉舅氏垂老之年萬里歸櫬得以考終牖下者
吾 太淑人力也
四舅氏幼安先生亦中年艱嗣息 先太淑人買一婢
教督二年而後贈之婢不久殤復訪得一適通州女子

以贈舅氏收為側室未幾産一男名守潤而舅氏遽
謝世茲守潤坐村館訓蒙以養始病榻弄孫聊娛晚景
猶感念　太淑人不置
丁卯闈後康祺先聞提謹告　先太淑人太淑人頷之
里婦鄰嫗入賀　太淑人亦無大喜色後報榜者來知
季弟同中式　太淑人曰何不分兩科中作兩次熱鬧
賀者問胡為作此言　太淑人曰人家喜慶事無論中
舉人中進士添丁發財作官都是緩緩來的好、康祺
登鄉書之歲得館穀之甚豐入都遂納貲為郎籤分刑
部明年歸省　太淑人　太淑人愀然曰汝外祖家累

世積善陰德在人汝諸舅氏亦仁厚敦良從未行一刻薄事遺澤當不至遽微今數十年來產業蕩然人丁亦復寥落吾細思不得其故或汝外祖父官刑部辦案千百起安能免一二失當即事事無誤而秋肅之氣太重亦未能沛慶於孫曾茲汝適又官刑部汝秉性粗率好作聰明吾深爲汝憂之不肖謹對曰初入衙門隨班趨公例不得專輒決事他日躬讞疑獄當慎益求慎不敢稍枉縱耳後不肖適籍歸原部三年學習期滿仍月赴天官謁選盖銓選他部闕不預刑名仰符慈訓也

先太淑人雖慈愛諸孫罕施責讓而於不肖兄弟讀書

勤怠交友損益亦復時屢慫懷故不肖輩中年以往雖間涉飲博聲色之娛而執業未敢少荒擇交亦未嘗或濫吾家老屋讀書延客之所曰鷰雨草堂者與内室僅隔一牆館僮傭嫗往來執役　太淑人每令密伺動作笑語纖悉畢聞凡鄉里文士日與不肖輩相周旋者太淑人靡不熟知其家世性行嘗語祺曰毛某蓋謂駱芷一寒士衣履樸素氣局嚴整與若曹無游詞謔語偶借用錢帛服物不數日必袖之來歸其人大可敬陸某謂漁笙英氣勃發日與汝斷斷論文字校短角長抑人揚己幸所爭不為他事事過即歡笑而散如常吾習聞亦不駭

怪然文章高下他日自有試官定之何待自詡昔汝父嘗稱道陸某才名汝欲與之競當益勉學毋但逞口角為也周某謂珊梅喪父家驟落逋責畢集從容自如每入館時珊梅與祺輩同塾輒自朝至暮誦声琅琅昨伊家傭婦來吾詢知其事繼母遇異母弟皆有恩誼此豈長貧賤者汪某謂藹夫諸君事迹詳後擇交一条高談狂笑日飲亡何吾初疑之後聞其俠腸好義為人任事有初終且能直言道汝輩過失汝强之看書作文亦能終日不需杯勺汝二人互相匡扶殊大有益時祺兄弟薄負時譽三兩深交又皆一時之英俊遠近士友過從如鯽遇社會郡邑小試書院

課期日則列座夜則下榻　太淑人教督諸婦在中又厨預儲餐饍雖一二十人之多咄嗟立辦氈席被褥亦整疊以待雖過費損　太淑人不責也又嘗訓祺曰聞汝過高才生興之酣嬉見中下之士多蚩鄙狎玩之此豈遠怨之道况世上文士勝汝者多矣以之待汝能堪此炎凉乎嗚呼陶母莝薦之舉潘姥窺屏之言彤史揚徽賢明焯著惜不肖名位卑微仕學兩絀未能光顯我慈範若　太淑人之教子曾何減於古賢母與

太淑人在日四方士大夫來交不肖兄弟或請修登堂拜母之儀　太淑人輒回面内嚮謙不敢當並令兒輩

咨拜之其人家有遺冊必寄声起居雖不肖兄弟之門徒晚進亦同如此

余自應試入官不可謂不遇知己丨長沙周侍郎玉麒拔余於成童之年期以翰苑人物丹徒張文貞公歲科按臨先後十二試每次名余至堂上諄諄勗勉賞余詩賦許為著作之才丨南皮張薌濤師為鄉試座主辛未闈後呈場作師信筆批其後云作者快意閱者擊節浙江無雙天下第一及琉璃廠聽榜遇師於塗知余中三十五名師喟然曰文章真無憑此文不還他第一負屈極矣自四川回京每招余至廬暢論經史故訓文章

源流間及時事師有所作輒示余謙下如平交嘗語人吾門下陳生最傑出又曰吾畧不及陳生其獎重至此自余別長安門師日顯貴未幾出為疆吏余從未通一書罷官後有勸余謁於粵東以圖開復者余曰微官被謫黄体芳所譏也南皮與之為姻家多年師弟相信有素或不至偏聽其言然余生平恥於求人何苦自蹈其晚節況以南皮力復官得不為譏人所齒冷乎至今未往師方督兩湖長江飛船五日可屆翹首思門天涯咫尺有此一節轉覺猶豫狐疑耳左文襄相國督兩江數出巡江閲兵騎從如雲威嚴極盛余有句云使相巡邉

返上游長江千里肅貔貅漫山旌旆沿江瞰萬目如鈴盼一舟其桓赫可想他郡縣多供億不貲余宰江陰三次迎送獨無所費公每見余手敝即召入久留舟中談本朝掌故江海形勝三楚風俗及同治間平定粵捻戰爭之跡余尚能相為酬答故公深契之而材官從役亦遂不敢奇察也一日余謁公金陵同官旅見者盈座見聽事中朱揭屏其文曰一則朝廷之臣取其鑒達治体經綸博雅二則文史之臣取其著述憲章不忘前古三則軍旅之臣取其斷決有謀強幹習事四則蕃屏之臣取其明練風俗清白愛民五則使命之官取其識變從宜

不辱君命六則興造之臣取其程功節費開悟有術蓋顔黄門家訓中語前方伯虞君愛此數語鐫鎸諸木嵌者也公指屏語座客曰吾取屬吏亦以是法諸君自問何所長盍明言之衆唯唯余目視余余起而對曰軍旅興造未學不敢自許公微笑良久謂余曰興造但能自潔能綜核耳中材優爲之軍旅固須閱歷如君好學亦復何難次日江南寧太守趙粹夫先生入謁公知余先生門下也告以昨問答語謂先生曰陳某言似夸恐其竟辦得到先生將出公復曰陳某如何作一縣令官余客江寧正屬郡廨先生退而語余以此故文於余雖未

登薦膺保官階而余終身感之不敢忘文襄在任時值光緒癸未秋大江風潮沿江沙田圩岸什九破壞而江陰各沙大圩巋然獨存蓋余前一年所督修也公遂通檄各州縣仿照余法修治批余稟讀有云閱歷有得之言非留心民瘼者不能辦其實余未躬親其役但手定規制訪有靖江陳翁者年七十餘老於圩工而邑紳曹君幹事勤敏出內不苟余皆强起之別委顧山司高君駐工董督高官久得民心亦素曉工程也凡一命以上務在得人兒輩他日有民物之任勉之矣勉之矣是年風潮被災極廣衛中丞疊接各屬稟報刻待陳奏獨江

陰牘未上，中丞焦急異常，乃屬繕摺人將江邑列入被破若干圩，餓空數字，一面飛檄詰問。余適上省，告以圩工亡恙。中丞問何能獨免，余曰：上年工竣詳報有云：此次工程抗莊堅密，培薄增庳，幾倍舊制，可望十年五年民免災害云云。中丞索舊牘觀之，大有喜色。嗣後余了辦邑事，遂無不曲從余意矣。余初令江南時，兩江制府為侯官沈文肅公，公性嚴毅，僚屬慄慄，不能出声氣為異同。余到任數月後，公以鄰境緝盜事記余過，余上書剖析，辭不撓。公坦然檄藩司銷記過冊，並貽書慰余，引諸葛武侯與董幼宰事有不至十反啟告之説，衆以為未有明年余渡江投謁坐定公笑語余文名滿天下不意作官復錚錚有聲余遜謝焉嗣是昭文公牘公知余手治無敢詰者一日常昭連銜白事已奉批矣時权知常熟者爲公鄉人郭君汝雨公致郭君書道及前牘曰此陳令筆也吾一望能辨之後郭相見問公何以知公曰天下有幾枝好筆人自不識耳辛未同年陳幼蓮比部爲公幕中賓公退食嘗語比部吾將薦起陳令顧例保無益保升階亦無名吾將破例以司道保之論資格則相去遠甚論才具猶屈也公旋以病卒於位比部始告余如此余感之流涕余歷事長官遇慶弔皆以薄物

盡禮帷公清操絕塵且撫心有知己之感故於其喪之之南歸也賻以二百金按文肅督兩江澄清吏治懲創奸宄清数千里無形之伏莽實有大功唯嫉惡太嚴屢有李離過聽殺人之失此不能為賢者諱也同治十年辛未會試正總裁為蕭山朱文端相國臚傳後公知余未入翰林語其同鄉郁編修崑白本衙門失此人可惜時公兼掌院事郁即是科第三人也一日公語余汝素何自請歸部汝同年中朝殿試列汝後獲館選者甚多余荅以三試皆平等殿試二甲朝考二等覆恐仍用部曹故有此請某素淡榮利惟文衡言路殊所希望員外早補可保御史考試差耳公因謂從前新進士可由大臣采文望保

舉清選似私實公今則憑一日之短長一人之高下人才往往屈抑公意蓋爲余曲慰也亦可感矣武陟毛文達公亦辛未座師久充總理各國事務大臣每與座客談洋務慨時事之艱棘憂彼族之獷横康祺偶有所見時獻芻議公深韙之勉以遠到值余補缺廻避輪選無期時新定出使之期例需才孔亟公擬上余名備使臣之選余竊念此任不大易卑則辱國亢則召釁況同産凋喪諸姪幼弱亦非能抽身作萬里游者乃力辭之有同年禾中某太史者在京師與余同宅見余書架羅列上海所譯泰西各書間亦流覽清閑無事每縱論古來

籌海防邊之策及歷代和戰得失余夙所知曉無不縈
謂其愚某知余力辭遠使遂往謁其座師文忠公敷暢
余說文忠嘉其年少留心時政密以上聞某遂優假崇
銜持使節出東華矣顧其人二親具在家無次丁余嘗
移書勸止某反以規為瑱與余漸疏後某兩丁大戚一
在途次一在海外未知回憶箴言自悔絕裾之太忍否
常潤伯侍郎恩亦辛未座師貳刑部時以病在告聞本
部保送實錄館司員無余名扶疾入署請大司寇全協
揆補送毅然曰余持公道取人才非以門牆之私也
辛未進士觀政本省部者幾二十人安得強諸公盡保

之哉全公首肯公不久薨於位丁卯浙闈正主考太和張霽亭先生澧卿官至吏部侍郎先生侍門生最優異每入謁如春風熏人四座皆煦飲最豪食單極精腴余居長安凡師門延讌賓客無不召陪末座也後官奉天府丞聞余病郵寄遼參為其地珍品不易得馳書慰問縷述頤養導引之法並病後服食所宜暖暖姁姁有如慈母余服參幸痊愈前年先生督浙學任滿旋節余迓之錫山隨侍兩日臨別悵然未幾而木壞花頹訃書至矣先生兄弟皆達官而好義廣交舉債度日余謂謙光厚德如先生終當成佛生天惟百八孤寒頓失此白裘

杜履天涯望哭者當不止二十年門下甑生也

四明叢書
約園抄本

古人極重舉主，今知舉者不預文衡，雖例称師生，而其誼若視座主稍疏遠。辛未知貢舉爲今尚書吴縣潘鄭庵先生祖蔭，榜後余隨家旅謁，先生獨加青眼。吾鄉張少宰（部拔郎張文敬）與先生同值南斋，先生每道及余，則曰此東南名士也。先生嘗刻滂喜齋叢書，初集告成，先印若干部，中外知好因請幾盡，僅餘一部矣。有求之者，先生曰：此吾留贈陳某者也。時余外選將出都矣，聞之，始往請攜書歸。嗣先生以居憂歸吴下，杜門讀禮，隔斷官場。乙酉夏服闋將還朝，余謁之廬屋，先生知余與學使黄体芳齬齟，謂余曰：漱蘭阨君太甚，妒君才耳，吾爲調之。

何如余恐激体矛怒也婉謝焉踰月体矛遂讒余於制军余因之罷職當余謁先生時行篋已梱束余退先生命僕重啟扃鐍出續刻叢書及零星金石欵識遣使馳送並以先世年譜命校勘余為加籤十餘處作跋後以歸之罷官而後寄寓蘇州今北洋制军合肥李伯相（劼按時文忠猶未晉侯爵）首使〻賚其手函名掌奏議有昔陸忠宣以文章經濟佐唐德宗中興君才不下古人他年奉之朝廷入門下掌制誥匡濟艱鉅黼黻昇平俾老夫佩刀有授得以賜老山中扶杖觀化何樂如之礼數意渥所以獎掖期許之者至矣恨余病肺有年時需醫藥未能載筆追

隨陳辭前席辜負老成半生傳衣之厚望慚感終生矣三次敦促辭不獲命乃據平日管見所及蓄之於心欲言而不敢言無自言者如修禮樂敦風俗興學校改官制籌海防練新軍清仕途開屯墾講洋務整度支等章芻議十篇請使者携回代呈復書更多獎借之詞猶以余之不能追隨為恨光緒十四年戊子朝旨以兩淮鹽法窳壞命中外大員舉捺守清廉長於綜核者不拘資格各據所知以聞以備任使山東巡撫張公（勋按即張与果勤公曜）南皮師將聯銜列舉賤名以入余在病中聞之恐羸弱之軀不勝繁劇第一覆餗貽譏不特深負朝廷澄清鹽

政之至意且亦連類綮及急命兒輩親往力辭二公既猶謂余假辭名高不肯為國家効力嗣知余果日侍醫藥為生乃作罷論以余襪線謭才胥小器生平所遇名公偉儒非不曲意匠成期之大受待衆人以國士俗知已於盛恩激昂青雲豈無梯級而乃搶榆鶯鷃之搏風上竹鮎魚依然墜地蓋由余位卑志亢負氣跅跎三上書無韓愈之才七不堪如嵇康之性既則雖有知我者莫能援總則疾病帽命力不從心又況窮達有命富貴在天附熱投時徒表吾拙麋鹿優游於山野蠹魚生死於書叢仰屋著書待質後世如是而已如是而已噫乎

琴輟響痛失鍾期老驥衰嘶卌負伯樂追壞知遇聊示

子孫

庚申春間檢理舊篋於古紙堆中得　先大父原稿數十紙零落蠹損已甚亟加整理什襲珍藏檢對

先父抄本見前畧尚未録入每思補録因循未果

乙丑之夏汎行照謄恭對手澤悲愴累日幽潜重

光又為欣歡無量　宗勖録畢重敬記　紀元十四

年六月初三日

四明叢書
約園抄本

先太淑人有兄四人余皆及見長伯廉先生為
晚年家中落妻父母之喪余皆厚助之其諸孫
振余皆為之謀恒業俾贍其家次仲升先生三子長次
皆無嗣三名鍾琇年長於余性夸誕不肯力學
太淑人召之來與余兄弟同塾後遂以與兄弟爲師幸
入縣庠旋下世遺一子曰升卿失教頑鈍饑寒無收恤
者余宰江陰招入署予以歲饒直隸吴君世家也時在
江上防營司筆札余聞其女賢爲升卿聘娶焉衣飾雜
用費四百餘金余罷官始挈眷去顧升卿庸惰無寸長
商賈傭販咸謝未能荼苦至不可狀近日其父書來謂

隆冬嚴寒猶御夾衣三旬九食貧病交廹幾如王章夫婦卧牛衣中光景余亟作家書以棉衣布衾錢四千饮之聞其妻明春當分娩惟祝其早舉一雄延吾舅氏三房嗣續耳惟升卿謀食之道尚無長策或俟兒輩得缺給乾脩一分三爲季芳先生諸生無子四幼安先生娶童氏今年七十餘尚存庶出一子甚孱懦余亦嘗招之來署讀書餉以歲脩親課之卒無效自余退廢内顧不遑無念及

母黨尊長僅此一人遇臘月必寄贈十餘金俾供卒歲此余棘心寒泉之感藉報劬勞之萬一者也吾子姪孫曹苟衣食稍足盍沈一門親戚幸勿遺忘

余生道光庚子歲適王氏姊長余五年伯兄長余二年
時
曾祖母楊太恭人在堂憐吾
母鞠育之勞也令乳媪挈余依
太恭人左右朝夕親撫視之既斷乳復令余共一榻
隨之臥起老人五鼓醒余初能言亦早醒
太恭人每與言先世起家之艱難
曾祖
祖考二世之苦學吾「父少孤」
父少孤循謹率教及房族長輩之嘉言懿行莫不詳舉

始未至再至三余年十齡

太恭人始捐幃故吾家遺聞軼事余知之獨多且以曾孫

獲侍

曾祖母飲食教誨至十年之久亦人生大幸事也

余幼年家塾研經諸兄弟互相砥礪成童後始出而求友如李君順占（厚坤己未舉人）蔣君淑卿（子蕃癸酉舉人大挑教職）陸君漢笙（廷黻辛未進士翰林院編修）毛君谿芷（琅辛酉壬戌舉人石門教諭）周君珊梅（晉麒甲戌進士翰林院編修）馬君覲光（[illegible]甲子舉人揀選知縣）張君子寬（瑞清庚午舉人大挑教職）汪君藹夫（受衫庚辰進士翰林院庶吉士）輩或共塾讀書或結社會文於鄉里朋好中尤為𥇍密規過勸善克保歲寒

今先後祖謝存者僅椒卿漁笙耳顧諸君多出身寒素余叨承先蔭處境稍豐凡師長脩脯文社飲饌及南北赴試道路之貲余必為之酌劑盈虛各量其力或諸君家有緩急余輒舉書院膏火花紅所入傾囊以贈其為數稍巨則託詞購買書籍請命於先族義公先公心知其故以余賞非濫費不深求也逮先公棄養先兄主家政遇朋輩稱貸更惟余意所欲為迄今追思余其時雖年少熱腸與放誕撝霍者有間然攷論語子路冉有同一問聞斯行諸而夫子答詞一則曰聞斯文行之一則曰有父兄在如之何聞斯行之古注

謂此章即就朋友通財而論余雖蒙賢父兄曲為包容而迹近自專揆之於義未為允協也

凡余密友數人其秉質有高明沉潛之分而內行無慚立身均有本末毛君尤古心古貌經師人師乃諸君雖掇拾科第未有大能所表見蓋賫志以沒者多矣溴笙嘗視學甘涼楸卿甘方隨使東海或他日得意志有為一昌吾道耳

順占之沒在同治元年時郡城初復親好四散生業蕭條君病棘招余及藹夫屬以身後余勉籌數十金付其家始獲殯斂時其妾誓苦守余許以月攸薪米妾卒改嫁余無能為其次女為楸卿繼配余與藹夫實謀合之子寬逾壯無子余為出資製遂十年不孕余令江陰閒

君病羸弱寄贈鹿茸並百金為醫養費亦無效今其妻
妾並夭柏舟食貧益苦前年余歸里嘗一過視愧未能
代謀饔飧也珊梅自典試山右旋都曾寓書自道病狀
余復函勸以南歸養痾不久赴音至矣珊梅謁夫皆多
子皆未成立谿芷性狷介平生不輕受一錢其次子福
悌余女壻也谿芷遺令屬余親課讀余比年居吳嬾散
成習不復能如從前教督學子之勤勞且福悌時患血
症亦未能負笈遠道卒業其意近聞福悌已病瘉其兄
弟安貧劬學克守家風差為慰幸惟余平日以風義自
任乃冥冥之中多負良友撫念疇昔又豈獨黃鑪鄰笛

之感哉

蔣陸諸君外同鄉士大夫與余夙相投契者亦有數人同邑則董君覺軒（沛丁丑進士江西建昌縣知縣）先為李文友後忘年交余余初學古文辭君輒逢人說項謂他日讓出頭一地客有以西堂隨園擬余者君斥其不倫君落落負盛氣有所譏着人不敢訾余偶獻芻蕘則立時改定不以為忤也晚令西江多異政以彊直見惡於學使者所遏與余同君遽拂袖歸其見幾為余所不逮劉君藜闌（鳳章乙酉舉人）篤脩內行於義理考據之學均有心得駢文氣體純潔淡而能腴以寒士縮米聚書凡經子單行善本

及宋元已來鄉先輩詩文集收拾極多吾家藏書十萬卷尚不及其精要去歲余旋里嘗與君有各出舊藏並几讀書之約歲莫雜感詩所云異書互校青藜火此約明年跡得無即指此也今春忽逢聞君公車北上以急疾没於津門前句竟成詩讖君性謙和於余文多譽少貶余必力請其譏彈孰意歸計未成良友先霣商量舊業四顧無人張翼隻輪能無痛悼郭君晚香傳璞甲子丁卯舉人讀書好搜索碎詞僻典所作駢體文古近詩喜險怪幽儁亦足成家遇未見書口誦手抄至老不勌君行檢闊疏遠不如蘅蘭之高致其勤學博涉亦難得也袁君安

瀾瑺喬郡學廩生事母以孝稱與朋友交藹然有真意王君春
臺承熙縣學生余弱冠時朝夕相過從善匡余過不為苟同
時有某生者亦排日從吾兩人遊鄉里至以管鄭頭尾
相比儗君偶於細事察某心術規之不聽約余同與絕
交後二年粵匪踞郡城某果汙偽職君年少練事若老
蒼委已於學霜凋夏綠至今惜之郭君勉庵慶新辛未進士山東
武城縣知縣鄉會俱與余同歲厚重明練淡於利祿歸自山
左薄有俸贏散之宗親賑御起居然依寒素其弟瑞卿
慶恒己卯舉人部七品小京官兵為余少時文酒之友有豪氣制行亦
亦岸異章君渠鄉鑿甲子舉人補直隸州知府候祭酒采南先生介弟

先生壬子大魁君性尤聰敏凡時文詩賦楷法應制之技無不精能時望期以小宋其才謂入粗入細肆應不窮即外任亦必為幹吏惜多子累重未能竟學旋謝世矣余長女為君冢婦亦早夭又如盧君寶輝友姬癸酉舉人黄君綬之家東己卯舉人經明行修不宜染時俗盧君並精天算之學二君皆綸二兒師其在同郡則慈谿陳君子仙欽辛未進士翰林院編修性行善誠愨謀人必忠生平未見(其)作一妄語何君芝齡啟綸廩貢生和厚廣交有黄叔度汪汪千頃波之具體醫學有神悟活人亡算張君麟洲翊儁辛酉拔貢湖北知縣詩格沉雄學明七子非徒貌似使酒嫉俗傲骨直腸不

肯徇人亦不虞人之欺。己錢君西箴（澍孫，廪貢生，廣東鹽運同）書畫兼長；趙君瑾伯（家薰，辛酉、壬戌舉人，户部員外郎）扶植寒士，交有始終，畫事周詳，多中理；鎮海則謝君庸始（輔濂，癸未進士，吏部主事）氣局豪邁，鴻文無範；陳君駿孫（繼聰，庚午舉人）迂氣可愛，古文疏淡有義法；曹君珊泉（昌燮，丙子進士，翰林院編修）文行交修，表裡完好，蘊褒宏遠，淵然公輔之器，乃留館數月遽赴修文，朝野咸為歎惜，所謂人能宏道，無如命何也；象山則王君研農（蔣薰，辛酉拔貢，内閣中書）工駢文詩詞，一門風雅，當與歐君星北（景辰，廪貢生）叔興紅木犀社，聘姚復莊先生為祭酒，號台吳越知名之士分題角藝，郵筒四馳，殆無虛日，裒集佳構繡之文梓余時年甫二十詩文入選過半深以爲娓右所舉十餘人直諒多聞各具一得他山麗澤獲益良多視世之勢利攀援酒食徵逐者區以別矣今亡者既宿草興悲存者復雲樹遼隔雞鳴風雨我勞如何書示兒輩他日講孔李之誼溯紀羣之交敦世好錄先友或可藉以考稽並可知五倫之中朋友十步之内非無芝蘭交由近推人坐不擇耳

宋洪文敏公撰夷堅志以甲乙名編其續編枝甲枝乙之後應曰枝丙自序謂以其曾大父諱乃天幹第三字左畔從火避用嫌火名故從唐人例代以景字康祺

曾大父諱適為地枝第三字并無偏旁之異考禮部韻此字音怡時也鄭夾漈謂十二辰惟亥字有義他並假借其地枝第三本借臏音然則代以怡字臏字或亦盤洲之例也而字太生僻仍不如吾向來寫日記寫為甲虎丙虎之顯明至經書遇此字則竟同義之字代之如嚴恭敬畏同僚協恭之類似亦妥愼吾子姓其知之

先大父諱左言右名臨文或代以誥字諭字或闕末筆

先公諱左金右監臨文或但以監字或書監字於上或闕末筆攷古人極重家諱所以入門問諱載於禮經唐宋以前或地名同家諱而迂道避行或官名同家諱

而上表辭職按宋律有私諱冒榮之禁凡階官之稱与其三代諱相植者許其自陳授以次官謂之寄理以次官謂之寄理甚至同音之字賓客誤觸主人即流涕入內不復與談其重如此蓋人非草木凡先人手澤口澤之所貽尚當敬歔保護況親聞乃祖乃父之名而不心瞿目瞿者豈復知有倫理者乎惟既知自重家諱遇人家諱亦當留心如遜抗是君何物挺之乃有此兒此種狂態輕人適以自輕幸勿效之宣尼至聖不廢溫恭申甫名賢動稱柔惠老氏三寶曰慈曰儉曰不為天下先易六十四卦惟謙卦六爻皆吉可見人生世上惟恂恂退讓為保家保身第一良法但立朝不宜唯諾詭隨居鄉不宜混同波靡耳內介外

和斯為正軌

凡人家恒產歲有百金之入而歲需家用六七十金此其家必富即不驟富亦必無飢寒之憂倘歲入千金而家用多至千一二百歲入萬金而家用多至萬一二千此其家必窮且必去飢寒不遠蓋平日奢侈既慣稍〻當縮便覺難堪平日安逸既慣稍稍辛勞便覺難耐小而柴米油鹽不知經理大而冠昏喪祭祇圖好看兒女視為固然僕婢從而乾沒於是歲入不敷不得不借債借債不易不得不重利重利莫償不得不變產則向之歲入千金萬金者因產既變而漸減至七八折矣向之

歲用千一二百萬一二千者因利須付而又增多二三成矣入則歲減一歲出則年加一年雖竭力撙節同心任勞而潮水一退萬難挽救勢必寸草全無而後已到了此時如有賢子孫或尚能千辛萬苦勤勤儉儉立起一個小人家來若中下之資則懦者辱爲厮役黠者流爲盜竊無能者磨折而死小有才者非分妄爲甚至嫁娶失時童孩失讀祀產廢棄門户摧殘上何以對祖父下何以對子孫而推原其弊一由於奢二由於惰三由於無恒業四由於無成算五由於徇婦女之欲雖身不必爲惡人而貽害身家禍至於此可不慎哉可不懼哉

前一則猶為入少出多言也即使出入相符亦非長策蓋人家産業田有荒災之歲屋有閑閉之時典肆各業亦防虧折即年年如常而每一人家十年之中豈能無吉凶賓嘉之大事一歲之内豈無疾病瘡瘍之小災況兒女孳生日多親朋聯結日廣入款雖有定而往往有減無增出款雖有定而往往有增無減久之又久亦必走借債變産一條路特稍緩耳所以人家無論大小離不得勤儉二字而居家之法最好仿照陸梭山此法遠遠而蘇文忠近而曾文正均曾仿行汝輩試查檢出來照目前我家境況定規則將來可以永久遵行

先尊大父為　本生高祖錦舒公第二子出繼李父陛
元公時錦舒公卜宅迎鳳橋　陛元公與　黄太宜人
猶居月湖老屋　曾大父率　楊太恭人偕往奉侍必
敬必誠　曾大父讀書之暇日往來兩宅定省　楊太
恭人則積旬朞月始一返迎鳳橋比　陛元公　黄太
恭人先後棄養我　曾大父毋復奉　錦舒公命還居
迎鳳橋宗族昆弟之間洩洩融融衆口同聲推為孝友
先曾大父秉性沈潛究心樸學詩文筆札皆淵然有經
籍之光書法凝重高古畫山水極似董香光人以得其
片紙為奇幸所遺書籍均經校勘丹黄爛然帋尾書眉

時有評跋惜 公中年歸道山 先祖又蚤世遺稿零落或云在 從叔祖企曾公處今亦不存余所見遺文數十首書畫數楮及手校手抄各本後均歸 季父今在 季父次子蕃園家余屬其慎重保守他日或能捜殘掇逸彙成一編亦鄉邦文獻所關非特吾陳氏一家之球璧也

先曾大父目短視無讀書一室 攢眉曲項闃寂無聞家人至其前往往驚起自後相戒將入户必揚聲其顓壹如此

先曾大父擇交至嚴交必耐久如余密友毛居谿並陸

若漁笙之祖在先輩中望實並茂皆與　曾大父石交至余輩已四世通家矣前所紀徐董兩先生及三支衕王先生大經大緯兄弟之後人凡婚喪賀弔今亦尚與余家往來不絕

錫山周犢山先生錫人但知其長於八股文耳犢山時文風行海内其令吾邑多惠政到今有神君之頌　先曾大父居鄉恂謹從不以一刺投縣門先生慕其學行屢枉車騎譚經講學相契極深偶諮商邑中利弊　先曾祖輒吶吶吶不盡言先生彌益禮重康祺昔在都門訪得犢山類稿鎔貫經史議論閎雅其公牘文字亦復理達氣壯侃侃不撓知先生雖終屈下僚傑然儒林循吏兩傳中人物也宜其與　先曾祖鍼芥相投與

鄞南鄉狗頸塘疊石障水長至　丈地形拗曲工

力難施自 周先生治鄞興築後至今屹然時 先曾祖設帳櫟社去塘僅數里度是役必與籌商以志乘未詳不敢爲先人掠美姑誌於此

先曾大父爲郡學諸生以試列第一食既稟值郡守姚令瑜黷酷殃民有蒼鷹乳虎之目又數以非理折辱士類士心洶洶同學徐愜廬董迂樵二先生皆 曾大父密友也開門授經生徒極盛適太守書院課士生童無一人接卷者旋值郡試 先曾祖託疾不出偕徐董以門下應試者多不能不出後果罷考姚守遷諸廩生急檄名捕褫衣衿羈縲繼者至數十輩徐先生夙見重學

使者雖蒙湔雪而頌繫累年董先生竟卒於犴狴時又有林小石者與徐先生皆　先祖業師素名高爲守所嫉邏騎四出必欲得而庭辱之先生雨夜投吾家匿複壁數月始免後　先曾祖爲醵資援事例捐吏目選闢高郵州獄事既平鄉人咸謂　先曾祖知幾之哲不亞申屠蟠也

先曾大父中年　錦舒公以貿遷起家吾家稍温給矣曾大父猶應聘爲塾師修羊贄雁悉以佽助寒素爲人作書畫義不受絲粟之饋有强之者量收一二即日散之貧交嘗曰吾書畫雖不工乘興揮灑自有天趣插標

懸幟是矣藝爲人役矣又曰文人筆墨愈值錢愈不值錢康祺弱冠後抗顔爲人師生徒祁祁硯石頗豐穫爲人作文輒收潤筆甚至溫度筠鄰舖假手之事亦或爲之平生所得不下十户中人產半銷耗於酒鑪歌館之中即此一端清操介節義取義予已漸負　先德多矣

先曾祖出繼後　錦舒公遺命他日財產作四房分析曾伯叔祖輩仰承先志式好無猶且仍終身同爨竈至吾　祖父輩同堂兄弟十人尚合居一宅逮先公十餘歲子姓益繁盛始議別籍異產財　先宗祖母告宗人

吾家出爲信房後　錞舒公兄弟四人曰孝房悌房忠房信房本生忠房遺産義不得均分賴　先生洪慈吾但求薄田数畝爲諸孫讀書噉飲資耳　從叔祖輩俱有難色乃議立　錞舒公祀産十萬金專歸忠房後人輪流承值餘始作四房瓜分以洪範五福名其房曰福壽康寧吾家爲壽房後先君立　曾祖祀仍上推三世兼祀　本生高祖錞舒公歲置恒産春秋祭享歲有常規蓋　先世敦睦禮讓各盡其道乃如此亦可爲世家大族風矣　先曾祖書法端凝蒼老卓可名家　先祖　先君字體極相肖余雖不能書而本質亦厚重一派　先兄亦然

惟先兄勤學摺卷較整齊工秀耳亡弟多臨碑帖喜作草書其本色余忘之綸兒字重濁與余同兒子恩綬未嘗學字其字亦近於板重宗兒字最劣閒架欹斜顧其出筆則波磔點畫皆堅硬粗笨仍是重滯一派弟長子鳳蔚正草俱有父風其幼年本質字不知何似其弟思綬偶作字與恩綬相彷彿蓋吾家五世以來雖書法工拙相去不可以道里計然皆由學力勤惰而分而本質則皆偏於厚重板鈍不可强也凡一家祖孫父子其性情嗜好笑貌聲音即步趨坐立之細衣履飲食之常亦必有隱隱相肖者時或流露蓋精氣遞嬗身異性仝

明乎此理而猶視骨肉如行路待兄弟若外人者真不知身從何來者也　先祖通義公課誦之暇好以彈琴自怡每撫弦則闔户覺有人潛聽輒鏗然輟聲蓋天姓清介不喜於塵俗溷也余少時猶見遺琴在壁古色黝然亂後不可聞矣吾家家法凡箏笆簫笛不許子弟拈弄惟鼓琴乃儒生應習之藝且為　先大雅尚愔群從後起無能尋宮按譜繼其遺響者

先大父年二十為縣學生讀書劬苦經籍精義多手鈔尤留意四明文獻以苦學致病卒年僅三十二歲遺墨不多　季父寶守之余尚及見

嘉慶間吾家建支祠於月湖神版祝號至簿正祭器之屬
皆　先大父手定今祠堂元旦冬至及芝山掃墓祭文
猶　先大父遺稿也
先大母張太淑人之事君姑可謂難能矣　楊太恭人
晚歲足腫艱步履性不喜卧牀蓐　張太淑人日親侍
盥櫛掖扶出房中置所需坐隅而後理家政事起居飲
食未嘗不在側也時　太淑人年六十矣
楊太恭人氣血衰大腸祕固十日無後溲胸鬲懣悶積
不快醫叫用豬膽汁雜他藥吹之則穢下　張太淑人
必親爲治吹治月三四治以爲常比　楊太恭人壽終

太淑人年已望七且多病撫官哭泣聲如嬰兒酸慘至不可聞即吹棄一節伊古孝婦何以加諸

先大父之卒也　先義行公僅六齡　季父僅四齡第五姑猶在腹　張太淑人撫二子五女飲食教誨經營婚嫁上事邁姑下睦婦姒措持門户至四十餘年逮於孫曾及見成立其劬勞〻苦可想爲之後者可不思顯揚先大使聖善遺徽永永煒煌於彤史乎　先大父學於徐誨廬先生悔廬學於蔣樗菴先生樗菴與山中表不名他師巍然爲全門都講追溯淵源　先大父蓋謝山太史三傳弟子也　先曾大父不及謝山之門而丸

謝山高足如樗庵月船小鈍諸先生或親相奉手或交契其門下其時吾鄉老輩多崇尚實學如群經約畧能背誦手鈔書籍至等身不為異也故吾家學派必先肄究經史融會漢宋溫故知新由博返約而不徒以兔園科舉之業為足塞儒冠之責而溺之終身焉虔彝訓昭昭楹書亡恙後人束髮受經其亦知所從事矣

先曾祖母晚年晨起盥櫛即危坐聽事窗外為家人出入所必經唯塾師過必起立餘皆宗黨後輩坐與問荅而已一日有夏姓者來夏素毋無行好誘率大家子弟飲博狹邪　曾大母夙知其名厲聲曰吾諸孫馴謹守本

分不敢使從君輩游君休矣戛縮而去故吾家自 曾
祖母在堂迄 先公沒世門無雜客座無游談
先曾祖母生平不佞佛不茹齋不爲非鬼之祀詩人不
喜嚬休姑息遇三黨有喪大聲呼號悲已則止亦不嚶
嚶作婦女哭扶植孤寡振卹貧寒推親及疎秩有規法嘗
語人曰汝輩看錢財有形我看錢財無形有地伏上來
地伏下去的有地伏上去地伏下來的蓋吾鄉謂门閾
爲地伏也
曾伯祖漢玉府君中年喪耦不再娶時 廷遠 志和
兩叔祖皆幼穉 先曾祖妣楊太恭人代撫之 兩叔

祖亦依之如母至析居始去康祺爲童子時則見　兩叔祖排日來吾家省覲　太恭人每晨起入市凡四時瓜果蔬筍江鱗海錯市上新見必親買以獻或入廚語庖人使善烹治蓋夙知　太恭人所嗜也　太恭人偶不適則凡近房從祖輩無不來伺候陪醫量藥夜或不歸吾　先世慈孝敦睦乃如此由今思之直不啻秦漢以迄追想黄虞風俗也

漢玉公之喪元配也期服滿不復議續姻客或詢之公曰恐兩兒事繼母不易戚黨聚謀聘賀家女强公置遷已入门矣公亟策日治具懸先像召賓客衆以爲將納

之也屆日公衣冠令是女出堂前隨公後拜公告象曰吾今自日起畜是兒為義女禮宜告宗祏象大驚知公志不可奪未幾訪得士族偶匹具嫁之至今猶以親串相去來

漢玉公既立志不再娶　叔祖珊洲公乃襆被侍兄寢卻之不可每嚴寒風雨無不同榻抵足卧時　先曾祖已前卒　四叔祖中歲多病故公兄弟尤形影相依跬步不離也　如是者終　漢玉公之身後　珊洲公以悌弟旌於朝

吾宗舊居鄞南鄉姜山或云姜山遠祖由蘇州楓橋遷

未以未見姜山老譜不敢決也姜山舊有兩支曰東宅曰西宅宋文介公禾文懿公居仁清敏公卓（文懿子）文定公槩（文介曾孫）皆姜山支文介後人尤顯盛（子巘官翰林學士曾孫大震元孫伯鼎俱登翰林）未知為東宅為西宅然吾遷慈祖覺脩公名姜山譜当有之後世有志追遠但求觀老譜攷覺脩公之本系則文介諸公或為遠祖或為旁宗亦不難於遥溯非如世俗之妄攀援附也元明間東宅之裔　覺修府君遷慈谿東鄉張家山是生三子伯宗一安其居仲宗二遷田舍村季宗三遷田洋吾家為宗二府君後府君九世孫德河府君復隸鄞籍居郡城月湖時

國朝康熙中也　德河府君之來鄞僅記祖父名字越三世至　先曾祖始入田舍村歡會宗人訪獲黄山先墓與張家山田洋聯綴族譜得其端緒　先祖中年始與近支諸房從商立祭田以時節往修祀事復為行第分别倫次於是兩縣子姓無失序者後數十年吾　從祖伯叔輩体　錦舒公遺命合貲建大宗祠立義莊設宗塾䘏給孤寡訓課童蒙宗誼益粲然矣是役也費白金萬五千有奇四房均輸之其董督工役條治規約又奉神版序譜系買田山置什器一切勞心勞力之事則皆先義行公始終其間盖敬宗收族經三世賡續經營

而始有適觀厥成之一日也近聞祠塾規制稍稍廢弛他日歸鄉終当躬親料理方圖久遠冀不沒吾 曾祖以来承先啟後之苦心吾子姪輩能以追遠為懷不憚勤勞不惜財賄懃懃懇懇以田舍莊事引為身家之責此則 先靈之所篤望也夫

吾兄弟析產時 先世遺籍及余所手購者俱屬之余其碑帖書畫鑪硯文玩之類俱歸之季弟蓋 先伯兄所命以兩弟各有專嗜恐分藏致散落地也余以此心常耿耿入都後多添置重本擬俟每書足三部而後分給吾子姪志願過奢苦不得酬今復細思守書須有賢

子孫私之一房不如公之三房之可久自先君被
旌典尚未建有專祠擬擇城中稍偏僻之地人煙稀而
地價廉者購買三五畝相基造屋前為　先公祠堂而
後建書樓略仿范氏天一閣之式其餘地開一小池
栽種花木招一僧一徒居之而三房子孫讀書者公同
護守藏書立書目二冊一藏祠中一付輩行最長者排
訂曬晾歲有常規籤用巾幕扃鑰嚴閱別設木牌縷寫
目錄卷數幾函幾冊某書藏某櫃一覽朗然懸之樓下
其樓下正中或旁室敬奉　先曾祖下三世　神牌春
秋舉　旌義祠並祀焉蓋吾家儒業自　先曾祖始也

買腴田二三十畝專供　旌義祠及書樓之用僧徒薪米亦取給於是余近年貲力不足是舉志在必成明年東歸則蘇州薄田可賣裘衣數篋亦可典質恃　先君明德未湮綿綿延延或書香不至遽斷究舊籍而續新編是所望於後起之賢者

同治壬戌癸亥間余家疊遭家難幾與大獄爲余兄弟最痛心之境今存者惟吾婦與弟婦當稍知其崖略耳縷縷述之以爲後戒　先府君與　季父析產人人皆稱。先府君友讓　季父亦心感故既分經綸兩房而三世祀產及綸房已業仍由　先君總司出納　先若既没兩房辟亂上海猶合賃一宅分居東西頭時從弟某新娶婦某素鍥薄婦亦不良　先太淑人偶以事訓教之夫婦挾恨譖余兄弟於　季文謂嘗高聲詈某蟲秩蟲子余兄弟固不解詈人況敢辱及尊長即屠沽負販開口詈人者亦從未聞蟲秩蟲子云云也　季文則大怒亟覓屋挈眷別居自後風波屢興　先太淑人輒命兒輩順受顧喪亂之際遭此横逆不能不心緒抑鬱舊疾頓增既歸里某搜索舊帳冊有　先君手寫某月日付錢若干某月日付洋錢若干未注明用處某即藉此爲經房虧欠公中之據逼余兄弟速歸償勢洶洶

不能刻緩緩則當以逆長控諸官余偏稽帳冊其上層有某月日收錢若干洋錢若干亦未注明來處所收溢於所付於理甚長顧長者前未敢直訐於是兄弟聚謀

先人敦睦之誼不可自我壞門風今日之事惟有委曲順從涕泣干請以求感動而已吾師柳泉徐先生與

先君 季父皆深交聞其事來余家余兄弟告以詳且示之冊先生率余輩過 季父余兄弟長跪流涕無一言 季父亦心動顧謂先生曰先兄主家政必不私一錢顧此冊模糊殊難解先生故檢冊良久指示 季父此收款無注脚豈亦經房私產耶 季父諦視之點頭

者再余兄弟起事可白矣是夜某又慫恿　季父謂帳冊既不誤遂折諸姪無名恐宗黨議其後次日又召余兄弟往某祠出一稿　季父命余三人親書畫押大畧謂鉤稽舊冊經房實虧公中錢　季父念　先君持家勞苦不欲諸姪歸償余兄弟謹遵之難始已柳泉師於是舉苦心調停其贈季父詩有撐持門戶真非易回首人琴已渺茫之句其表　先祖墓有曰其諸孫多篤雅能為根抵之年少有重名庠序中皆隱為余兄弟解圍也吁可感哉當某抽出草稿時　先兄將下筆　季父添數語於稿中曰綸房子孫他日不得持此系向經房實銷亦不許道舊事然則　季父之心可知已

季父性蕭散讀書飲酒愛賓客此外無他嗜好戲簏算珠生平未嘗一觸手自先先若下世　季父即以家政付之某某攘竊乾没無所不爲其後稍不遂意至以無地通財相挾制　季父亦姑忍之既不得志——於經房則思吞併諸兄弟一家骨月無一不成仇讎季父晚年深知其貪狡癸酉從兄春田茂才不禄　季父貽余京中書歷述前事誤被蒙蔽並促余速歸代爲弭患蓋逆料身後必啓鬩牆之釁也比余明年四月假歸而　季父没已踰月矣傷哉方　季父康勝無恙二三年中業隨時索書遺屬至二百餘紙之多殊駭聽聞其

更有甚於此者余亦不忍下筆矣昔在京師讀龔禮部襍詩有云天教檮杌降吾門覩此七字不禁墮淚蓋悵觸舊事愴念斯人痛吾　季文及從兄所遭之不幸未必天年僅止此也

懲忿窒慾慎寒暑節飲食臨深履薄全授全歸勿以壽夭委諸天克勤克儉綢繆牖户量入為出圖貴於豐勿以貧富委之命諏經摧史博古通今練習吏事利濟民物勿以窮達委之時運訥言慎行補過省愆忠厚存心謙和接物勿以毀譽委之世人樹立身範儀型一家妙選師友誘迪子姓勿以賢愚委之後人此所謂盡其在我

聽其在天也吾能言之吾不能允蹈之深以為悔深以為愧汝輩其以我為前車

吾鄉宋袁正獻公之祖鄉遠先生性寬厚以世宦貴冑遇事讓人一日忽為悪少無故辱罵衆請送有司撻之公曰罵我如罵風於我何損撻彼如撻風於我何益度量如此宜其遺澤久遠篤生大儒為北宋以來明州世家第一也崇兒秉質剛暴與人偶齟齬即憤不可遏倘有無故罵之者恐怒氣直沖霄漢矣古今懲忿格言僂指難數不如罵風撻風數語尤為淺近而親切也可請善書者書此故事縣之座右以當對證之藥

阿蘇資質不鈍秉性亦似厚道惟天生蠻獷率野之氣須一番精神去陶鍊他使他聰明才力專用之書本上漸漸明白道理變化氣質方不致為脫韁之馬絕銜之魚若十歲之內稍加姑息後雖日笞夜責無及也已陶鍊之法厥有數端一嚴課程每日讀書背書寫字記典對偶均有一定規則不使片刻偷閑託詞逃學內外痛責一開智慧每日課畢請先生將二十四孝日記古事及古來忠節孝義之事謹言慎行之方並淺近格言家訓日講幾則娓娓諄諄使彼聽而忘倦次日務令覆講於學入內為父母者亦詳細窮究之日積月累胸中有

多少好樣子先入為主將來可免大越範圍一　立禁約
禁干犯尊長禁訕笑塾師禁與兄弟姊妹鬭毆禁打人
罵人雖僮婢亦不許禁出門與鄰兒嬉戲禁逃學禁自
已持錢買物禁挑斥衣服飲食禁多喫閑食無論糕餅
水果非尊長給予不許自主購買禁暴殄什物毀棄碗
盞有一於此初犯痛責再犯責後跪半日三犯令脫去
衣服着破衣或罰早晚餐一頓責罰不可數用用則必
嚴庶一二年後可期不用責罰矣一勸勸導每一事有
過必諄諄以道理分别是非使彼自知應責應罰其有
義讓慈祥一言一行之善交勸力讀書寫字端正對偶

工敏則酌賞筆硯文玩鮮果點心能日趨於上雖為製新衣新履以華飾之亦不為費但不可時時習用以啟奢侈之萌良時佳節檢與服用必嘗與道及之此因某事爾祖所賞某事爾父所給也俾童心有所歆動漸漸學好而不自知矣每讀一書讀竣能全本背誦酌給錢文置之卧牀之側時誇獎之但不許浪用此先世遺法也阿江亦如此督教但阿江不畏其蠻獷麤野而恐其刻薄浮滑與阿蘇正相反阿江須勸誘居什之七責罰什之三使之明理畏威阿蘇則宜先責罰而後勸誘二者平施使之戢强循理總之養子猶養苗也養苗而農

夫之精力不加安望有秋養子而父母之精神不屬安望有成勸諭即灌溉也扑責即芸鋤也任其優閑頑劣是猶惰農坐視苗之枯槁也吾師徐柳泉先生有示壽兒五古一章現身說法語語真摯即附錄是則後以為後人課子之法程

昔我童丱時父師早期許先師朱紫陽指我謂乃祖此子具異材不與凡兒伍成則為蛟龍不成將畫虎乃祖答師言吾豈事嬉煦教子不能嚴良材亦枯窳所由待兒曹辭色未輕與有時違教言笞以撻以百數祖母性仁慈恐兒觸翁怒每聞夏楚聲房中淚如

雨然而既見之杖痕未摩撫敬我至於今不敢辱門户叉我教汝者乃惟思是主於汝不多求非我忘訓語以汝性惇良而質復愚魯但求無失德矣必責科舉今汝既抱子當學為人父兄生頗類我望其繩祖武我同心愛儔豈宜不勞苦慮汝或未知汝來吾語汝大凡聰穎人其氣必飛舞稍縱志即驕繩削意斯泯聖賢有成轍高曾有規矩事事嚴約束乃肯就班部異材喜可憂長大勢難禦不幸為敗類不如不材愈愛之在義方教之在童豎惟嚴斯有成與汝同記取

汝輩性耽情逸遇事因循往往託詞於明日再說不知需乃事之賊明日二字誤盡多少年少人記錢鶴灘有明日歌云明日復明日明日何其多我生待明日萬事成蹉跎世人苦被明日累春去秋來老將至朝看水東流暮看日西墜百年明日能幾何請君聽我明日歌言雖淺俚頗足儆世

處平常事固不可因循處疑難事亦不可鹵莽平常事只須論情論理應行則行應止則止事稍疑難則必推已及人思前想後將此事是非利害熟權一番或更諮訪老成之人諳練之友主意既定再以和平委婉出之

雖偌大風波亦自漸漸平定若夫强者喜事先存好勝之心弱者畏事預蓄避難之見恐天君煩擾荊棘叢生無事反成有事小事又化大事矣可不慎與

二敬按 漢玉公以年纔三十喪妻不娶亦不蓄姬侍後於 年鄉里上其事

欽旌義夫記康祺在家時有友人以義夫應

旌典謂

國恩之過寬祺應之曰此亦人道大倫

朝廷安得不襃奬夫妻者齊也夫死必終身守志妻死即別娶新人於情本為未恕惟或因嗣續未立或因

翁姑待養，或兒女幼少撫養無人，故定例不禁其續娶。若恐子女遭凌虐，感念故妻不忍相負耳。家本饒給，買妾有費，而乃甘心鰥居，枕衾獨旦，此其人性情敦篤，道力堅定，尚不足為世俗風乎？友人曰：「子何以知後妻之必不賢耳？妻即不賢，何難以理諭勢禁？」余曰：「尹吉甫，賢父也；伯奇，賢子也。以賢子事賢父，伯奇卒至於放逐，非後妻間之乎？為吉甫者，何不理諭勢禁乎？曾子之婦死，謂其子曰：『吾不及吉甫，汝不及伯奇。』故不復娶。大賢如曾子，豈猶理諭勢禁之無術乎？他如閔損蘆花之怨，薛包里門之逐，其父未必皆不

慈而恩愛睽離至於如此為人子者安得人人如閔
損薛包乎於此有人焉念已死之婦憫無母之子孤
行已意顧為其難推是心以事君父精忠純孝不優
為乎附志之以解人惑凡節婦貧賤之家難於富貴凡義夫富貴之家難於貧賤